HANS-JOACHIM NIESSEN

Der Beitrag empirisch erhobener Antizipationsvariablen zur konjunkturellen Kurzfristprognose

Beiträge zur Verhaltensforschung

Herausgegeben von Professor Dr. Dr. h. c. G. Schmölders

Heft 17

Der Beitrag empirisch erhobener Antizipationsvariablen zur konjunkturellen Kurzfristprognose

Von

Dr. Hans-Joachim Niessen

DUNCKER & HUMBLOT / BERLIN

Gedruckt 1974 bei Fotokop W. Weihert, Darmstadt
Printed in Germany

ISBN 3 428 03202 0

VORWORT

Der inhaltliche Bogen der vorliegenden Arbeit, die im Sommersemester 1973 von der Wirtschafts- und Sozialwissenschaftlichen Fakultät der Universität zu Köln als Dissertation angenommen wurde, ist weiter gespannt als es ihr Titel vermuten läßt. Es geht ihr um nichts weniger als um eine anthropologische Grundlegung und wissenschaftstheoretische Systematisierung der sozialökonomischen Theorie, die in einer Problematisierung und Kritik der konventionellen Ökonometrie ihren Ausdruck findet und am explikativen und prognostischen Beitrag von Antizipationsvariablen des Konsumenten- und Unternehmerverhaltens, wie sie in Felderhebungen der sozialökonomischen Verhaltensforschung gemessen werden, exemplifiziert ist.

Die Arbeit versteht sich daher zunächst als Beitrag zur bislang ausstehenden anthropologischen und wissenschaftstheoretischen Fundierung der sozialökonomischen Theorie; sie verdiente daher den Untertitel: „Ein Beitrag zur Integration von Ökonometrie und sozialökonomischer Verhaltensforschung" oder: „Ein Beitrag zur anthropologischen Grundlegung und wissenschaftstheoretischen Systematisierung der sozialökonomischen Theorie." Da ein solcher Untertitel allerdings den ohnehin schon langen Titel der Arbeit gänzlich verunstaltet hätte, habe ich mich auf den Haupttitel beschränkt, mußte damit aber eine gewisse Asymmetrie zwischen Titel und Inhalt in Kauf nehmen. Freilich bleiben auch bei der Behandlung der anthropologischen Grundlegung und wissenschaftstheoretischen Systematisierung der sozialökonomischen Theorie noch viele Fragen offen. Scheinen mir die für die Integration aller Sozialwissenschaften fundamentalen anthropologischen Untersuchungen in ihrer richtungsweisenden Wirkung auf die wissenschaftstheoretische Systematisierung der sozialökonomischen Theorie evident zu sein, so bedarf etwa die wissenschaftstheoretische Herleitung der Forschungsverfahren der mathematischen Statistik noch einer gründlichen Untersuchung. Wir befinden uns hier wissenschaftlich noch fast völlig im Dunkeln*.

Beide, Wissenschaftstheorie und mathematische Statistik, nehmen noch kaum Kenntnis voneinander. In einer ursprünglichen Fassung

* Vgl. W. Stegmüller, Probleme und Resultate der Wissenschaftstheorie und Analytischen Philosophie, Bd. IV: Personelle und statistische Wahrscheinlichkeit, 2. Halbbd. Statistisches Schließen, statistische Begründung, statistische Analyse; Berlin, Heidelberg, New York 1973, S. 1, 16.

der vorliegenden Arbeit hatte ich diesem Problemkreis weitaus mehr Raum geschenkt, mußte ihn aber, sollte die Arbeit nicht vollends ausufern, auf ein Forschungsdesiderat beschränken.

Da sich vor einem so weit gespannten thematischen Hintergrund der Arbeit sehr viele Ansätze für die weitere Forschung ergeben, habe ich den mir wichtig erscheinenden künftigen Forschungsschwerpunkten ein eigenes Kapitel gewidmet.

Die Arbeit verdankt ihre Entstehung neben dem wissenschaftlichen Interesse ihres Autors insbesondere auch seinen akademischen Lehrern, die allererst sein Interesse für viele Fragestellungen, die in der Arbeit behandelt wurden, geweckt haben.

Zunächst danke ich meinem akademischen Lehrer, Herrn Prof. Dr. Dres. h. c. G. Schmölders, der mir in seiner Forschungsstelle für empirische Sozialökonomik in Köln die Gelegenheit gab, innerhalb eines Forschungsprojektes über die Bestimmungsgründe von Konsumkonjunkturen jene empirischen Untersuchungen durchzuführen, die Gegenstand dieser Arbeit sind.

Ihm war als Initiator der sozialökonomischen Verhaltensforschung schon früh die empirische (und insofern auch wissenschaftstheoretische) Fragwürdigkeit der „orthodoxen reinen Theorie" bewußt. Gegen ihre Verirrungen hat er stets die empirische Forschung als Richterin gesetzt. Ich danke ihm als Herausgeber dieser Schriftenreihe auch für die spontane Bereitschaft zur Aufnahme dieser Arbeit.

Noch heute danke ich meinem akademischen Lehrer Prof. Dr. Dr. h. c. A. Müller-Armack. Er ist es, der in frühen Studienjahren mein Interesse an anthropologischen Fragestellungen weckte und in mir die Gewißheit bestärkte, daß eine jede ökonomische Theorie auf expliziten oder impliziten anthropologischen Voraussetzungen ruht und daß nur über eine Besinnung auf die Anthropologie das alte Ziel einer Integration aller Sozialwissenschaften zu erreichen ist. Er gehört zu jenen heute kaum mehr anzutreffenden Nationalökonomen, die nicht nur in der ökonomischen Theorie zuhause sind, sondern in ihrem wissenschaftlichen Profil noch den universalen Geist M. Webers, M. Schelers u. a. verkörpern.

Danken möchte ich auch den Kollegen in der Forschungsstelle für empirische Sozialökonomik für ihre Bereitschaft zu kritischer Diskussion und Herrn stud. rer. pol. H. P. Fuchs für seine datenverarbeitungstechnische Hilfe.

Widmen möchte ich das Buch meinen Eltern; ihnen verdanke ich viel, wenn nicht alles.

Hans Joachim Niessen

INHALTSVERZEICHNIS

"Zwar können empirische Gesetze als solche ihren Ursprung keineswegs vom reinen Verstand herleiten, sowenig als die unermeßliche Mannigfaltigkeit der Erscheinungen aus der reinen Form der sinnlichen Anschauung hinlänglich begriffen werden kann. Aber alle empirischen Gesetze sind nur besondere Bestimmungen der reinen Gesetze des Verstandes, unter welchen und nach deren Norm jene allererst möglich sind und die Erscheinungen eine gesetzliche Form annehmen..."

(I. Kant, Kritik der reinen Vernunft)

1. Einführung

Der nationalökonomische Methodenstreit (1) zwischen der historischen (Schmoller) und der theoretischen (Menger) Forschung hat eine begriffliche Dichotomie ausgelöst, welche die wirtschaftswissenschaftliche Methodendiskussion in unterschiedlichen Erscheinungsformen bis heute beeinflußt. Hinter dem Einwand der sich als historische Geisteswissenschaft Dilthey'scher

---

1) Vgl. C. Menger, Untersuchungen über die Methode der Sozialwissenschaften und der politischen Ökonomie insbesondere, Leipzig 1883; G. Schmoller, Zur Methodologie der Staats- und Sozialwissenschaften, Schmollers Jahrbuch 1883. Darauf Mengers Antwort: C. Menger, Die Irrtümer des Historismus in der deutschen Nationalökonomie, Wien 1884. Zum Verhältnis von Theorie und Geschichte, vgl. ferner: O. Spann, Über die Einheit von Theorie und Geschichte, in: Festschrift für Below, Berlin 1928, und E. Rothacker, Theorie und Geschichte, in: Festgabe für W. Sombart, Schmollers Jahrbuch, 56. Jg., Heft 6, 1932.

Provenienz (1) verstehenden historischen Schule, die Theorie dürfe und könne nicht - blind angesichts der grenzenlosen Plastizität historischer Gestaltungsformen - historische Prozesse vorschnell verallgemeinern, vermutete die theoretische Forschung einen wissenschaftsfeindlichen Deskriptivismus, der mit dem "Verzicht auf Theorie" den Anspruch auf Wissenschaft schlechthin aufgebe. Um diesen Anspruch einzulösen, glaubte sie mehr und mehr, ihre Forschung am Modell, d.h. einem oft genug durch wirklichkeitsfremde Verhaltensprämissen präparierten Segment sozialökonomischer Realität,orientieren zu müssen. Die dadurch ermöglichte Formalisierung verstellte ihr allerdings mit dem Verlust an historisch-empirischem Kontakt allzu oft den Blick für die methodologische Fragwürdigkeit und anthropologische Anfechtbarkeit der den meist recht willkürlich herausgegriffenen Verhaltenshypothesen zugrundeliegenden Prämissen.

Die hinter dieser "großen Antinomie" (Eucken) (2) verborgene alte philosophische Frage nach dem Verhältnis von Theorie und Geschichte (3) stellt sich nicht nur in den Geistes- und Kulturwissenschaften, sondern insbesondere auch in den Sozial- und Wirtschaftswissenschaften als methodologisches Fundamentalproblem.

---

1) Vgl. W. Dilthey, Einleitung in die Geisteswissenschaften, Versuch einer Grundlegung für das Studium der Gesellschaft und Geschichte, Leipzig 1883.

2) Vgl. W. Eucken, Grundlagen der Nationalökonomie, 8. Aufl., Berlin-Heidelberg 1965, insbes. die Einleitung.

3) Poppers zwingender Beweis der logischen Unmöglichkeit einer historischen Sozialwissenschaft nach dem Vorbild der theoretischen Physik bezieht sich nur auf historische Prozesse, insofern sie durch das Anwachsen menschlichen Wissens stark beeinflußt werden. Er zielt damit auf eine Destruktion gesellschaftlicher Prognosen Marx'scher und Spengler'scher Observanz ab, aber nicht auf ein Verdikt ...

Zwischen der Scylla des theoriefeindlichen Historismus' und der Charybdis einer realitätsblinden Modellhypertrophie vermag eine ebenso anthropologisch wie wissenschaftstheoretisch fundierte Ortsbestimmung der sozialökonomischen Theorie nicht nur Kriterien zur Beurteilung existierender ökonomischer Theoriesysteme zu liefern, sondern auch Richtlinien für die künftige Entwicklung sozialökonomischer Theorien bereitzustellen. Den solcherart charakterisierten Theorietyp verfehlen sowohl die neoklassischen Ansätze (1) als auch die sich historisch verstehenden Versuche einer politischen Ökonomie. Selbst die Ökonometrie hat sich - ihrem Anspruch zum Trotz - mit ihrer unkritischen Übernahme neoklassischer Verhaltenshypothesen oft als nicht hinreichend gegen einen Rückfall in den "Modellplatonismus" (Albert) (2) gefeit erwiesen, wenngleich sie als erste den Versuch unternommen hat, die Theorie über mathematisch-statistische Schätzverfahren mit der Empirie zu versöhnen.

Ihre geistesgeschichtliche Entstehung aus der historischen Forschungstradition hat die sozialökonomische Ver-

---

... über jede Möglichkeit sozialökonomischer Prognosen. Vgl. K.R. Popper, Das Elend des Historismus, Tübingen 1969, S. XI, XII. Der logische Beweis findet sich in: K.R. Popper, Quantum Mechanics Without "The Observer", in: M. Bunge, Quantum Theory and Reality, New York 1967

1) Zur methodologischen Kritik an der neoklassischen Theorietradition, vgl. H. Albert, Marktsoziologie und Entscheidungslogik, Neuwied a. Rh. 1967 ders. (Hrsg.), Theorie und Realität, Tübingen 1964

2) Vgl. H. Albert, Modell-Platonismus. Der neoklassische Stil des ökonomischen Denkens in kritischer Beleuchtung, in: Logik der Sozialwissenschaften (Hrsg. E. Topitsch), 3. Aufl., Köln - Berlin 1966, S. 406 - 434.

haltensforschung (1) vor dieser Gefahr bewahrt; in ihrem interdisziplinären Selbstverständnis versucht sie, ihren Erkenntnisgegenstand mit Hilfe aller anthropologischen Disziplinen in den Griff zu bekommen, "um zu einer brauchbaren Verhaltenstheorie zu gelangen, die die von der Realität abstrahierenden Denkmodelle empirisch kontrolliert, neu fundiert und vielfältig ergänzt" (2).

Dabei sieht sie sich freilich stets von neuem dem Verdacht der theoretischen Forschung ausgesetzt, in die bloße historische Deskription zurückzufallen; sie darf deshalb ihren theoretischen Anspruch nicht aufgeben, wenn sie ihn auch nicht vorschnell einzulösen vermag, solange sie sich mit Recht weigert, die Prämisse der Plastizität des menschlichen Verhaltens durch willkürliche, empirisch nicht legitimierte Konstanz- und Konformitätshypothesen zu ersetzen.

Als empirisches Korrektiv verbindet sie sich mit dem ökonometrischen Ansatz zu einem Typ sozialökonomischer Theorie, welcher den beschriebenen anthropologischen und wissenschaftstheoretischen Anforderungen am nächsten kommt. Für die Konjunkturtheorie ergibt sich daraus ein System kurzfristiger Konjunkturprognosen, wie

---

1) Wissenschaftlicher Initiator der sozialökonomischen Verhaltensforschung war G. Schmölders. Vgl. G. Schmölders, Ökonomische Verhaltensforschung, in: ORDO Jahrbuch für Wirtschaft und Gesellschaft, Düsseldorf u. München 1953; G. Schmölders, 10 Jahre sozialökonomische Verhaltensforschung, in: ORDO, Jahrbuch für Wirtschaft und Gesellschaft, Düsseldorf u. München 1963, S. 259 ff.

2) G. Schmölders, Sozialökonomische Verhaltensforschung am Menschen, in: F. Keiter (Hrsg.), Verhaltensforschung im Rahmen der Wissenschaften vom Menschen, 1969, S. 188.

es inzwischen für die amerikanische Volkswirtschaft in unterschiedlichen Versionen entwickelt worden ist; ein solches System wird hier zum erstenmal für die BRD vorgelegt.

Seine unterschiedlichen "ex post"-Prognosen erweisen die Erklärungs- und Prognosequalität dieses Verfahrens; die Untersuchung seiner Parameterstabilität enthüllt zugleich das Ausmaß der zugrundeliegenden Verhaltensstabilität.

Die in diesem System der Konjunkturprognose erstmals durchgeführte Integration der sozialökonomischen Verhaltensforschung mit der ökonometrischen Theorie sollte sowohl den Verdacht Lügen strafen, es müsse sich die Theorie, insofern sie ihre realitätsfremden Prämissen durch Konfrontation mit der empirischen Komplexität adäquat modifiziere, in ihrer Zielsetzung als "reine Theorie" selbst aufheben, als auch auf der anderen Seite die Gefahr bannen, zu einer theorieblinden bloßen "historisch und modern realistischen Detailforschung" (Schmoller) zu werden; hinter dem exakt ermittelten "Detail" muß immer der große allgemeine Zusammenhang erkennbar bleiben.

2. Die anthropologische und wissenschaftstheoretische Grundlegung der sozialökonomischen Theorie

Jede sozialökonomische Theorie ist Verhaltenstheorie und hängt als solche explizit oder implizit von anthropologischen Prämissen ab, die sie bis in ihre wissenschaftstheoretische Systematisierung hinein beeinflussen. Die hedonistische-utilitaristische Psychologie

Bentham'scher Provenienz (1) begründete zugleich mit ihrer deduktiv-nomologischen (DN-)Systematisierung alsbald auch die deterministische Konzeptualisierung der neoklassischen Theorie. Mit ihr mußte also auch die neoklassische Theorie selbst obsolet werden, wenn damit auch noch nicht das Verdikt über die Anwendbarkeit des wissenschaftstheoretischen DN-Systematisierungstyps zur Entwicklung der sozialökonomischen Theorie gesprochen war. Hier kann erst die neuere anthropologische Theorie als allgemeine Theorie der menschlichen Existenz Klarheit schaffen, da sie mit der Wahl der wissenschaftstheoretischen Systematisierung der sozialökonomischen Theorie zugleich auch über die Art ihrer Konzeptualisierung entscheidet.

2.1 Die anthropologische Fundierung der sozialökonomischen Theorie

- Abriß der neueren Anthropologie -

Die cartesianische Dichotomie zwischen der res cogitans und der res extensa, welche die Entstehung der neuzeitlichen Wissenschaften, insbesondere der exakten Naturwissenschaften begleitet hat, verengte das anthropologische Denken lange Zeit entweder naturalistisch oder spiritualistisch (2). Der Versuch, die eigentümlich "weltoffene" Existenzstruktur des Men-

---

1) Vgl. J. Bentham, Economic Writings. Critical edition based on his printed works and unprinted manuscr. (Ed. W. Stark), London 1952.

2) Kants "Anthropologie in pragmatischer Hinsicht" leidet genauso an dieser Hypothek wie etwa Herders "Ideen zur Philosophie der Geschichte der Menschheit", obwohl sie schon in dem bedeutenden Satz "Der Mensch ist der erste Freigelassene der Schöpfung" den für die neuere Anthropologie zentralen Gedanken der Weltoffenheit vorwegnimmt. Auch die lebensphilosophischen Vorläufer der modernen Anthropologie-Nietzsche ("Der Mensch ist das noch nicht festgestellte Tier"), Bergson, Mounier etc. - stehen noch in der cartesianischen Denktradition.

schen aus einem einheitlichen Strukturprinzip zu begreifen, den Menschen weder biologisch nach der darwinistischen Deszendenztheorie zu nivellieren noch ihn geistig in der idealistischen Denktradition zu überhöhen, wurde erst möglich, als man das cartesianische Axiom kritisch in Frage stellte, um so a priori den Blick ebenso für die vielfältigen somatischen wie für die psychischen und ideierenden Leistungen des Menschen zu öffnen.

Das anthropologische Prinzip, welches die wechselseitige Verflechtung dieser heterogenen Funktionen erhellt, gewinnt Kontur an der durch die biologisch-zoologische Forschung hinreichend nachgewiesenen ontogenetischen und phylogenetischen Defizienzstruktur (1) des Menschen. Diese liegt sowohl in der als Fötalisierung (2) bezeichneten Persistenz embryonaler Phänomene, etwa der Orthognathie (3), der zentralen Form des foramen magnum, dem hohen Hirngewicht, dem Bau von Hand und Fuß etc., als auch in der sie bedingenden Entwicklungsretardation (2), welche zugleich eine Erklärung für die Unspezialisiertheit der menschlichen Organ- und Instinktausstattung liefert. Die durch das ontogenetisch einmalige "extra-uterine Frühjahr" (4) erzwungene Eigenschaft eines "sekundären

---

1) Eine ganze Reihe anatomischer Belege für die morphologische Sonderstellung des Menschen findet sich bei A. Gehlen, Der Mensch. Seine Natur und seine Stellung in der Welt, Frankfurt, a.M., 7. Aufl., Bonn 1962, S. 86 - 101.

2) Beide Begriffe stammen von dem Anatomen L. Bolk, Das Problem der Menschwerdung, Jena 1926.

3) Positionierung des Gebißteils unter den Hirnteil.

4) A. Portmann, Biologische Fragmente zu einer Lehre vom Menschen, Hamburg 1951.
Ders., Zoologie und das neue Bild des Menschen, Hamburg 1960.

Nesthockers" (1) prädestiniert zusammen mit der phylogenetischen Instinktreduktion, einem hochgradigen Verlust an Verhaltensregulation durch arttypische Auslösemechanismen (2), zur "Weltoffenheit" (M. Scheler), zur Verhaltensplastizität und -instabilität des Menschen.

Während sich im Funktionskreis zwischen Rezeptoren und Merkmalen in der "Merkwelt" (3) sowie Effektoren und Wirkmalen in der "Wirkwelt" (3) allenfalls durch unterschiedliche Formen des Appetenzverhaltens modifizierte Invarianzbeziehungen zwischen arteigenen, hochspezialisierten Organ-, Instinktausstattungen und ebensolchen arttypischen Lebensräumen jeweils artspezifische "Umwelten" der Tiere herausbilden, führt die durch Instinktschwäche (4) und Entdifferenzierung der Triebe ermöglichte Reizüberflutung des Menschen, die "Ersetzung" (5) der Erbmotorik durch eine diffizile Erwerbsmotorik zur Emanzipation von der Umwelt, einer Emanzipation, die in ihrer strukturierten Bedeutungsverteilung (6) je einem spezialisierten Organ- und Instinktrepertoire entspricht. Diese biologisch erklärbare exponiert-riskierte Konstitution des Menschen, die ihn der unendlichen Variabilität eines "Überraschungsfeldes" (A. Gehlen) aussetzt, ohne ihn durch ein

---

1) A. Portmann, Biologische Fragmente zu einer Lehre vom Menschen, Hamburg 1951.
Ders., Zoologie und das neue Bild des Menschen, Hamburg 1960.

2) Vgl. K. Lorenz, Die angeborenen Formen möglicher Erfahrung, in: Zeitschrift für Tierpsychologie V, 2, 1942.
Ders., Über tierisches und menschliches Verhalten. Aus dem Werdegang der Verhaltenslehre, München 1965, insbes. Bd. II, Kap. Phylogenetische Anpassung und adaptive Modifikation des Verhaltens, S. 301 ff.
Ders., Vergleichende Verhaltensforschung, in: K. Lorenz, P. Leynhausen, Antriebe tierischen und menschlichen Verhaltens, München 1969, S. 15 ff.
...

Instrumentarium von Reaktionsweisen, welche über Auslösemechanismen "festgelegt" sind, in seinem Verhalten zu orientieren und zu stabilisieren, zwingt ihn zugleich, sich seine Existenz mit Hilfe von Leistungen zu sichern, die als anthropologisches Strukturgesetz seine Sonderstellung begründen: Als handelndes, stellungnehmendes, verfügendes (auch und insbesondere über sich selbst verfügendes) Wesen schafft er sich eine "zweite Natur", welche als Kulturwelt die "Umwelt" des Menschen bildet. In diesem lebensnotwendigen Handlungs- und Verfügungszwang erscheint jene exzentrische Positionalität (1), die sich gegen

---

...

3) Diese Zusammenhänge erstmals in umfangreicherer empirischer Tierverhaltensforschung herausgearbeitet zu haben, ist das Verdienst der Umweltforschung J. v. Uexkülls.
Vgl. dazu J. v. Uexküll, Umwelt und Innenwelt der Tiere, 2. Aufl., Berlin 1921.
Ders., Bausteine zu einer biologischen Weltanschauung, Ges. Aufsätze, München 1913.
Ders. und G. Kriszat, Streifzüge durch die Umwelten von Tieren und Menschen, Berlin 1958.
Ders., Bedeutungslehre; neu abgedruckt in: J. v. Uexküll, G. Kriszat, Streifzüge durch die Umwelten von Tieren und Menschen. Bedeutungslehre, Frankfurt a.M. 1970.

4) Wie H. Plessner, Die Stufen des Organischen und der Mensch, 2. Aufl., Berlin 1965, S. XVII, zeigt, haben sich gewisse mimische Instinktresiduen, atavistische Auslösequalitäten des Prägnanten, Symmetrischen, Extremen erhalten.

5) Ein Begriff von O. Storck, Die Sonderstellung des Menschen in Lebensabspiel und Vererbung, Wien 1948.

6) Zur Relevanz des Bedeutungsbegriffs in der Verhaltensforschung, vgl. J. v. Uexküll, Bedeutungslehre, neu abgedruckt in: J.v. Uexküll, G. Kriszat, Streifzüge..., a.a.O.

1) Diese anthropologische Fundamentalkategorie wurde von H. Plessner, Die Stufen des Organischen..., a.a.O., eingeführt.

die offene Positionsform der Pflanze (1) abhebt, deren Mangel an spezifischen Trieben und Empfindungen, bedingten Reflexen, Assoziationen, Macht- und Nervensystemen sie unter die Eigenschaft der Dividualität (2) stellt; über die Umfeldkonvergenz der geschlossenen, zentrischen Positionsform (3) des Tieres hinaus, welche erst durch sensomotorische Funktionskreise ermöglicht wird und sich in Frontalität gegen das Umfeld äußert,kennzeichnet den Daseinsvollzug des Menschen die von seiner exzentrischen Positionsform erzwungene Selbstreflexivität. Erst sie durchbricht den Bannkreis der tierlichen Unmittelbarkeit und läßt in dem Hiatus zwischen der in der Umweltfreisetzung begründeten Reizüberflutung und deren Verhaltensumsetzung die Handlung erneut als die genuin menschliche Weise der Weltorientierung und -bewältigung erscheinen.

Die in diesem Hiatus fundierte, schon biologisch begünstigte ("Freilegung des Auge-Hand-Geldes" (4)) instrumentelle Beziehung zu sich selbst eröffnet dem Menschen die Möglichkeit, seine biologischen Schwächen durch überlegte Tätigkeit zu kompensieren; mit Hilfe seiner Fähigkeit zur Vergegenständlichung "entgiftet" er die vorfindbare Natur in einer sein Dasein aller-

---

1) Vgl. die Darstellung bei H. Plessner, Die Stufen des Organischen..., a.a.O., S. 218 - 226.
2) H. Conrad-Martius hat dies einmal so ausgedrückt: Alle Bewegungen gehen an der Pflanze vor sich, nie von der Pflanze aus.
3) Ihre Erläuterung findet sich bei H. Plessner, Die Stufen des Organischen..., a.a.O., S. 226 - 236, S. 237 ff.
4) Vgl. dazu H. Plessner, Conditio humana, in: Propyläen - Weltgeschichte (Hrsg. G. Mann, A. Heuß), Bd. 1, Vorgeschichte, Frühe Hochkulturen; Berlin, Frankfurt, Wien 1961, S. 33 - 86.

erst ermöglichenden Weise, und als "Prothesen-Proteus" vermag er die spezialisierten, ihn in seiner natürlichen Leistungsfähigkeit übertreffenden Organ- und Instinktfunktionen der Tiere in ihren je artspezifischen Umwelten nicht nur für sich (1) künstlich zu erschaffen, sondern darüber hinaus zu verbessern, zu verfeinern und zu variieren. Die potentiell unendliche Komplexität und Variabilität seiner Gestaltungsmöglichkeiten vermag er durch Simulation über eine selbsttätig entwickelte Symbolstruktur der Wahrnehmungsentitäten zu beherrschen, welche ihn vom unmittelbaren sensomotorischen Kontakt "entlastet" und eben dadurch in einer imaginären Andeutungswelt seine Möglichkeiten potenziert.

In diesem Entlastungsprozeß übernimmt die Sprache, deren anthropologische Genese gerade auf ihn zurückgeht, eine entscheidende Rolle. Sie erlaubt dem Menschen nicht nur die entlastende Reduplikation der sensomotorischen Kommunikation, sondern sie steigert auf der Grundlage einer Wahrnehmungsorganisation über verdichtete Symbole und der dadurch ermöglichten beliebigen Verfügbarkeit über sie ihre horizontale und vertikale Weiterentwicklung in unabsehbarer Variabilität. Dieselbe Instinktreduktion, die dem Menschen eine Zurückhaltung oder Verschiebung seiner Reaktionsenthemmung durch Auslösemechanismen ermöglicht, setzt in ihm zu-

---

1) In der idealistischen Philosophie Hegels bezeichnet der Terminus "für sich" im Gegensatz zum "an sich" der Dingwelt die genuin menschliche Reflexivität. Vgl. G.W.F. Hegel, Phänomenologie des Geistes, Bd. 3 aus G.W.F. Hegel, Werke in 20. Bd., Frankfurt 1970.
Das Begriffspaar wurde dann später als "pour-soi" und "en-soi" in der existentialistischen Philosophie Sartres übernommen. Vgl. J.-P. Sartre, Das Sein und das Nichts, Versuch einer phänomenologischen Ontologie, 1. Aufl., Hamburg - Reinbek 1962, insbes. II. Teil: Das Für-sich, S. 120 ff.

gleich entlastete Verhaltensweisen frei, deren Handlungsenergie für kulturelle Leistungen aus dem konstitutionellen Antriebsüberschuß stammt, welcher das Korrelat seiner chronischen Defizienzstruktur darstellt. Der kontinuierliche Aufbau von Symbolfeldern des Sehens, Sprechens, Vorstellens, die zunehmende Entlastung der motorischen Bereiche ermöglichen nicht nur intellektuelle, moralische und theoretische Leistungen,sondern weisen ihnen sogar als genuin menschliche Funktionen eine dominante Rolle in der Weltorientierung zu. Als kategoriales Novum (1) rücken sie den Geist (2) - verstanden als existentielle Entbundenheit vom Organischen - als humanes Konstitutionsprinzip in den Mittelpunkt. Er allein befähigt zur Sachlichkeit, der von aller vitalen Zweckbestimmung losgelösten Beziehung zu "Gegenständen", welche in der griechischen "theoria" noch ihren semantisch unverfälschten Ausdruck fand. Zusammen mit der Substanz- und Dingkategorie vermittelt er eine vom Tast-, Seh-, Hör- und kinästhetischen Bereich unabhängige einheitliche Raumvorstellung und ermöglicht ein reflektiertes Verhältnis zur Zeit, wobei er selbst sich als Gegenstand undurchsichtig bleibt; vielmehr ist der Geist reine Aktualität im Aktzentrum Person. Nur er vermag schließlich ideierende Akte zu vollziehen, wie sie das gesamte mathematische Denken durchziehen und in

---

1) Vgl. dazu die ontologische Kategorienlehre von N. Hartmann, Der Aufbau der realen Welt. Grundriß der allgemeinen Kategorienlehre; 3. Aufl., Berlin 1964;
Ders., Philosophie der Natur. Abriß der speziellen Kategorienlehre, Berlin 1950.

2) M. Scheler hat diesen Begriff als humane Existentialkategorie eingeführt. Vgl. M. Scheler, Die Stellung des Menschen im Kosmos, 6. Aufl., Bern/ München 1962.

der phänomenologischen Forschung Husserls (1) zur systematischen Darstellung gelangt sind. Diese ideierenden Akte liefern nicht nur letzte Voraussetzungen oder Axiome der positiven Wissenschaften, sondern bereiten als "Fenster des Absoluten" (Hegel) auch den Boden für jegliches metaphysische, theologische und religiöse Denken.

Ihre biologische Verklammerung besitzen die anatomisch-biologisch schon prädestinierten Entlastungsprozesse in der Ingangsetzung der motorischen Funktionen, wie sie sich etwa in den habitualisierten Verhaltensweisen zeigen, welche kaum noch Motivations-, Kontroll- und Korrekturprozessen unterliegen und auch von unterschiedlichen Affektbesetzungen weitgehend frei sind. Sie nehmen dadurch ein Erscheinungsbild an, das den durch Auslöseprozesse stabilisierten Verhaltensweisen der höheren Tiere ähnlich ist.Während also die Weltoffenheit des Menschen sein Verhalten"befreit",stabilisieren es Entlastungsprozesse in beschränktem Umfang.Diese konstitutionelle Weltoffenheit manifestiert sich in den "anthropologischen Grundgesetzen" (2):

- der natürlichen Künstlichkeit, die den Menschen als exzentrisch organisiertes, ortloses, konstitutiv heimatloses Wesen zwingt, sich "zu dem, was er schon ist, erst zu machen,"

---

1) Vgl. den Prozeß der phänomenologischen Reduktion bei E. Husserl, Ideen zu einer reinen Phänomenologie und phänomenologischen Philosophie, Husserliana, Bd. III, 1. Buch, Haag 1950
Ders., Die Phänomenologie und die Fundamente der Wissenschaften, Husserliana Bd. V, Haag 1952
2) Vgl. ihre detaillierte Darstellung bei H. Plessner, Die Stufen des Organischen..., a.a.O., S. 309 ff.

- der vermittelten Unmittelbarkeit, welche aus dem ontologischen Hiatus Reflexivität entstehen läßt,

- des utopischen Standortes, welcher alle geschichtlichen Objektivationen nicht in sich ruhen läßt, sondern stets über sich hinaustreibt und mit dem Bewußtsein der eigenen Faktizität und Kontingenz die vielen Varianten der Erlösungs- und Heilsreligionen entstehen läßt.

Die Verhaltensstabilität der Menschen vermag kraft dieser Weltoffenheit kaum wieder die Invarianz und "biologische Unschuld" der durch Auslösemechanismen stabilisierten Verhaltensweisen zurückzugewinnen.

Solche Habitualisierungen gründen auf "handlungs"-verursachten Gestaltungsformen sozialer, rechtlicher, sozialökonomischer Art etc. (etwa Staat, Familie, Recht, Tauschbeziehungen), welche sich zu verhaltensstabilisierenden Institutionen (1) verselbständigen und verfestigen. Sie sind nicht nur Bedingungen historischer Kontinuität und kultureller Dauer und Zeitresistenz, sondern verhindern als objektivierte, reifizierte "Handlungen", als Verhaltensstereotype eine kulturzerstörende Verhaltenskasuistik.

So läßt sich festhalten: Kulturen sind umso stabiler, je unangefochtener ihre Institutionen die konstitutio-

---

1) Der Begriff in dieser Bedeutung stammt von A. Gehlen, Urmensch und Spätkultur, 2. Aufl., Frankfurt a.M. / Bonn 1964; besonders Teil I.
Hegels Begriff des objektiven Geistes stellt eine idealistisch verkürzte Version des gleichen Sachverhaltes dar.

nelle Plastizität und Variabilität der menschlichen Handlungen kanalisieren; sie sind umso geschlossener, je vollständiger ihre Rechtsformen, Gewohnheiten, Sitten, Riten und Kulte, kurz alle wiederkehrenden Handlungsvollzüge "institutionalisiert" sind.

Institutionen stellen sich folglich im Blick auf die Verhaltenskonsequenzen als menschliches Analogon zu den tierlichen Auslösemechanismen dar (1). Da die in der Institution sich ausdrückende Entlastung von stets erneuter Verhaltensmotivation, -durchführung und -kontrolle sehr oft an Sachsymbole der Außenwelt gebunden ist, üben diese eine den tierlichen Auslösern vergleichbare verhaltensenthemmende Funktion aus; sie stellen eine Art "chronischer Aktualisator" (A. Gehlen) in einem Universum verhaltensstabilisierender Institutionen dar. Von ihnen her lassen sich so fundamentale sozialökonomische Gestaltungsformen wie Arbeitsteilung, Tauschbeziehungen und die Entstehung des Eigentums begreifen.

Die Erscheinung der arbeitsteiligen Produktion bezeichnet anthropologisch einen Zustand gegenseitiger Bedürfnisentlastung, wobei die "Hintergrundserfüllung" (2), die Gewißheit der virtuellen Bedürfnisbefriedigung

---

1) Institutionen besitzen allerdings dank der menschlichen Verhaltensplastizität weitaus geringere Invarianz. Ihre Stabilität ist im Gegensatz zur natürlichen der Tiere eine künstlich geschaffene der "zweiten Natur" des Menschen.
2) Eine anthropologische Kategorie A. Gehlens. Vgl. A. Gehlen, Urmensch und Spätkultur..., a.a.O., S. 50.

durch fremderzeugte Produkte, die Existenzgarantie des "institutionalisieren" Produktions- und Distributionsapparates darstellt. Solche Institutionen entwickeln eine latente Tendenz zur Verselbständigung und entfalten mitunter eine von ihren originären Zwecksetzungen emanzipierte Eigengesetzlichkeit, die dann oft, etwa als soziale Rollenerwartung oder Norm, den Charakter eines Handlungsoktrois annimmt. Unter den "institutionalisierten Sozialbeziehungen" nimmt der Tausch, insbesondere in seinen ethnologischen und kulturanthropologischen Aspekten eine hervorragende Stellung ein, da er in der Reziprozität verselbständigter Sozialstrukturen das Primärbedürfnis nach Soziabilität erfüllt. Als Stabilisator der Gegenseitigkeit verkörpert er über und vor seiner ökonomischen Funktion primär die Beziehung zwischen Personen in Gegenständen, die dann nicht eigentlich als solche intendiert, sondern als Träger von Sozialbeziehungen heterogener Art gemeint sind (1).

Die mit der Entlastung einhergehende Hintergrundssicherheit für die Erfüllung virtueller Bedarfslagen, welche in institutionalisierten Formen der Arbeitsteilung und Tauschbeziehungen gründet, versucht sich durch das "Beisichbehalten" (2) bedürfniserfüllender Gegenstände und Mittel zu einer permanenten Bedürfnisdeckung zu perpetuieren. Diese Tendenz weist

---

1) Die Entwicklung des Geldes findet hier ihren anthropologischen Ursprungsort. Vgl. B. Laum, Heiliges Geld, Tübingen 1924; G. Schmölders, Geldpolitik, 2. Aufl., Tübingen 1968.

2) Der Begriff wurde in Anlehnung an H. Schelsky von A. Gehlen als anthropologische Kategorie eingeführt. Vgl. A. Gehlen, Urmensch und Spätkultur..., a.a.O., S. 51.

einen Weg, die Frage nach dem Ursprung des Eigentums, die im Zentrum der wirtschafts- und gesellschaftsordnungstheoretischen Diskussion steht und bis heute heftig kontrovers ist, in anthropologischer Durchleuchtung aus der ideologischen Begriffsverfestigung zu lösen. Durch die dem Menschen von seiner biologischen Konstitution aufgetragene Handlung, die den anthropologischen Grund der Arbeit legt, strukturiert er seine "Welt" und verleiht ihr dadurch eine ihm erst Dasein gewährende Form. In diesem Prozeß baut er sich in einer hochgradig symbolhaften Außenwelt die Garanten für die Hintergrundserfüllung seiner Bedürfnisse auf; er schafft sich in ihr die Möglichkeiten seiner Existenz. Diese vollzieht sich stets im Schnittpunkt zahlreicher Institutionen, welche sein Verhalten orientieren und stabilisieren.

Die anthropologischen Untersuchungen führen zu dem für die Grundlegung der sozialökonomischen Theorie wichtigen Fazit: Menschliches Handeln ist stets in die Bipolarität von verhaltensdestabilisierender Weltoffenheit und verhaltensstabilisierender Institutionengebundenheit eingespannt. Wenn also die sozialökonomische Theorie sich gegen den Vorwurf eines Rückfalls in historische Deskription durch Hinweis auf die Existenz von Verhaltenskonstanzen (1) und Verhaltenskonformitäten (1) als Bedingungen ihrer Möglichkeit wehrt, so ist in den beschriebenen Institutionen die anthropologische Wurzel beider Verhaltensstabilisatoren und folg-

---

1) Vgl. G. Schmölders, Ökonomische Verhaltensforschung, ORDO-Jahrbuch für Wirtschaft und Gesellschaft, a.a.O. Außerdem H. St. Seidenfus, Sozialökonomische Verhaltensforschung, Handwörterbuch der Sozialwissenschaften, 11. Bd., Göttingen 1961, S. 98.

lich der sozialökonomischen Theorie (1) schlechthin gefunden; denn die Wirkung der Institutionen besteht ja gerade darin, daß sie dieselben (Verhaltenskonstanz) oder verschiedene (Verhaltenskonformität) Menschen in bestimmten Konstellationen von der je erneuten Entscheidungsfindung "entlasten", indem sie ihr Verhalten stereotypisieren und stabilisieren. Die anthropologische Begründung der sozialökonomischen Theorie in verhaltensstabilisierenden Institutionen liefert zugleich Richtlinien für ihre wissenschaftstheoretische Systematisierung.

2.2 Die wissenschaftstheoretische Systematisierung der sozialökonomischen Theorie

Wie eng der Zusammenhang zwischen der anthropologischen Fundierung und wissenschaftstheoretischen Konzeptualisierung der ökonomischen Theorie ist, zeigt ein Blick auf die neoklassische Theorie.

Die Rezeption der hedonistisch-utilitaristischen Anthropologie, welche das dominante Verhaltensagens im individuellen Nutzenstreben sieht, schien durch die Verengung eines konstitutionell nicht festgelegten Verhaltens auf ein einziges Motiv, das sie in der bekannten Rationalverhaltenshypothese "in einem einprägsamen Prinzip" verdichtete, eine Verhaltensinvarianz zu garantieren, welche die formalisierte Entwicklung der Preistheorie, der Außenhandelstheorie, der Wachstumstheorie etc. ermöglichte. Eine solche

---

1) Den Zusammenhang zwischen Anthropologie und sozialökonomischer Verhaltensforschung zeigt auch: Beiträge der anthropologischen Wissenschaften zur empirischen Sozialökonomik, Forschungsbericht der Forschungsstelle für empirische Sozialökonomik (Prof. Dr. G. Schmölders), Köln 1960.

Prämisse, welche mit Hilfe einer atavistischen Psychologie die virtuelle Verhaltensvariabilität in das Prokrustesbett einer Nutzenmaximierung bei gegebenen Mitteln bzw. Aufwandsminimierung bei gegebenem Nutzen zwängt, gestattet zugleich die Entwicklung deterministischer Gesetzmäßigkeiten im Rahmen deduktiv-nomologischer Erklärungen (DN-Erklärungen), wie sie von Hempel (1) und Oppenheim (2) in ihren Anwendungs- und Adäquanzbedingungen beschrieben worden sind.

Dies zeigen einige auf sie angewandte DN-Erklärungen:

Explanans	Es mögen für ein Unternehmen x auf dem Bezugs- und Absatzmarkt die Bedingungen der vollständigen Konkurrenz herrschen. Unter diesen Bedingungen, zu denen wesentlich die in den Homogenitätsvoraussetzungen enthaltene Hypothese rationalen Verhaltens zählt, werden die Produktionsfaktoren mit ihren Grenzwertprodukten entlohnt.
Explanandum	Die im Unternehmen x beschäftigten Produktionsfaktoren a, ..., n werden mit ihren jeweiligen Grenzwertprodukten entlohnt.

---

1) Vgl. C.G. Hempel, Aspects of Scientific Explanation, New York - London 1965.
Ders., Deductive Nomological versus Statistical Explanation, in: H. Feigl,G. Maxwell,(Eds.), Minnesota Studies in the Philosophy of Science: Bd. III, Minnesota 1962.

2) Vgl. P. Oppenheim, C.G. Hempel, Studies in the Logic of Explanation, in: Philosophy of Science, Bd. 15 (1948), S. 135 - 175.

Dieses Beispiel aus der mikroökonomischen Verteilungstheorie, dessen produktionstheoretische Voraussetzungen einer konstanten Niveauelastizität und konstanter Skalenerträge als gegeben unterstellt seien, zeigt, daß mit der Rationalverhaltenshypothese und ihren utilitaristischen Begründungsversuchen zugleich der DN-Erklärungsansatz für diesen Fall und alle weiteren Fälle, in welchen sie als Antecedensbestandteil auftritt, zu verwerfen ist. Wenn nämlich die neuere anthropologische Forschung - wie dies gezeigt wurde - eine solche Verhaltensverengung, eben auf das Motiv der Nutzenoptimierung, als unhaltbar nachgewiesen hat, so setzt sie sich damit nicht in Widerspruch zu ihrer These der Verhaltensstabilisierung durch Institutionen; diese vermag nämlich niemals die in der konstitutiven Weltoffenheit gründende Verhaltensplastizität gänzlich zu unterdrücken. Der verteilungstheoretische DN-Erklärungsansatz verstößt folglich gegen die dritte Bedingung der Hempel-Oppenheimschen DN-Systematisierung, nach welcher das Explanans einen empirischen Gehalt besitzen muß.

Explanans	Auf dem Markt x herrsche vollständige Konkurrenz mit freiem Marktzugang. Sind auf einem Markt diese Bedingungen erfüllt, insbesondere auch die in der Annahme rationalen Verhaltens zum Ausdruck kommenden Homogenitätsbedingungen und die Markttransparenz, so stellt sich ein Preis ein, der den minimalen Durchschnittskosten und den Grenzkosten entspricht.
Explanandum	Auf dem Markt x deckt der erzielte Preis gerade die Grenzkosten und minimalen Durchschnittskosten.

Dieses bekannte Beispiel aus der neoklassischen Preistheorie zeigt einmal, daß die anthropologische Anfechtbarkeit der Rationalverhaltensannahme den gesamten preistheoretischen DN-Erklärungsversuch zu Fall bringt, da er gegen die Bedingung der empirischen Signifikanz der im Explanans benutzten Begriffe verstößt. Zugleich zeigt sich wieder die für neoklassische Hypothesen charakteristische inhaltliche Überbürdung des Antecedens im Verhältnis zum Consequens der Gesetzesaussage; dieses Verfahren reduziert in gleichem Maße den Gehalt der gesamten Aussage, wie es den des Antecedens im Verhältnis zum Consequens erhöht, und führt zusammen mit den empirisch nicht legitimierten Verhaltensannahmen in eine gegen die Erfahrung immunisierte Entscheidungslogik (1).

Nur für den wahrscheinlich äußerst seltenen Fall eines Rationalverhaltens, welches nicht nur entscheidungslogische, sondern darüber hinaus empirisch hinreichend bestätigte Prämisse ist, wäre die DN-Systematisierung bei Vorliegen ihrer anderen Voraussetzungen anwendbar; dann auch sind die deterministischen Aussagen der neoklassischen Theorie wissenschaftstheoretisch durch die DN-Erklärung beschrieben. Da-

---

1) Besonders eindrucksvoll in dieser Hinsicht ist die Bestimmung des simultanen gesamtwirtschaftlichen Gleichgewichts auf mikroökonomischer Grundlage, wie es zuerst von Walras formuliert worden ist. Die Darstellung seiner Antecedensbedingungen findet sich bei E. Scheele, Theorie der Einkommensverteilung, in: W. Ehrlicher, H. Jürgensen u.a. (Hrsg.), Kompendium der Volkswirtschaftslehre, Bd. 1, Göttingen 1967, S. 310 - 312.

mit wäre zugleich eine Prognose geliefert, da nach der strukturellen Gleichheitsthese des Hempel-Oppenheim-Modells der wissenschaftlichen Erklärung jede adäquate Voraussage eine potentielle Erklärung und jede adäquate Erklärung eine potentielle Voraussage darstellt; eine adäquate Voraussage eines Ereignisses nimmt nämlich dann Erklärungscharakter an, wenn sie nach seinem Eintritt vorgenommen wird und andererseits hat jede Erklärung eines Ereignisses Voraussagecharakter, wenn sie vor seinem Eintritt getroffen wird (1).

Die Kenntnis des Vergangenheitszustandes (t_o) eines von deterministischen Gesetzen beherrschten sozialökonomischen Systems A im Zeitpunkt t_1 einschließlich seiner Gesetze gestattet die Prognose des Systems für einen zukünftigen Zeitpunkt t_z allerdings nur, wenn A ein geschlossenes System darstellt, wenn also über die Anfangsbedingungen in t_o hinaus die gesamte Folge der zwischen t_o und t_z herrschenden Randbedingungen bekannt ist. Für neoklassische Erklärungsansätze müßten also neben den anderen Voraussetzungen die Rationalverhaltensprämissen nicht nur im Zeitpunkt t_o, sondern darüber hinaus innerhalb der Zeitstrecke t_o - t_z empirisch gegeben sein, damit die Erklärungen zugleich als Prognosen angewendet werden könnten.

1) Von den verschiedenen Einwänden gegen diese strukturelle Gleichheitsthese - Aussageargument, Wahrheitswertargument, Mannigfaltigkeitsargument, Ursachenargument, Gesetzesargument, Induktionsargument, Antizipationsargument, Deskriptionsargument, Notwendigkeitsargument - hat sich das Ursachenargument als der überzeugenste herausgestellt. Es behauptet, daß für wissenschaftliche Erklärungen stets Ursachen (Real-, Seinsgründe), für wissenschaftliche Voraussagen hingegen Erkenntnis- oder Vernunftgründe anzugeben seien. Vgl. W. Stegmüller, Wissenschaftliche Erklärung und Begründung..., a.a.O., S. 198.

Der Nachweis der anthropologischen Unhaltbarkeit der Rationalverhaltensannahme braucht nun freilich mit dem Verzicht auf die durch sie ermöglichte Verhaltensinvarianz keine theoretische Resignation zur Folge zu haben, da die verschiedenen verhaltensstabilisierenden Institutionen ebenfalls eine empirische Verhaltensstabilität erzeugen, welche generalisierende Gesetzesaussagen ermöglicht. Die kraft der weltoffenen Daseinsverfassung des Menschen stets mögliche Modifikation des durch Institutionen entlasteten und folglich stabilisierten Verhaltens erzwingt nun allerdings eine wissenschaftstheoretische Systematisierung der sozialökonomischen Theorie, welche im Explanans eine probabilistische Gesetzesaussage enthält. Da sozialökonomische Gesetzesaussagen wegen der ihnen zugrundeliegenden Verhaltensplastizität nicht deterministisch formuliert werden können, muß jede sozialökonomische Theorie probabilistisch konzeptualisiert werden (1). Es darf daher die Anwendung der induktiv-statistischen Systematisierung (IS-Systematisierung) (2) in der sozialökonomischen Theoriebildung als ein Fundamentalproblem der sozialwissenschaftlichen Methodologie bezeichnet werden.

---

1) Noch einmal ist in Erinnerung zu rufen, daß die Lösung des induktiv-statistischen Problems in der Beantwortung der Frage zu suchen ist, wie groß die induktive Wahrscheinlichkeit einer Hypothese aufgrund vorliegenden Beobachtungsmaterials ist. Der Grundbegriff der induktiven Logik ist demnach der Begriff der Wahrscheinlichkeit. Ähnlich ist die Situation in der deduktiven Logik; ihr Unterschied liegt darin, daß die Konklusio eines deduktionslogischen Schlusses mit derselben Sicherheit behauptet werden kann, mit welcher die Prämissen gelten. In beiden Fällen setzt also das logische Räsonnieren erst ein, wenn eine Hypothese mit Hilfe der Intuition, Erfindungsgabe etc. des Forschers schon formuliert ist.

2) Sie ist zu unterscheiden von deduktiv-statistischen Erklärungen, welche sich mit der Ableitung statistischer Gesetzmäßigkeiten aus anderen Gesetzes- ...

Diese wissenschaftstheoretische Systematisierung muß sich dabei gegen den Einwand wehren, hinter den statistischen Gesetzmäßigkeiten insbesondere der Geistes-, Kultur- und Sozialwissenschaften verberge sich in Wahrheit der Glaube an tiefere deterministische Gesetze (1), weshalb der wissenschaftliche Fortschritt die statistischen Gesetzmäßigkeiten sukzessive eliminieren und durch deterministische ersetzen müsse. Das große erkenntnistheoretische Verdienst der Quantenphysik besteht gerade in dem Nachweis, daß irreduzible

---

... aussagen befassen; ihre Prämissen und ihre Konklusion müssen also beide je ein statistisches Gesetz wesentlich enthalten. Große Verwirrung stiftet die Identifikation deduktiver Schlüsse mit solchen vom Allgemeinen zum Besonderen und induktiver Schlüsse umgekehrt mit solchen vom Besonderen zum Allgemeinen. Es gilt vielmehr im Einklang zu der im Text gegebenen Begriffsbestimmung: "Nicht bloß bei Beweisen von Lehrsätzen der deduktiven Logik, sondern auch bei solchen der induktiven Logik wenden wir implizit deduktive Verfahren an, wie sie üblicherweise in der Wortsprache Verwendung finden. So ist letztlich jedes Beweisverfahren auf irgendeinem Gebiet - auch auf dem der induktiven Logik - ein deduktives Verfahren." Während die deduktive Logik als L-Semantik aufgefaßt werden kann, läßt sich die induktive Logik in ihrer quantitativen Version als Theorie der Bestätigungsfunktionen c begreifen Vgl. R. Carnap, W. Stegmüller, Induktive Logik und Wahrscheinlichkeit, Wien 1959, S. 76 u. 77.

1) Eine präzise Formulierung des Determinismus-Prinzips unter Vermeidung der philosophisch arg vorbelasteten Begriffe Ursache und Wirkung hat R. Carnap, Einführung in die Symbolische Logik, Wien - New York 1968, S. 198 ff. geliefert:
Für jede Stelle x existiert eine Klasse A von Stellen, die x nicht enthält, derart, daß der Zustand in x bezüglich der endlichen, nicht leeren Klasse K von Zustandsgrößen determiniert ist durch den Zustand (bzw. die Zustände) in der Klasse der Raum-Zeit-Punkte A.

Formal:

$$\bigvee_K \bigwedge_x \bigvee_A \left\{ \text{Endl.}(K) \wedge \bigvee_y (y \in K) \wedge \neg (x \in A) \wedge \text{Det}(A,x,K) \right\}$$

statistische Gesetzmäßigkeiten existieren (1), welche a limine logisch mit jeder deterministischen Theorie, welche dieselben Phänomene zu erklären vorgibt wie jene, inkompatibel sind; damit wurde zum erstenmal die These des nur provisorischen Charakters statistischer Gesetzmäßigkeiten entkräftet und ihre methodologische Eigenständigkeit nachgewiesen.

Die Explikation der IS-Systematisierung sieht sich zunächst mit den logischen Schwierigkeiten des statistischen Syllogismus konfrontiert. Wird ein Individuum a, welches einer Klasse Y zugeordnet ist, aufgrund der statistischen Prämisse mit einem spezifizierten Wahrscheinlichkeitswert q der Klasse X zugewiesen, so existieren häufig noch andere Bezugsklassen Y', Y'', ... etc. des Individuums a, für welche in der Regel von q abweichende Wahrscheinlichkeiten q', q'', ... etc. der Zugehörigkeit zur Klasse X gelten.

---

1) Dies folgt aus der Heisenbergschen Unschärferelation, welche den experimentellen Beweis der prinzipiellen Unmöglichkeit einer gleichzeitigen, genauen Messung der Impuls- und Ortskoordinaten eines Teilchens geliefert hat. Aus der den Zustand eines Systems in t_1 beschreibenden ψ-Funktion in der Wellenmechanik (in der Matrizenmechanik leistet dies der Zustandsvektor im n-dimensionalen Hilbertraum) läßt sich mit Hilfe der Schrödinger-Gleichung "nur" eine solche ψ-Funktion für den Systemzustand in t_2 ermitteln, welche für jede Zustandsgröße Wahrscheinlichkeitsverteilungen liefert. Als logische Konsequenz des Unbestimmtheitsprinzips behaupteten Ph. Frank und M. Schlick die Sinnlosigkeit der Konjunktion zweier sinnvoller Aussagen unter gewissen Bedingungen; J. v. Neumann und G. Birkhoff, The Logic of Quantum Mechanics, in: Annals of Mathematics, 37, 1936, S. 823 - 843, hielten die Aufgabe des Distributivitätsgesetzes für erforderlich, während schließlich H. Reichenbach, Philosophische Grundlagen der Quantenmechanik, Basel 1949, den Versuch unternahm, die klassische zweiwertige durch eine dreiwertige Logik, für welche dann das Gesetz der klassischen Logik vom ausgeschlossenen Dritten nicht mehr gilt, zu ersetzen.

Ein Beispiel aus der empirischen Konsumforschung mag den Sachverhalt verdeutlichen:

Weniger als 5 % aller geäußerten Kaufpläne werden zu realisierten Käufen.

Individuum a hat einen Kaufplan geäußert.

Also ist es beinahe sicher, daß Individuum a seinen Kaufplan nicht realisiert.

Mehr als 85 % der von einer bestimmten sozioökonomischen Gruppe geäußerten Kaufpläne werden zu realisierten Käufen.

Individuum a, welches einen Kaufplan geäußert hat, gehört dieser sozioökonomischen Gruppe an.

Also ist es beinahe sicher, daß Individuum a seinen Kaufplan realisiert.

Bezeichnet man mit dem Symbol X die Kaufpläne und mit Y die getätigten Käufe, mit X' die Kaufpläne einer bestimmten sozioökonomischen Gruppe, mit Y' ihre getätigten Käufe, so lassen sich die logisch sich widersprechenden Syllogismen formal auch schreiben:

$P(X, Y) < 5\,\%$	$P(X', Y') > 85\,\%$
Ya	$Y'a$
Also ist fast sicher, daß $\neg Xa$.	Also ist fast sicher, daß $X'a$.

Es sei daran erinnert, daß dieser Widerspruch im Falle einer DN-Erklärung nie auftreten kann:

Entweder gilt

$$\bigwedge a\ (Xa \longrightarrow Ya)$$

$$\frac{Xa}{Ya}$$

oder

$$\bigwedge a\ (X'a \longrightarrow \neg Ya)$$

$$\frac{X'a}{\neg Ya}.$$

Ein statistischer Syllogismus läßt sich also jederzeit zu Fall bringen, wenn es gelingt, eine andere Bezugsklasse von a zu finden, für welche eine statistische Gesetzmäßigkeit gilt, welche derjenigen für die ursprüngliche Bezugsklasse widerspricht (1).

Die Auseinandersetzung mit den Problemen des statistischen Syllogismus, zugleich auch die Entwicklung der IS-Systematisierung, setzen eine Präzisierung des Wahrscheinlichkeitsbegriffes voraus. Seine Axiomatisierung innerhalb der mathematischen Wahrscheinlich-

---

1) Diesem Widerspruch fällt beispielsweise auch die Regel von M. Black, Self-Supporting Induction Arguments, in: The Journal of Philosophy, Bd. 55 (1958), S. 720, zum Opfer; sie behauptet, daß Elemente einer Klasse A, welche unter sehr heterogenen Bedingungen zur Klasse B gehörten, auch in Zukunft wahrscheinlich zu B gehören werden. Selbst wenn nach der Regel die Strenge, mit welcher die Konklusion behauptet wird, von der Zahl und Mannigfaltigkeit der bestätigenden Fälle abhängen müsse, ist mit dieser Forderung noch nicht das prinzipielle Problem des statistischen Syllogismus ausgeräumt.

keitstheorie (1) leistet nur eine partielle Explikation, da der in den statistischen Gesetzesaussagen verwendete Wahrscheinlichkeitsbegriff empirisch aufzufassen ist. Die Häufigkeitstheorie (2), welche die Wahrscheinlichkeit als relative Häufigkeit bzw. als deren Grenzwert bei unendlicher Bezugsklasse definiert und schwerwiegenden erkenntnistheoretischen Einwänden begegnet, tritt in einer theoretischen Interpretation (3) auf, welche den Begriff der statistischen Wahrscheinlichkeit als Konstrukt der theoretischen Sprache einführt und -

---

1) Wenn B eine nichtleere Klasse von Teilmengen des Stichprobenraumes Ω darstellt, welcher formaler Repräsentant eines durch bestimmte Voraussetzungen charakterisierten Zufallsexperimentes ist, so sind als Ereignisse die Elemente von B, sei es als Mengenkörper (der bezüglich endlicher Vereinigungs- und Komplementbildung abgeschlossen ist), sei es als σ-Körper (der darüber hinaus bezüglich unendlicher Vereinigungsbildung abgeschlossen ist) zu verstehen. Die im Mengenkörper (σ-Körper) möglichen und zulässigen Operationen stellen strukturisomorphe aussagenlogische (aussagenlogische und quantorenlogische) Verknüpfungen dar. (Ein in Bezug auf seine aussagenlogischen Verknüpfungen abgeschlossenes Aussagensystem bildet genau so wie ein Mengenkörper eine Boolesche Algebra.)
Wird nun einem Ereignis eine Wahrscheinlichkeit zugewiesen, so geschieht dies durch Bildung einer reellen Mengenfunktion über B, welche Wahrscheinlichkeitsfunktion heißt, wenn sie normiert, nicht negativ und additiv ist.

2) Sie wurde vertreten von R. v. Mises, Wahrscheinlichkeitsrechnung und ihre Anwendungen in der Statistik und theoretischen Physik, Wien 1931, 2. Aufl., New York, 1965; und H. Reichenbach, The Theory of Probability, Berkeley-Los Angeles, 1949.

3) Sie findet sich bei K.R. Popper, The Propensity Interpretation of the Calculus of Probability and the Quantum Theory, in: S. Körner, Observation and Interpretation: Proceedings of the Ninth Symposion of the Colston Research Society, New York - London, 1957; R.B. Braithwaite, Scientific Explanation, Cambridge, England, 1953; I.J. Hacking, Logic of Statistical Influence, Cambridge 1965; schließlich: R. Carnap, W. Stegmüller, Induktive Logik und Wahrscheinlichkeit, Wien 1959.

darin der Häufigkeitstheorie verwandt - sie über Häufigkeitsuntersuchungen überprüft und in einer Unbestimmtheitsinterpretation (1), welche Begriffen einer mathematisch präzisierten wahrscheinlichkeitstheoretischen Sprache Begriffe der empirischen Sprache zuordnet, über deren Vorliegen nicht mit Sicherheit entschieden werden kann.

Die Cramerschen Regeln zeigen den Sinn der Bezeichnung für diese Wahrscheinlichkeitsdeutung. Sie behaupten für ein statistisches Argument $p(X, Y) = q$ die approximative Identität der relativen Häufigkeit des Ereignisses X in einer langen Reihe von Wiederholungen des Zufallsexperimentes Y; ferner nehmen sie als praktisch sicher an, daß bei nur einmaliger Realisierung des Zufallsexperimentes Y und Gültigkeit des statistischen Argumentes $p(X, Y) < \alpha$ für ein sehr kleines positives α das Ereignis X nicht eintreten wird; falls jedoch das Argument $1-p(X, Y) < \alpha$ wieder für ein sehr kleines positives α bei ansonsten gleichen Voraussetzungen gilt, nehmen die Regeln als so gut wie sicher an, daß das Ereignis X eintreten wird. Die Cramerschen Regeln treffen diese Aussagen, ohne die Bedeutung der vagen Ausdrücke "approximativ", "in einer langen Reihe", "praktisch sicher", "so gut wie sicher" inhaltlich näher zu spezifizieren.

Die logische bzw. induktive Wahrscheinlichkeit ist der Fundamentalbegriff der induktiven Logik; sie untersucht die logischen Beziehungen zwischen Aussagen, während die statistische Wahrscheinlichkeit sich auf deren De-

---

1) Prominentester Vertreter dieser Auffassung ist H. Cramér, Mathematical Methods of Statistics, Princeton, 1946.

signata bezieht (1). Die logischen Schwierigkeiten des statistischen Syllogismus sind nun zum Teil auf eine Interpretation der Ausdrücke "so gut wie sicher", "mit hoher Wahrscheinlichkeit", "praktisch sicher" als modale Qualifikatoren der Konklusion zurückzuführen; werden sie dagegen als induktive Relationsprädikate begriffen, als Bestätigungsgrad einer Hypothese H relativ auf eine Aussage G, so ist die hohe induktive Wahrscheinlichkeit, welche wahre Prämissen einer Aussage verleihen, durchaus vereinbar mit einer niedrigen induktiven Wahrscheinlichkeit, welche andere, ebenfalls wahre Prämissen derselben Aussage zuweisen. Eine logische Inkompatibilität stellt sich nur ein, wenn diese Aussage in beiden Fällen modal qualifiziert statt relational interpretiert wird.

Der Bestätigungsgrad ist nun scharf von der im Explanans des IS-Argumentes auftretenden statistischen Wahrscheinlichkeit zu trennen. Während die Hypothese H die Konklusion des IS-Argumentes darstellt, meint die Aussage E die Antecedens-Bedingungen und die statistische Gesetzesaussage des Explanans, kurz, die Prämissen des IS-Argumentes. Es läßt sich die c-Funktion $c(H, E) = r$ unter Verwendung des IS-Argumentes dann so formalisieren

$$c\,(\,Xa,\ p\,(\,X, Y\,) > q \wedge Ya\,) > r$$

oder

---

1) Eine letzte Version, die subjektive Wahrscheinlichkeitsdeutung, welche häufig als höchster Wettquotient definiert wird, ist in diesem Kontext ohne Relevanz.
Vgl. dazu F.P. Ramsey, The Foundations of Mathematics and Other Logical Essays, London - New York, 1936.

$$\frac{\begin{array}{c} p(X, Y) > q \\ Ya \end{array}}{Xa} r$$

Die Regel S fordert entsprechend, eine c-Funktion müsse stets so konstruiert werden, daß für ein E von der Gestalt $p(X, Y) \geqq q \wedge Ya$ und ein H von der Gestalt Xa stets gilt:

$$c(H, E) = r.$$

Läßt sich der Bestätigungsgrad metrisieren, so liegt eine starke induktive Interpretation der IS-Systematisierung vor; ist nur eine komparative oder qualitative induktive Wahrscheinlichkeit möglich, so heißt die IS-Systematisierung schwachinduktiv.

Mit der Aufhebung des logischen Widerspruchs im statistischen Syllogismus ist nun freilich die schwierige Frage noch nicht beantwortet, welche von verschiedenen IS-Argumenten mit unterschiedlichen Prämissen, die einander widersprechenden Aussagen eine hohe induktive Glaubwürdigkeit verleihen,als IS-Erklärungen, die sich für ein Ereignis oder sein Gegenteil gleich gut anbieten würden und folglich als Ex-post-facto-Erklärung wissenschaftlich wertlos wären, oder als Prognoseargumente heranzuziehen sind, die dann vor der Schwierigkeit stehen, mit zwei gleich gut bestätigten Prämissenklassen ein zukünftiges Ereignis oder sein Gegenteil vorhersagen zu können.

Um diese "Mehrdeutigkeit der statistischen Erklärung" (Hempel) auszuschließen, erhebt Carnap (1), da ja das

1) Vgl. R. Carnap,Logical Foundations of Probability, Chicago, 1950, 2. Aufl., 1962.

in der DN-Systematisierung herrschende Prinzip der Invarianz logischer Schlüsse gegenüber Prämissenverstärkung bei IS-Argumenten keine Gültigkeit besitzt, die Forderung des "Gesamtdatums": Bei der erklärenden oder prognostischen Anwendung der IS-Systematisierung ist das gesamte für die Hypothese relevante und verfügbare Erfahrungswissen zugrundezulegen; darunter ist nicht nur das zu einem Zeitpunkt t existierende unbezweifelbare Wissen zu verstehen, sondern die Gesamtzahl der von den empirischen Wissenschaften zu diesem Zeitpunkt akzeptierten Propositionen, mithin auch hypothetische Annahmen, sofern ihnen versuchsweise Gültigkeit zuerkannt ist. In dieses "rationale Corpus" (1) sind also etwa innerhalb sozialökonomischer IS-Argumente zur Erklärung und Prognose des Konsumenten- und Unternehmerverhaltens auch jene antizipatorischen Verhaltensprädiktoren aufzunehmen, welche in der sozialpsychologischen Attitüdentheorie ihre mindestens hypothetische Erklärungs- und Prognoserelevanz für soziales Verhalten als "Einstellungen" nachgewiesen haben.

Das Carnap-Kriterium, welches die Probleme der Anwendung der IS-Systematisierung auf Erklärung und Prognose durch die Selektion des relevanten IS-Argumentes zu lösen beansprucht, stellt gleichwohl in der wissenschaftlichen Praxis ein recht unbequemes, streng genommen unmöglich durchzuführendes Verfahren dar, da die Überprüfung des gesamten überprüfbaren Erfahrungswissens auf seine Relevanz für eine Hypothese um so aufwendiger und zeitraubender ist, je potentiell umfangreicher sich jenes "rationale Corpus A_t" heraus-

---

1) Ein Terminus von H.E. Kyburg, Probability and the Logic of Rational Belief, Middleton, Conn., 1961.

stellt; dies würde sich auch dann nicht ändern, wenn der Begriff des Bestätigungsgrades in einem System der induktiven Logik für Sprachen definiert wäre, in welchem sich die statistischen Hypothesen, wie sie üblicherweise im Explanans eines IS-Argumentes auftreten, formulieren ließen. Gleichwohl bleibt das Carnap-Kriterium eine heuristische Maxime für eine Anwendungsregel der IS-Systematisierungen, welche die möglichen Bezugsklassen, denen ein Individuum angehört, nach ihrer Informationsschärfe strukturiert. Hempel (1) hat mit der Regel der maximalen Bestimmtheit versucht, ein Verfahrenskriterium zu entwickeln, welches mittels Teilklassenbeziehungen die Bezugsklassen nach ihrer unterschiedlichen Informationsschärfe zu ordnen gestattet, oder - falls solche Einschlußverhältnisse nicht existieren - eine in den Ursprungsbezugsklassen enthaltene neue Bezugsklasse mit einem neuen statistischen Gesetz aufsucht: Eine induktiv-statistische Systematisierung der Form

$$p\ (\ X,\ Y\ )\ =\ q$$

$$\frac{Y\ a}{X\ a}\ r$$

heißt rational annehmbar mit Bezug auf das rationale Corpus A_t genau dann, wenn gilt:

> Sofern aus der Konjunktion α (2) $\wedge$ β (3) logisch folgt, daß eine Klasse Y' existiert, so daß Y'a und $Y' \subset Y$, folgt logisch zwingend aus $\alpha \wedge \beta$ ein statistisches Gesetz p(X,Y') = s;

1) C.G. Hempel, Deductive-Nomological versus Statistical Explanation, in: H. Feigl and G. Maxwell, Minnesota Studies..., a.a.O., S. 146.

2) α stelle die Konjunktion der Prämissen der Systematisierung dar.

3) β symbolisiere die Konjunktion aller Elemente aus A_t.

ferner muß entweder gelten $s = r$,
oder $p(X, Y') = s$ stellt ein Theorem der mathematischen Wahrscheinlichkeitstheorie dar (1).

Die IS-Systematisierung läßt sich im Sinne einer stärkeren zeitlichen Invarianz von dieser "epistomologischen Relativität" (Hempel) auf A_t nur lösen und folglich an das DN-Prinzip der Invarianz logischer Schlüsse gegenüber Prämissenverstärkung approximieren (2), wenn die Aussage β in der Hempel-Regel wahr und die Existenz der Klasse Y' sowie das statistische Gesetz $p(X, Y') = s$ aus der Konjunktion von $\alpha \wedge \beta$ logisch nicht zu folgen brauchen.

Neben ihrer doppelten Relativität auf A_t und den Prämissen des statistischen Argumentes unterscheiden voneinander abweichende c-Funktionen, welche ihre Anwendung auf verschiedene Explananda und auf deren Konjunktion liefert, die IS- von der DN-Systematisierung (3).

Die Hempel-Regel ist allerdings nur dann ein Entscheidungskriterium für rivalisierende IS-Argumente, wenn ihre Prämissen je ein nomologisches Prädikat enthalten und kein Vollsatz eines solchen Prädikates bezüglich nicht definierter Gegenstandsnamen logisch wahr ist;

---

1) Zu beachten bleibt, daß das Kriterium vor den statistischen Gesetzen, insofern sie Theoreme der mathematischen Wahrscheinlichkeitstheorie darstellen, versagt, da stets ein statistisches Gesetz mit einem von r abweichenden Wert existiert, welches außerdem noch die beiden von der Hempel-Regel geforderten Bedingungen erfüllt. Solche Theoreme sind deshalb auszunehmen.
2) Im Gegensatz zu einer relativ auf A_t rational annehmbaren IS-Systematisierung spricht Stegmüller in diesem Falle von der objektiven Zulässigkeit der Anwendung einer IS-Systematisierung.
3) Dies macht auch das Multiplikationstheorem der Wahrscheinlichkeitstheorie deutlich, welches verschiedenen Ereignissen eine höhere Wahrscheinlichkeit zuweist als ihrer Konjunktion.

außerdem darf weder das Bezugsprädikat Y noch das Ereignisprädikat X einer statistischen Wahrscheinlichkeitsaussage p (X, Y) = q aus rein logischen Gründen eine endliche Extension besitzen (1), wenn anders eine statistische Aussage Gesetzescharakter aufweisen soll.

Induktiv-statistische Argumente mit widersprechenden Konklusionen lassen sich freilich durch diese Verschärfung und Erweiterung des Hempel-Kriteriums nicht ausschließen, da es nur jenen auf Xa bezogenen maximal bestimmten Prädikaten (2), die Y L-implizieren, Beschränkungen auferlegt; diese sind daher auf alle maximal bestimmten Prädikate zu erweitern, die sich auf Xa beziehen. Die modifizierte Fassung des Hempel-Kriteriums behauptet also, daß für ein Prädikat Z, welches entweder ein auf Xa von A_t bezogenes maximal bestimmtes Prädikat darstellt, oder stärker als Y und statistisch relevant ist für Xa in A_t, A_t eine gesetzesartige elementare statistische Aussage

$$p\ (X, Z) = q$$

enthält.

Es soll folglich ein induktiv statistisches Argument

$$\frac{\begin{array}{c} p\ (X, Y) = q \\ Ya \end{array}}{Xa}\ [q]$$

---

1) Diese Präzisierung des Hempel-Kriteriums stammt von G.J. Massey, Hempel's Criterion of Maximal Specifity, in: Philosophical Studies, Bd. XIX, 3, 1968, S. 43 - 47; W.C. Humphreys, Statistical Ambiguity and Maximal Specifity, in: Philosophy of Science, Bd. 35, 1968, S. 112 - 115.

2) Ein Prädikat heißt ein auf Xa von A_t maximal bestimmtes Prädikat, wenn es
a) mit einer Konjunktion von Prädikaten, die für Xa in A_t statistisch relevant sind, L-äquivalent ist,
b) weder X noch $\neg$X L-impliziert und ...

eine relativ auf die Wissenssituation A_t rational annehmbare IS-Erklärung genannt werden, wenn

a) A_t sowohl die Prämissen als auch die Konklusion des Argumentes enthält,

b) q nahe bei 1 liegt,

c) die statistische Wahrscheinlichkeitsaussage gesetzesartig ist und schließlich

d) die Voraussetzungen des modifizierten Hempel-Kriteriums erfüllt sind.

Alternative, in diesem Sinne rational annehmbare IS-Erklärungen lassen sich nun entweder nach ihrer komparativen Erklärungsstärke (1) für einen Zustand bzw. ein Ereignis oder nach ihrem Wirkungsgrad für verschiedene mögliche Zustände bzw. Ereignisse qualifizieren. Steht für sie nur eine Erklärung zur Verfügung, besitzt diese also die größte komparative Stärke, so entscheidet über ihren prognostischen Wert allein ihr Wirkungsgrad.

Ist dieser Wirkungsgrad sehr hoch, wird der prognostizierte Zustand (oder das prognostizierte Ereignis)

... c) kein anderes Prädikat existiert, das stärker ist als X und die Bedingungen (a) und (b) erfüllt; ein Prädikat soll dabei stärker als X heißen, wenn es X L-impliziert, ohne selbst durch X L-impliziert zu sein.

1) Es mögen etwa zur Erklärung der Tatsache, daß X die Eigenschaft a besitzt, vier relevante Alternativen aus A_t zur Verfügung stehen:

I $p(X,Y_1) = r \wedge Y_1a$

II $p(X,Y_2) = s \wedge Y_2a$

III $p(X,Y_3) = t \wedge Y_3a$

IV $p(X,Y_4) = u \wedge Y_4a$

Ferner herrsche die Beziehung $s > r > u > t$; wenn die Regel S, welche die Identifikation der induktiven mit der statistischen Wahrscheinlichkeit gestattet, gilt, stellt II die komparativ ...

mit höherer Wahrscheinlichkeit erwartet als die Gesamtheit der konkurrierenden Zustände oder Ereignisse ($q > \frac{1}{2}$), so liegt eine probabilistische Prognose im starken Sinne vor. Wird das zukünftige Ereignis gar so gut wie sicher angenommen, sind also die Cramerschen Regeln und das Hempel-Kriterium erfüllt (1), spricht man von einer statistischen Prognose im scharfen Sinne.

Eine probabilistische Prognose im schwachen Sinne schließlich impliziert ein q, welches größer ist als die Wahrscheinlichkeit irgendeiner der konkurrierenden Möglichkeiten.

Die IS-Systematisierung ist nun nicht nur für die Beurteilung statistischer Hypothesen (aufgrund bisheriger Beobachtungsdaten) und ihre prognostische Anwendung relevant (2), mit ihrer Hilfe lassen sich außerdem Regeln für rationale Schlüsse entwickeln (3). Insbeson-

---

... stärkste Begründung für Xa dar. Nehmen r, s, t und u numerische Werte an, so läßt sich die komparative Erklärungsstärke durch die Differenz der induktiven Wahrscheinlichkeiten metrisieren.

1) In dieser prognostischen Anwendung der IS-Systematisierung tritt auch jene Inkonsistenz der IS-Erklärung nicht auf, welche dadurch entsteht, daß das Explanandum selbst zu A_t gehört; das Carnap-Prinzip, welches wegen seiner Stringenz verworfen werden mußte, würde folglich für IS-Prognosen ein Idealprinzip darstellen, falls eine induktive Logik für solche Sprachen entwickelt werden könnte, in denen statistische Hypothesen formulierbar sind.

2) In einer Paraphrase eines bekannten Ausspruches von Kant hat Carnap dies einmal so ausgedrückt: "Induktive Logik ohne Beobachtungen ist leer, Beobachtungen ohne induktive Logik sind blind."

3) Carnap hat hier interessante Isomorphien zwischen der Theorie des Bestätigungsgrades und der neoklassischen Grenznutzentheorie aufgedeckt; beide gehen nämlich von zweckrationalen Handlungsweisen aus. Vgl. R. Carnap, W. Stegmüller, Induktive Logik..., a.a.O., S. 106.

aber scheinen die Schätz- und Prüfverfahren der mathematischen Statistik innerhalb einer hinreichend entwickelten Theorie des Bestätigungsgrades auf den Begriff der logischen Wahrscheinlichkeit zurückführbar zu sein (1).

Damit ist der Bogen von der anthropologischen über die von ihr vorgezeichnete wissenschaftstheoretische Grundlegung der sozialökonomischen Theorie bis zu den von dieser wieder aufzubauenden Verfahren der statistischen Inferenz gespannt, welche unmittelbar in die Probleme der ökonometrischen Theorie hineinführen. Der Fortgang der weiteren Untersuchung wird daher von der Frage bestimmt, ob mit der Ökonometrie, so wie sie in der wirtschaftswissenschaftlichen Forschung Gestalt angenommen hat, jener Typ der sozialökonomischen Theorie gefunden ist, der in den beschriebenen anthropologischen und wissenschaftstheoretischen Konturen vorgezeichnet ist.

---

1) Vgl. W.K. Essler, Induktive Logik, Grundlagen und Voraussetzungen, Freiburg, München 1970, S. 85. Außerdem: W. Stegmüller, Probleme und Resultate der Wissenschaftstheorie und analytischen Philosophie; Bd. IV, Personelle und statistische Wahrscheinlichkeit, zweiter Halbband: Statistisches Schließen, Statistische Begründung, Statistische Analyse, Teil III, Die logischen Grundlagen des statistischen Schließens; Berlin, Heidelberg, New York 1973.
Der Verfasser beabsichtigt, den Zusammenhängen zwischen der Bestätigungs-, der Inferenz- und statistischen Entscheidungstheorie (wie sie sich etwa auch in den Verfahren der Bayes-Analysis zeigen lassen) in späteren Veröffentlichungen gesondert nachzugehen, da sie für die wissenschaftstheoretische Grundlegung der sozialökonomischen Theorie von ausschlaggebender Bedeutung sind.

3. Die Konvergenz von sozialökonomischer Verhaltensforschung und Ökonometrie

Diese Vermutung scheint sich zunächst anzubieten, da die Ökonometrie die Entwicklung und Anwendung der Verfahren statistischer Inferenz auf ökonomische Gesetzeshypothesen zum Gegenstand hat (1); ihre Problemstellung ist dann eine zweifache:

Zunächst versucht sie zu ermitteln, ob die wahre Struktur (2) zur Menge der zulässigen Strukturen (3) gehören kann, um sie dann innerhalb dieser Menge möglichst genau zu lokalisieren (4). Die wissenschaftliche Lei-

---

1) Fast alle Lehrbücher der Ökonometrie behandeln nahezu ausschließlich die statistischen Inferenzmethoden, insbesondere Verfahren der Parameterschätzung. Vgl. E. Malinvaud, Statistical Methods of Econometrics, Amsterdam 1966; P. Schönfeld, Methoden der Ökonometrie, Bd. 1 und Bd. 2, Berlin, Frankfurt 1969, 1972

2) Unter Struktur eines Modells versteht die Ökonometrie "die Gesamtheit von Relationen und Festlegungen, durch welche die gemeinsame Wahrscheinlichkeitsverteilung aller endogenen Variablen unter der Bedingung gegebener Werte der exogenen Variablen eindeutig bestimmt ist" (P. Schönfeld, Methoden der Ökonometrie..., a.a.O., S. 11), wobei das Modell die a priori verfügbaren Informationen und Vermutungen über die ökonomischen und stochastischen Eigenschaften des untersuchten sozialökonomischen Phänomens in a priori spezifizierten stochastischen Hypothesen verdichtet.

3) Eine zulässige Struktur des Modells ist eine solche, die mit allen getroffenen Modellannahmen kompatibel ist.

4) In aller Regel wird die Gültigkeit der fundamentalen Arbeitshypothese, daß nämlich die wahre Struktur zur Menge der zulässigen Strukturen gehört, einfach unterstellt; alle statistischen Inferenzverfahren setzen sie voraus.

stungsfähigkeit der ökonometrischen Forschung (1) ruht folglich auf der Bildung potentiell erklärungs- und prognosekräftiger Hypothesen sowie der Spezifikation ihres Bestätigungsgrades aufgrund vorliegender Beobachtungsdaten. Nun hat die Entwicklung der mathematisch-statistischen Inferenzverfahren, deren Kenntnis freilich Voraussetzung für die Formulierung stochastischer sozialökonomischer Gesetzeshypothesen ist (2), stets im Mittelpunkt der ökonometrischen Forschung gestanden, während nicht nur die Formulierung virtuell erklärungskräftiger Hypothesen, sondern auch die Entwicklung von Instrumenten für die Bereitstellung der zur Überprüfung des Bestätigungsgrades notwendigen empirischen Beobachtungsdaten allzu kurz gekommen sind.

---

1) Die wissenschaftstheoretische Qualifikation der Ökonometrie durch Pfromm, der in ihr aus der Sicht der Popperschen Falsifikationstheorie weder Deskription noch Theorie zu sehen vermag, kann nicht überzeugen; insbesondere läßt die Identifikation der ökonometrischen Verfahrensweise mit statistischer Verallgemeinerung das alte Mißverständnis der induktiv-statistischen Systematisierung als Schluß "vom Besonderen aufs Allgemeine" erkennen. Die Unhaltbarkeit der Pfrommschen Argumentationsweise scheint auch Clauß gesehen zu haben: "Die Begründung der These, Ökonometrie sei 'weder Theorie noch Empirie' mit der Wissenschaftstheorie Poppers dürfte die Mehrheit der Wirtschaftsforscher kaum überzeugen können", oder: "Die Wissenschaftstheorie Poppers kann somit nicht dazu benutzt werden, den Anspruch ökonometrischer Verfahrensweisen, daß sich - mit ihrer Hilfe (Verf.) - eindeutigere Erklärungen für historische Entwicklungsprozesse finden ließen, global widerlegen zu wollen." Vgl. F.J. Clauß, Unbestimmbarkeit in Natur- und Sozialwissenschaften-Vom Unterschied zwischen naturwissenschaftlicher und sozialwissenschaftlicher Forschungslogik, skizziert an elementaren Problemen weltwirtschaftlicher Konjunktur- und Wachstumsforschung, Ifo-Studien, Zeitschrift des Ifo-Instituts für Wirtschaftsforschung, 18. Jg., 1972, Heft 2, Berlin - München 1972, S. 439 ff. (Zitate S. 450 und 455); außerdem H. Pfromm, Ökonometrie II, Weder Theorie noch Empirie, in: Wirtschaftswoche; Der Volkswirt, Nr. 44, 1971.

2) Vgl. P. Schönfeld, Ökonometrie..., a.a.O.,S. 1,2.

Die Gefahr, welche in dieser einseitigen und wissenschaftstheoretisch unhaltbaren Akzentuierung der ökonometrischen Forschung verborgen liegt, wird in vielen Enttäuschungen manifest (1), denen die in die prognostische Leistungsfähigkeit ökonometrischer Modelle gesetzten Erwartungen ausgesetzt waren. Darauf hat Schmölders schon vor längerer Zeit hingewiesen: "Sollen Konjunkturtheorie und Wachstumstheorie mit Hilfe der Ökonometrie künftige Entwicklungen prognostizieren, so müssen sie allerdings stets von bestimmten Annahmen über das Verhalten der Wirtschaftssubjekte ausgehen, beispielsweise von einer Hypothese darüber, welcher Teil eines zusätzlichen Einkommens gespart wird und welche Investitionsbereitschaft dieser Ersparnis gegenübersteht; von der Richtigkeit dieser Hypothese hängt die Richtigkeit der ganzen Prognose ab. Es bleibt erstaunlich, in welch großem Maße sich die Ökonometriker bei der Aufstellung ihrer Hypothesen auf eine bloße statistische Extrapolation der bisherigen Entwicklung zu stützen pflegen ... überall werden Diagnosen und Prognosen auf Verhaltenshypothesen gestützt, die - wenn überhaupt - nur eine schwache empirische Basis besitzen, woraus für die Prognose um so verhängnisvollere Folgen entstehen müssen, auf je speziellere Bereiche und Vorgänge sie sich bezieht." (2)

---

1) Vgl. Bad Year for Econometrics, Business Week, Dec.20, 1969, S. 36 ff.
2) G. Schmölders, Geschichte der Volkswirtschaftslehre, Reinbek b. Hamburg 1962, S. 123 f.
G. Poser, Der Beitrag der Konsumforschung zur Diagnose und Prognose konjunktureller Entwicklungen, München, Mannheim 1969, S. I: "Die Verbesserung von ex-ante-Prognosen hängt in hohem Maße ebenso von der Möglichkeit ab, ökonomische Hypothesen neu zu formulieren. Im Hinblick auf diese Neuformulierungen werden große Erwartungen in die Einbeziehung von Ergebnissen der empirischen Verhaltensforschung gesetzt."

Dieses Diktum des Begründers der sozialökonomischen Verhaltensforschung findet sein aufschlußreiches Analogon bei führenden Ökonometrikern. Symptomatisch für dieses zunehmend kritische Bewußtsein der herkömmlichen Ökonometriker ihren eigenen Forschungskonventionen gegenüber war das Eröffnungsreferat von Leontief auf der 38. Tagung der American Economic Association (1). Schon einige wenige Zitate zeigen die Notwendigkeit einer empirischen Fundierung der ökonometrischen Forschung. Leontief konstatierte die "weak and all too slowly grown empirical foundation... of pure, or should I say, speculative economic theory" (2) und sieht wie Schmölders, daß "it is precisely the validity of these assumptions, on which the usefulness of the entire exercise (sc. substantive conclusions from model building) depends. What is really needed, in most cases, is a very difficult and seldom very neat assessment and verification of these assumptions in terms of observed facts. Here mathematics cannot help" (3). Er geht sogar soweit, die ökonometrische Forschung, so wie sie sich entwickelt hat, zu kennzeichnen als "an attempt to compensate for the glaring weakness of the data base available to us by the widest possible use of more and more sophisticated statistical techniques" (4).

Hart geht Leontief mit der sterilen, da empirisch irrelevanten Modellhypertrophie ins Gericht: "In no other field of empirical inquiry has so massive and sophisticated a statistical machinery been used for indifferent

---

1) gehalten am 29. 12. 1970 in Detroit.
2) W. Leontief, Theoretical Assumptions and Nonobserved Facts, in: The American Economic Review, Vol.LXI, 1971, No. 1, S. 1.
3) Ders., Theoretical Assumptions..., a.a.O., S. 2.
4) Ders., Theoretical Assumptions..., a.a.O., S. 2.

results. Nevertheless, theorists continue to turn out model after model and mathematical statisticians to devise complicated procedures one after another. Most of these are relegated to the stockpile without any practical application" (1). Als mögliche Ursachen einer solchen ökonometrischen Forschungsrichtung sind nach Leontief verantwortlich zu machen: "Continued preoccipation with imiginary, hypothetical, rather than with observable reality has gradually led to a distorsion of the informal valuation scale... Empirical analysis, according to this scale, gets a lower rating than formal mathematical reasoning... A natural Darwinian feedback operating through selection of academic personnel contributes greatly to the perpetuation of this state of affairs" (2).

Auch L. Klein sieht den Fortschritt der ökonometrischen Wissenschaft mehr durch intensivierte empirische Forschung als durch die Weiterentwicklung der ohnehin schon ungleich weiter vorangetriebenen mathematisch-statistischen Forschung gewährleistet: "The building of institutional reality into a priori formulations of economic relationships and the refinement of basic data collection have contributed much more to the improvement of empirical econometric results than have more elaborate methods of statistical inference. I look towards improvements in precision of econometric judgements of the order of magnitude of fifty per cent as a result of a better knowledge of the functionning of economic institutions, through the use of new

1) W. Leontief, Theoretical Assumptions..., a.a.O., S. 3.
2) Ders., Theoretical Assumptions..., a.a.O., S. 4.

measurement on variables and through the use of more accurate data. In contrast, I would expect marginal improvement of five or ten per cent through the use of more powerfull methods of statistical inference"(1).

Unter den möglichen Ursachen für das explikative und prognostische Scheitern ökonometrischer Modelle (2) hebt auch Kade (3) insbesondere die Hypothesenfehler hervor, die dadurch entstehen, daß entweder stark vereinfachte Hypothesen im Hinblick auf Zahl und Art der berücksichtigten Variablen benutzt werden oder raumzeitlich zu stark begrenzte Informationen zur Koeffizientenschätzung herangezogen oder schließlich zu stark simplifizierte Funktionsformen zugrundegelegt wurden (4).

---

1) L.R. Klein, Single Equation versus Equation System Methods of Estimation in Econometrics, in: Econometrica, Vol. 28, 4, Oct. 1960, S. 867.
   Allerdings klingt auch bei Klein ein wenig das Vorurteil an, welches Leontief für die einseitige ökonometrische Forschungsrichtung verantwortlich macht: "If econometric results are today more useful than in the past, this is only partly result of the particular method of estimation but much more significantly a product of painstaking research of a more pedestrian (sic!Verf.) nature" (L.R. Klein, Single Equation..., a.a.O., S. 867).
2) Darunter fallen:
   a) Fehler in den Prognosen exogener Variablen,
   b) Fehler in den Schätzdaten,
   c) Fehler in den der ökonomischen Theorie entlehnten Hypothesen des ökonometrischen Modells,
   d) Fehler in den Widerlegungsdaten.
3) Vgl. G. Kade, Zur Methodologie wirtschaftlicher Prognose, Vortrag, gehalten auf der Jahrestagung des Bundesverbandes Deutscher Marktforscher e.V., Wiesbaden,28. - 30. April 1971.
4) Das damit angesprochene ökonometrische Fundamentalproblem der Strukturstabilität wird später aufgegriffen.

Die wichtigste Ursache für die zunehmend "empirische Erblindung" der ökonometrischen Forschung sieht Meißner (1) in der Rezeption des (neo-)klassischen Gleichgewichtskonzepts, auf welches sich die Abschließung von Verhaltensgleichungssystemen über Identitäten beruft (2). Auch hier erscheint also die fundamentale Schwäche der ökonometrischen Forschung im Bereich der Hypothesenbildung. Meißner hat deshalb versucht, den Informationsgehalt der ökonometrischen Hypothesen, der sich in der Struktur der Koeffizientenmatrix niederschlägt, informationstheoretisch zu messen (3); er liegt zwischen der vollkommenen Interdependenz Walras'schen Typs einerseits, welche eine Identifikation nicht mehr gestattet und einen unbeschränkten Informationsgehalt der Hypothesen impliziert, und einer strengen Rekursivität (4) andererseits, durch deren implizite Kausalstruktur den Hypothesen gewisse Beschränkungen auferlegt sind; der Informationsgehalt (5) der Hypothesen läßt sich folglich als Funktion (6) des Identifikationsgrades und der Kausalstruktur derart auffas-

---

1) W. Meißner, Ökonometrische Modelle, Rekursivität und Interdependenz aus der Sicht der Kybernetik, Berlin 1971, S. 25.

2) Im Hintergrund solcher Gleichgewichtssituationen steht dabei stets die oft apologetische Identifikation von Gleichgewicht und Optimalität.

3) Vgl. W. Meißner, Ökonometrische Modelle..., a.a.O., S. 58 ff.

4) Im Gegensatz zu einem interdependenten Modell, welches in der Regel durch Gleichgewichtsbedingungen abgeschlossen ist, gestatten rekursive Modelle eine Anordnung des Gleichungssystems derart, daß die sukzessive (und nicht wie im interdependenten Fall simultane) Lösung der Gleichungen nach Auflösung der je vorangegangenen Gleichung möglich ist; es existiert in diesem Falle also eine durchlaufende Kausalstruktur, weshalb solche Modelle, die nur Verhaltensgleichungen enthalten, auch "causal chain systems" genannt werden.

5) Er steht in direktem Zusammenhang zu den Schätzverfahren: Strukturell-kausale (rekursive) Systeme lassen sich nach OLS ("ordinary least squares"), interdependente Systeme je nach Identifikationsgrad nach TSLS ("two stages least squares"), LIML ("li-
...

sen, daß mit zunehmender Identifikation und Rekursivität der Informationsgehalt wächst. Unter den interdependenten ökonometrischen Systemen sind es insbesondere die nach dem Vorbild des neoklassischen Gleichgewichtsmodells durch formale Identitäten abgeschlossenen Gleichgewichtssysteme (1), durch welche der Informationsgehalt ihrer Hypothesen reduziert wird (2).

---

mited information maximum likelihood") oder FIML ("full information maximum likelihood") schätzen.

6) Vgl. im einzelnen W. Meißner, Ökonometrische Modelle..., a.a.O., S. 64 ff.

1) Zu beachten bleibt, daß Definionen, welche formal den Identitäten gleichen, nicht das Gleichgewichtspostulat in die Modellbildung hineintragen.

2) Meißner versuchte, den Informationsgrad zunächst über das klassische Entropie-Konzept, wie es von Theil auf die Überprüfung des Informationsgehaltes von Input-Output-Matrizen angewandt wurde, dann über ein von Gelfaud und Jaglom entwickeltes informationstheoretisches Verfahren zu messen; in Anwendung der Informationsfunktion für zwei normalverteilte Zufallsvariablen α, β

$$I(\alpha, \beta) = \frac{1}{2} \log \frac{\det A \, . \, \det B}{\det C},$$

wobei A, B und C die Koeffizientenmatrizen von α, β und $\gamma = (\alpha, \beta)$, auf die stochastischen Eigenschaften interdependenter und rekursiver Modelle ließen sich deren Informationsgrade relativ zu den von ihrer Struktur vorgegebenen Beschränkungen des formalen Spielraums der Hypothesen vergleichen.
Vgl. W. Meißner, Ökonometrische Modelle..., a.a.O., S. 68 ff.
Außerdem H. Theil, Economics and Information Theory, Amsterdam 1967.
Schließlich I.M. Gelfaud, A.M. Jaglom, Über die Berechnung der Menge an Information über eine zufällige Funktion, die in einer anderen zufälligen Funktion enthalten ist, in: Arbeiten zur Informationstheorie, Bd. II, VEB Deutscher Verlag der Wissenschaften, Berlin 1958.
Meißners Fazit fordert eine wissenschaftstheoretisch erzwungene Kritik an den der neoklassischen Tradition entlehnten Gleichgewichtsmodellen in der Ökonometrie und eine Hinwendung zu rekursiven oder wenigstens solchen interdependenten Modellen, welche ihren Hypothesen Beschränkungen ihrer Aussagespielräume auferlegen.

Dieser von Verhaltensforschern und Ökonometrikern gleichermaßen diagnostizierte Mangel der ökonometrischen Forschung weist zugleich den künftigen sozialökonomischen Forschungsbemühungen ihre Richtung: "... it will be necessary to read unhesitatingly beyond the limits of the domain of economic phenomena as it has been staked out up to now ... The pursuit of a more fundamental understanding of the process of production inevitably leads into the area of engineering sciences. To penetrate below the skin-thin surface of conventional consumption functions, it will be necessity to develop a systematic study of the structural characteristics and of the functioning of households, an area in which description and analysis of social, anthropological and demographic factors must obviously occupy the center of the stage" (1).

Hier ist genau die für die anthropologisch und methodologisch erzwungene Modifikation der ökonometrischen Hypothesenbildung notwendige interdisziplinäre Forschung angesprochen, welche sich stets aller anthropologischen Wissenschaften bedient und von Anfang an im Mittelpunkt der Erkenntnisbemühungen der sozialökonomischen Verhaltensforschung gestanden hat; nur sie nämlich vermag die simplifizierten Verhaltenshypothesen, von welchen die ökonometrischen Funktionalbeziehungen ausgehen, hinsichtlich ihrer empirischen Relevanz in Frage zu stellen und durch wirklichkeitsnähere Beziehungen zu ersetzen.

Nur die sozialökonomische Verhaltensforschung vermag mit anderen Worten der Ökonometrie zu einer "... healthy balance between theoretical and empirical analysis..."(1)

---

1) W. Leontief, Theoretical Assumptions..., a.a.O., S. 4 f.

zu verhelfen und die "... effectiveness of a systematic combination of theoretical approach with detailed factural analysis..." (1) zu gewährleisten, so daß "statistical inference becomes a complement, not a substitute for empirical research..." (1).

Die wissenschaftstheoretische Notwendigkeit einer Integration der Ökonometrie mit der sozialökonomischen Verhaltensforschung wird besonders auch von G. Brinkmann hervorgehoben, der in dem Rekurs auf disaggregierte Beziehungen die Möglichkeit sieht, komplexere Verhaltensfunktionen zu formulieren, in welche auch Variable Eingang finden, die in den Gegenstandsbereich anderer Sozialwissenschaften gehören: "Außer den in Geld meßbaren Größen dürfte es notwendig sein, andere Größen in die Modelle aufzunehmen, die das Verhalten der Wirtschaftssubjekte und ihre Motivation beschreiben. Die Ökonometrie müßte also eine Verbindung mit der Verhaltensforschung, diese eine Verbindung mit der Ökonometrie eingehen" (2).

Ehe nun an einem System konjunktureller Kurzfristprognose der Ansatz für eine solche Integration vorgestellt wird, in welcher wir den Typ sozialökonomischer Theorie erblicken, der uns durch die anthropologischen und wissenschaftstheoretischen Untersuchungen vorgezeichnet

---

1) W. Leontief, Theoretical Assumptions..., a.a.O., S. 5.
2) G. Brinkmann, Zur Wissenschaftstheorie der Ökonometrie, in: Kyklos, Internationale Zeitschrift für Sozialwissenschaften, Vol. XXIII, 1970, S. 209. Leontief weist besonders eindringlich auf die mit dem Ausbau der amtlichen Wirtschafts- und Sozialstatistik einhergehenden organisatorischen Schwierigkeiten hin und trifft einen interessanten Vergleich zur kernphysikalischen Forschung: "... the task of securing a massive flow of primary economic data can be compared to that of providing the high energy physicist with a gigantic accelerator" (W. Leontief, Theoretical Assumptions..., a.a.O., S. 6).

erscheint, soll anschließend die Leistungsfähigkeit der sozialökonomischen Verhaltensforschung für die ökonometrische Hypothesenbildung - insbesondere für ihre empirische Fundierung - am Beispiel der empirischen Verhaltensforschung auf der Nachfrage- und Angebotsseite unter Beweis gestellt werden.

4. Der Beitrag der empirischen Konsumforschung zur Formulierung ökonometrischer Konsumhypothesen

Der Nachweis, daß in entwickelten Volkswirtschaften das Konsumverhalten bei zunehmender Disponibilität über relativ wachsende Einkommensteile ("consumer latitude") von der bloßen Einkommensdetermination freigesetzt und anderen, überwiegend sozialpsychologisch zu erklärenden Bestimmungsgründen übertragen wird, gelang erstmals G. Katona (1). In einem gestaltpsychologischen Erklärungsansatz konnte er zeigen, daß subjektive Variable - wie Einstellungen, Erwartungen, Stimmungen - die Verwendung des "frei-verfügbaren Einkommens" (2) weitaus besser erklären als die traditionellen "ökonomischen" Variablen Einkommen, Konsum der

---

1) Vgl. G. Katona, Psychological Analysis of Economic Behavior, New York 1951.
   Ders., The Powerful Consumer, New York 1960.
   Ders., Das Verhalten der Unternehmer und Verbraucher, Tübingen 1960.
   Der Katonasche Ansatz wird in der BRD seit Mitte 1968 von der Forschungsstelle für empirische Sozialökonomik (Prof. Dr. G. Schmölders), Köln, in zunächst halbjährlichen, ab Mitte 1970 etwa vierteljährlichen Erhebungen verfolgt, die seit April 1972 im Auftrage der Europäischen Gemeinschaften durchgeführt werden. Vgl. B. Biervert, H.-P. Haarland, H.-J. Niessen, Empirische Konsumforschung und Konjunkturprognose, Bericht über ein Forschungsprojekt der Forschungsstelle für empirische Sozialökonomik, Köln 1972.
2) Nach Untersuchungen der Forschungsstelle liegt der monatliche Durchschnittswert des "frei-verfügbaren Einkommens" zwischen DM 250 und DM 300, insgesamt also in der Größenordnung von 6 - 8 Mrd. DM.
   Vgl. B. Biervert, H.-P. Haarland, H.-J. Niessen, Der unterschätzte Verbraucher, in: Die Wirtschaftswoche, Nr. 13, 1972, S. 22.

Vorperiode (1)etc., welche traditionell als Erklärungsvariable des kurz- und langfristigen Konsumverhaltens in ökonometrische Konsumfunktionen aufgenommen werden.

Diese reichen vom "Robertson-lag" (2) über die "permanent income hypothesis" (3) bis zur "Life Cycle Hypothesis" (4). Andere Hypothesen weisen dem erreichten Konsumstandard der Vorperiode (5), dem akkumulierten Haushaltsvermögen (6), den faktischen und/oder antizipierten Preisänderungen (7), der Bevölkerungsentwicklung (8), schließlich sogar den Zins- und Kre-

---

1) Die empirische Anfechtbarkeit herkömmlicher Konsumverhaltenshypothesen wies überzeugend nach G. Schmölders, Hypothese und Wirklichkeit des Käuferverhaltens, Aufgaben der empirischen Sozialökonomik, in: Schweizer Monatshefte Jg. 38, Heft 8, 1958.
2) Diese Hypothese nimmt eine verzögerte Reaktion des Konsumentenverhaltens auf Einkommensänderungen an. Vgl. dazu R. Ferber, A Study of Aggregate Consumption Function, National Bureau of Economic Research, 1953, S. 38. Th. Haavelmo, Methods of Measuring the Marginal Propensity to Consume, Cowles Commission Monograph, New York - London 1953, S. 79 - 91.
3) Von M. Friedman, A Theory of the Consumption Function, Princeton 1957, aufgestellt. Vgl. außerdem: Ders., A Permanent Income Hypothesis: Comment, American Economic Review, Vol. 48, 1958, S. 990 - 991.
4) Diese Hypothese behauptet, daß die langfristig fliessenden Einkommensströme durch Spar- bzw. Entsparprozesse in konstante Ausgabenströme transformiert werden. Vgl. F. Modigliani, A. Ando,The "Permanent Income" and "Life Cycle" Hypothesis of Savings Behavior: Comparison and Test, in: I. Friend, R.C. Jones (eds.), Consumption and Saving, Vol. II, Philadelphia 1960, S. 49 - 176. F. Modigliani, R. Brumberg, Utility Analysis and the Consumption Function. An Interpretation of Cross Section Data, New Brunswick, N.J., Rutgers University Press 1954;
5) Vgl. A. Zellner, The Short Run Consumption Function, Econometrica, Vol. 25, 1957, S. 552 - 567, zeigte einen deutlichen "ratchet effect" des Vorperiodenkonsums bei Verbrauchsgütern und Dienstleistungen.
6) Vgl. G. Ackley, The Wealth-Saving Relationship, in: Journal of Political Economy, Vol. 59, 1951, S. 154 - 161; A. Zellner, D.S. Huang und L.C. Chau,...

ditkonditionen (1) einen signifikanten Erklärungswert für das Konsumentenverhalten zu.

Aus der Erkenntnis, daß mit wachsender "consumer latitude" die Einstellungs- und Erwartungsabhängigkeit des Kaufverhaltens insbesondere im Bereich der langlebi-

---

...Further Analysis of the Short Run Consumption Function With Emphasis on the Role of Liquid Assets, Econometrica, Vol. 33, July 1965, S. 571 ff.

7) Die Frage nach den Wirkungen der faktischen und/ oder insbesondere perzipierten Preisentwicklung in der Vergangenheit und Zukunft stellt einen wichtigen Untersuchungsgegenstand innerhalb der empirischen Konsumforschung der Forschungsstelle für empirische Sozialökonomik dar. Erste Analysen auf der Mikroebene, welche Käufer von Gebrauchsgegenständen in ihrer Preisperzeption und -antizipation mit allen Probanden der Stichprobe verglichen, zeigten, daß Käufe um so mehr getätigt werden, je höher die in der Vergangenheit perzipierten und für die Zukunft erwarteten Preissteigerungen waren.
Vgl. B. Biervert, H.P. Haarland, H.-J. Niessen, Empirische Konsumforschung und Konjunkturprognose..., a.a.O., Bd. I, S. 162.
Zu den möglichen Reaktionen auf Preisänderungen vgl. W. Krelle u.a., Ein Prognosesystem für die wirtschaftliche Entwicklung der Bundesrepublik Deutschland, Meisenheim a.G. 1969, S. 215.

8) Vgl. V.L. Bassie, Consumer Expenditures in War and Transition, in: Review of Economics and Statistics, Vol. 28, S. 117 - 130.

1) Da freilich die Kreditfinanzierung des Konsums in der BRD noch von vergleichsweise untergeordneter Bedeutung ist, dürfte der Erklärungswert von Kreditvariablen für das Konsumentenverhalten - selbst bei ausgewählten Gebrauchsgütern (wie etwa PKW) - recht niedrig sein, weshalb denn auch in ökonometrischen Modellen für die BRD solche Erklärungsvariablen keine Verwendung finden. Einen ungleich höheren Erklärungswert besitzen die Variablen Zins- und Kreditkonditionen für das Konsumentenverhalten in den USA. Vgl. M.J. Hamburger, Interest Rates and the Demand for Consumer Durable Goods, in: American Economic Review, Vol. 57, 1967, S. 1131 - 1153.
Vgl. auch die Kreditvariablen in den Konsumgleichungen des Brookings-SSRC-Modells; das Modell versucht Kreditgewährung und Kreditrückzahlung zu erklären. J.S. Duesenberry ,et.al.(ed), The Brookings-Quarterly Econometric Model of the United States, Some Further Results, Amsterdam-Chicago 1969.

gen Gebrauchsgüter zunimmt, drängt sich nun die Frage auf, ob sich in der sozialpsychologischen Einstellungsforschung taugliche Erklärungsansätze sowohl für Prozesse der Einstellungsgenese und Einstellungsänderung als auch ganz besonders für die Verhaltensrelevanz von Einstellungen finden lassen. Der Versuch (1), die rivalisierenden sozialpsychologischen Theorien auf ihren Erklärungswert für das Zusammenwirken und die Änderungsdynamik der Konsumenteneinstellungen zu überprüfen, leidet an einem fundamentalen Operationalitätsmangel fast aller Theorien (2). Immerhin zeigte sich, daß sich trotz dieser Beschränkungen erste Hypothesen über die Erklärungseignung einzelner Theorien formulieren lassen (3). Beispielsweise legt der deutlich erkennbare Zusammenhang zwischen den Einschätzungen der vergangenen und den Erwartungen der zukünftigen Einkommensentwicklung (4) einerseits mit den Einstellungen zur zukünftigen gesamtwirtschaftlichen Situation eine Erklärung mittels der kognitiven Dissonanztheorie (5) nahe (6), während die Interrelationen zwischen den Einschätzungen (7) der vergangenen und den Erwartungen (7) für die

---

1) Vgl. B. Biervert, H.P. Haarland, H.-J. Niessen, Empirische Konsumforschung und Konjunkturprognose..., a.a.O., S. 31 ff.
2) Zusätzlich bedarf es natürlich ausreichenden empirischen Materials, welches eine Konfrontation der Theorien mit den empirischen Befunden erst ermöglicht.
3) Vgl. B. Biervert, H.P. Haarland, H.-J. Niessen, Empirische Konsumforschung und Konjunkturprognose..., a.a.O., S. 31 ff.
4) Die in den Fragen der Erhebungen der Forschungsstelle operationalisierten Einstellungsvariablen finden sich im Anhang, S.300
5) L. Festinger, The Theory of Cognitive Dissonance, Stanford 1957, behauptet, daß aus dem Widerspruch (der "Dissonanz") zwischen kognitiven Elementen ein mit der Relevanz des Dissonanzgrades zunehmender Dissonanzreduktionsdruck entsteht, der dahin tendiert, konsonante Beziehungen zwischen den kognitiven Elementen herzustellen.
6) Vgl. B. Biervert, H.P. Haarland, H.-J. Niessen, Empirische Konsumforschung und Konjunkturprognose..., a.a.O., S. 32.
...

zukünftige Entwicklung der finanziellen Haushaltslage (Perzeption der Realeinkommensentwicklung) und den entsprechenden Einstellungen (1) zur (Nominal-)Einkommens- und Preisentwicklung und schließlich zur allgemeinen Wirtschaftsentwicklung ein komplexes, strukturiertes System kognitiver Elemente darstellen, welches einen Erklärungsansatz in der affektiv-kognitiven Konsistenztheorie besitzt (2).

...
7) Die in den Fragen der Erhebungen der Forschungsstelle für empirische Sozialökonomik, Köln, operationalisierten Einstellungsvariablen finden sich im Anhang S. 300

1) Die in den Fragen der Erhebungen der Forschungsstelle für empirische Sozialökonomik, Köln, operationalisierten Einstellungsvariablen finden sich im Anhang, S. 300
2) Diese Theorie wurde entwickelt von M. Rosenberg, An Analysis of Affective-Cognitive Consistency, in: C. Hovland and M. Rosenberg, Attitude Organization and Change, New Haven 1960, S. 15 - 64; außerdem R. Abelson, M. Rosenberg,Symbolic Psycho-Logical: A Model of Attitudinal Cognition, in: Behavioral Sciences, 1958, 3, S. 1 - 13.
Die Theorie, welche den Gleichgewichtstheorien zuzurechnen ist, versucht das Zusammenwirken kognitiver Elemente (die "atomistische" Version) oder Einstellungsstrukturen, die als strukturiertes System von kognitiven Einheiten (= Paare relational miteinander verbundener kognitiver Elemente) definiert sind (die "molkulare" Version), zu erklären. Sie kennt eine Hierarchie von Anpassungsprozessen für Inkonsistenzen zwischen den vier Arten kognitiver Interrelationen (negative, positive, indifferente, ambivalente):
- Änderung einer oder mehrerer Relationen,
- Redefinition oder Differenzierung eines oder mehrerer Elemente,
- Transzendierung(Herstellung eines Bezuges zwischen der inkonsistenten Einheit zu einem übergeordneten System),
- Hinzufügen neuer Relationen, die eine neue Konsistenzbeziehung mit einer oder mehreren kognitiven Einheiten (bzw. Elementen) herstellen.

Vgl. B. Biervert, H.P. Haarland, H.-J. Niessen, Empirische Konsumforschung und Konjunkturprognose..., a.a.O., S. 34.

Die Einstellungsdiskrepanz zwischen der faktischen und der antizipierten Preisentwicklung stellt einen homöostatisch ungleichgewichtigen Zustand dar, welcher weniger über die psychoanalytische Theorie (1) als über die kognitive Dissonanztheorie erklärbar scheint (2), wenn diese Diskrepanz im Kontext anderer Einstellungen gesehen wird. Der offenbare Zusammenhang zwischen den verschiedenen Einstellungen legt die Vermutung einer durch die Kongruenztheorie (3) beschriebenen Tendenz nahe, die Einstellungsobjekte auf eine Gleichgewichtssituation hin zu harmonisieren.

Diese mit aller Vorläufigkeit formulierten Hypothesen geben zwar einen ersten Einblick in die Bestimmungs-

---

1) Vgl. I. Sanow, Psychoanalytic Theory and Social Attitudes, in: Public Opinion Quarterly, 1960, 24, S. 251 - 279;
Ders. Psychoanalytic Theory and Cognitive Dissonance, unpublished Paper.
2) Zwar versuchen beide Theorien Prozesse der Dissonanzreduktion - die eine über Abwehrmechanismen, etwa Projektion, Repression, Sublimation, Identifikation, etc., die andere über Änderungen kognitiver Verhaltens- und Situationselemente bzw. Hinzufügungen neuer kognitiver Elemente - zu erklären; jedoch interessiert sich die psychoanalytische Theorie mehr für Situationen, in denen die Selbstauffassung des Individuums von der seiner Umwelt abweicht, während die Dissonanztheorie auch andere Inkonsistenzen kognitiver Elemente und die durch sie ausgelösten Anpassungsprozesse untersucht.
3) Vgl. C. Osgood, P. Tannenbaum, The Principle of Congruity in the Prediction of Attitude Change, in: Psychological Review, 1955, 62, S. 42 - 55.
Diese Gleichgewichtstheorie behauptet eine latent stets wirksame Tendenz, bewertungsverschiedene Einstellungsobjekte in ein System konsonanter Beziehungen zu bringen.

gründe und das Zusammenspiel der Einstellungen (1), sagen aber noch nichts über die Verhaltenswirkung aus, welche erst über ihren verhaltensprognostischen Wert entscheidet. Die sozialpsychologischen Untersuchungen zur Verhaltensrelevanz von Einstellungen (2), welche vornehmlich der empirischen Vorurteilsforschung entstammen, konnten alle die "Hypothesen stabiler Reaktionsprädispositionen für transsituationale Verhaltenskonsistenzen" (3) nicht unterstützen (4), ohne daß freilich damit das Verdikt über die Verhaltensprädikation durch soziale Einstellungen schlechthin gesprochen wäre; diese scheint vielmehr mit dem Grad der Spezifität des Attitüdenobjekts und dem Variationsspielraum möglicher Verhaltensalternativen zu korrelieren (5).

---

1) Zum Problem der Einstellungsgenese vgl. M. Jahoda, N. Warren, Attitudes, Baltimore 1970, Kap.: Focus on Origins; zur Einstellungsänderung noch: Kap.: Focus on Change. Von der Art der Einstellungsmessung hängt die Gültigkeit und Zuverlässigkeit der aus ihr gezogenen Schlüsse ganz wesentlich ab; sie spielt deshalb auch in der Sozialpsychologie eine bedeutende Rolle. Die in der Forschungsstelle benutzten "kognitiv-affektiven Objektskalen" sind den "affective object scales" verwandt. Vgl. H.S. Upshaw, Attitude Measurement, in: H.S. Blallock jun. (ed.), Methodology in Social Research, New York 1968, S. 69 ff.

2) Vgl. T.T. Campbell, The Indirect Assessment of Social Attitudes, in: Psychological Bulletin, 47, 1950, S. 31, wieder abgedruckt in: M. Fishbein (ed.), Readings in Attitudes Theory and Measurement, New York 1967, S. 163 - 179; A.W. Wicker, An Examination of the Other Variables-Explanation of Attitude Behavior Inconsistency, unpublished script, University of Illinois; ders., Attitudes versus Action: The Relationship of Verbal and Overt Behavioral Responses to Attitude Objects, in: Journal of Social Issues XXI, No. 4, 1969, S. 75. Schließlich H. Benninghaus, Soziale Einstellungen und soziales Verhalten: Zur Kritik des Attitüdenkonzepts, unveröffentlichtes Manuskript, Köln 1971.

3) B. Biervert, H.P. Haarland, H.-J. Niessen, Empirische Konsumforschung und Konjunkturprognose..., a.a.O., S.124.

4) De Fleur und Westie sprechen daher auch von einer "fallacy of expected correspondence". Vgl. N.C. De Fleur, F.R. Westie, Attitudes as a Scientific Con-...

Da die sozialökonomische Inferentialbasis relativ spezifisch und das sozialökonomische Verhaltensspektrum relativ begrenzt sein dürfte, liegt die Annahme nahe, daß die sozialökonomische Verhaltensprädikation über Einstellungsindikatoren ungleich erfolgreicher sein dürfte, als die sozialpsychologischen Erfahrungen aus anderen Untersuchungsbereichen vermuten lassen. Die Forderung De Fleurs und Westies (1), die dem Konzept der affektiv-kognitiv-konativen Konsistenz zugrundeliegende "latent process conception of attitude" zugunsten einer probabilistischen Konzeptualisierung des Konstruktes "soziale Einstellung" aufzugeben, liegt nun genau in der uns durch unsere anthropologischen und wissenschaftstheoretischen Untersuchungen vorgezeichneten Forschungsrichtung; diese hatten uns nämlich einen Typ sozialökonomischer Theorie konturiert, in welchem "... menschliches Verhalten ... durch stochastische Begriffe formuliert" (2) wird.

In der empirischen Konsumforschung rivalisieren als sog. Antizipationsvariable, d.h. als Prädikatoren des Konsumentenverhaltens die rezeptiv-kritischen Einstellungen und Erwartungen mit den finalen Plänen und

---

...cept, in: Social Forces 42, 1963, S. 25.

5) Vgl. B. Biervert, H.P. Haarland, H.-J. Niessen, Empirische Konsumforschung und Konjunkturprognose..., a.a.O., S. 126.

1) Vgl. M.C. De Fleur, F.R. Westie, Attitudes as a ..., a.a.O., S. 30.

2) Die Überzeugung, daß Theorien über menschliches Verhalten einzig durch stochastische Begriffe formuliert werden können, vertritt auch sehr dezidiert: D.J. Bartholomew, Stochastische Modelle für soziale Prozesse, München 1970, S. 18.

Absichten (1). Da sich ihr Erklärungs- und Prognosewert sowohl auf der Mikro- als auch auf der Makroebene untersuchen läßt, ergibt sich für beide Aggregationsebenen folgendes Beziehungsnetz zwischen Antizipations- und Verhaltensvariablen:

Verhaltensvariable / Antizipationsvariable	Konsumverhalten	Sparverhalten
rezeptiv-kritische		
finale		

Die empirischen Untersuchungen der Beziehungen zwischen diesen Variablen auf der Mikroebene haben gezeigt (2), daß:

a) rezeptiv-kritische und finale Antizipationsvariable eng miteinander zusammenhängen (3); Probanden, welche dezidierte Kaufabsichten äußerten, bekundeten gleichzeitig optimistischere Einstellungen bezüglich ihrer vergangenen und zukünf-

---

1) Die Begriffe wurden eingeführt von G. Poser, Der Beitrag der Konsumforschung zur Diagnose und Prognose konjunktureller Entwicklungen, CIRET-Studie, Nr. 12, München 1969, S. 64.

2) Diese Untersuchungen wurden von der Forschungsstelle für empirische Sozialökonomik (Prof. Dr. G. Schmölders)e.V., Köln, durchgeführt. Vgl. H.P. Haarland, H.-J. Niessen, Der Zusammenhang von Antizipations- und Verhaltensvariablen als Voraussetzung für Aggregatprognosen, in: Konsum und Qualität des Lebens, Symposion der Forschungsstelle für empirische Sozialökonomik (Prof. Dr. G. Schmölders) e.V., Mainz, Akademie der Wissenschaften und der Literatur, 20./21. Oktober 1972.

3) Vgl. H.-J. Niessen, Käufer als Konjunkturseismograph, in: automobilwirtschaft, Nr. 3, Juni 1971.

tigen finanziellen Haushalts- und Einkommensentwicklung; außerdem schätzten sie die gesamtwirtschaftliche Situation günstiger ein als diejenigen Probanden, welche keine Kaufabsichten äußerten.

b) rezeptiv-kritische Antizipationsvariable und Kaufverhaltensvariable relativ hoch miteinander korrelieren (1).

Einen wichtigen Hinweis für den Verhaltensbezug der Konsumenteneinstellungen stellt das Phänomen der mit dem Zeitabstand vom Kaufakt sinkenden Verteilungsdiskrepanz zwischen Käufern und der gesamten Stichprobe dar, welches erstmals von der Forschungsstelle nachgewiesen wurde: Mit zunehmendem zeitlichen Abstand vom Kaufakt gleicht sich die Verteilung der PKW-Käufer in allen Einstellungsfragen der Stichprobenverteilung an.

c) finale Antizipationsvariable nur einen bescheidenen Erklärungs- und Prognosewert für das Konsumentenverhalten auf der Mikroebene besitzen. Dies zeigen amerikanische (2) und deutsche (3) Panel-Untersuchungen.

Diese Zusammenhänge auf der Mikroebene sind freilich kein exaktes Analogon der entsprechenden Makrobeziehun-

---

1) Vgl. B. Biervert, H.P. Haarland, H.-J. Niessen, Empirische Konsumforschung und Konjunkturprognose..., a.a.O., Bd. I, S. 162 ff.
2) Vgl. R. Ferber, Factors Influencing Durable Goods Purchases, in: L.M. Clark (Hrsg.), Consumer Behavior II, New York, 1955, S. 75 - 112.
3) Vgl. H. Laaff, Kaufpläne und deren Realisation, Kölner Diplomarbeit, Wintersemester 1970/71. Außerdem: B. Biervert, H.-J. Niessen, Privater Verbrauch und Konjunktur-Ergebnisse empirischer Konsumforschung, in: Jahrbücher für Nationalökonomie und Statistik, Band 186, Heft 5, 1972, S. 369 ff.

gen; die Parallelität der Antizipationswirkungen auf beiden Aggregationsebenen schließt durchaus nicht das "Time-Series-Cross Section Paradox" (1) aus. Adams (2) nennt als Ursachenalternativen für diese aggregationsabhängige Erklärungsdiskrepanz:

1. Falsche Spezifikation der Mikrorelationen, Meßfehler, keine Unterscheidung langfristiger Wirkungen (3), Wahl des falschen Prognosehorizontes. In diesem Falle bestünde durchaus eine Analogie zur Mikrobeziehung auf der Makroebene; nur sei diese durch die beschriebenen Einflüsse verzerrt.

2. Zyklische Variable, mit welchen die Antizipationsvariablen auf der Makroebene korrelieren, die sie also auf sich zurückführen, die allerdings auf der Mikroebene nicht wirksam sind. Die Makrorelation besitzt hier also kein Analogon auf der Mikroebene (4).

---

1) Vgl. F.G. Adams, Prediction with Consumer Attitudes, The Time Series - Cross Section Paradox, in: Review of Economics and Statistics, Vol. XLVII, S.367ff. Ders., The Predictive Power of Consumer Attitudes in Time Series and Cross Section, in: American Statistical Association (ed.), Proceedings of Business and Economic Section, Washington 1964, S. 260.
2) Vgl. F.G. Adams, Prediction with Consumer Attitudes ..., a.a.O., S. 367.
3) Mit der Frage, welche zeitlichen Wirkungshorizonte bloße Querschnittsschätzungen aufweisen, befaßt sich insbesondere J. Grunfeld, The Interpretation of Cross Section Estimates in a Dynamic Model, in: Econometrica, Vol. 29, No. 3, July 1961.
4) Als weitere Ursache für die Entstehung eines "Time Series - Cross Section Paradox" kommen schließlich Autokorrelationen der Residuen oder auch Multikollinearitäten in den Makrorelationen in Frage.

Die Mikro-Makro-Analysen an Hand deutscher Erhebungsergebnisse (1) scheinen der ersten Alternative für die Wirksamkeit eines "Time Series - Cross Section Paradox" Recht zu geben, welche eine Parallelität der Antizipationswirkungen mit einer Erklärungsdiskrepanz, wie sie ein Vergleich von Querschnitts- und Makroregressionen (2) zeigt, zwischen beiden Aggregationsebenen durchaus vereinbar erscheinen läßt (3).

Die Untersuchung des Zusammenhanges zwischen Antizipations- und Verhaltensvariablen auf der Mikroebene (4) durch Rotationspanels, welche in die laufenden Erhebungen der Forschungsstelle für empirische Sozialökonomik eingebaut sind, läßt sich nun unter Anwendung der Theorie diskreter Markow-Prozesse (5) über mehrere Konjunkturphasen hinweg durchführen. Als Theorie stochastischer Prozesse, welche Abläufe und Vorgänge unter-

---

1) Die Analysen dieser Erhebungen wurden vom Verfasser in der Forschungsstelle für empirische Sozialökonomik (Prof. Dr. G. Schmölders) e.V., Köln, durchgeführt.
2) Verfahren, Querschnittsparameterschätzwerte als bekannte Parameter in Makroregressionen einzuführen, um deren übrige Parameter als bedingte Schätzwerte der Querschnittsparameter errechnen zu können, finden sich bei: H. Wold and L. Jureen, Demand Analysis, New York 1951; J. Tobin, A Statistical Demand Function for Food in the USA, in: Journal of the Royal Statistical Society, Series A (1950), 113, S. 113 - 141; J.R.N. Stone, The Measurement of Consumer's Expenditure and Behavior in the United Kingdom, 1928 - 1938, Cambridge 1954; J. Marshak, Money Illusion and Demand Analysis, in: Review of Economic Statistics, 25, 1943, S. 40 - 48.
Auf die Problematik eines solchen Verfahrens bei Punktschätzungen für die Querschnittsparameter hat besonders nachdrücklich E. Kuh, The Validity of Cross-Sectionally Estimated Behavior Equations in Time Series Applications, in: Econometrica, 27, 1959, S. 197 - 214, hingewiesen. Über eine simultane Schätzung der Querschnitts- und Makroregressionsparameter über das Bayes-Verfahren kommt V.K. Chetty, Pooling of Time Series and Cross Section Data, in: Econometrica, Vol. 36, No. 2, Apr. 1968, zu a-posteriori-Verteilungen der Parameter, welche genauer sind als diejeni-...

sucht, die sich nach probabilistischen Gesetzen in der Zeit entwickeln, beschreibt sie den Prozeßverlauf durch eine Menge von Übergangswahrscheinlichkeiten, die sich je auf die Änderung eines Systemzustandes beziehen (1).

...gen über die herkömmlichen Methoden.

3) Zu diesem Ergebnis kommt auch F.G. Adams, Prediction with Consumer Attitudes..., a.a.O., S. 378.

4) In der Forschungsstelle wird zur Zeit eine Diplomarbeit zu diesem Problemkomplex erarbeitet: A. Wenzel, Die Verhaltensrelevanz von Einstellungen im Konsumbereich, Kölner Diplomarbeit, fertiggestellt Anfang 1973.

5) Vgl. D.R. Cox, H.D. Miller, The Theory of Stochastic Processes, London 1965; A.T. Bharucha-Reid, Elements of the Theory of Markov Processes and their Application, New York 1960; J.L. Doob, Stochastic Processes, New York 1953; M.S. Bartlett, An Introduction to Stochastic Processes with Special Reference to Methods and Application, Cambridge 1955; schließlich D.J. Bartholomew, Stochastische Modelle für soziale Prozesse, Oldenbourg / München - Wien 1970.

1) Es lassen sich Markov-Ketten mit diskreten und infinitesimalen Übergangswahrscheinlichkeiten unterscheiden. Den ersten Fall behandeln J.G. Kemeny and L. Snell, Finite Markov Chains, New York 1960; N.T.J. Bailey, The Elements of Stochastic Processes with Applications to the Natural Sciences, New York 1964; E. Parzen, Stochastic Processes, San Francisco 1962. Die zweite Variante findet sich u.a. behandelt bei A.T. Bharucha-Reid, Elements..., a.a.O.; D.R. Cox, H.D. Miller, The Theory..., a.a.O.

Dieser analytische Ansatz ermöglicht vielfältige Untersuchungen im Einstellungsbereich, im Verhaltensbereich und in den besonders interessanten Zusammenhängen zwischen Einstellungen und Verhalten:

1) Untersuchungen über die Mobilität in den rezeptivkritischen Antizipationsvariablen geben Aufschluß darüber, wie sich die verschiedenen Einstellungsdimensionen im Konjunkturverlauf ändern (1); insbesondere dürften sich durch eine demographische Segmentation aufschlußreiche Einblicke in die sozioökonomische Einstellungsdynamik gewinnen lassen.

2) Analysen der konjunkturphasenabhängigen Kauf- und Verhaltensmobilität.
Diese Untersuchungen zeigen, wie sich das Kaufverhalten bei ausgewählten Gebrauchsgütern (PKW, Waschmaschine, TV, Geschirrspülgerät etc.), aber auch das Sparverhalten, global als Sparquote und auch strukturell als Sparform in unterschiedlichen Konjunkturphasen verändern. Auch hier gestattet eine demographische Segmentation (2) einen tieferen Einblick in die sozio-ökonomische Verhaltensstruktur.

3) Von hohem Erkenntniswert für die Beurteilung der Prädikationseigenschaften der rezeptiv-kritischen und der finalen Antizipationsvariablen auf der Mi-

---

1) Wir haben in der Forschungsstelle solche Mobilitätsuntersuchungen mit dem Markov-Ansatz an den ersten Panel-Erhebungen schon durchgeführt: Vgl. B. Biervert, H.P. Haarland, H.-J. Niessen, Empirische Konsumforschung und Konjunkturprognose..., a.a.O., S. 149 ff.
2) Welche in den neuerdings durch die Kommission der Europäischen Gemeinschaften finanzierten Stichproben von 5.000 Haushaltsvorständen ohne erheblichen statistischen Signifikanzverlust möglich sein dürfte.

kroebene dürfte die Untersuchung der Übergangswahrscheinlichkeiten zwischen den Antizipationen und dem Verhalten sein; solche Analysen sind nicht nur für beide Typen von Antizipationsvariablen getrennt durchführbar, sondern lassen sich auch kombiniert auf ihre Verhaltenswirksamkeit untersuchen; in diesem Falle würde eine Forschungsfrage etwa lauten:

> Mit welcher Wahrscheinlichkeit führen Kaufabsichten für ausgewählte Gebrauchsgüter in einer bestimmten Konjunkturphase auf dem Hintergrund einer ausgewählten Einstellungsstruktur zum Kauf?

Auch hier versprechen demographisch segmentierte Analysen einen hohen Informationsgewinn.

Allen diesen Markow-Untersuchungen ist das Forschungsziel gemeinsam, die Struktur - d.h. die Verteilungsgesetzlichkeiten der Übergangswahrscheinlichkeiten in unterschiedlichen Konjunktursituationen - zu ermitteln. Die in den Mikroanalysen gefundenen Zusammenhänge zwischen rezeptiv-kritischen Antizipationsvariablen und Kaufverhalten führen nun zu der Frage, ob ein gleichgerichteter Zusammenhang auf der Makroebene existiert. Die Überprüfung dieser Vermutung setzt allerdings nicht nur eine Operationalisierung der Einstellungsdimensionen voraus, wie sie in den Erhebungsfragen durchgeführt wurde, sondern erfordert vielmehr die Entwicklung eines aus einer oder mehreren Einstellungsfragen konstruierten Index, welcher dann als erklärende Variable zur regressionsanalytischen Schätzung von Gebrauchsgüteraggregaten aus der Makrostatistik dienen kann. Da jedem Konstruktionsverfahren bestimmte einstellungs- und verhaltenshypothetische Implikationen zugrundeliegen, sollen die mit solchen Verfahren verbundenen Probleme hier kurz angeschnitten werden (1).

Das vom Survey Research Center ("Index of Consumer Sentiment") benutzte Kontrapositionsverfahren, welches die Forschungsstelle versuchsweise übernommen hat, addiert bei jeder Einstellungsfrage zu der Differenz aus der relativen Häufigkeit negativer und positiver Antworten die Zahl 100 (2) und weist dann den positiven das Gewicht 2, den neutralen das Gewicht 1 und den negativen Antworten das Gewicht 0 zu (3).

Dieses Verfahren führt zu der Konsequenz, daß sich hinter relativen Änderungen des Indexwertes überproportionale Veränderungen der positiven Antwortkategorie verbergen (4); implizit unterstellt es also eine erhöhte Verhaltensrelevanz optimistischer Einstellungen. Diese Hypothese scheinen zwar amerikanische (5) und deutsche (6) Mikrountersuchungen nahezulegen, jedoch nicht in den Relationen der Verhaltensrelevanz in den einzelnen Antwortkategorien, wie sie dem Gewichtungsschema zugrundeliegen.

---

1) Für eine ausführliche Darstellung vgl. B. Biervert, H.P. Haarland, H.-J. Niessen, Empirische Konsumforschung und Konjunkturprognose..., a.a.O., insbesondere das Kapitel: Probleme der Indexkonstruktion, S. 54 - 68.
2) Zur Vermeidung negativer Werte.
3) Vgl. E. Mueller,Ten Years of Consumer Attitude Surveys. Their Forecasting Record, in: Journal of the American Statistical Association, Vol. 58, 1963.
4) Vgl. das Beispiel auf S. 56 bei B. Biervert, H.P. Haarland, H.-J. Niessen, Empirische Konsumforschung und Konjunkturprognose..., a.a.O.
5) Vgl. G. Katona, Die Macht des Verbrauchers, Düsseldorf/Wien 1963, S. 120 ff.
6) Vgl. S. 62 ff

Die Bildung eines durch seine Einstellungs- und Verhaltensimplikationen empirisch fundierten Index scheint mithin nur durch umfangreiche Mikroanalysen zur Verhaltensrelevanz der verschiedenen Einstellungsdimensionen möglich zu sein; denn nur sie können die Frage nach der Gewichtung der einzelnen Antwortkategorien beantworten (1).

Neuerdings wurde ein zum Kontrapositionsverfahren konkurrierendes Divisionsverfahren (2) entwickelt, welches alle Antwortkategorien dadurch mit dem gleichen Gewicht versieht, daß es deren relative (oder auch absolute) Häufigkeiten durcheinander dividiert (3). Die dem Verfahren zugrunde gelegte Hypothese gleicher Verhaltensrelevanz optimistischer und pessimistischer Einstellungen harrt freilich ebenfalls noch ihrer empirischen Validitätsprüfung auf der Mikroebene.

Die Lösung dieser Gewichtungsprobleme durch entsprechende Mikrountersuchungen beantwortet freilich noch nicht die Frage, welche Einstellungsdimensionen in welcher Gewichtung zu einem als erklärende Variable dienenden "Konsumklimaindex" (4) zusammenzufassen sind. Hierbei kann es sich nicht darum handeln, die Zeitreihen für

---

1) In der Forschungsstelle für empirische Sozialökonomik wird zur Zeit im Rahmen einer Diplomarbeit dieses Problem behandelt; dabei steht einem an Panelerhebungen ermittelten "ex-ante-Index" über Konsistenz in verschiedenen Antizipationsdimensionen ein "expost-Index" gegenüber, welcher nach Maßgabe der relativen Verhaltensrelevanz der Antizipationen in Mikroanalysen entwickelt wird. Vgl. B. Brüggelmann, Probleme bei der Bildung eines Konsumklimaindex, Diplomarbeit, Köln, wird 1973 fertiggestellt.
2) Von K.-H. Schaffartzik, Veränderungen der Konsumenteneinstellungen im Konjunkturablauf, Kölner Diplomarbeit, WS 1971/72.
3) Schaffartzik konnte zeigen, daß dieses Verfahren im Vergleich zum Kontrapositionsverfahren zu einer Verschiebung der Wendepunkte bei einzelnen Einstellungsdimensionen führt.

...

die unterschiedlichen Einstellungen nach "äußerlichen" Merkmalen der Vorlaufeigenschaft und der Amplitude in einer Weise auszuwählen, wie es bei den meisten Indikatorensystemen zu geschehen pflegt; ein solcher Verzicht auf Theorie a limine wird nämlich in der Regel mit dem explikativen und prognostischen Scheitern des Indikatorsystems bezahlt (1). Bei der Bildung eines solchen "Globalindex" muß es vielmehr darauf ankommen, die in ihn eingehenden Einstellungsmeßwerte selbst wieder nach Maßgabe ihrer in Mikrountersuchungen gefundenen Verhaltensrelevanz zu gewichten.

Nachdem nämlich Querschnittsfaktorenanalysen (2) gezeigt haben, daß die Einstellungen durchaus auf verschiedenen Dimensionen liegen, also Verschiedenes messen, bleibt die Frage zu beantworten, wie verhaltenswirksam die Einstellungsdimensionen sind, mit anderen Worten, inwieweit die Gewichtung der Einstellungsdimensionen über die Ladungskoeffizienten der ersten (oder ersten beiden bzw. ersten drei) (3) Hauptkomponente(n),

---

4) Diesen Ausdruck hat Schmölders vorgeschlagen.

1) Vgl. das berühmte Beispiel des Harvard Barometers; Näheres bei G. Schmölders, Konjunkturen und Krisen, Reinbek bei Hamburg 1965.
Differenzierter zu beurteilen sind die späteren Versuche des NBER (National Bureau of Economic Research); vgl. G.H. Moore, J. Shiskin, Indicators of Business Expansions and Contractions, NBER, New York 1967; G.H. Moore, Statistical Indicators of Cyclical Revivals and Recessions, NBER, New York 1950; A.S. Burns, W.C. Mitchell, Statistical Indicators of Cyclical Revivals, NBER, New York 1938.

2) Vgl. B. Biervert, H.-J. Niessen, Privater Verbrauch und Konjunktur-Ergebnisse empirischer Konsumforschung, in: Jahrbücher für Nationalökonomie und Statistik, Bd. 186, Heft 5, 1972, S. 375, 376.

3) In diesem Falle würden die Teilindizes über die Varianzanteile der Faktoren zu einem Gesamtindex zusammengefaßt; diskutiert wird schließlich die Bewertung der faktoriell gewichteten Teilindizes mit der multiplen Korrelation, welche Regressionsanalysen mit solchen Teilindizes liefern.

wie sie in Längsschnittfaktorenanalysen (1) nach der Hauptachsenmethode (Hotelling) gewonnen werden, durch zugrundeliegende Einstellungs- und Verhaltensbeziehungen empirisch ausreichend abgesichert ist.

Der einstweilen in den Regressionsanalysen der Forschungsstelle benutzte "Konsumklimaindex" faßt die nach dem Kontrapositionsverfahren gebildeten Indizes der Einstellungsfragen zur vergangenen und zur zukünftigen finanziellen Haushaltslage (mit jeweils einem Jahr Bezugszeitraum) und zur langfristigen Wirtschaftsentwicklung mit dem gleichen Gewicht durch arithmetische Mittelung zu einem Gesamtindex zusammen (2). Dieser Index dient in ökonometrischen Untersuchungen als erklärende Variable.

---

1) Dieses Verfahren verwendet in England Galup Poll zur Konstruktion seines "Index of Consumer Contingence".
2) Dieses einfache Verfahren mußte einstweilen aus Gründen der Zeitreihenlänge gewählt werden; das umfangreiche Erhebungsprogramm der Forschungsstelle seit Mitte 1968, welches ein breites Spektrum von Einstellungsfragen umfaßt, gestattet die Überprüfung verschiedener Indexversionen auf ihre Einstellungs- und Verhaltensimplikationen auf der Mikroebene.
Bei ausreichender Zeitreihenlänge und abgeschlossenen Mikrountersuchungen wird der "provisorische" 3-Fragen-Index durch einen oder mehrere auf der Mikroebene abgetestete Indizes abgelöst.

5. Die Entwicklung von Hypothesen des Unternehmerverhaltens in der sozialökonomischen Verhaltensforschung

In Analogie zum Konsumentenverhalten wurde auch das Unternehmerverhalten schon früh als interdisziplinärer Forschungsgegenstand der sozialökonomischen Verhaltensforschung erkannt (1). Die neoklassische Tradition hatte das Unternehmerverhalten - so wie jedes sozialökonomische Verhalten - in strenger Konsequenz utilitaristischen Denkens auf die Gewinnmaximierung zurückgeführt, ohne sie freilich - wie alle utilitaristischen Verhaltenshypothesen - empirisch hinreichend begründet zu haben. Sie gestattete ihr dann deterministische All-Aussagen im Rahmen von DN-Systemen (2), wie etwa der neoklassischen Preistheorie, der Wachstumstheorie usw. Auch die Betriebswirtschaftslehre bedient sich weitgehend dieser Hypothese des Unternehmerverhaltens (3); so liegt etwa der Theorie der Unternehmung, wie sie Gutenberg entwickelt hat, das erwerbswirtschaftliche Prinzip, das in der Gewinnmaximierung "seine letzte Steigerung" (4) erfährt, zugrunde.

---

1) Vgl. Beiträge der anthropologischen Wissenschaften zur empirischen Sozialökonomik, Forschungsbericht der Forschungsstelle für empirische Sozialökonomik (Prof. Dr. G. Schmölders)e.V., Köln 1960, insbes. Kap. 6: Probleme des Unternehmerverhaltens, S. 158 ff.
2) Vgl. Kapitel 2.2.
3) Eine Ausnahme bildet die entscheidungsorientierte Betriebswirtschaftslehre, wie sie Heinen entwickelt hat. Vgl. E. Heinen, Betriebswirtschaftslehre heute - die Bedeutung der Entscheidungstheorie für Forschung und Praxis, Wiesbaden 1966.
4) Vgl. E. Gutenberg, Grundlagen der Betriebswirtschaftslehre, 1. Bd., Produktion, 11. Aufl., Berlin - Heidelberg - New York 1965, S. 453.

Die sozialökonomische Verhaltensforschung läßt nun aber diese Verhaltenshypothese nur dann gelten, wenn sie sich empirisch als die dominierende, verhaltensstabilisierende Institution erweist. Der Versuch Max Webers (1), das auf Gewinnmaximierung gerichtete kapitalistische Erwerbsstreben als verhaltensstabilisierende Institution religionssoziologisch aus der calvinistischen Prädestinationslehre abzuleiten (2), erhellt zwar den Entstehungsprozeß des okzidentalen Kapitalismus, vermag aber kaum die Veränderungen zu erklären, welche das auf Gewinnmaximierung gerichtete Erwerbsstreben in hochentwickelten Volkswirtschaften unter dem Einfluß einer veränderten soziokulturellen Umwelt (3) erfährt.

Insbesondere aber hängt das Unternehmerverhalten, wenn auch vielleicht in geringerem Maße als dies beim Konsumentenverhalten der Fall ist, viel mehr von Einstellungen, Erwartungen und Einschätzungen bezüglich der unternehmensspezifischen, branchen- und gesamtwirtschaftlichen, ja auch der politischen und gesellschaftspolitischen Entwicklung ab, als die neoklassische Theorie wahr haben möchte.

---

1) Vgl. M. Weber, Die protestantische Ethik und der Geist des Kapitalismus, Tübingen 1920, neu herausgegeben von J. Winckelmann, München u. Hamburg 1965.
2) Vgl. aber auch die Kritik an der Weberschen Theorie der Kapitalismusgenese bei H.K. Fischer, Kritische Beiträge zu Professor Max Webers Abhandlung "Die protestantische Ethik und der Geist des Kapitalismus, in: Archiv für Sozialwissenschaft und Sozialpolitik, 25. Bd. 1907, S. 232 - 242.
3) Wie stark sozialökonomisches Verhalten kultur-anthropologisch differenziert, zeigen eindrucksvoll Ethnosoziologie und Kulturanthropologie. Vgl. u.a. M. Mauss, Die Gabe - Form und Funktion des Austausches in archaischen Gesellschaften, Frankfurt a.M. 1968.

W.A. Jöhr hat diese Erwartungs- und Einstellungsabhängigkeit des Unternehmer- und Konsumentenverhaltens erstmals der Entwicklung seiner sozialpsychologischen Theorie des konjunkturellen Kernprozesses, wenn auch im anachronistischen Erklärungsansatz der Le Bon'schen Massenpsychologie, zugrundegelegt (1). Obwohl dieser theoretische Entwurf im wesentlichen bei einer formalen Beschreibung der kumulativen Ablaufprozesse verharrt, ohne ihn in wünschenswerter Weise empirisch (zu) belegen (zu können), weiß er sich mit der anthropologischen Theorie vereinbar, nach welcher jedes menschliche Verhalten konstitutionell riskant, von Hoffnungen, Erwartungen und Einstellungen beeinflußt ist.

Die große Bedeutung des Erwartungsmomentes in jedem sozialökonomischen Verhalten wurde auch von Katona (2) und Schmölders (3) hervorgehoben.

Nach Katona (4) zeichnen sich Einstellungen und Erwartungen durch drei Charakteristika aus:

1. Habitualisierte Erwartungen stabilisieren sozialökonomisches Verhalten solange, bis neue Konstellationen sie verändern, weil sie eine Wahrnehmungs- oder Verhaltensschwelle überschreiten. (5)

---

1) W.A. Jöhr, Die Konjunkturschwankungen, Tübingen, Zürich 1952. Die Einflüsse der Unsicherheit über die zukünftige Entwicklung auf unternehmerisches Verhalten behandelt speziell auch F.H. Knight, Risk, Uncertainty and Profit, 2. Aufl., 1939.
2) Vgl. G. Katona, Psychological Analysis of Economic Behavior..., a.a.O., ders., Rational Behavior and Economic Behavior, in: Psychological Review, Vol. 60, Princeton 1953.
3) G. Schmölders, u.a., J.M.Keynes als Psychologe, Berlin 1956.
4) Vgl. G. Katona, Psychological Analysis of Economic Behavior..., a.a.O., S. 53 ff.
5) Diese Theorie erinnert an die Geschichtsphilosophie Toynbees, nach welcher die Geschichte in ihrer...

2. Mit den Erwartungen pflegen sich auch sozialökonomische Verhaltensweisen abrupt zu ändern.

3. Änderungen der Erwartungen und des sozialökonomischen Verhaltens treten in der Regel kumuliert auf.

Es leuchtet unmittelbar ein, daß unternehmerisches Verhalten - wie es sich etwa in Finanzierungs-, Investitions-, Produktions-, Markt-, Preis-, Standortentscheidungen usw. manifestiert - also stets auch von den Erwartungen und Einschätzungen der zukünftigen Entwicklung der die Zielvariable beeinflussenden Parameter abhängt (1). Zur Überprüfung des Erklärungs- und Prognosewertes solcher Antizipationsvariablen des Unternehmerverhaltens wurden die ersten empirischen Untersuchungen 1947 in den USA (Dun & Bradstreet) durchgeführt (2). Sie versuchten

1. unternehmerische Erwartungen bezüglich der Geschäftsaussichten im allgemeinen, der Entwicklung des Sozialproduktes, der Produktions- und Lebenshaltungskosten

2. spezielle Erwartungen und Pläne der Unternehmen hinsichtlich ihrer Umsätze, Gewinne, Preise und Investitionen,

---

... Dynamik durch die Dialektik von "challenges" und den von ihnen erzwungenen "responses" vorangetrieben wird.

1) Sehr plastisch kommt diese Erwartungsabhängigkeit auch in der Theorie der Unternehmensbewertung zum Ausdruck, die vom Substanzwert den Zukunftserfolgswert des Unternehmens unterscheidet, der die in der Zukunft anfallenden Einnahmeüberschüsse auf den Bewertungszeitpunkt kapitalisiert.

2) Zunächst jährlich, von April bis November 1949 monatlich, danach vierteljährlich.

3. allgemeine politisch-gesellschaftspolitische Einstellungen der Unternehmer

zu messen. Die in diesen Erhebungen gemessenen Antizipationsvariablen erwiesen sich für die kurzfristige Konjunkturprognose als sehr nützlich.

Entsprechende empirische Untersuchungen über den Erklärungs- und Prognosewert von Antizipationsvariablen des Unternehmerverhaltens für die BRD liegen schon seit geraumer Zeit vor (1).

In starker sektoraler Disaggregation werden für die Bereiche Industrie, Bau, Groß- und Einzelhandel monatlich Einschätzungs- und Erwartungsvariable für die derzeitige und zukünftige Entwicklung der Geschäftslage, des Fertigwarenlagers bzw. der Lagerbestände (Industrie, Groß- und Einzelhandel), der Auftragsbestände (Industrie; in der Bauindustrie: Veränderung im Vormonatsvergleich), der Produktionstätigkeit (Bau: Veränderung im Vormonatsvergleich), der Verkaufspreise erhoben (2).

---

1) Empirische Untersuchungen werden seit nunmehr 20 Jahren vom Ifo-Institut für Wirtschaftsforschung, München, durchgeführt. Vgl. die frühen Veröffentlichungen: H. Langelütge, W. Marquardt, Das Konjunkturtest-Verfahren, in: Allgemeines Statistisches Archiv, Jg. 35, 1951, S. 189 - 208; O. Anderson, Das Konjunkturtest-Verfahren und sein Beitrag zur empirischen Untersuchung der ex-ante/ex-post-Problematik, Diss., München 1957; W. Marquardt, W. Strigl, Der Konjunkturtest. Eine neue Methode der Wirtschaftsbeobachtung. Schriftenreihe des Ifo-Instituts für Wirtschaftsforschung, Nr. 38., Berlin / München 1959; W. Strigl,Die Konjunkturumfragen des Ifo-Instituts für Wirtschaftsforschung, in: Allgemeines Statistisches Archiv, Bd. 49., 1965, Heft 2, S. 129 ff; F.O. Bonhoeffer, W.R. Streck,Der Investitionstest des Ifo-Institutes. "Ifo-Studien", Berlin/ München, 12. Jg., 1966, Heft 1/2, S. 43 ff.

2) Es handelt sich hierbei um den "Konjunkturtest". Darüber hinaus versucht das Ifo-Institut, das Investitionsverhalten im sogenannten "Investitionstest"...

Diese Antizipationsvariablen sind - ganz ähnlich wie auch in der Konsumforschung - inzwischen schon in umfangreichen Untersuchungen auf ihren Erklärungs- und Prognosewert sowohl auf der Mikroebene (1) als auch auf der Makroebene (2) überprüft worden; hierbei hat sich der schon in der empirischen Konsumforschung gefundene aggregationsabhängige Erklärungswert der Antizipationsvariablen, der im "Time-Series-Cross-Section Paradox" zum Ausdruck kam, erneut bestätigt.

Im Gegensatz zu der bescheidenen Prognosetauglichkeit auf der Mikroebene besitzen die Antizipationsvariablen auf der Makroebene einen beachtlichen Prognosewert (3).

... über Antizipationsvariable zu messen. Schließlich erhebt das Ifo-Institut als Ergänzung zur amtlichen Statistik objektive Größen wie etwa die Reichweite der Auftragsbestände, in Produktionsmonaten gemessen.

1) Vgl. J.P. Petersen, R. Petersen, Unternehmerische Reaktionsweise in der Zeit, in: Ifo-Studien, 13.Jg. (1967), Heft 1/2, S.35 ff.; O. Anderson jun., R.U. Bauer, H. Führer, J.P. Petersen, in: Weltwirtschaftliches Archiv, Hamburg, Bd.81 (1958), Heft 2, S.243 ff.

2) M. Starzmann, Zur Treffsicherheit unternehmerischer Antizipationen im Zeitablauf, Paper der V. CIRET-Konferenz, Noordwijk aan Zee, 23./24.Mai 1961. H. Theil, Economic Forecasts and Policy, Amsterdam 1958. S. 96 ff. D.P. Wekowski, On the Accuracy of Entrepreneurial Anticipations in Macro-Analysis, Paper der IV. CIRET-Konferenz, München, 17.-19.Sept. 1959.

3) Krelle glaubt, ihn auf aggregationsbedingte Kompensationseffekte zurückführen zu können. Vgl. W. Krelle, Möglichkeiten und Grenzen der Konjunkturdiagnose, in: H. Giersch, K. Borchardt (Hrsg.), Diagnose und Prognose als wirtschaftswissenschaftliche Methodenprobleme (Schriften des Vereins für Sozialpolitik, N.F. Bd. 25), Berlin 1962, S. 44. Diese Erklärungsdiskrepanz ist freilich bislang noch nicht durch einen Vergleich von Mikro- und Makroregressionen gemessen worden. Vgl. auch W.H. Strigl, Tenth CIRET-Conference-retrospect and Outlook, Paper der X. CIRET-Konferenz, Brüssel 1971, S. 8.

Obwohl nun dieser Erklärungsansatz für unternehmerisches Verhalten mit dem dargestellten Attitüdenansatz in der Konsumforschung weitgehend übereinstimmt, ist bislang in der Literatur nicht der Versuch unternommen worden, ihn über sozialpsychologische Theorien der Einstellungsgenese, des Einstellungswandels und der Einstellungs- / Verhaltensbeziehung theoretisch zu substantiieren (1).

Da dies nicht geschehen ist, wurden konsequenterweise auch die Einstellungs-Verhaltensimplikationen des - ebenfalls vom Ifo-Institut benutzten - Kontrapositionsverfahrens für die Indexbildung nicht reflektiert (2), obwohl sich die Antizipationsvariablen des Unternehmerverhaltens auch in anderen Ländern (3) als taugliche Prognosevariable für unternehmerisches Verhalten im Konjunkturverlauf erwiesen haben.

Die wichtigsten Antizipationsvariablen, die überwiegend auch Eingang in das konjunkturelle Kurzfristprognosesystem (4) finden werden, lassen sich sektoral aufgliedern:

---

1) Wie dies neuerdings für die Konsumforschung in einem ersten Ansatz versucht worden ist, vgl. B. Biervert, H.P. Haarland, H.-J. Niessen, Empirische Konsumforschung und Konjunkturprognose..., a.a.O., S. 31 ff. Zwar spricht beispielsweise W. Strigl, Konjunkturindikatoren aus qualitativen Daten, in: Ifo-Studien, 18. Jg., 1972, Heft 2, S. 193 von psychologischen Prozessen, die den Konjunkturverlauf beeinflussen und beruft sich dabei auf Keynes, ohne freilich in eine detailliertere Diskussion sozialpsychologischer Theorieansätze einzutreten.
2) Auch dies versucht die Forschungsstelle in ihrer Konsumforschung, vgl. B. Biervert, H.P. Haarland, H.-J. Niessen, Empirische Konsumforschung und Konjunkturprognose..., a.a.O., S. 54 ff.
3) Dies belegt der internationale Erfahrungsaustausch auf der im Zweijahresturnus stattfindenden CIRET-Konferenz ("Contact International de Recherche Economique Tendencielle").
4) Vgl. Kapitel 7 dieser Arbeit.

1) INDUSTRIE

(11) Investitionsgüterindustrie

(111) Erwartungen der Investitionsgüterpreisentwicklung der nächsten Monate

(112) Veränderung der Auftragsbestände

(113) Einschätzungen der Geschäftslage für die nächsten Monate

(114) Beurteilung der Fertigwarenlager

(115) Auftragsbeurteilung

(12) Verbrauchsgüterindustrie

(121) Erwartungen der Preisentwicklung

(122) Veränderung der Auftragsbestände

(123) Einschätzung der Geschäftslage für die nächsten Monate

(124) Auftragsbeurteilung

(13) Bauindustrie

(131) Einschätzung der Geschäftsentwicklung der nächsten Monate

(2) HANDEL

(21) Großhandel

(211) Einschätzung des Geschäftsklimas für die nächsten Monate

(212) Erwartungen der Preisentwicklung für die nächsten Monate

(213) Einschätzung des Geschäftsklimas der nächsten Monate für Nahrungs- und Genußmittel

(214) Erwartungen der Preisentwicklung der nächsten Monate für Nahrungs- und Genußmittel

(22) Einzelhandel

(221) Einschätzung des Geschäftsklimas für die nächsten Monate

(222) Erwartungen der Preisentwicklung für die nächsten Monate

(223) Einschätzung des Geschäftsklimas der nächsten Monate für Nahrungs- und Genußmittel

(224) Erwartungen der Preisentwicklung der nächsten Monate für Nahrungs- und Genußmittel

(225) Einschätzung des Geschäftsklimas der nächsten Monate für Kleidung, Wäsche, Schuhe,

(226) Erwartungen der Preisentwicklung der nächsten Monate für Kleidung, Wäsche, Schuhe

(227) Einschätzung des Geschäftsklimas der nächsten Monate für Hausrat und Wohnbedarf

(228) Erwartungen der Preisentwicklung der nächsten Monate für Hausrat und Wohnbedarf.

Über diese Antizipationsvariablen hinaus erhebt das Ifo-Institut noch die Beurteilung der derzeitigen Geschäftslage und Lagerbestände für die entsprechenden Sektoren.

Mit der Darstellung der Antizipationsvariablen für den Konsumenten- und Unternehmensbereich ist nun der Auftakt für die Entwicklung eines konjunkturellen Kurzfristprognosesystems gegeben, die - nach einer Darstellung entsprechender amerikanischer Erfahrungen - im Mittelpunkt der weiteren Untersuchungen stehen wird.

6. Amerikanische Beispiele

Mit der Entwicklung ökonometrischer Antizipationsmodelle findet die Integration von sozialökonomischer Verhaltensforschung und Ökonometrie, welche die anthropologische und wissenschaftstheoretische Grundlegung der sozialökonomischen Theorie vorgezeichnet hatte, eine erste Verwirklichung, die freilich abschließend durch weitere Forschungen auf Grund längerer und auch disaggregierterer Zeitreihen zu vertiefen und zu ergänzen sein wird. Da in den USA schon seit geraumer Zeit Erfahrungen mit dem Erklärungs- und Prognosewert von Antizipationsvariablen in ökonometrischen Modellen vorliegen, mag ein Blick auf amerikanische Antizipationsmodelle sowohl den Leitfaden für die Exposition des Kurzfristprognosesystems abgeben als auch Richtlinien und Ansatzpunkte der künftigen Forschung markieren.

Antizipationsvariable des Konsumenten- und Unternehmerverhaltens sind bislang ausschließlich in den USA entweder in schon spezifizierte ökonometrische Modelle oder in eigens für sie entwickelte Antizipationsmodelle als prädeterminierte Variable eingeführt worden. Es handelt sich dabei in aller Regel um echte Prognosemodelle, welche auf eine möglichst exakte Strukturspezifikation zugunsten einer hohen "forecasting performance" verzichten. Einen ersten Versuch, mit Hilfe eines grossen Strukturmodells ein möglichst genaues Abbild der amerikanischen Volkswirtschaft zu gewinnen, bietet das Brookings-Modell (1).

Ein solches Strukturmodell könnte je nach dem Entwicklungsstand der empirischen Forschung die prädeterminierten Variablen der Prognosemodelle - also auch etwa die Antizipationsvariablen - auf ihre Bestimmungsgründe untersuchen, um sie so selbst als endogene Variable aus der Modellinterdependenz zu erklären. Es zeigt sich hier einmal mehr eindrucksvoll die Abhängigkeit des Fortschritts der ökonometrischen Forschung von der empirischen sozialökonomischen Verhaltensforschung, nachdem ihre wechselseitige Verflechtung methodologisch und anthropologisch schon deutlich geworden war (2).

Diesem einstweilen noch recht ehrgeizigen Unterfangen exakter Spezifikation in großen Strukturmodellen ziehen einige Autoren allerdings die Entwicklung kleinerer Prognosemodelle mit dem Argument vor, Strukturmodelle seien Zufallsfehlern in ungleich größerem Maße ausgesetzt als Prognosemodelle (3); andererseits wendet Klein (4) ein, Prognosemodelle seien unfähig, politische und/ oder institutionelle Änderungen zu reflektieren.

---

1) Vgl. J.S. Duesenberry, G. Fromm, L.R. Klein, E. Kuh, The Brookings Quarterly Econometric Model of the United States, Chicago, Amsterdam 1965; ferner dies., The Brookings Model: Some Further Results, Chicago: Rand McNally 1969.

2) Vgl. Kapitel 2 dieser Arbeit.

3) Dieses Argument stammt von I. Friend, R.C. Jones, Short Run Forecasting Models Incorporating Anticipatory Data, in: Models of Income Determination, NBER, 1964, S. 279 - 280. Siehe aber auch das Gegenargument bei B. Biervert, H.P. Haarland, H.-J. Niessen, Empirische Konsumforschung..., a.a.O., S. 120.

4) Vgl. L.R. Klein, An Essay on the Theory of Economic Prediction, Helsinki 1968, S. 88. Vgl. aber wieder die Gegenthese bei B. Biervert, H.P.Haarland, H.-J. Niessen, Empirische Konsumforschung..., a.a.O., S. 90.

6.1. Die beiden Arten von Antizipationsmodellen

An einer neuen Version des Wharton-EFU-Modells (1) sind jüngst die beiden in der ökonometrischen Forschung bislang verfolgten Ansätze diskutiert worden (2), Antizipationsvariable des Konsumenten- und Unternehmerverhaltens als prädeterminierte Variable in ökonometrische Gleichungssysteme aufzunehmen:

a) Antizipationsvariable als zusätzliche Erklärungsvariablen neben "objektiven" Variablen,

b) Einführung der Antizipationsvariablen in der Form von Realisationsfunktionen.

Der qualitative Unterschied der Antizipationsmodelle gegenüber den herkömmlichen ökonometrischen Modellen liegt in ihrem Versuch, nicht einfach die in der Parameterstruktur sich ausdrückende Verhaltensstruktur, welche für einen vergangenen Beobachtungszeitraum spezifiziert und geschätzt wurde, in die Zukunft zu extrapolieren (3), sondern mit Hilfe des dargestellten Attitüden-Ansatzes die zukünftige Verhaltens- (=Parameter-)struktur durch Einstellungsindikatoren zu antizipieren. Sie gehen in diesem Ansatz von der in der

---

1) Es handelt sich dabei um die Version 1971 (die dritte Generation) des Wharton-EFU-Modells. Vgl. M.K. Evans, L.R. Klein, The Wharton Econometric Forecasting Model, Studies in Quantitative Economics, No. 2, University of Pennsylvania, Philadelphia, Pennsylvania 1968.

2) Vgl. F.G. Adams, L.R. Klein, Anticipations Variables in Macro-Econometric Models, in: Human Behavior in Economic Affairs, Essays in Honor of G. Katona (Eds. B. Strümpel, J.N. Morgan, E. Zahn), Amsterdam, London, New York 1972.

3) Wir wollen aus diesem Grunde solche Modelle von nun an abkürzend "Extrapolationsmodelle" nennen.

sozialökonomischen Verhaltensforschung zu prüfenden Hypothese einer relativ stabilen Einstellungs-Verhaltensbeziehung aus (1).

Da die Prognosetauglichkeit aller Extrapolationsmodelle von der zeitlichen Stabilität der geschätzten Verhaltensstruktur der Vergangenheit abhängt, stellt sich die Frage, ob die für das moderne Konjunkturphänomen charakteristischen Irregularitäten und Instabilitäten nicht notgedrungen solche Extrapolationsprognosen zum Scheitern verurteilen, während Antizipationsmodelle solche unvorhersehbaren Entwicklungsänderungen schon in die Schätzung ihrer Parameter (= Verhaltens-)struktur mit aufnehmen und dadurch den Extrapolationsmodellen - mindestens innerhalb des verhaltenswirksamen Horizontes der Einstellungen- überlegen sind. Dieser Frage ist nicht zuletzt diese Untersuchung gewidmet.

Der Zusammenhang zwischen Extrapolations- und Antizipationsmodellen auf der einen Seite, Prognose- und Strukturmodellen auf der anderen Seite läßt sich in folgender Synopse (2) veranschaulichen:

---

1) Vgl. B. Biervert, H.P. Haarland, H.-J. Niessen, Empirische Konsumforschung..., a.a.O., S. 121.
2) Zu beachten bleibt freilich, daß jedes Strukturmodell - kraft der methodologischen Äquivalenz von Explikation und Prognose (vgl. W. Stegmüller, Probleme..., Bd. I, a.a.O., S. 155 ff;) - gleichzeitig prognostische Qualitäten besitzt, so wie jedes Prognosemodell ein gewisses Maß an Strukturabbildung leistet. In gleicher Weise ist die Dichotomie Extrapolations- und Antizipationsmodell nicht so streng zu verstehen, da es sowohl Modelle gibt, welche herkömmliche und Antizipationsvariablen als Erklärungsvariable enthalten, als auch herkömmliche Variable in Extrapolationsmodellen, die mitunter durchaus als Antizipationsvariable aufgefaßt werden können. (Etwa: Auftragseingang).

	Prognosemodelle	Strukturmodelle
Extrapolationsmodelle		
Antizipationsmodelle		

Der Akzent dieser Untersuchung liegt auf der Kombination Antizipationsmodelle - Prognosemodelle, wobei durchaus Extrapolationsmodelle, welche in einer Antizipationsversion vorliegen, mit in die Betrachtung einbezogen werden.

Die amerikanischen Antizipationsmodelle legen ausnahmslos hochaggregierte lineare Beziehungen, mithin recht einfach spezifizierte Verhaltenshypothesen mit entsprechend einfacher lead-lag-Struktur zugrunde. Für sie gilt die Einschätzung seines eigenen Modells durch Fair: "With respect to its sophistication as a forecasting tool, the present model lies somewhere between the rather informal and subjective methods practiced by many business economists and the use of large-scale econometric models" (1).

Der allgemeine Ansatz der Investitionsfunktionen, welcher Antizipationsvariable als zusätzliche Erklärungsvariable aufnimmt, lautet:

---

1) Vgl. R.F. Fair, A Short-Run Forecasting Model of the United States, Princeton University, Lexington, Mass., 1971, S. 2.

$$In_t = f\left[\lambda_i\ (\Theta)\ z_i,\ In^{A2}_{t-2},\ In^{A1}_{t-1}\right] \qquad (1).$$

Der Realisationsansatz faßt im Gegensatz zu den üblichen Realisationsfunktionen die Investitionen als "distributed-lag-"Funktion (2) der Antizipationsvariablen auf; die explizite Einführung objektiver ex-post Variablen soll intervenierende Variable zwischen der Messung der Investitionserwartungen und dem tatsächlichen Investitionsverhalten auffangen; die allgemeine Realisationsfunktion hat mithin folgende Gestalt:

$$In_t = f\left[\lambda_{1,2}\ (\Theta)\ In^{A1+A2},\ z_i\right] \qquad (3).$$

Über die im Realisationsansatz schon teilweise durchgeführte Endogenisierung der Antizipationsvariablen hinaus versuchten Adams und Klein in einem direkten Schätzansatz erstmals die Einstellungen und Erwartun-

---

1) In_t - Investitionen zur Zeit t;

$\lambda_i\ (\Theta)\ z_i$ - "distributed lags" der i "ex-post"-Variablen;

In^{A2}_{t-2}, In^{A1}_{t-1} Investitionserwartungen nach den OBE-SEC-Erhebungen für ein bzw. zwei Quartale im voraus, daflationiert durch den Deflator fester Unternehmensinvestitionen zur Zeit t.

2) In Anlehnung an D.W. Jorgensen.

3) $\lambda_{1,2}(\Theta)\ In^{A1+A2}$ - "distributed lags" der Investitionserwartungen für das nächste bzw. für die nächsten beiden Quartale;

z_i objektive, "ex-post"-Variablen als intervenierende Variablen zwischen Antizipationen und Investitionsverhalten.

gen der Konsumenten und Unternehmer teils in einem autoregressiven Ansatz, teils über herkömmliche objektive Variable auf der Makroebene zu erklären. Es ist dies der unseres Wissens erste Versuch seit dem schon von Fair (1) vorgebrachten Anliegen, in einem Strukturmodell die Antizipationsvariablen als endogene Variable selbst wieder auf ihre Bestimmungsgründe, nun allerdings in einem Prognosemodell, zurückzuführen. Eine solche Endogenisierung der Antizipationsvariablen gestattet nach der Meinung von Adams und Klein (2) ex-ante-Prognosen über den durch die auf der Mikroebene gemessene zeitliche Verhaltensrelevanz der Einstellungsvariablen begrenzten Prognosehorizont hinaus, und zwar mittels endogen im Modellzusammenhang geschätzter Antizipationsvariablen. Dies freilich ist nur dann möglich, wenn die Verhaltensrelevanz der Einstellungsvariablen ein hohes Maß an zeitlicher Invarianz aufweist, eine Frage, die sich nur mittels empirischer Forschungen der sozialökonomischen Verhaltensforschung auf der Mikroebene beantworten läßt; als reine Ökonometriker übersehen Adams und Klein die ihrer Argumentation inhärenten sozialökonomischen Probleme (3). Wir wollen auf diese sozialökonomischen Implikationen der Adam-Kleinschen Argumentation in der Diskussion künftiger Forschungsschwerpunkte zurückkommen.

---

1) Vgl. R.F. Fair,A Short-Run Forecasting Model..., a.a.O., S. 2, 3.
2) Vgl. F.G. Adams, L.R. Klein,Anticipations-Variables in Macro-Econometric Models..., a.a.O., S. 292 und S. 315.
3) Das Denken in Aggregaten und rein statistischen Zusammenhängen zwischen ihnen, wie es die ökonometrische Forschung auszeichnet, scheint in der Regel den Blick für die allen Makrobeziehungen zugrundeliegenden Verhaltenshypothesen zu verstellen. Es ist gerade die Aufgabe der sozialökonomischen Verhaltensforschung, die Ökonometrie von ihrer chronischen "Verhaltensblindheit" zu befreien.

Die Erklärung der Einstellungen auf der Makroebene entfernt sich also noch einen Schritt weiter vom Verhalten als die bisherigen Untersuchungen über die Beziehungen zwischen Einstellungen und Verhalten auf verschiedenen Aggregationsebenen. Obwohl die Einstellungen und Erwartungen der Konsumenten und Unternehmer recht gut durch die ausgewählten prädeterminierten Variablen erklärt werden konnten - die Quadrate der multiplen Korrelation reichten von 0.8351 ("Index of Consumer Sentiment") bis 0.9912 (Investitionserwartungen der OBE-SEC-Erhebung für das nächste Quartal) - liefern die nach ihrer maximalen multiplen Korrelation ausgewählten Spezifikationen der Gleichungen zur Erklärung der Antizipationsvariablen noch keine Theorie der Einstellungsgenese für die Makroebene. Es zeigen sich an dieser Stelle wieder die Gefahren solipsistisch verengter, ausschließlich an statistischen Gütekriterien orientierter ökonometrischer Forschungsverfahren; aus den daraus folgenden wissenschaftstheoretischen Schwierigkeiten kann sie nur die sozialökonomische Verhaltensforschung befreien, da nur sie anhand sozialpsychologischer Hypothesen über die Entstehung der Antizipationsvariablen durch empirische Untersuchungen auf der Mikroebene die Frage beantworten kann, ob die auf der Makroebene nach Korrelationskriterien ausgewählten Erklärungsvariablen der Einstellungsbildung mit den auf der Mikroebene gefundenen Einflußvariablen übereinstimmen.

Wir wollen auf die Fragen nach den Bestimmungsgründen der Einstellungsbildung, welche ökonometrisch mit einer Endogenisierung der Antizipationsvariablen äquivalent sind, anläßlich der Diskussion über die künftigen Forschungsschwerpunkte näher eingehen.

6.2. Spezifikation von Antizipationsbeziehungen

Das Fair-Modell, welches bei der Parameterschätzung saisonbereinigte, nicht preisbereinigte Zeitreihen zugrundelegt, benutzt als prädeterminierte Variable der Konsumgleichungen sowohl rezeptiv-kritische als auch finale Antizipationsvariablen(1), welche ihren größten Erklärungswert bei einem lead von etwa zwei Vierteljahren erreichten. Die verschiedenen Schätzversuche mit unterschiedlich spezifizierten Konsumgleichungen (2) führen zu folgendem, für die Beurteilung der relativen Erklärungskraft der beiden Antizipationsvariablen wichtigen Fazit: Die rezeptiv-kritischen Variablen erwiesen sich in allen drei Konsumgleichungen als erklärungskräftiger für die abhängigen Variablen Gebrauchsgüter-, Verbrauchsgüter- und Dienstleistungsnachfrage als die finalen Variablen.

Über eine einfache Realisationsfunktion, welche die Ausrüstungsinvestitionsnachfrage in Abhängigkeit von der Differenz zwischen tatsächlicher und erwarteter Höhe des BSP und den erwarteten Investitionsausgaben setzt

---

1) Als rezeptiv-kritische Variable dient der aus 5 Einstellungsfragen gebildete "Index of Consumer Sentiment" des Survey Research Center, Michigan; dieser Index geht auf Erhebungen zurück, die von 1954 bis 1961 dreimal, von 1962 an viermal im Jahr durchgeführt wurden. Vgl. G. Katona, E. Mueller, J. Schmiedeskamp, J.A. Sonquist, Survey of Consumer Finances, Ann Arbor, Mich., Monograph No. 44, Survey Research Center, Michigan, 1967. Die finale Variable (Kaufpläne für PKW) wurde den Erhebungen des U.S. Bureau of the Census entnommen; sie mißt in einer Stichprobe von 11.500 Haushalten seit 1967 12-Monats-Kaufwahrscheinlichkeiten für ausgewählte Gebrauchsgüter; vgl. U.S. Bureau of the Census, Consumer Buying Indicators. Current Population Reports, Series P-65, 29. Sept. 1967, 29. Sept. 1969 und 9. Dec. 1969.

2) Vgl. R.F. Fair, A Short-Run Forecasting Model..., a.a.O., S. 29 ff. Diese Untersuchungen finden ...

$$I_n = a_o + a_1(BSP_t - BSP_t^E) + a_2 I_{n_t}^E + u_t$$

und durch folgende, etwas willkürlich gewählte Beziehung zwischen dem erwarteten BSP und den erwarteten (Ausrüstungs-) Investitionsausgaben

$$I_{n_t}^E = b_o + b_1 BSP_t^E \wedge BSP_t^E = \frac{1}{b_1} I_{n_t} - \frac{b_o}{b_1}$$

kommt das Modell zu folgender Spezifikation der Ausrüstungsinvestitionsfunktion:

$$I_{n_t} = (a_o + \frac{a_1 b_o}{b_1}) + a_1 BSP_t + (a_2 + \frac{a_1}{b_1}) I_{n_t}^E + u_t .$$

Die hochsignifikanten Schätzwerte der Parameter und die recht gute multiple Korrelation (1), zu denen das Modell insbesondere auch im Vergleich mit alternativen Spezifikationen über lag-Strukturen des BSP und autoregressive Ansätze kommt, zeigen, daß auch die Antizipationsvariablen des Unternehmerverhaltens einen beträchtlichen Erklärungswert auf der Makroebene aufweisen.

Zur Schätzung der Lagerinvestitionsfunktion geht das Modell von einer Bestandsanpassungsbeziehung aus, welche die Lagerveränderungen in Abhängigkeit sieht von

---

... sich ebenfalls dargestellt in: B. Biervert, H.P. Haarland, H.-J. Niessen, Empirische Konsumforschung..., a.a.O., S. 200 ff. und S. 223 - 229.

1) Vgl. R.F. Fair, A Short-Run Forecasting Model ..., a.a.O., S. 49 ff.

der Differenz zwischen gewünschtem Lagerbestand und tatsächlichem Lagerbestand der Vorperiode

$$L_t - L_{t-1} = r(L_t^G - L_{t-1}) \ , \quad 0 \leqq r \leqq 1$$

Da sich der gewünschte Lagerbestand durch den Umsatz der gleichen Periode ausdrücken läßt

$$L_t^G = a_o + a_1 U_t \ ,$$

gilt mithin folgende Beziehung

$$L_t - L_{t-1} = ra_o + ra_1 U_t - rL_{t-1}$$

Nach Einführung der Antizipationsvariablen "erwartete Umsätze" U_t^E spezifiziert das Modell folgende Lageranpassungsfunktion:

$$L_t - L_{t-1} = (1 - b_1)(U_t^E - U_t) + b_o (L_t^G - L_{t-1}).$$

Wenn nun der gewünschte Lagerbestand definiert ist mit

$$L_t^G = c_o + c_1 U_t^E$$

und die erwarteten Umsätze definiert sind mit

$$U_t^E = U_{t-1} + \bar{U}$$

gilt schließlich folgende Gleichungsspezifikation für die Lagerinvestitionen:

$$L_t - L_{t-1} = \left[b_o c_o + b_o c_1 \bar{U} + (1-b_1)\bar{U}\right] + b_o c_1 U_{t-1}$$
$$-b_o L_{t-1} + (1-b_1)\ (U_{t-1} - U_t).$$

Die Parameterschätzwerte dieser Gleichung (1), in welche als Variable für U die Summe aus Gebrauchsgüter- und Verbrauchsgüterumsätzen einging, waren durchweg signifikant; die multiple Korrelation lag relativ hoch.

Die Unterscheidungen der drei Konsumaggregate PKW und Zubehör, andere Gebrauchsgüter, Verbrauchsgüter und Dienstleistungen im Wharton-EFU-Modell gehen von der in der empirischen Konsumforschung hinreichend bestätigten Hypothese aus, daß die Bestimmungsgründe der Gebrauchsgüternachfrage sich wesentlich von denen der Verbrauchsgüternachfrage unterscheiden. Die Zusammenfassung der Verbrauchsgüter- und Dienstleistungsnachfrage , welche einzig noch das Friend-Thomas-Modell (2) durchführt,rechtfertigen die Autoren mit der für beide Nachfragekategorien ähnlichen relativ hohen

---

1) Ein weiterer Versuch, welcher Lagererwartungsvariable oder Bewertungsvariable für den Lagerbestand - wieder aus dem Survey of Current Business- als prädeterminierte Variable in die Gleichungsschätzung einführte, lieferte nur schwache Resultate. Der Autor des Modells führt dies freilich auf den allzu kurzen Beobachtungszeitraum und die sektorale Herkunft (die Reihen beziehen sich nur auf die Maschinenbauindustrie) zurück.

2) Vgl. W. Thomas, I. Friend, The Predictive Ability of Expectational Variables in Different Types of Econometric Models, Paper der X. CIRET-Konferenz, Brüssel 1971.

Einkommensabhängigkeit; dabei unterstellen sie eine Wirkungsintensität der Einkommensänderungen auf das Konsumentenverhalten (für die Kategorie Verbrauchsgüter und Dienstleistungen), welche mit dem lag zwischen beiden Variablen abnimmt. Diese Hypothese führt sie zu einer "distributed-lag"Spezifikation (1) nach Koyck(2), welche den Einkommensänderungen mit wachsendem lag geometrisch abnehmende Gewichte zuweist:

$$\left(\frac{C_{NDDL}}{Y}\right)_t = a + b \left[\sum_{i=0}^{\infty} \lambda^i \left(\frac{\Delta Y}{Y}\right)_{t-i}\right] .$$

Zur Schätzung der Gebrauchsgüternachfrage benutzen die Autoren des Modells neben der Antizipationsvariablen "Index of Consumer Anticipations" (3) einen Bestandsanpassungsprozeß, welcher von der Hypothese ausgeht, daß laufende Gebrauchsgüterkäufe von der Differenz zwischen dem gewünschten (4) und tatsächlichen Bestand an Gebrauchsgütern der Vorperiode beeinflußt werden. Im Gegensatz zu den üblicherweise in Nominalgrößen spezifizierten Antizipationsmodellen führt das Wharton-EFU-Modell in die Bestimmung vieler Verhaltensgleichungen die Preise als erklärende Variablen ein

---

1) Durch Einführung einer erwarteten oder durchschnittlichen Quartalsänderung des Einkommens vermag das Modell zwischen einer kurz- und langfristigen Grenzneigung zum Konsum zu unterscheiden. Vgl. M.K. Evans, L.R. Klein, The Wharton Econometric Forecasting Model..., a.a.O., S. 21.

2) Vgl. L.M. Koyck, Distributed Lags and Investment Analysis, Amsterdam 1954.

3) Es handelt sich dabei um den auch von den anderen amerikanischen Antizipationsmodellen benutzten "Index of Consumer Sentiment" des Survey Research Center in Michigan.

4) Der gewünschte Bestand seinerseits hängt wieder vom Einkommen und den relativen Preisen ab.

- so auch in die PKW-Gleichung, da sie sich für die Erklärung der Varianz der PKW-Umsätze als hochsignifikant erwiesen (1). Insbesondere aber stellte sich einmal mehr die besondere Erklärungskraft der Antizipationsvariablen heraus (2).

Die Anlageinvestitionsgleichung wurde als Kombination einer Antizipations- und Realisationsfunktion in einer Bestandsanpassungsbeziehung spezifiziert; während die Investitionsentscheidungen, deren lead-lag-Struktur (3) über mehrere Vierteljahre nach dem "distributed-lag"-Ansatz Almons ausgedrückt wurden, von Variablen des Kapitalbedarfes (etwa nach Maßgabe des Kapitalbestandes der Vorperiode und Finanzierungsvariablen (4) (etwa "cash-flow" oder Zinssätze) abhängen, wird die Realisation oder Modifikation der Investitionsentscheidungen von Output-Variablen (5) beeinflußt (6). Als wichtiger Erklärungsfaktor für das Investitionsverhalten dienen die Investitionserwartungen, wie sie vom OBE ("Office of Business Economics") publiziert werden; ihre Erklärungskraft tritt eindrucksvoll im industriellen Sektor hervor.

---

1) Die Verwendung von Preiszeitreihen wirft allerdings - dies sehen auch die Autoren des Wharton-EFU-Modells - schwierige Indexprobleme auf. Vgl. das Fernsehbeispiel bei M.K. Evans, L.R. Klein, The Wharton Econometric Model..., a.a.O., S. 23.
2) Schließlich sind noch die Kreditkonditionen zu nennen, welche für die Erklärung des amerikanischen Konsumentenverhaltens ungleich wichtiger sind als etwa für die des deutschen Konsumentenverhaltens.
3) Die Autoren grenzen noch den "Entscheidungs-lag" zwischen Änderung relevanter sozialökonomischer Variablen und dem Anfang des Bewilligungsprozesses der Investitionen ab; dabei unterstellen sie einen 6-Monats-Entscheidungs-lag. Vgl. M.K. Evans, L.R. Klein, The Wharton Econometric Forecasting Model..., a.a.O., S. 24.
4) Die sektoralen Investitionsfunktionen unterscheiden sich insbesondere in ihren Finanzierungsvariablen; so dürfte der "cash-flow" als Finan-...

Wie das Fair-Modell beschränkt auch das Wahrton-EFU-Modell die Einführung von Antizipationsvariablen auf die Konsum- und Investitionsgleichungen (1); beide Modelle (2) weisen für diese Verhaltensgleichungen eindrucksvoll die selbständige und relativ hohe Erklärungs- und Prognosekraft dieser Variablen auf der Makroebene nach.

Als prädeterminierte Antizipationsvariable enthält das OBE-Modell (3) nur die unternehmerischen Anlage- und Ausrüstungsinvestitionserwartungen, weshalb es vielleicht übertrieben anmutet, das OBE-Modell als Antizipationsmodell zu bezeichnen; insbesondere fällt auf, daß alle vier Konsumkategorien (PKW-Ausgaben, sonstige Gebrauchsgüterausgaben, Verbrauchsgüterausgaben und Ausgaben für Dienstleistungen) als Funktion deflationierter, "realer" ökonomischer Variablen (Verfügbares Einkommen, verzögerter Konsum, liquide Mittel der Haushalte) und, bei den Gebrauchsgütern, als Funktion eines Verteilungseffektes (Verhältnis des Nicht-Lohn- zum Lohneinkommen) aufgefaßt werden,

---

... zierungsdeterminante des Investitionsverhaltens mehr in besonders konjunkturanfälligen und eigenfinanzierenden Industrien dominieren, während der Zins in fremdfinanzierenden und wenig konjunkturreagiblen Industrien die wichtigste Finanzierungsvariable darstellen dürfte.

5) Als Output-Variable bei Handelsinvestitionen dient der globale private Konsum.

6) Die Autoren weisen nachdrücklich auf den Unterschied zwischen den Einflußfaktoren für die Investitionsentscheidungen und die Realisations-(Modifikations-)-funktion hin; die Einflußvariablen der Investitionsentscheidungsfunktion lassen sich nicht als solche der Realisierungsfunktion mit verändertem lag interpretieren.

1) Diese einstweilige Einschränkung hat sicherlich nicht zuletzt ihre Ursache in fehlenden statistischen Zeitreihen für Antizipationsvariable, die sich auf die Verhaltensweisen anderer sozialökonomischer Entscheidungsträger beziehen.

2) Zusammen mit den anderen hier dargestellten amerikanischen Antizipationsmodellen.

...

nicht aber zusätzlich als Funktion rezeptiv-kritischer oder finaler Antizipationsvariablen. Gleichwohl weisen die Autoren des OBE-Modells auf den prognostischen Wert verläßlicher Zeitreihen von Antizipationsvariablen hin, wenn auch ihr Prognosehorizont durch den Horizont ihrer Verhaltenswirksamkeit (auf Mikroebene) begrenzt sei; Prognosen über diesen Horizont hinaus erfordern daher die Endogenisierung der Antizipationsvariablen, ihre Rückführung also auf ihre Bestimmungsgründe in zusätzlich einzuführenden Gleichungen. In Analogie zu den Ausführungen Fairs (1) halten die Autoren des OBE-Modells die Verwendung prädeterminierter Antizipationsvariablen in Prognosemodellen für sinnvoll, während sie die Funktion von Strukturmodellen darin sehen, endogene Antizipationsvariable auf ihre Einfluß- und Erklärungsvariablen zu untersuchen.

Die Autoren des OBE-Modells haben über die unterschiedlichen Anwendungen der dargestellten Antizipationsmodelle hinaus den Versuch unternommen, das Prognoseverhalten des Modells an Konjunkturwendepunkten zu untersuchen, da die Richtungsänderungen der Konjunkturbewegung von besonderem konjunkturtheoretischen und auch konjunkturpolitischen Interesse sind. Neben dem

---

...
3) Vgl. M. Liebenberg, A.A. Hirsch, J. Popkin, A Quarterly Econometric Model of the United States: A Progress Report, in: Survey of Current Business, May 1966, S. 13 - 39.

1) Vgl. R.F. Fair, A Short-Run Forecasting Model..., a.a.O., S. 3.

Kriterium exakter zeitlicher Koindidenz von geschätztem und realem Konjunkturwendepunkt läßt sich eine Reihe weniger stringenter Kriterien für das Wendepunktverhalten ökonometrischer Modelle unterscheiden, welche unterschiedliche zeitliche Toleranzen zwischen geschätztem und realem Wendepunkt zulassen. Die an der Wendepunktkoinzidenz gemessene Prognosegenauigkeit eines ökonometrischen Modells ist dann maximal, wenn gilt

$$\left[\left| t^{R}_{WP_1} - t^{P_r}_{WP_2} \right| + \left| t^{R}_{WP_2} - t^{P_r}_{WP_2} \right| + \ldots + \left| t^{R}_{WP_n} - t^{P_r}_{WP_n} \right| \right] \rightarrow \text{Min!} \quad (1),$$

wenn also die Summe der Abweichungen realer von den geschätzten Konjunkturwendepunkten minimal ist; ein Modell ist einem anderen also in der Genauigkeit der Wendepunktprognose überlegen, wenn sein mit Hilfe dieser Beziehung berechneter Wert geringer ist als derjenige des Vergleichsmodells. Diese Kriterien können freilich nur als Ergänzung zu den bekannten ex-post- und ex-ante-Prognosen sowie den Untersuchungen zur Koeffizientenstabilität subsidäre Maßstäbe zur Beurteilung der Prognosegüte ökonometrischer Modelle darstellen.

Von allen bekannten und in dieser Arbeit dargestellten Kurzfristprognosesystemen enthält das Brookings-SSRC-Modell die stärkste Disaggregation der Konsum-

---

1) $t^{R}_{WP_1}$ bedeutet Zeitpunkt des ersten realen Konjunkturwendepunktes.

$t^{P_r}_{WP_1}$ bedeutet Zeitpunkt des ersten geschätzten Konjunkturwendepunktes.

nachfrage; sie ist in fünf Komponenten (1) aufgeteilt: Automobilnachfrage, Nachfrage nach anderen Gebrauchsgütern, Nachfrage nach Nahrungs- und Genußmitteln, Nachfrage nach anderen Verbrauchsgütern und Nachfrage der Dienstleistungen.

Die Nachfrage nach PKW ist als Funktion des verfügbaren Einkommens, des um eine Periode verzögerten Bestandes an PKW und des um eine Periode verzögerten Index der Konsumenteneinstellungen geschätzt (2); dieser Index wies unter allen prädeterminierten Variablen den größten Erklärungswert auf, sein partieller Korrelationskoeffizient betrug 0.646; mit großem Abstand folgt das verfügbare Einkommen (partieller Korrelationskoeffizienz 0.275); nur einen geringen Erklärungsbeitrag leistet die Variable Bestand an PKW (partieller Korrelationskoeffizienz 0.092).

Die anderen Gebrauchsgüter (außer PKW) sind - ähnlich wie die PKW auch - durch die Variablen verfügbares Einkommen, Bestand an PKW (um eine Periode verzögert) und reale liquide Mittel der Haushalte (um eine Periode

---

1) Vgl. J.S. Duesenberry, G. Fromm, L.R. Klein, E. Kuh, The Brookings Quarterly Econometric Model of the United States..., a.a.O.; die neueren Forschungen am Brookings-Modell faßt zusammen: J.S. Duesenberry, G. Fromm, L.R. Klein, E. Kuh, The Brookings-Model: Some Further Results, a.a.O. Wegen der beschränkten Verwendung von Antizipationsvariablen läßt sich auch das Brookings-SSRC-Modell nicht streng als Antizipationsmodell bezeichnen; da es aber Antizipationsvariable des Konsumenten- und Unternehmerverhaltens als prädeterminierte Variablen verwendet, darf es im Zusammenhang dieses Kapitels nicht vernachlässigt werden.

2) Vgl. D.B. Suits, G.R. Sparks, Consumption Regressions with quarterly data, in: J.S. Duesenberry et.al., The Brookings Quarterly Econometric Model ..., a.a.O., S. 207 - 214.

verzögert) geschätzt (1); es fällt auf, daß die Antizipationsvariable die erklärte Varianz nicht wesentlich erhöht.

Die beiden Verbrauchsgüteraggregate (Nahrungs- und Genußmittel und andere Verbrauchsgüter) (2) wurden in einem autoregressiven Ansatz durch die Variablen verfügbares Einkommen, Preise (nur Nahrungs- und Genußmittel) und Bevölkerungsentwicklung (nur Nahrungs- und Genußmittel) spezifiziert; auf diese Weise ließen sich 99,1 % (Nahrungs- und Genußmittel) bzw. 97,9 % (andere Verbrauchsgüter) ihrer Varianz erklären.

Die Veränderung der Konsumnachfrage nach Dienstleistungen (3) schließlich ließ sich zu 99,8 % in einem autoregressiven Ansatz aus dem verfügbaren Einkommen, den Preisen und den liquiden Mitteln der Haushalte erklären, wobei die verzögerte Variable Nachfrage nach Dienstleistungen mit einem partiellen Korrelationskoeffizienten von 0.856 den höchsten Erklärungswert besaß; auch in dieser Gleichung erwies sich die Einführung einer Diskrepanz zwischen dem laufenden und einem gewichteten Durchschnitt des vergangenen Einkommens als wenig erfolgreich.

Der Zusammenhang zwischen Antizipationsvariablen und Investitionsverhalten ist im Brookings-SSRC-Modell in

---

1) Vgl. D.B. Suits, G.R. Sparks, Consumption Regressions with quarterly data..., a.a.O., S. 214 - 215.
2) ebenda, S. 215 - 216.
3) ebenda, S. 216 - 217.

zwei analytischen Richtungen untersucht worden: Neben der Anwendung einer Theorie des Investitionsverhaltens (1), die unter neoklassischen Bedingungen formuliert und mit der allgemeinen Pascal-"distributed-lag-"Funktion verbunden ist, auf die Analyse der intermediären Phasen (Antizipationsphase) des Investitionsprozesses steht die Untersuchung des Zusammenhanges zwischen Antizipationen und Investitionsverhalten in der Form von Realisationsfunktionen (2).

Im Vergleich mit naiven Spezifikationen der Investitionsfunktionen (3) zeigt sich die eindeutige Erklärungsüberlegenheit der "distributed lag"-Funktionen (4). Unter den verschiedenen "distributed lag"-Funktionen wiesen jene Ansätze den höchsten Erklärungswert auf, die als erklärende Variable die Antizipationsvariable (5) (und nicht die Änderung des Kapitalbestandes) zugrundelegten.

Der "distributed-lag"-Ansatz (6) des Brookings-SSRC-Modells zeigt also den höchsten Erklärungsbeitrag der Antizipationsvariablen noch eindrucksvoller, als ihn einfachere Ansätze in anderen ökonometrischen Prognosesystemen schon nachgewiesen haben.

---

1) Vgl. D.W. Jorgensen, Anticipations and Investment Behavior, in: J.S. Duesenberry et al., The Brookings..., a.a.O., S. 35 ff. Rationale "distributed-lag"-Funktionen, zu denen auch die Pascal "distributed-lag"-Funktion gehört, entwickelte Jorgensen in: D.W. Jorgensen, Rational Distributed Lag Functions, in: Econometrica 34, 1966, S. 135 - 149.

2) Vgl. R. Eisner, Realization of Investment Anticipations, in: J.S. Duesenberry et al., The Brookings..., a.a.O., S. 95 ff.

3) Als "naive" Investitionsmodelle wurden folgende Beziehungen zum Vergleich herangezogen:

$In_t = In_{t-1}$ $\quad In_t = In^A_t$ $\quad In^{A1}_{t+1} = In^{A1}_t$

$In_t = In^{A1}_t$ $\quad In^{A2}_{t+2} = In^{A2}_{t+1}$ $\quad In^{A1}_t = In^{A2}_t$

4) Diese Überlegenheit erstreckt sich auch auf statistische Gütekriterien der Regressionen; so liegen die im von-Neumann-Verhältnis gemessenen Autokorrelationen der Residuen bei den "naiven"...

Ein zweiter antizipatorischer Ansatz zur Erklärung und Prognose des Investitionsverhaltens im Brooking-SSRC-Modell benutzt die Realisationsfunktion (1).

Da sich eine solche Funktion als Realisation der Investitionserwartungen (Differenz zwischen antizipierten und tatsächlichen Investitionsausgaben) und als Realisation der Verkäufe (Differenz zwischen antizipierten und tatsächlichen Verkäufen) auffassen läßt, ist im Brooking-SSRC-Modell folgende Realisationsfunktion (2) spezifiziert worden:

... Funktionsansätzen sehr viel höher als bei den "distributed lag"-Ansätzen.

5) "Erwartete Investitionsausgaben in einem Quartal".

6) Besonders interessante Anwendungsmöglichkeiten dieses Ansatzes sind die Ermittlung durchschnittlicher lags zwischen den einzelnen Phasen des intermediären Investitionsprozesses (so liegt der lag zwischen Änderungen der Kapitalnachfrage und tatsächlichen Investitionsausgaben im Brookings-SSRC-Modell bei sieben Quartalen) und Simulationen des Zeitpfades der Investitionsnachfrage als Wirkung von Änderungen ausgewählter Parameter (so ist im Brookings-Modell die zeitliche Verteilung der Investitionen bei unterschiedlichen steuerlichen Konstellationen analysiert worden). - Für eine ausführliche Darstellung, auf die in diesem Zusammenhang verzichtet werden muß, sei verwiesen auf D.W. Jorgenson, Anticipations and Investment Behavior, in: J.S. Duesenberry et al., The Brookings..., a.a.O., S. 76 ff.

1) Vgl. R. Eisner, Realization of Investment Anticipations, in: J.S. Duesenberry et al., The Brookings..., a.a.O., S. 95 ff. - Vgl. auch die früheren Arbeiten von Eisner: R. Eisner, Investment Plans and Realizations, in: American Economic Review, Mai 1962, S. 190 - 203; R. Eisner, Expectations, Plans and Capital Expenditures. A Synthesis of Ex-Post and Ex-Ante Data, in: M.J. Bowman, (ed.), Expectations, Uncertainty and Business Behavior, New York 1958, S. 165 - 188; R. Eisner, Realization of Investment Anticipations in a Quarterly Econometric Model of the U.S. Economy. Paper der VI.CIRET-Konferenz, Wien 1963; R. Eisner, Forecasting Investment Spending. The Economic Outlook for 1962, Ann Arbor, Mich. 1963, S. 71 - 95.

$$\frac{In_U^{Br} - In^A}{In^A} = a_o + a_1 \left(\frac{VERK_{t-1} - VERK_{t-2}}{VERK_{t-2}} \right) +$$

$$+ a_2 \left(\frac{Ge^{oLBA}_{nst_{t-1}} - Ge^{oLBA}_{nst_{t-2}}}{Ge^{oLBA}_{nst_{t-2}}} \right) +$$

$$+ \sum_{i=0} \left[\gamma^i \left(a_3 \frac{VERK_{t-2-i} - VERK_{t-3-i}}{VERK_{t-3-i}} + \right. \right.$$

$$+ a_4 \frac{Ge^{oLBA}_{nst_{t-2-i}} - Ge^{oLBA}_{nst_{t-3-i}}}{Ge^{oLBA}_{nst_{t-3-i}}} + a_5 \frac{AB_{t-1-i} - AB_{t-2-i}}{In^A_{t-1-i}}$$

$$\left. \left. + a_6 \frac{In^{Br}_{U_{t-1-i}} - In^A_{t-i}}{In^{Br}_{U_{t-1-i}}} \right) \right] + U \qquad (1).$$

...

2) Der Ansatz gleicht der "distributed-lag"-Funktion von L.M. Koyck, Distributed Lags and Investment Analysis..., a.a.O.

Eine Transformation liefert dann die der regressionsanalytischen (OLS-)Parameterschätzung zugrundegelegte Beziehung:

$$\triangle\left(\frac{In_u^{Br} - In^A}{In^A}\right) = b_o + b_1 \left(\frac{VERK_{t-1} - VERK_{t-2}}{VERK_{t-2}}\right) +$$

$$+ b_4 \left(\frac{Ge^{oLBA}_{nst_{t-2}} - Ge^{oLBA}_{nst_{t-3}}}{Ge^{oLBA}_{nst_{t-3}}}\right) +$$

$$+ b_3 \left(\frac{Ge^{oLBA}_{nst_{t-1}} - Ge^{oLBA}_{nst_{t-2}}}{Ge^{oLBA}_{nst_{t-2}}}\right) +$$

$$+ b_2\left(\frac{VERK_{t-2} - VERK_{t-3}}{VERK_{t-3}}\right) + b_5 \left(\frac{AB_{t-1} - AB_{t-2}}{In^A_{t-1}}\right) +$$

$$+b_6 \left(\frac{In^{Br}_{u_{t-1}} - In^A}{In^{Br}_{u_{t-1}}}\right) + b_7 \left(\frac{In_u^{Br} - In^A}{In^A}\right)_{t-1} + v \quad (1).$$

---

1) Die Variablen bedeuten

In_u^{Br}	Unternehmerische Bruttoinvestitionen
In^A	Investitionserwartungen
VERK	Aggregierte Verkäufe
Ge_{nst}^{oLBA}	Gewinne nach Steuern ohne Anpassung der Lagerbewertung
AB	Auftragsbestände

Für die Realisationsfunktion industrieller Investitionen wurde folgende Spezifikation gewählt:

$$\frac{In_u^{Br} - In^A}{In^A} = a_o + a_2 \left(\frac{Ge^{oLBA}_{nst_{t-1}} - Ge^{oLBA}_{nst_{t-2}}}{Ge^{oLBA}_{nst_{t-2}}} \right) +$$

$$+ \sum_{i=0} \left[\gamma^i \left(a_3 \frac{VERK_{t-2-i} - VERK^A_{t-2-i}}{VERK^A_{t-2-i}} + \right. \right.$$

$$+ a_4 \frac{Ge^{oLBA}_{nst_{t-2-i}} - Ge^{oLBA}_{nst_{t-3-i}}}{Ge^{oLBA}_{nst_{t-3-i}}} +$$

$$\left. \left. + a_6 \frac{In^{Br}_{u_{t-1-i}} - In^A_{t-i}}{In^{Br}_{u_{t-1-i}}} \right) \right] + u \quad .$$

Die regressionsanalytische Parameterschätzung dieser Beziehungen (1) zeigt, daß die gewählten prädeterminierten Variablen allein rd. 60 % der Varianz der abhängigen Variablen erklären.

---

1) Vgl. R. Eisner, Realization of Investment Anticipations, in: J.S. Duesenberry et al., The Brookings ..., a.a.O., S. 103 ff.

Ein Vergleich der Prognosefehler (Fehler der durch die Realisationsfunktion errechneten ex-post-Prognosewerte für die entsprechenden Beobachtungszeiträume) mit den Antizipationsfehlern (Abweichungen der antizipierten von den tatsächlichen Investitionsausgaben) zeigt (1), daß der durchschnittliche absolute Fehler (aber auch die Quadratwurzel der durchschnittlichen quadrierten Fehler) der ex-post-Prognosen um etwa 60 % geringer ist als die Antizipationsfehler.

Auch ex-ante Prognosen, die für die Beurteilung der explikativen und prognostischen Eigenschaften der Realisationsfunktionen sehr viel aussagekräftiger sind, zeigen für das Prognosejahr 1961 mit wenigen Ausnahmen signifikant geringere durchschnittliche absolute Fehler zu den entsprechenden Fehlern der Antizipationen; schließlich erweisen sich ex-ante Prognosen für die weiteren Jahre 1962, 1963 am Kriterium des durchschnittlichen absoluten Fehlers in der Regel den einfacheren Antizipationen und einem naiven Prognoseansatz (1) überlegen.

6.3. Vergleich ausgewählter amerikanischer Antizipationsmodelle

Vergleiche der Erklärungs- und Prognosekraft jüngerer amerikanischer Antizipationsmodelle (2) werden häufig

---

1) Vgl. R. Eisner, Realization of Investment Anticipations..., a.a.O., S. 115 ff.
2) Auf die Darstellung der beiden älteren Antizipationsmodelle wurde verzichtet, etwa I. Friend, R.C. Jones, Short Run Forecasting Models Incorporating Anticipatory Data, in: Models of Income Determination (National Bureau of Economic Research: Studies in Income and Wealth, Vol. 28), Princeton: Princeton University Press 1964, S. 279-311; und L.R. Klein, A Postwar Quarterly Model: Descriptions and Applications, in: Models of Income Determination (National Bureau of Economic ...

durch die den Modellen zugrundeliegenden unterschiedlichen Annahmen und Beobachtungszeiträume erschwert (1). Ein solcher Vergleich des Fair-Modells mit den beiden Versionen (Antizipations- und ex-post-Version) des Wharton-EFU- und des OBE-Modells bietet für die ex-post-Prognosen des BSP auf der Basis aktueller Werte der exogenen Variablen folgendes Bild. (siehe Tabelle auf Seite 109)

Zunächst fällt auf, daß die BSP-Prognosen der Antizipationsmodelle sehr viel genauer sind als die entsprechenden Prognosen des ex-post Wharton-EFU-Modells; so sind die Fehlerwerte der BSP-Prognosen des ex-post Wharton-EFU-Modells doppelt so hoch wie die entsprechenden Fehlerwerte des Fair-Modells; unter den Antizipationsmodellen ragt das Fair-Modell mit der größten Prognosegenauigkeit hervor.

Sämtliche mit ihm erstellten Quartalsprognosen des nominalen und realen BSP besitzen die geringsten Fehlerwerte; sie sind etwa anderthalbmal niedriger als die entsprechenden Fehlerwerte des OBE-Modells.

Ein weiterer Vergleich der durch Friend/Thomas, Wharton-EFU- und OBE-Modell ex-post prognostizierten Aggregate nominales BSP, reales BSP, Konsum und Investitionen zeichnet das Friend/Thomas-Modell relativ zum Wharton-EFU- und OBE-Modell mit der größten Prognosegenauigkeit aus. (siehe Tabelle auf Seite 110)

---

1)' Research: Studies in Income and Wealth, Vol. 28), Princeton: Princeton University Press 1964.

1) Die absoluten Fehlermittelwerte in der Jahresprognose des nominalen BSP reichen für den Zeitraum 1953 - 1965 von 6,9 bis 14,4 Mrd. $. Die entsprechenden Durchschnittswerte im Fair-Modell liegen durchweg unter dem Wert 6,9 Mrd. $.
Vgl. V. Zarnovitz, An Appraisal of Short Term Economic Forecasts, New York: National Bureau of ...

Prognose-horizont	Fair-Modell	Wharton-Modell (Antizipations-version)	Wharton-Modell (Ex-post-Version)	OBE-Modell
BSP_t nominal				
1 Quartal	2.86 (1)	5.11	6.75	4.62
2 Quartale	4.32	5.70	8.20	6.48
3 Quartale	4.46		7.70	7.62
4 Quartale	4.11		8.17	8.06
5 Quartale	3.71		8.19	8.41
BSP_t real				
1 Quartal	2.81	4.90	6.53	3.67
2 Quartale	4.25	5.20	7.54	5.06
3 Quartale	4.31		7.55	5.97
4 Quartale	3.77		8.96	6.44
5 Quartale	3.27		10.63	6.78

... Economic Research 1967. Für den Zeitraum 1959 - 1968 geben M.K.Evans, Y. Haitovsky, G.I. Treyz, An Analysis of the Forecasting Properties of U.S. Econometric Models, in: B. Hickmann (ed.),Econometric Models of Cyclical Behavior, einen Wert der Quadratwurzel des Durchschnittsfehlers von 8,1 Mrd. $ an. Auch diesen Durchschnittsfehler unterschreitet das Fair-Modell beträchtlich.
B. Hickmann (ed.), Econometric Models of Cyclical Behavior (NBER), erscheint demnächst.

1) Es handelt sich um die Quadratwurzel der quadrierten Fehlermittelwerte.

Zahl der prognostizierten Quartale	Keine Anpassung der konstanten Terme			Anpassung d. konstanten Terme (1)	
	Friend/Thomas-Modell	Wharton-Modell	OBE-Modell	Wharton-Modell	OBE-Modell
		Nominales B S P			
1	3.77	6.75	4.62	6.87	3.69
2	6.23	8.20	6.48	9.29	5.58
3	7.90	7.70	7.62	9.92	7.10
4	9.11	8.17	8.05	11.07	7.74
		Reales B S P			
1	3.81	6.53	3.67	7.06	3.07
2	6.29	7.54	5.06	9.18	4.59
3	7.93	7.55	5.97	9.74	5.76
4	9.10	8.96	6.44	11.27	6.47
		Konsum			
1	2.79	3.94	n.v.(2)	4.17	n.v.
2	4.08	4.33	n.v.	4.97	n.v.
3	5.02	4.14	n.v.	5.38	n.v.
4	5.65	4.22	n.v.	5.81	n.v.
		Investitionen			
1	2.63	3.72	3.34	3.17	2.48
2	3.64	4.80	4.47	4.70	3.58
3	4.25	4.48	5.05	4.93	4.37
4	4.78	4.92	5.26	5.67	4.76

1) Werden die Prognosewerte um die durchschnittlichen Prognosefehler der beiden vorangegangenen Quartale in jeder Gleichung korrigiert, so spricht die angelsächsische Literatur von "predictions with constant adjustments", da die Anpassung am absoluten Glied vorgenommen hat.

2) nicht verfügbar

Dieser Vergleich zeigt ein Phänomen, welches Antizipationsmodelle allgemein auszuzeichnen scheint: Die Prognosefehler steigen (sc. die Prognosegenauigkeit sinkt), je mehr der Prognosehorizont ausgedehnt wird.

Auch in der ex-ante Prognose des BSP erwies sich das Friend/Thomas-Modell im Vergleich zu anderen Modellen und Prognoseverfahren als überlegen. (siehe Seite 112)

Beim Vergleich bleibt freilich zu berücksichtigen, daß die Jahresprognose des Antizipationsmodells von Friend/Thomas erst im Januar erstellt werden konnte, da die Daten über Unternehmererwartungen und Kaufpläne der Konsumenten nicht eher verfügbar waren; die Prognosen des Friend/Thomas-Modells vom Januar und Februar (welche noch die Budgetprojektionen enthalten) sind folglich strenggenommen nicht mit den Novemberprognosen des Wharton-EFU- und des St. Louis-Modells vergleichbar; trotzdem sind sie noch 6 von 7 BSP-Prognosen überlegen, welche um die Jahresmitte 1970 unter Berücksichtigung des ersten Quartals ermittelt wurden (1).

Schließlich zeichnet sich auch das Fair-Modell im Vergleich zum Wharton-EFU- und OBE-Modell in der ex-ante-Prognose des nominalen und realen BSP (auf der Basis

1) Diese Prognosen finden sich in: Business Week (4. Juli 1970), welche die Modelle Wharton, RCA, Data Resources, Philadelphia Research Associates, Michigan und IBM enthält.

Datum	Jahres-prognose (in Mrd.$) BSP 1970	Fehler (in Mrd.$)	Durchschnittl. absoluter Quartalsfehler (in Mrd.$)
Antizipationsmodell von Friend/Thomas			
Februar 1970	977	0.5	1.7
St. Louis Modell (1)			
November 1969	974	-2.5	3.5
Wharton-EFU-Modell			
Februar 1970	974	-2.5	3.7
Antizipationsmodell von Friend/Thomas			
Januar 1970	981	4.5	4.5
Wharton-EFU-Modell			
November 1969	980	3.5	4.8
ASA/NBER Survey of FORECASTERS (2)			
November 1969	983	6.5	6.5
Michigan.Modell (3)			
November 1969	990	13.5	13.5

1) Vgl. L.C. Andersen, J.L. Jordan, Monetary and Fiscal Actions: Their Relative Importance in Economic Stabilization, in:Federal Reserve Bank of St. Louis Review, Vol. 50, No. 11, Nov. 1968.
2) Mittelwert aller Antworten in einer von der American Statistical Association und dem NBER durchgeführten Erhebung.
3) Ein Projekt des Research Seminars in Quantitative Economics, University of Michigan.

Prognosen des Antizipationsmodells für andere Perioden

Datum	(in Mrd.$) BSP 1970	Fehler (in Mrd.$)	Durchschnittl. absolut.Quartalsfehler(in Mrd.$)
1969 III - 1970 II			
Sept. 1969	955	-1.0	1.4
1969 IV - 1970 III			
Nov. 1969	965	-2.0	3.7
1969 IV - 1970 III			
Dez. 1969	970	3.0	4.8

aktueller und extrapolierter Werte der exogenen Variablen) durch die größte Prognosegenauigkeit aus.

Die Überlegenheit der Antizipationsmodelle über ökonometrische ex-post Modelle in der kurzfristigen Konjunkturprognose beruht auf einem Vergleich von Modellen, welche sich in ihren Annahmen und Beobachtungszeiträumen mehr oder weniger voneinander unterscheiden und damit das aus dem Vergleich gezogene Fazit nicht in voller Stringenz gelten lassen können. Eine Vergleichbarkeit in strengem Sinne dürfte erst gegeben sein, wenn sich die Extrapolationsverfahren für die exogenen Variablen und die Beobachtungszeiträume, auf die sich die Strukturspezifikation bezieht, nicht allzusehr voneinander unterscheiden.

7. Ein konjunkturelles Kurzfristprognosemodell für die BRD

Mit diesem ersten Versuch, ein Antizipationsmodell für die BRD zu entwickeln, verbindet sich die Absicht, den Nachweis zu liefern, daß Antizipationsvariable des Konsumenten- und Unternehmerverhaltens einen eigenständigen Erklärungs- und Prognosebeitrag auch in ökonometrischen Kurzfristprognosemodellen für die BRD besitzen. Es gelangt damit in einem ersten Ansatz für die deutsche Volkswirtschaft jene Integration von sozialökonomischer Verhaltensforschung und Ökonometrie zur Durchführung, wie sie in dieser Arbeit als eine mögliche Form der anthropologisch und wissenschaftstheoretisch vorgezeichneten Gestalt sozialökonomischer Theorie entwickelt wurde. Zwar können die analytischen Möglichkeiten, wie sie die Untersuchung amerikanischer Antizipationsmodelle gezeigt hat, nicht schon in diesem ersten Ansatz erschöpfend nutzbar gemacht werden (1); immerhin setzen sie für die weitere Forschung richtungsweisende Maßstäbe. In einem einstweilen singulären multiplen Regressionsansatz ist das Kurzfristprognosemodell in der Antizipationsversion a (Antizipationsvariablen als zusätzliche prädeterminierte Variablen) spezifiziert.

Als makroökonometrisches Prognosemodell untersucht es den Zusammenhang zwischen den Konsumenten- und Unternehmereinstellungen und dem späteren Verhalten dieser

---

1) Dies hat zum größten Teil seine Ursache in den einstweiligen Beschränkungen, die die Verfügbarkeit statistischer Zeitreihen den analytischen Möglichkeiten auferlegt. Die weiteren Forschungsrichtungen werden in Kapitel 8 "Künftige Forschungsschwerpunkte" entfaltet.

beiden sozialökonomischen Entscheidungsträger auf der Makroebene. Es repliziert insofern den in den amerikanischen Antizipationsmodellen überwiegend verfolgten Ansatz, unterscheidet sich von ihnen aber in der bei weitem größeren Anzahl der als prädeterminierte Variable benutzten Antizipationsvariablen; während die amerikanischen Kurzfristprognosesysteme in der Regel lediglich das Konsumenten- und das (oft in drei oder mehr Kategorien disaggregierte) Investitionsverhalten über entsprechende Antizipationsvariablen prognostizieren, versucht das hier entwickelte Kurzfristprognosemodell, etwa auch das (disaggregierte) Preisverhalten über Preiserwartungsvariable zu erklären und zu prognostizieren.

Der Einfluß, den die Einführung von Antizipationsvariablen als prädeterminierte Variablen auf das Prognosevermögen singulärer und interdependenter ökonometrischer Kurzfristprognosesysteme ausübt, läßt sich auf folgende Weise analysieren (1):

Der ex-ante Prognosefehler einer durch die Beziehung

$$y_1 = a_1 + a_2 y_2 + \varepsilon_1 \qquad (2)$$

geschätzten endogenen Variablen y_1 mit prognostizierter (extrapolierter) "ex-post"-Variablen y_2 ergibt sich,

---

1) Entsprechende Untersuchungen führten durch: Y. Haitovsky, G.I. Treyz, The Informational Value of Anticipations Data in Macro-Econometric Model Forecasts, Paper der X. CIRET-Konferenz, Brüssel 1971.

2) a_1 und a_2 sind Koeffizienten; ε_1 ist Residuum.

wenn die Prognosebeziehung

$$\hat{y}_1 = a_1 + a_2\hat{y}_2 \qquad (1)$$

von der ersten Beziehung subtrahiert wird:

$$y_1 - \hat{y}_1 = a_2 (y_2 - \hat{y}_2) + \varepsilon_1 = a_2 \varepsilon_2 + \varepsilon_1 \qquad (2).$$

Für den Erwartungswert des quadrierten Fehlers gilt dann:

$$E(y_1 - \hat{y}_1)^2 = a_2^2 E \varepsilon_2^2 + 2a_2 E \varepsilon_2 \varepsilon_1 + E \varepsilon_1^2 =$$

$$a_2^2 \sigma_{22} + 2a_2 \sigma_{12} + \sigma_{11}$$

mit $E \varepsilon_i \varepsilon_j = \sigma_{ij}$ für $i,j = 1,2$.

Nur falls y_2 eine exogene Variable ist, können ε_1 und ε_2 unkorreliert sein (3); wenn freilich y_1 und y_2 gegenseitig abhängige Variablen in einem interdependenten Gleichungssystem darstellen, wird σ_{12} in der Regel von 0 verschieden sein, da im allgemeinen auch die Residuen von y_1 und y_2 voneinander abhängen.

Hier zeigt sich also, daß der Erwartungswert des Prognosefehlers als Folge der Simultaneität des Systems im Vergleich zu einem singulären System steigt, wenn a_2 und σ_{12} das gleiche Vorzeichen besitzen; er sinkt hingegen, wenn a_2 und σ_{12} unterschiedliche Vorzeichen haben.

---

1) $\hat{y}_1$ und $\hat{y}_2$ sind die Prognosewerte von y_1 und y_2.

2) mit $\varepsilon_2 = y_2 - \hat{y}_2$.

3) mithin $\sigma_{12} = 0$.

Wird nun eine Antizipationsvariable x, die im Prognosezeitpunkt exogen bestimmt ist, als zusätzliche prädeterminierte Variable in die Gleichung

$$y_1 = a_1^* + a_2^* y_2 + a_3 x + \varepsilon_1^*$$

eingeführt, so lautet der Erwartungswert des quadrierten Prognosefehlers also

$$E(y_1 - \hat{y}_1^*) = a_2^{*2} \sigma_{22}^* + \sigma_{11}^* + 2a_2^* \sigma_{12}^*$$

mit $E(\varepsilon_i^* \varepsilon_j^*) = \sigma_{ij}^*$, für i,j = 1,2.

Die Einführung der (exogen determinierten) Antizipationsvariablen beeinflußt also die Koeffizienten a_1 und a_2, das Residuum ε_1 der Gleichung und - bei gegenseitiger Abhängigkeit von y_1 und y_2 - auch das Residuum ε_2. Für ein singuläres und ein interdependentes System läßt sich der Einfluß der Antizipationsvariablen mithin auf folgende Weise messen:

a) Singuläres System

$$PF^{SING}_{ANTV}{}^{(1)} = E(y_1 - \hat{y}_1)^2 - E(y_1 - \hat{y}_1^*)^2$$

$$= \sigma_{11} - \sigma_{11}^* + \sigma_{22}(a_2^2 - a_2^{*2})$$

Ist PF^{SING}_{ANTV} positiv, so hat die Einführung der Antizipationsvariablen als präderterminierte Variable den Prognosefehler der durch eine singuläre Gleichung

1) Einfluß der Antizipationsvariablen als zusätzlicher prädeterminierter Variablen auf den Prognosefehler eines singulären Systems.

geschätzten endogenen Variablen y_1 verringert; ist PF_{ANTV}^{SING} negativ, so ist der Prognosefehler durch die Antizipationsvariable erhöht worden.

b) Simultanes System

Für eine endogene Variable y_2 bemißt sich der Einfluß der Antizipationsvariablen x auf den Fehler der endogen geschätzten und prognostizierten Variablen y_1 nach:

$$PF_{ANTV}^{SIM} = (\sigma_{11} - \sigma_{11}^{*}) + (a_2^2 \sigma_{22} - a_2^{*2} \sigma_{22}^{*}) +$$

$$+2(a_2 \sigma_{12} - a_2^{*} \sigma_{12}^{*}).$$

Die Simultaneität führt also relativ zur Singularität zu einem Einfluß der Antizipationsvariablen auf den Prognosefehler der endogenen Variablen y_1 nach Maßgabe der folgenden Beziehung:

$$PF_{ANTV}^{SIM} - PF_{ANTV}^{SING} = a_2^{*2}(\sigma_{22} - \sigma_{22}^{*}) +$$

$$+ 2(a_2 \sigma_{12} + a_2^{*} \sigma_{12}^{*}).$$

Ungleich mehr Aufmerksamkeit als in den amerikanischen Antizipationsmodellen ist den mit dem Saisonbereinigungsverfahren verbundenen zeitreihenanalytischen Problemen gewidmet; nach einer Darstellung des in dieser Arbeit zur Saisonbereinigung herangezogenen ASA III-Verfahrens, das auf der Spektralanalyse aufbaut, folgt eine gedrängte Zusammenfassung der bekannten OLS-Parameterschätztechnik;[1] die vergleichende Untersuchung

1) Sie findet sich im Anhang. II, S. 233 ff.

der Parameterschätzungen und Erklärungsgüte alternativer Spezifikationen der Gleichungen ermöglicht die Beurteilung der relativen Erklärungs- und Prognosekraft der prädeterminierten Variablen und die Auswahl der relevanten Spezifikationen.

Das Problem der Trendelimination wird am hier gewählten einfachen Ansatz der Trendregression beleuchtet. Parameterschätzungen werden auch mit Hilfe saison- und trendbereinigter Zeitreihen durchgeführt.

Die Erklärungs- und Prognosekraft des Antizipationsmodells kann sich einstweilen erst an ex-post-Prognosen bewähren, da der Beobachtungszeitraum bis zum vierten Quartal 1971 reicht. Das Problem der Stabilität der spezifizierten und geschätzten Beziehungen, welches äquivalent ist mit der Frage nach der Stabilität der Verhaltensrelevanz von Einstellungen auf der Makroebene, wird an den Parameterstabilitäten der Gleichungen untersucht.

Schließlich geben die nicht stochastischen Simulationen, wie sie am Wharton-EFU- und Brookings-SSRC-Modell durchgeführt wurden, wichtige Hinweise für eine simulative Anwendung deutscher Antizipationsmodelle.

7.1. Zeitreihenanalytische Probleme der Saisonbereinigung

In die Parameterschätzung ökonometrischer Prognosesysteme gehen in der Regel saisonbereinigte Zeitreihen ein; neuerdings hat Fair (1) darauf hingewiesen,

---

1) Vgl. R.F. Fair, A Short-Run Forecasting Model..., a.a.O., S. 13 - 14.

daß diese Form saisonbereinigter Strukturspezifikation zwar in der Parameterschätzung relativ hochaggregierter und einfach spezifizierter Prognosemodelle, nicht aber in der Schätzung disaggregierter Strukturmodelle die den Zeitreihen inhärenten Informationen optimal ausschöpft: "A considerable amount of information about short-run fluctuations of various economic variables is lost when the data are seasonally adjusted, and for a model attempting to explain the detailed structure of the economy this may be undesirable." (1) Beide Verfahren enthalten freilich zeitreihenanalytische Probleme.

a) Die Zeitreihen werden vor der Parameterschätzung mit dem Argument saisonbereinigt, daß die Determinanten saisonaler Bewegungen unabhängig von denjenigen der übrigen Schwankungskomponenten wirken und Saisonschwankungen die anderen systematischen Bewegungskomponenten lediglich überlagern. Nach der ökonometrischen Prognose dieser saisonbereinigten Werte errechnet sich dann die endgültige Prognose durch Addition mit einer Saisonnormalen oder Multiplikation mit einem Saisonindex.

   Gegen dieses Verfahren spricht der Struktureinfluß (2) eines jeden Saisonbereinigungsverfah-

---

1) R.F. Fair, A Short-Run Forecasting Model..., a.a.O., S. 14.

2) Den Nachweis, daß kein Saisonbereinigungsverfahren strukturneutral arbeitet, führten neuerdings M. Nerlove, A Comparison of a Modified "Hannan" and the BLS Seasonal Adjustment Filters, in: Journal of the American Statistical Association, Vol.60, 1965, S. 442 - 491; H.M. Rosenblatt, Spectral Evaluation of BLS and Census Revised Seasonal Adjustment Procedures, in: Journal of the American Statistical Association, Vol. 63, 1968, S. 472 - 501; K.A. Schäffer, Beurteilung einiger herkömmlicher...

rens; die anderen systematischen Schwankungskomponenten werden durch jedwede Saisondefinition beeinflußt: Erhöhung der Autokorrelation der Schwankungskomponenten mit hoher Frequenz (Restschwankungen), zeitliche Verschiebungen konjunktureller Wendepunkte der Schwankungskomponenten mit niedrigerer Frequenz, lead-lag-Verwerfungen (Phasenverschiebungen).

b) Werden die Saisonschwankungen nicht eliminiert, sondern als Saisonvariable (1) mit in die Parameterschätzung aufgenommen, so treten zwar die oben beschriebenen Verzerrungen nicht auf; dieses Verfahren einer konstanten Saisonfigur erkauft aber die Vermeidung der durch die Saisonbereinigung entstehenden Probleme mit sehr wirklichkeitsfremden Verhaltenshypothesen (2).

Zur Saisonbereinigung der meisten Zeitreihen des hier entwickelten Kurzfristprognosemodells wurde das auf der Spektralanalyse beruhende ASA III-Verfahren benutzt (3). Es übernimmt die in der klassischen Zeitreihenanalyse übliche Aufteilung in glatte Komponente (Konjunktur und Trend), Saisonkomponente und Restkomponente und läßt jede sozialökonomische Zeitreihe aus dem (additiven) Zusammenwirken dieser drei stochastischen Prozesse entstehen:

... Methoden zur Analyse von ökonomischen Zeitreihen, in: W. Wetzel (Hrsg.), Neuere Entwicklungen auf dem Gebiet der Zeitreihenanalyse, Sonderhefte zum Allgemeinen Statistischen Archiv, Heft 1, 1970, S. 131 - 164.

1) Im Quartal, für das sie gelten, nehmen sie den Wert 1, in allen übrigen Quartalen den Wert 0 an.

2) Sozialökonomische Zeitreihen zeichnen sich ja gerade durch variable Amplituden und Phasen saisonaler Schwankungen aus.

3) Vgl. B. Nullau, S. Heiler, P. Wäsch, B. Meisner, D. Filip, "Berliner Verfahren". Ein Beitrag zur Zeitreihenanalyse, DIW Beiträge zur Strukturforschung, Heft 7, Berlin 1969.

$$X_t = G_t + S_t + R_t$$

mit

G_t als glatte Komponente,

S_t als Saisonkomponente

und

R_t als Restschwankung.

Während die glatte Komponente durch einen polynomischen Regressionsansatz (in der Regel: vom dritten Grade) geschätzt wird, erfolgt die Approximation der Saisonschwankungen durch ein trigonometrisches Polynom Fourierscher Art (in der Forschungspraxis oft : vom sechsten Grade); für ein beliebiges Intervall I läßt sich die Zeitreihe also durch die Summe (additiver Ansatz) beider Polynome darstellen:

$$X_t = \sum_{j=0}^{m} a_j t^j + \sum_{k=1}^{n} \left[\alpha_k \cos(\lambda_k t) + \beta_k \sin(\lambda_k t) \right] + u_t \quad (t \in I)$$

Es lassen sich nun eine Simultan- und eine Sukzessivschätzung der systematischen Komponenten über den gesamten Beobachtungszeitraum oder über Teilintervalle ("Stützbereiche") unterscheiden.

Das ASA III-Verfahren schätzt die systematischen Schwankungskomponenten sukzessiv (1).

---

1) Eine ausführliche Behandlung der (spektral-) theoretischen Grundlagen des ASA-III Verfahrens findet sich im Anhang. Das Verfahren der Parameterschätzung wird ebenfalls detailliert im Anhang vorgeführt.

7.2 Spezifikation und Parameterschätzung

Das Kurzfristprognosemodell setzt sich aus den Bereichen Konsum, Preise, Handelsumsätze, Auftragseingänge, Industrieumsätze, Industrieproduktion zusammen und umfaßt insgesamt 22 Gleichungen (1); in einem Vergleich der Schätzeigenschaften alternativ spezifizierter Beziehungen kristallisiert sich die jeweils als "optimal" geltende Gleichung des Kurzfristprognosesystems heraus.

a) K O N S U M

Die fünf Konsumbeziehungen des Modells erklären die private Verbrauchsnachfrage insgesamt, die Nachfrage nach PKW, den privaten Verbrauch an Kleidung, Wäsche und Schuhen, den privaten Verbrauch an Hausrat und Wohnbedarf, die Nahrungsmittelnachfrage und schließlich die Dienstleistungsnachfrage.

Als relevante Antizipationsvariable des Konsumentenverhaltens ist der Konsumklimaindex (2) der Forschungsstelle für empirische Sozialökonomik (Prof. Dr. G. Schmölders) e.V. als prädeterminierte Variable zugrunde gelegt. Er setzt sich aus den Einstellungsdimensionen "Einschätzung der derzeitigen finanziellen Haushaltslage im Vergleich zum Vorjahr", "Erwartungen für die finanzielle Haushaltsentwicklung im nächsten

---

1) Die wirtschaftsstatistischen Quellen der im Modell benutzten Zeitreihen finden sich aufgeführt in der Variablenliste (vgl. Anhang IV) und am Ende des Literaturverzeichnisses.

2) Zum Problem der Indexkonstruktion vgl. B. Biervert, H.P. Haarland, H.-J. Niessen, Empirische Konsumforschung und Konjunkturprognose..., a.a.O., S. 54 - 68, Kap. 2.3: Probleme der Indexkonstruktion. Diese Einstellungsdimensionen wurden in Erhebungen gemessen, welche die Forschungsstelle seit 1959 durchführt (seit 1972 im Auftrage der EG-Kommission).

Jahr" und "Beurteilung der langfristigen gesamtwirtschaftlichen Entwicklung" (in fünf Jahren) zusammen und wurde aus den für diese Einstellungen gebildeten Kontrapositionsindizes arithmetisch gemittelt (1); in der Regel geht er mit einem lead von zwei Quartalen in die Parameterschätzung ein (2).

Der gesamte private Verbrauch ließ sich fast vollständig durch das um eine Periode verzögerte verfügbare Einkommen, den um zwei Perioden verzögerten Konsumklimaindex und durch eine Trendvariable erklären.

a1) $$C = \underset{(21.099)}{0.425}\, Y_{t-1} + \underset{(0.130)}{0.002}\, I_{t-2} + \underset{(26.675)}{1.361}\, t + \underset{(29.844)}{46.016} \quad (3)$$

$$R^2 = 0.997$$

Mit Ausnahme des Konsumklimaindex erwiesen sich alle prädeterminierten Variablen als hoch signifikant mit der abhängigen Variablen verbunden; die Residuen zeigten nahezu Normalverteilung. Der hohe Anteil erklärter Varianz geht freilich überwiegend auf eine ausgeprägte Trendabhängigkeit des aggregierten Konsums zurück:

a2) $$C = \underset{(35.059)}{2.481}\, t + \underset{(39.810)}{76.052} \qquad R^2 = 0.965$$

wieder mit fast normalverteilten Residuen. Die Antizipationsvariable besitzt bei der Schätzung der glatten Komponente des aggregierten Konsums nur eine sehr schwache Erklärungskraft:

---

1) Vgl. Fußnote 1) von S. 123

2) Korrelogramm-Untersuchungen mit Konsumzeitreihen der Amtlichen Statistik hatten gezeigt, daß dieser lead nahezu "optimal" ist.
Vgl. B. Biervert, H.P. Haarland, H.-J. Niessen, Empirische Konsumforschung und ...,a.a.O.,S.176 u.S.177.

3) Der Beobachtungszeitraum, auf den sich die Schätzung des privaten Verbrauchs bezieht, erstreckt sich vom 3. Quartal 1960 bis zum 4. Quartal 1971 (Für die erklärenden lag-Variablen entsprechend zeitversetzte, gleichlange Beobachtungszeiträume)

$$a3)\quad C = 0.092\ I_{t-2} + 2.444\ t + 67.297 \qquad R^2 = 0.969$$
$$(2.459)\qquad (35.470)\qquad (16.844)$$

mit signifikanten Regressoren, aber signifikanten Abweichungen der Residuen von der Normalverteilung.

Dieser geringe Erklärungsbeitrag des Konsumklimaindex verwundert kaum, da er primär die weitaus schwankungsanfälligeren Komponenten des privaten Konsums (Gebrauchsgüter) zu erklären beansprucht. Zusammen mit dem um eine Periode verzögerten saisonbereinigten verfügbaren Einkommen Y_{t-1} und einem linearen Zeittrend t erklärt er die glatte Komponente der PKW-Nachfrage zu 98 %:

$$a4)\quad PKW = 0.317\ I_{t-2} + 0.586\ Y_{t-1} + 0.009\ t + 13.371 \ (1)$$
$$(8.06)\qquad (9.08)\qquad (0.041)\qquad (2.174)$$
$$R^2 = 0.980$$

Freilich ist die Variable t nicht signifikant, wie der t-Testwert zeigt; außerdem zeigte der Normalverteilungstest der Residuen eine signifikante Abweichung von der Normalverteilung; bessere statistische Eigenschaften wies die Schätzbeziehung

$$a5)\quad PKW = 0.404\ I_{t-2} + 1.716\ t + 58.406 \qquad R^2 = 0.927$$
$$(5.614)\qquad (8.75)\qquad (8.507)$$

auf: Alle Regressoren sind mit der endogenen Variablen hoch signifikant verbunden bei nicht-signifikanter Abweichung der Residuen von der Normalverteilung.

---

1) Der Relevanzzeitraum der PKW-Gleichungen überdeckt das 4. Quartal 1962 bis zum 4. Quartal 1971.

Ein Vergleich mit der Regression des Zeittrends auf die PKW-Nachfrage

$$PKW = \underset{(9.120)}{2.213}\ t + \underset{(18.207)}{91.188} \qquad R^2 = 0.846$$

- wieder mit signifikanten Regressoren und nahezu normalverteilten Residuen - macht den hohen Erklärungsanteil des Konsumklimaindex deutlich: Von der verbleibenden Varianz der PKW-Nachfrage erklärt er über die Hälfte.

Angesichts des relativ hohen Erklärungsanteils des Trends an der Varianz der PKW-Nachfrage wurde der Trend mittels einer linearen Regression eliminiert; die Abweichungen der glatten Komponente vom Trend der PKW-Nachfrage wurden dann erneut durch den Konsumklimaindex und das ebenfalls saison- und trendbereinigte verfügbare Einkommen geschätzt. In diesem Fall trat die Erklärungskraft des Konsumklimaindex noch sehr viel eindrucksvoller hervor:

a6) $$PKW = \underset{(8.018)}{0.708}\ Y_{t-1} + \underset{(3.366)}{29.793} \qquad R^2 = 0.588$$

a7) $$PKW = \underset{(7.199)}{0.265}\ I_{t-2} + \underset{(8.629)}{0.555}\ Y_{t-1} + \underset{(2.747)}{17.355}$$

$$R^2 = 0.810$$

Durch die Einführung des Konsumklimaindex als prädeterminierte Variable neben dem verfügbaren Einkommen stieg die erklärte Varianz der PKW-Nachfrage um 23 %. Da allerdings - bei signifikanten Regressoren - die Residuen von der Normalverteilung stark abwichen, wurde als relevante Schätzbeziehung Gleichung a4) in das Kurzfristprognosemodell aufgenommen.

Zur Schätzung des privaten Verbrauchs an Hausrat und Wohnbedarf (HW) wurden neben dem Konsumklimaindex die Erwartungen der Geschäftslage im Einzelhandel mit Hausrat und Wohnbedarf (1) G_{HW} als Antizipationsvariable des Unternehmerverhaltens aufgenommen.

Die Schätzung der glatten Komponente durch den um zwei Perioden verzögerten Konsumklimaindex, den um eine Periode verzögerten Geschäftsklimaindex, das um eine Periode verzögerte verfügbare Einkommen (glatte Komponente) und einen linearen Zeittrend

$$\text{a8)}\quad HW = \underset{(1.580)}{0.048\, I_{t-2}} + \underset{(5.444)}{0.235\, Y_{t-1}} - \underset{(-0.278)}{0.013\, G_{HW}} + \underset{(27.995)}{4.015\, t} + \underset{(12.254)}{71.598} \qquad R^2 = 0.998$$

liefert zwar eine hohe multiple Korrelation bei nahezu normalverteilten Residuen, zeigt aber, daß die Antizipationsvariablen mit der endogenen Variablen nicht signifikant verbunden sind; außerdem ist der Trend für den bei weitem größten Anteil an der Varianz der endogenen Variablen verantwortlich:

$$\text{a9)}\quad HW = \underset{(45.623)}{4.156\, t} + \underset{(21.427)}{54.932} \text{ (2)} \qquad R^2 = 0.978$$

---

1) Alle in diesem Modell benutzten Antizipationsvariablen des Unternehmerverhaltens gehen auf Erhebungen des Ifo-Instituts für Wirtschaftsforschung zurück; sie werden laufend im Ifo-Schnelldienst, Wochenberichte des Ifo-Instituts für Wirtschaftsforschung veröffentlicht.

2) Allerdings: stark signifikante Abweichungen der Residuen von der Normalverteilung. Der Beobachtungszeitraum für die Schätzung des privaten Verbrauchs an Hausrat und Wohnbedarf umfaßt das 2. Quartal 1963 bis zum 4. Quartal 1971

Der Geschäftsklimaindex allein trägt immerhin zu etwa 17 % zu der Gesamtvarianz der glatten Komponente der endogenen Variablen bei:

a10) $HW = \underset{(0.995)}{0.544}\, G_{HW_{t-1}} + \underset{(1.930)}{119.996} \qquad R^2 = 0.169$

Die Regressoren sind freilich nicht signifikant, und die Residuen zeigen nur schwache Normalverteilung.

Um die absolute und relative Erklärungskraft der beiden Antizipationsvariablen noch deutlicher hervortreten zu lassen, wurde auch in diesem Falle ein linearer Regressionstrend in die glatte Komponente der Zeitreihe "Privater Verbrauch mit Hausrat und Wohnbedarf" gelegt und die Abweichungen der glatten Komponente von diesem Regressionstrend, die freilich etwas mechanistisch isolierte Konjunktur geschätzt:

a11) $HW = \underset{(3.889)}{0.178}\, I_{t-2} + \underset{(16.723)}{81.521} \qquad R^2 = 0.247$

a12) $HW = \underset{(1.283)}{0.111}\, G_{HW_{t-2}} + \underset{(8.790)}{85.449} \qquad R^2 = 0.045$

Die deutliche Überlegenheit des Konsumklimaindex über den Geschäftsklimaindex tritt eindrucksvoll hervor: Die durch ihn erklärte Varianz der endogenen Variablen ist um 20 % höher als die durch den Geschäftsklimaindex erklärte Varianz.

Die Dienstleistungsnachfrage (DL) wurde mit nur einer Antizipationsvariablen, dem Konsumklimaindex, geschätzt. Die Schätzung ihrer glatten Komponente

a13) $DL = 0.062\ I_{t-2} + 0.175\ Y_{t-1} + 2.221\ t + 80.023$
$(0.541) \quad (0.930) \quad (3.549) \quad (4.466)$

$R^2 = 0.885$

liefert in dieser Spezifikation nicht signifikante Regressoren I_{t-2}, Y_{t-1} und stark signifikante Abweichungen der Residuen von der Normalverteilung; es wurde daher die endogene Variable in einem autoregressiven Ansatz geschätzt:

a14) $DL = 0.045\ I_{t-2} + 1.005\ DL_{t-1} + 0.046\ t - 3.391$
$(2.280) \quad (16.240) \quad (0.261) \quad (-0.772)$

$R^2 = 0.994$

Zwar sind der Zeittrend und das absolute Glied nicht signifikant, die Residuen zeigen aber deutlich Normalverteilung; da aber auch die Zeitreihe "Dienstleistungsnachfrage" einen ziemlich stark ausgeprägten Trend aufweist:

a15) $DL = 2.899\ t + 71.899$ (1) $\quad R^2 = 0.959$
$(32.244) \quad (29.619)$

wurden, um die Erklärungskraft des Konsumklimaindex deutlicher sichtbar zu machen, wieder die Abweichungen der glatten Komponente von einem linearen Regressionstrend geschätzt:

a16) $DL = 0.019\ I_{t-2} + 0.527\ Y_{t-1} + 45.434$
$(1.105) \quad (16.819) \quad (14.749)$

$R^2 = 0.883$

---

1) Mit normalverteilten Residuen.
Der Schätzung der Dienstleistungsnachfrage liegt der Beobachtungszeitraum 3. Quartal 1960 bis 4. Quartal 1971 zugrunde.

Bei nahezu normalverteilten Residuen ist zwar das verfügbare Einkommen, nicht aber der Konsumklimaindex signifikant mit DL verbunden. Seinen Erklärungsanteil an der Varianz der Dienstleistungsnachfrage zeigt:

a17) $DL = \underset{(2.629)}{0.120\, I_{t-2}} + \underset{(17.833)}{87.290} \qquad R^2 = 0.132$

Zu 13,2 % erklärt der Konsumklimaindex die "Konjunktur" der Dienstleistungsnachfrage.

Zur Schätzung des privaten Verbrauchs an Bekleidung, Wäsche und Schuhen (KWS) wurde wieder - neben dem Konsumklimaindex - der Geschäftsklimaindex, diesmal für den Einzelhandel mit Bekleidung, Wäsche und Schuhen (G_{KWS}) als Antizipationsvariable herangezogen; für die glatte Komponente lieferte die multiple Regression folgende Schätzergebnisse:

a18) $KWS = \underset{(0.693)}{0.044\, G_{KWS_{t-1}}} + \underset{(0.883)}{0.055\, G_{KWS_{t-2}}} + \underset{(8.564)}{0.451\, Y_{t-1}} -$

$- \underset{(-1.459)}{0.063\, I_{t-2}} + \underset{(6.169)}{0.932t} + \underset{(10.181)}{49.188} \qquad (1)$

$R^2 = 0.983$

a19) $KWS = \underset{(1.924)}{0.207\, G_{KWS_{t-1}}} + \underset{(3.181)}{0.307\, G_{KWS_{t-2}}} - \underset{(-2.538)}{0.183\, I_{t-2}} +$

$+ \underset{(20.155)}{2.123\, t} + \underset{(6.492)}{55.098} \qquad R^2 = 0.947$

a20) $KWS = \underset{(8.481)}{0.528\, G_{KWS_{t-1}}} - \underset{(-2.167)}{0.071\, I_{t-2}} + \underset{(19.588)}{1.864t} + \underset{(9.157)}{51.664}$

$R^2 = 0.986)$

---

1) Als Relevanzzeitraum für die Schätzung des privaten Verbrauchs an Bekleidung, Wäsche und Schuhen wird das 2. Quartal 1963 bis zum 4. Quartal 1971 gewählt.

Während in a18) die Antizipationsvariablen alle nicht signifikant mit KWS verbunden waren, zeigten sie in a19) und a20) - nach Elimination der prädeterminierten Variablen Y_{t-1} - durchweg Signifikanz; alle drei Schätzbeziehungen wiesen fast normalverteilte Residuen auf. Bemerkenswert ist das negative Vorzeichen des Konsumklimaindex; es scheint die Hypothese weiter zu stützen, daß Konsumenteneinstellungen und -erwartungen das Kaufverhalten bei langlebigen Gebrauchsgütern primär beeinflussen, weniger dagegen bei Verbrauchsgütern wie Bekleidung, Wäsche und Schuhe. Da auch in diesen drei Schätzbeziehungen - a18), a19) und a20) - ein ausgeprägter Trend für über 90 % der erklärten Varianz verantwortlich ist:

a21) $KWS = \underset{(19.915)}{2.256}\, t + \underset{(36.172)}{91.689} \qquad R^2 = 0.917$

wurde in die glatte Komponente ein linearer Regressionstrend hineingelegt, dessen Abweichungen von der glatten Komponente dann erneut geschätzt wurden. Die Schätzbeziehungen:

a22) $KWS = \underset{(2.645)}{-0.115}\, I_{t-2} + \underset{(6.317)}{0.276}\, I_{t-4} + \underset{(23.477)}{83.265}$
$R^2 = 0.509$

a23) $KWS = \underset{(5.947)}{0.194}\, I_{t-4} + \underset{(22.884)}{79.796} \qquad R^2 = 0.438$

a24) $KWS = \underset{(0.640)}{0.057}\, G_{KWS_{t-1}} + \underset{(2.369)}{0.214}\, G_{KWS_{t-2}} + \underset{(8.988)}{68.629}$
$R^2 = 0.332$

a25) $KWS = \underset{(3.171)}{0.208}\, G_{KWS_{t-1}} + \underset{(10.650)}{75.586} \qquad R^2 = 0.218$

mit durchweg signifikanten Regressoren - außer der Antizipationsvariablen $G_{KWS_{t-1}}$ in Beziehung a24) - und fast normalverteilten Residuen zeigen erneut (wie bei der Nachfrage nach Hausrat und Wohnbedarf) eine deutliche Erklärungsüberlegenheit des Konsumklimaindex: Er übertrifft mit fast 20 % den Erklärungsbeitrag des Geschäftsklimaindex.

Einen höheren Erklärungswert freilich weist das Einkommen (Abweichungen der glatten Komponente von einem linearen Regressionstrend) auf:

$$a26)\quad KWS = \underset{(13.003)}{0.477\ Y_{t-1}} + \underset{(14.797)}{52.797} \qquad R^2 = 0.828$$

mit signifikanter Variablen Y_{t-1} und nahezu normalverteilten Residuen.

Die Einführung von Antizipationsvariablen lieferte einen marginalen Erklärungsbeitrag von etwa 3 %:

$$a27)\quad KWS = \underset{(9.96)}{0.445\ Y_{t-1}} - \underset{(-1.502)}{0.058\ I_{t-2}} + \underset{(0.954)}{0.052\ G_{KWS_{t-1}}} +$$

$$+ \underset{(1.206)}{0.061\ G_{KWS_{t-2}}} + \underset{(11.404)}{49.168} \qquad R^2 = 0.855$$

mit fast normalverteilten Residuen, aber nur schwach signifikanten Antizipationsvariablen.

b) P R E I S E

Mit Hilfe entsprechender Antizipationsvariablen "Erwartungen der Entwicklung der Verkaufspreise für die nächsten Monate" (1) wurden die Großhandelspreise, die Preise für den Großhandel mit Nahrungs- und Genußmitteln, die Einzelhandelspreise, die Preise für den Einzelhandel mit Hausrat und Wohnbedarf, die Preise für den Einzelhandel mit Bekleidung, Wäsche und Schuhen, die Preise für den Einzelhandel mit Nahrungs- und Genußmitteln und die Baupreise geschätzt; die Zeitreihen wurden nicht saisonbereinigt, da die Preisentwicklung im allgemeinen keine ausgeprägten Saisonschwankungen aufweist.

Die Schätzung der Großhandelspreise durch die Preiserwartungen im Großhandel (GHP^E) und einen linearen Zeittrend

$$\text{b1)}\quad GHP = \underset{(4.919)}{0.138}\, GHP^E_{t-1} + \underset{(8.731)}{0.339}\, t + \underset{(27.634)}{83.383} \qquad (2)$$

$$R^2 = 0.842$$

lieferte sowohl signifikante Regressoren als auch fast normalverteilte Residuen; die Schätzbeziehung

$$\text{b2)}\quad GHP = \underset{(5.482)}{0.247}\, GHP^E_{t-1} + \underset{(14.684)}{76.926} \qquad R^2 = 0.479$$

zeigt, daß die Preiserwartungen im Großhandel allein fast die Hälfte der Varianz der Entwicklung der gesamten Großhandelspreise erklären; in das Prognosesystem ging die Beziehung b1) ein.

---

1) Diese Antizipationsvariablen wurden wieder den laufenden Veröffentlichungen des Ifo-Schnelldienstes..., a.a.O., entnommen.

2) Die Schätzung der Großhandelspreise stützt sich auf Beobachtungswerte aus dem Zeitraum 2. Quartal 1963 bis 4. Quartal 1971.

In ähnlicher Weise wurden die Preise für den Großhandel mit Nahrungs- und Genußmitteln (NGGHP) geschätzt:

b3) $$NGGHP = \underset{(0.771)}{0.019}\ NGGHP^E_{t-1} + \underset{(1.204)}{0.036}\ NGGHP^E_{t-2} -$$

$$- \underset{(-0.181)}{0.005}\ NGGHP^E_{t-3} - \underset{(-2.552)}{0.069}\ NGGHP^E_{t-4} +$$

$$+ \underset{(7.618)}{0.233}\ t + \underset{(53.311)}{103.266} \qquad R^2 = 0.828 \quad (1)$$

Mit Ausnahme der um vier Perioden verzögerten Antizipationsvariablen "Preiserwartungen im Großhandel mit Nahrungs- und Genußmitteln" erwiesen sich die anderen lag-Versionen dieser Variablen als nicht oder nur schwach signifikant; die Residuen wiesen allerdings nahezu Normalverteilung auf. So auch in folgender Schätzbeziehung, die als relevante Gleichung zur Erklärung der Preise im Großhandel mit Nahrungs- und Genußmitteln in das Kurzfristprognosesystem eingeht:

b4) $$NGGHP = \underset{(0.357)}{0.008}\ NGGHP_{t-1} - \underset{(-0.329)}{0.008}\ NGGHP^E_{t-2} +$$

$$+ \underset{(10.413)}{0.254}\ t + \underset{(60.092)}{99.758} \qquad R^2 = 0.835$$

Signifikant war die Antizipationsvariable in folgender lag-Version:

b5) $$NGGHP = \underset{(1.845)}{0.039}\ NGGHP^E_{t-1} - \underset{(-2.553)}{0.058}\ NGGHP^E_{t-4} +$$

$$+ \underset{(7.024)}{0.236}\ t + \underset{(48.487)}{103.227} \qquad R^2 = 0.776$$

---

1) Die Schätzung der Großhandelspreise mit Nahrungs- und Genußmitteln bezieht sich auf Beobachtungswerte aus dem Zeitraum 1. Quartal 1963 bis 4. Quartal 1971.

- wieder mit fast normalverteilten Residuen. Der Erklärungsbeitrag der Antizipationsvariablen in zwei lag-Versionen geht aus folgenden Schätzbeziehungen hervor:

b6) $NGGHP = 0.079\ NGGHP^{E}_{t-1} + 95.089 \quad R^2 = 0.231$
$\qquad\qquad(3.031)\qquad\qquad(30.216)$

b7) $NGGHP = 0.069\ NGGHP^{E}_{t-2} + 96.602 \quad R^2 = 0.177$
$\qquad\qquad(2.400)\qquad\qquad(28.351)$

In beiden Fällen erwiesen sich die Residuen als nahezu normalverteilt.

Für die Einzelhandelspreise (EHP) ergaben sich bei Verwendung der Preiserwartungen im Einzelhandel (EHP^E) und eines linearen Zeittrends folgende Schätzwerte:

b8) $EHP = 0.092\ EHP^{E}_{t-1} + 0.351\ t + 90.746$ (1)
$\qquad(5.195)\qquad\qquad(12.977)\qquad(49.842)$

$R^2 = 0.936$

Alle Regressoren sind signifikant mit der endogenen Variablen verbunden, die Residuen zeigen Normalverteilung; die Antizipationsvariable allein erklärt bei signifikanten Regressoren, allerdings stark signifikanten Abweichungen der Residuen von der Normalverteilung, fast 60 % der Varianz der Einzelhandelspreisentwicklung:

b9) $EHP = 0.236\ EHP^{E}_{t-1} + 80.172 \qquad R^2 = 0.587$
$\qquad(6.837)\qquad\qquad(19.046)$

Als relevante Prognosegleichung wurde die Beziehung b8) in das Modell aufgenommen.

1) Als Relevanzzeitraum wurde gewählt 2. Quartal 1963 bis 4. Quartal 1971.

Etwas schwächer ist die durch die Antizipationsvariable "Erwartungen der Preise im Einzelhandel mit Hausrat und Wohnbedarf" (HWP^E) erklärte Varianz der Einzelhandelspreise für Hausrat und Wohnbedarf (HWP):

b10) $HWP = 0.046\ HWP^E_{t-1} + 0.328\ t + 93.605$ (1)
$(2.817) \quad (11.569) \quad (51.077)$

$R^2 = 0.871$

Immerhin erwiesen sich die Regressoren bei fast normalverteilten Residuen als signifikant mit HWP verbunden. Die Antizipationsvariable erklärte allein etwa 38 % der Varianz der Preisentwicklung.

b11) $HWP = 0.135\ HWP^E_{t-1} + 89.465 \qquad R^2 = 0.374$
$(4.546) \quad (23.517)$

Sehr gute Schätzergebnisse lieferte die multiple Regression der Antizipationsvariablen "Erwartungen der Preise im Einzelhandel mit Bekleidung, Wäsche und Schuhen" ($KWSP^E$) und eines linearen Zeittrends auf die Einzelhandelspreise im Bereich Bekleidung, Wäsche und Schuhe (KWSP):

b12) $KWSP = 0.077\ KWSP^E_{t-1} + 0.415\ t + 91.297$ (2)
$(4.057) \quad (15.007) \quad (47.991)$

$R^2 = 0.935$

Bei (nahezu) normalverteilten Residuen sind alle prädeterminierten Variablen signifikant; an der erklärten Varianz von 91 % hat die Antizipationsvariable allein einen Anteil von etwa 56 %:

---

1) Die Schätzung der Einzelhandelspreise für Hausrat und Wohnbedarf legt Beobachtungswerte des Zeitraumes 2. Quartal 1962 bis 4. Quartal 1971 zugrunde.

2) Der Beobachtungszeitraum reicht vom 2. Quartal 1962 bis zum 4. Quartal 1971.

$$b13)\quad KWSP = \underset{(6.403)}{0.237}\, KWSP^E_{t-1} + \underset{(18.993)}{81.977} \qquad R^2 = 0.559$$

- wieder bei signifikanten Regressoren und (fast) normalverteilten Residuen. In das Kurzfristprognosemodell wurde die Gleichung b12) aufgenommen.

Auch die Einzelhandelspreise bei Nahrungs- und Genußmitteln (NGEHP) ließen sich erstaunlich gut durch die entsprechende Antizipationsvariable ($NGEHP^E$) und einen linearen Zeittrend erklären:

$$b14)\quad NGEHP = \underset{(3.107)}{0.065}\, NGEHP^E_{t-1} + \underset{(9.685)}{0.279}\, t + \underset{(44.966)}{94.777} \quad (1)$$

$$R^2 = 0.884$$

Zwar ist dieser Zeittrend nicht, die Antizipationsvariable jedoch sehr signifikant - wieder bei fast normalverteilten Residuen.

Weit über die Hälfte der in Beziehung b14) ausgewiesenen erklärten Varianz ist wieder auf die Antizipationsvariable zurückzuführen:

$$b15)\quad NGEHP = \underset{(6.873)}{0.159}\, NGEHP^E_{t-1} + \underset{(32.337)}{88.727}$$

$$R^2 = 0.587$$

Auch in dieser Schätzbeziehung ist sie signifikant, die Residuen sind nahezu normalverteilt. Gleichung b14) wurde als relevante Beziehung für das Kurzfristprognosemodell ausgewählt.

---

1) Die Schätzung der Einzelhandelspreise bei Nahrungs- und Genußmitteln beruht auf Beobachtungswerten des Zeitraumes 1. Quartal 1963 bis 4. Quartal 1971.

Nicht so beeindruckend ist die Erklärungskraft der Antizipationsvariablen für die Baupreise. Die Schätzung der Baupreise (BP) lieferte in einem auto-regressiven Ansatz folgende Ergebnisse:

b16) $BP = 0.057\ BP^E_{t-1}$ (1) $+ 1.013\ BP_{t-1} + 0.043\ t -$
(4.023) (19.185) (0.373)

$- 6.465$ (2)
(-1.111)
$R^2 = 0.988$

b17) $BP = 0.059\ BP^E_{t-1} + 1.030\ BP_{t-1} - 8.285$
(5.325) (47.378) (-3.056)

$R^2 = 0.991$

Während Spezifikation b16) einen nicht-signifikanten Zeittrend und ein nicht-signifikantes absolutes Glied, aber fast normalverteilte Residuen aufweist, sind die Regressoren in Spezifikation b17) zwar signifikant mit BP verbunden, die Residuen zeigen aber nur eine schwach signifikante Abweichung von der Normalverteilung.

Der Anteil der Antizipationsvariablen BP^E an dieser Varianz geht aus der Schätzbeziehung

b18) $BP = 0.289\ BP^E_{t-1} + 99.248$ $R^2 = 0.281$
(3.064) (9.249)

mit signifikantem BP^E und signifikanter Abweichung der Residuen von der Normalverteilung hervor. In das Kurzfristprognosemodell wurde die Beziehung b17) mit den relativ besten statistischen Eigenschaften aufgenommen.

---

1) $BP^E \longrightarrow$ Erwartungen der Baupreisentwicklung in den nächsten Monaten.
2) Der Relevanzzeitraum erstreckt sich vom 2. Quartal 1965 bis zum 4. Quartal 1971.

c) H A N D E L

Zur Schätzung der Einzel- und Großhandelsumsätze wurden wieder der Konsumklimaindex als nachfrageorientierte und der entsprechende Geschäftsklimaindex als angebotsorientierte prädeterminierte Antizipationsvariablen herangezogen. Ein interdependentes Kurzfristprognosesystem würde freilich zusätzlich die Einzelhandelsentwicklung zur Erklärung der ihr vorgelagerten Großhandelsumsätze benutzen; auf diese Weise übt der Konsumklimaindex intermediär über die Einzelhandelsumsätze eine Wirkung auf die Großhandelsumsätze aus. Das Geschäftsklima im Großhandel, das im Wesentlichen von der Entwicklung der Einzelhandelsumsätze bestimmt wird, findet dann als endogene Variable eine Erklärung durch die Einzelhandelsumsätze, auf die selbst wieder der Konsumklimaindex einwirkt. Ob und inwieweit das Geschäftsklima der Einzelhandelsunternehmer durch das sich im Verhalten der Konsumenten niederschlagende "Konsumklima" beeinflußt wird, ist eine weiter zu untersuchende Frage. Demnach ergeben sich folgende Verflechtungsbeziehungen:

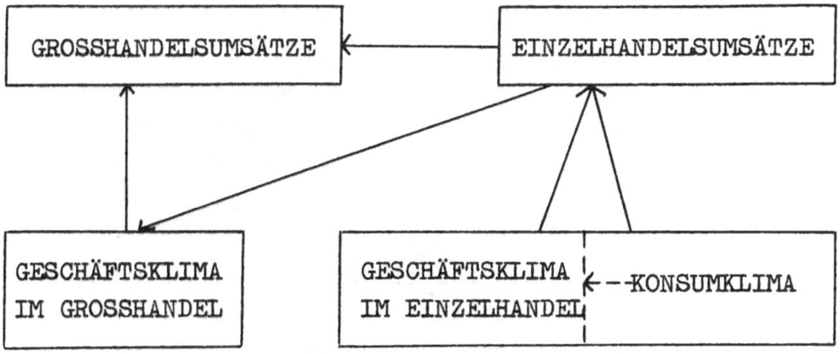

Dies wäre ein Beispiel für eine endogenisierte Antizipationsvariable ("Geschäftsklima im Großhandel") in einem in diesem Fall rekursiv darstellbaren kurzfristigen Makroprognosesystem entsprechend dem von Klein/Adams (1) und Fair (2) postulierten Ansatz.

Freilich ist auch hier einzuwenden, was schon gegen den Adams/Klein-Vorschlag vorgebracht wurde: Stets ist ein antizipatorisches Makroprognosesystem, wie es an den semi-interdependenten amerikanischen Systemen gezeigt und an diesem singulären Ansatz für die Bundesrepublik Deutschland entwickelt wurde, auf seine Konsequenzen auf der Mikroebene zu untersuchen, zumal, wenn die Antizipationsvariablen selbst auf ihre Bestimmungsgründe zurückgeführt und so als endogene Variablen in das System eingeführt werden; auch in diesem Falle wäre also die Frage nach der Einstellungsgenese auf der Mikroebene zu stellen: Welche Faktoren erzeugen die in den empirischen Erhebungen gemessenen Erwartungen des Geschäftsklimas der Großhandelsunternehmer?

Erst durch Messung unterschiedlicher Einstellungsdimensionen mit Hilfe entsprechender Skalen, wie dies für das Konsumklima geschieht, läßt sich einer Beantwortung dieser Frage näherkommen; es kommt freilich - und dies macht einen entscheidenden Unterschied zum Konsumklima aus - bei der Messung des Geschäftsklimas (in allen Bereichen) weniger auf die Verhaltensrelevanz der Einstellungen an, da die Umsatzentwicklung von Faktoren abhängt, die die Unternehmer nur wenig beeinflussen können, sondern auf die Art der erhobenen Einstellungen, also darauf, daß das Geschäftsklima die Umsatzentwicklung optimal antizipiert.

---

1) Vgl. Kapitel 6.
2) Vgl. Kapitel 6.

Der hier angedeutete Ansatz eines antizipatorischen Mikroprognosesystems soll als ein künftiger Forschungsschwerpunkt im Abschlußkapitel noch detaillierter herausgestellt werden.

Die singuläre Schätzung der Handelsumsätze lieferte für die glatte Komponente des Großhandels (GH) folgende Schätzergebnisse:

$$\text{c1)} \quad GH = \underset{(2.296)}{0.129\, I_{t-2}} + \underset{(0.901)}{0.101\, G_{GH_{t-1}}} + \underset{(10.417)}{1.641t} + \underset{(9.130)}{83.969} \quad (1)$$

$$R^2 = 0.935$$

Mit Ausnahme des Geschäftsklimas (G_{GH}) sind alle Regressoren signifikant bei fast normalverteilten Residuen. Das Geschäftsklima erwies sich allerdings in folgender Schätzbeziehung, die auch in das Kurzfristprognosesystem als relevante Großhandelsgleichung einging, als stark signifikant:

$$\text{c2)} \quad GH = \underset{(16.412)}{0.308\, G_{GH_{t-1}}} + \underset{(19.765)}{1.930\, t} + \underset{(9.190)}{71.637}$$

$$R^2 = 0.931$$

mit fast normalverteilten Residuen. Da freilich der Anteil des Trends an der Varianz der Großhandelsumsätze mit 87 % relativ hoch ausfiel

$$\text{c3)} \quad GH = \underset{(14.072)}{1.803\, t} + \underset{(44.864)}{105.373} \qquad R^2 = 0.872$$

- freilich bei signifikanten Abweichungen der Residuen von der Normalverteilung - wurde der Trend durch

1) Beobachtungswerte aus dem Zeitraum 1. Quartal 1964 bis 4. Quartal 1971 wurden der Schätzung der Großhandelsumsätze zugrundegelegt.

eine lineare Regression eliminiert; die Schätzung der Abweichungen der glatten Komponente vom Trend mit Hilfe der beiden Antizipationsvariablen

$$\text{c4)}\quad GH = \underset{(2.998)}{0.088}\, I_{t-3} + \underset{(0.041)}{0.041}\, G_{GH_{t-1}} + \underset{(2.328)}{0.201}\, G_{GH_{t-2}} + \underset{(10.828)}{65.766} \qquad R^2 = 0.614$$

zeigt, daß das um eine Periode verzögerte Geschäftsklima nicht signifikant mit GH verbunden ist, die Residuen sind allerdings fast normalverteilt. An dieser erklärten Varianz von GH weist das (signifikante) Geschäftsklima allein einen Anteil von 36 % auf

$$\text{c5)}\quad GH = 0.285\, G_{GH_{t-1}} + 70.676 \qquad R^2 = 0.362$$

bei fast normalverteilten Residuen.

Die formulierten Hypothesen über die zeitlichen Wirkungen der Antizipationsvariablen auf die Einzel- und Großhandelsumsätze finden eine interessante Bestätigung für den Zusammenhang zwischen Konsumklimaindex und den Großhandelsumsätzen. Eine multiple Regression verteilter lags des Konsumklimaindex auf die Großhandelsumsätze

$$\text{c6)}\quad GH = \underset{(0.646)}{0.0947}\, I_{t-3} + \underset{(2.687)}{0.393}\, I_{t-4} + \underset{(10.127)}{84.405} \qquad R^2 = 0.585$$

$$\text{c7)}\quad GH = \underset{(6.429)}{0.474}\, I_{t-4} + \underset{(10.784)}{85.822} \qquad R^2 = 0.579$$

zeigt nämlich, daß zwar der um drei und vier Perioden verzögerte Konsumklimaindex 58 % der Varianz der Großhandelsumsätze erklärt und damit einen um mehr als 20 % höheren Anteil an der erklärten Varianz der endogenen Variablen aufweist als der Geschäftsklimaindex, der um vier Perioden verzögerte Konsumklimaindex in Schätzbeziehung c6) und c7) aber allein signifikant ist und darüber hinaus fast den gleichen Anteil an der erklärten Varianz besitzt.

Die Großhandelsumsätze mit Nahrungs- und Genußmitteln (NGGH) wiesen nur eine sehr geringe Abhängigkeit vom Geschäftsklima in diesem Bereich ($NGGH^E$) auf:

c8) $$NGGH = \underset{(1.655)}{0.109}\ NGGH^E_{t-1} + \underset{(23.665)}{1.979}\ t + \underset{(12.667)}{120.547} \qquad R^2 = 0.955$$

c9) $$NGGH = \underset{(1.395)}{0.406}\ NGGH^E_{t-1} + \underset{(2.673)}{97.266} \qquad R^2 = 0.059$$

Fast die gesamte Varianz dieser Großhandelsumsätze läßt sich also durch einen Zeittrend erklären (1).

Selbst eine regressionsanalytische Elimination des Trends und eine anschließende Schätzung der Abweichungen der glatten Komponente von dem Trend vermochte einen nennenswerten Erklärungsbeitrag der Antizipationsvariablen nicht nachzuweisen:

---

1) Die Antizipationsvariable ist nur schwach signifikant; Beziehung c8) weist darüber hinaus signifikante, c9) nicht-signifikante Abweichungen der Residuen von der Normalverteilung auf. Als Beobachtungszeitraum zur Schätzung der Großhandelsumsätze mit Nahrungs- und Genußmitteln wurde das 2. Quartal 1964 bis zum 4. Quartal 1971 zugrundegelegt.

c10) $NGGH = 0.035\ NGGH^E_{t-1} + 0.127\ NGGH^E_{t-2} + 79.801$
$(0.482) \qquad (1.684) \qquad (9.084)$

$R^2 = 0.023$

Wieder zeigt die Antizipationsvariable nur schwache Signifikanz, die Residuen allerdings nahezu Normalverteilung.

Diese starke Trendabhängigkeit steht in auffallendem Gegensatz zu der relativ ausgeprägten Abhängigkeit der Einzelhandelsumsätze mit Nahrungs- und Genußmitteln vom Geschäftsklima.

Die Einzelhandelsumsätze (EH) wurden wieder mit Hilfe beider Antizipationsvariablen (Konsumklimaindex, Geschäftsklima im Einzelhandel, EH_G), des (um eine Periode verzögerten) verfügbaren Einkommens und eines linearen Zeittrends geschätzt:

c11) $EH = 0.401\ Y_{t-1} - 0.024\ I_{t-2} + 0.021\ EH_{G_{t-1}} +$
$(15.40) \qquad (-1.072) \qquad (0.0448)$

$+\ 0.997\ t + 56.574 \qquad R^2 = 0.993$ (1)
$(11.788) \qquad (15.319)$

Die Antizipationsvariablen erwiesen sich beide - freilich bei fast normalverteilten Residuen - als nichtsignifikant mit EH verbunden; der Anteil des Geschäftsklimas an der erklärten Varianz von 99,3 % beträgt immerhin 25,2 %:

c12) $EH = 0.867\ EH_{G_{t-1}} + 34.891 \qquad R^2 = 0.252$
$(3.336) \qquad (1.184)$

- wieder mit nahezu normalverteilten Residuen.

---

1) Die Einzelhandelsumsätze wurden aufgrund von Beobachtungswerten des Zeitraumes 2. Quartal 1963 bis 4. Quartal 1971 geschätzt.

Ein ausgeprägter Trend legte wieder die Parameterschätzung für die Abweichungen der glatten Komponente von einer linearen Regressionsgeraden nahe; auch in diesem Falle erwiesen sich die Antizipationsvariablen bei fast normalverteilten Residuen nur als schwach signifikant:

c13) $$EH = \underset{(12.44)}{0.409}\, Y_{t-1} - \underset{(-0.371)}{0.010}\, I_{t-2} + \underset{(0.902)}{0.053}\, EH_{G_{t-1}} + \underset{(11.661)}{54.363} \qquad R^2 = 0.850$$

Der Anteil des Konsumklimaindex an der durch alle drei prädeterminierten Variablen erklärten Varianz von 85 % betrug immerhin 11 %:

c14) $$EH = \underset{(2.147)}{0.084}\, I_{t-2} + \underset{(21.612)}{90.360} \qquad R^2 = 0.110$$

In dieser Schätzbeziehung ist die Antizipationsvariable signifikant, die Residuen sind fast normalverteilt.

Die Einzelhandelsumsätze mit Nahrungs- und Genußmitteln (NGEH) lieferten folgende Schätzergebnisse:

c15) $$NGEH = \underset{(20.061)}{0.309}\, Y_{t-1} - \underset{(3.211)}{0.052}\, NGEH_{G_{t-1}} + \underset{(14.566)}{0.744}\, t + \underset{(49.214)}{81.500} \qquad R^2 = 0.996 \quad (1)$$

c16) $$NGEH = \underset{(1.473)}{0.101}\, NGEH_{G_{t-1}} + \underset{(12.890)}{1.668}\, t + \underset{(13.721)}{95.023}$$

$$R^2 = 0.922$$

---

1) Die Schätzung bezog sich auf den Relevanzzeitraum 3. Quartal 1962 bis 4. Quartal 1971.

c17) $NGEH = 0.669\ NGEH_{t-1} + 55.023 \quad R^2 = 0.457$
$(4.940) \qquad (13.427)$

Fast alle Regressoren in diesen Schätzbeziehungen zeigen Signifikanz, die Residuen weisen in allen drei Gleichungen nahezu Normalverteilung auf; es fällt auf, daß das Geschäftsklima im Einzelhandel mit Nahrungs- und Genußmitteln ($NGEH_G$) mit 45,7 % einen höheren Beitrag zur erklärten Varianz der endogenen Variablen NGEH liefert als das verfügbare Einkommen, welches zu der durch das Geschäftsklima und den Zeittrend schon erklärten Varianz von 92,2 % nur noch etwa 7 % zusätzlich beiträgt.

Obwohl sich der Trend in diesem Fall offenbar nicht so stark auswirkt, wurde dennoch eine Trendbereinigung nach dem auch sonst benutzten Verfahren durchgeführt; die Parameterschätzungen der Abweichungen der glatten Komponente von diesem Trend zeigen folgende Beziehungen:

c18) $NGEH = 0.284\ Y_{t-1} - 0.013\ NGEH_{G_{t-1}} + 73.344$
$(9.141) \qquad (-0.484) \qquad (24.082)$

$R^2 = 0.763$

Bei schwach signifikanten Abweichungen der Residuen von der Normalverteilung erwies sich die Antizipationsvariable in dieser Beziehung als nicht signifikant; ihr Anteil an der erklärten Varianz belief sich in diesem Fall vergleichsweise nur auf 25 % bzw. 23,7 %:

c19) $NGEH = 0.037\ NGEH_{G_{t-1}} + 0.129\ NGEH_{G_{t-2}} + 80.219$
$(0.560) \qquad (1.904) \qquad (14.103)$

$R^2 = 0.250$

c20) $NGEH = \underset{(3.438)}{0.157}\ NGEH_{G_{t-2}} + \underset{(15.243)}{81.281} \qquad R^2 = 0.237$

Während das um eine Periode verzögerte Geschäftsklima keine Signifikanz aufwies, war das um zwei Perioden verzögerte Geschäftsklima signifikant mit der endogenen Variablen NGEH verknüpft; Beziehung c19) besitzt fast normalverteilte Residuen, Beziehung c20) schwach signifikante Abweichungen der Residuen von der Normalverteilung. In das Kurzfristprognosemodell wurden die Beziehungen c11) und c15) aufgenommen.

d) INDUSTRIELLE AUFTRAGSEINGÄNGE

In einem simultanen Kurzfristprognosesystem würden auch die sektoral disaggregierten industriellen Auftragseingänge von den ihnen vorgelagerten Handelsstufen abhängig zu spezifizieren sein, da sie von ihnen unmittelbar in Niveau und Richtung beeinflußt werden; die Antizipationsvariablen "Beurteilung der Auftragslage" könnten dann selbst - in Analogie zu den Antizipationsvariablen im Großhandel - als endogene Variablen eingeführt werden.

Die Schätzung der glatten Komponente der Auftragseingänge in der Investitionsgüterindustrie (AEIGI) lieferte nur einen geringen Erklärungsbeitrag der Antizipationsvariablen "Beurteilung der Auftragseingänge" (ABIG):

d1) $AEIGI = \underset{(-0.538)}{-\ 0.329}\ ABIG_{t-1} + \underset{(2.131)}{1.379}\ ABIG_{t-2} +$

$+\ 53.223$ (1) $\qquad R^2 = 0.199$

---

1) Die Schätzung der industriellen Auftragseingänge benutzte Beobachtungswerte aus dem Zeitraum 3. Quartal 1962 bis 4. Quartal 1971.

d2) $AEIGI = 1.099\ ABIG_{t-2} + 48.621 \quad R^2 = 0.192$
$\qquad (2.927) \qquad (1.337)$

- bei fast normalverteilten Residuen und schwach signifikanter Variablen $ABIG_{t-1}$ in d1). Dies legte die Vermutung eines ausgeprägten Trends in der Zeitreihe AEIGI nahe, weshalb wieder die Abweichungen der glatten Komponente von einem in sie hineingelegten linearen Regressionstrend geschätzt wurden:

d3) $AEIGI = 0.696\ AEIGI_{t-2} + 0.439\ ABIG_{t-2} -$
$\qquad (12.463) \qquad (8.772)$

$\qquad - 12.289 \qquad R^2 = 0.891$
$\qquad (-1.847)$

d4) $AEIGI = 0.676\ ABIG_{t-2} + 34.726 \quad R^2 = 0.539$
$\qquad (6.482) \qquad (3.439)$

Bei signifikanter Variablen ABIG und wieder annähernd normalverteilten Residuen trat nun deutlich die Erklärungskraft der Antizipationsvariablen mit über 53 % hervor.

In das Kurzfristprognosemodell wurde die Schätzbeziehung d3) aufgenommen.

e) INDUSTRIEUMSÄTZE

Als Erklärungsvariable für die Industrieumsätze stellen die Auftragseingänge zugleich eine Determinante der Antizipationsvariablen "Erwartungen für die Geschäftslage" in den einzelnen industriellen Sektoren dar; auch in diesem Falle könnte also - in einem interdependenten System - die Antizipationsvariable als endogene Variable eingeführt werden, freilich erst - dieser Vorbehalt bleibt stets zu beachten - wenn die derart spezifizierten Makrobeziehungen durch die empirischen Wirkungszusammenhänge auf der Mikroebene hinreichend validiert sind. Es zeigt sich an dieser Stelle wieder die Bedeutung der empirischen Verhaltensforschung für die Spezifikation von Makrobeziehungen.

Die Schätzung der glatten Komponente der gesamten Industrieumsätze (GIU) lieferte folgende Ergebnisse:

e1) $$GIU = \underset{(20.457)}{0.407}\, AEGI_{t-1} + \underset{(28.300)}{0.590}\, GIU_{t-1} + \underset{(1.843)}{0.052}\, t - \underset{(-2.134)}{1.914} \qquad R^2 = 0.999 \quad (1)$$

Dieser autoregressive Ansatz, der fast die gesamte Varianz der endogenen Variablen erklärt, zeigt hier signifikante Regressoren (die Trendvariable allerdings schwach signifikant) und fast normalverteilte Residuen; die Auftragseingänge der gesamten Industrie (AEGI) vereinigen dabei fast den gesamten Erklärungsanteil auf sich:

e2) $$GIU = \underset{(61.807)}{0.978}\, AEGI_{t-1} - \underset{(-1.810)}{4.116} \qquad R^2 = 0.990$$

---

1) Als Relevanzzeitraum wurde der Zeitraum 2. Quartal 1962 bis 4. Quartal 1971 gewählt.

- wieder mit hoch signifikantem Regressor und nahezu normalverteilten Residuen. Wegen dieses hohen Erklärungsanteils der prädeterminierten Variablen AEGI konnte auf eine Trendelimination verzichtet werden.

Die Umsätze der Investitionsgüterindustrie (IGU) ließen sich analog fast vollständig durch die verzögerten Auftragseingänge erklären. Die Schätzung der glatten Komponente führte zu folgenden Ergebnissen:

e3) $$IGU = \underset{(4.431)}{0.924}\, AEIGI_{t-2} - \underset{(-0.143)}{0.029}\, AEIGI_{t-1} + \underset{(1.526)}{5.737}$$ (1)

$$R^2 = 0.974$$

e4) $$IGU = \underset{(31.266)}{0.874}\, AEIGI_{t-1} + \underset{(1.430)}{6.243} \qquad R^2 = 0.964$$

In der Schätzbeziehung e3) erwiesen sich die prädeterminierten Variablen $AEIGI_{t-1}$ als nahezu nicht und das absolute Glied als schwach signifikant; die Residuen waren für beide Beziehungen fast normal verteilt. Obwohl die Varianz der glatten Komponente der endogenen Variablen schon nahezu vollständig durch die Auftragseingänge erklärt ist, wurden der Trend eliminiert und die Abweichungen der glatten Komponente vom Trend geschätzt. Der Erklärungsbeitrag der Antizipationsvariablen "Erwartungen für die Geschäftslage in der Investitionsgüterindustrie" (G_{IG}) liegt bei 16 %:

e5) $$IGU = \underset{(1.418)}{0.396}\, G_{IG_{t-2}} - \underset{(-2.334)}{0.596}\, G_{IG_{t-1}} + \underset{(7.541)}{119.352}$$

$$R^2 = 0.161$$

---

1) Die Umsätze der Investitionsgüterindustrie wurden aufgrund von Beobachtungswerten aus dem Zeitraum 3. Quartal 1962 bis 4. Quartal 1971 geschätzt.

bei schwach signifikanter Antizipationsvariablen in beiden lag-Versionen und signifikanten Abweichungen der Residuen von der Normalverteilung.

In auffallend ähnlicher Diskrepanz stand die Erklärungskraft der Antizipationsvariablen "Erwartungen für die Geschäftslage in der Verbrauchsgüterindustrie" (G_{VI}) zu dem Erklärungsbeitrag der Auftragseingänge in der Verbrauchsgüterindustrie (AEVGI) bei der Schätzung der glatten Komponente der Umsätze der Verbrauchsgüterindustrie (VIU) und ihrer Abweichungen von einem linearen Regressionstrend.
Die Schätzergebnisse bei Verwendung der glatten Komponente lauten:

e6) $$VIU = \underset{(1.555)}{0.864}\ AEVGI_{t-1} + \underset{(0.429)}{0.247}\ AEVGI_{t-2} - \underset{(-2.224)}{18.656} \qquad (1)$$

$$R^2 = 0.894$$

e7) $$VIU = \underset{(70.370)}{1.104}\ AEVGI_{t-1} - \underset{(-8.504)}{17.852} \qquad R^2 = 0.993$$

Während in der Schätzbeziehung e6) die Variable AEVGI in den beiden lag-Versionen nur schwach signifikant mit der endogenen Variablen VIU verbunden war (bei fast normalverteilten Residuen), erwies sich AEVGI in e7) als hoch signifikant bei normalverteilten Residuen und weitaus höherer erklärter Varianz.

Mit 20%" vermochten die Antizipationsvariablen "Beurteilung der Auftragsbestände in der Verbrauchsgüterindustrie" (ABVGI) und "Erwartungen für die Geschäftslage in der Verbrauchsgüterindustrie" nur sehr viel weniger zur erklärten Varianz beizutragen:

1) Der Relevanzzeitraum reicht vom 3. Quartal 1962 bis zum 4. Quartal 1971.

e8) $VIU = 0.967\ ABVGI_{t-1} + 1.024\ ABVGI_{t-2} -$
$\quad\quad (2.153) \quad\quad\quad (2.353)$

$- 0.883\ G_{VI_{t-1}} - 0.583\ G_{VI_{t-2}} + 84.418$
$(-1.926) \quad\quad (-1.031) \quad\quad (2.170)$

$R^2 = 0.202$

mit schwach signifikanter Variablen G_{VI} in den beiden lag-Versionen, jedoch nicht-signifikanten Abweichungen der Residuen von der Normalverteilung. Die erklärte Varianz sank stark bei einer sukzessiven Elimination erklärender Variablen:

e9) $VIU = 0.719\ ABVGI_{t-1} + 0.748\ ABVGI_{t-2} -$
$\quad\quad (1.893) \quad\quad\quad (2.175)$

$- 1.089\ G_{VI_{t-1}} + 96.516 \quad R^2 = 0.177$
$(-2.635) \quad\quad (2.600)$

mit signifikanten Regressoren (außer $ABVGI_{t-1}$) und fast normal verteilten Residuen;

e10) $VIU = 0.386\ ABVGI_{t-2} - 0.498\ G_{VI_{t-1}} + 141.519$
$\quad\quad (1.386) \quad\quad (-1.774) \quad\quad (4.787)$

$R^2 = 0.089$

mit nur schwach signifikanten Antizipationsvariablen und schwach signifikanten Abweichungen der Residuen von der Normalverteilung, und schließlich

e11) $VIU = -\ 0.316\ G_{VI_{t-1}} + 160.643 \quad R^2 = 0.045$
$\quad\quad (-1.287) \quad\quad (6.203)$

wieder mit schwach signifikanter Variablen G_{VI}, aber stark signifikanter Abweichung der Residuen von der Normalverteilung.

Die Schätzung der Trendabweichungen von der glatten Komponente lieferte folgende Ergebnisse:

$$\text{e12)}\quad VIU = \underset{(6.003)}{0.902}\, AEVGI_{t-1} + \underset{(0.478)}{0.073}\, AEVGI_{t-2} + \underset{(0.446)}{2.551}$$

$$R^2 = 0.898$$

$$\text{e13)}\quad VIU = \underset{(16.149)}{0.968}\, AEVGI_{t-1} + \underset{(0.534)}{3.195} \qquad R^2 = 0.879$$

In beiden Beziehungen erwies sich das absolute Glied als nicht signifikant (in Beziehung e12 - außerdem die Variable $AEVGI_{t-2}$,) die Residuen zeigten allerdings in beiden Fällen nahezu Normalverteilung.

Der Beitrag der Antizipationsvariablen lag bei der Schätzung der Trendabweichungen der Variablen VIU zwar sehr viel höher als bei der Schätzung der glatten Komponente, aber immer noch um mehr als 10 % unter der durch die Auftragseingänge erklärten Varianz; er betrug immerhin 76 %:

$$\text{e14)}\quad VIU = \underset{(8.505)}{0.589}\, ABVGI_{t-1} + \underset{(8.901)}{0.598}\, ABVGI_{t-2} -$$

$$- \underset{(-4.791)}{0.339}\, G_{VI_{t-1}} - \underset{(-3.498)}{3.305}\, G_{VI_{t-2}} + \underset{(8.296)}{49.773}$$

$$R^2 = 0.763$$

Alle Antizipationsvariablen erwiesen sich - bei ziemlich normalverteilten Residuen - als signifikant mit der endogenen Variablen verbunden; auch in diesem Fall sank bei sukzessiver Elimination erklärender Variablen die erklärte Varianz:

e15) $VIU = \underset{(6.459)}{0.459}\ ABVGI_{t-1} + \underset{(7.038)}{0.453}\ ABVGI_{t-2} -$

$- \underset{(-5.768)}{0.446}\ G_{VI_{t-1}} + \underset{(8.068)}{56.102} \qquad R^2 = 0.639$

e16) $VIU = \underset{(2.313)}{0.149}\ ABVGI_{t-1} + \underset{(3.046)}{0.197}\ ABVGI_{t-2} +$

$+ \underset{(6.988)}{65.488} \qquad R^2 = 0.288$

e17) $VIU = \underset{(1.882)}{0.135}\ ABVGI_{t-1} + \underset{(12.058)}{86.273} \qquad R^2 = 0.091$

In allen drei Beziehungen - e15), e16), e17) - erwiesen sich bei stets annähernd normalverteilten Residuen alle Regressoren - außer $ABVGI_{t-1}$ in e17) - als signifikant mit der endogenen Variablen VIU verknüpft.

f) INDUSTRIEPRODUKTION

Obwohl die sektoral disaggregierte Produktionsentwicklung - wie dies in ökonometrischen Modellen zumeist auch geschieht - üblicherweise durch entsprechend spezifizierte Produktionsfunktionen geschätzt wird, ist sie in diesem Kurzfristprognosemodell als abhängige Variable der Umsatzentwicklung spezifiziert.

Auf diese Weise wird die Nachfrage als Determinante in den Mittelpunkt gerückt; für Kurzfristprognosen der Konjunkturbewegung leuchtet dieses Verfahren ein. Mittel- bis längerfristige (also Halbjahres- und Jahres-)Prognosen dagegen müßten freilich die Angebots- und Produktionsdeterminanten - wie dies in den unterschiedlichen Produktionsfunktionen geschieht - stärker hervorheben. Die Umsatzabhängigkeit der Produktionsentwicklung stellt diese nun in einen Wirkungszusammenhang, der adäquat in einem interdependenten System abzubilden wäre; er läßt sich in folgender Weise verdeutlichen:

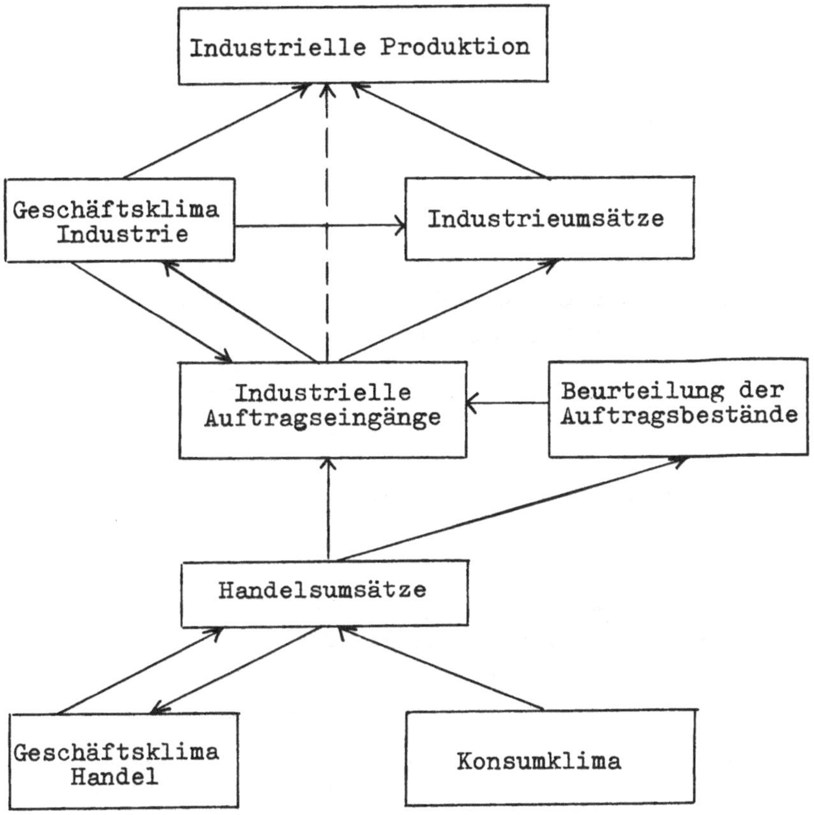

Die Investitionsgüterproduktion (IGP) ließ sich überwiegend aus der verzögerten Umsatzentwicklung (IGU) erklären:

$$\text{f1)}\quad IGP = \underset{(12.565)}{2.329}\, IGU_{t-1} - \underset{(-9.822)}{1.837}\, IGU_{t-2} - \underset{(\ 0.027)}{0.003} + \underset{(18.411)}{54.320} \qquad (1)$$

$$R^2 = 0.982$$

Alle Regressoren (außer der Trendvariablen) erwiesen sich als signifikant, die Residuen freilich kaum als normalverteilt. Der äußerst geringe und überdies nicht signifikante Einfluß der Trendvariablen führte schließlich in der schrittweisen multiplen Regression über die Schätzbeziehung

$$\text{f2)}\quad IGP = \underset{(5.637)}{0.469}\, IGU_{t-2} + \underset{(1.684)}{0.431}\, t + \underset{(8.182)}{55.813}$$

$$R^2 = 0.903$$

wieder mit signifikanten Regressoren (außer der Trendvariablen) und diesmal auch fast normalverteilten Residuen, zu ihrer Elimination

$$\text{f3)}\quad IGP = \underset{(17.136)}{0.598}\, IGU_{t-2} + \underset{(9.939)}{47.254} \qquad R^2 = 0.891$$

bei signifikanter Umsatzvariablen und (nahezu) normalverteilten Residuen.

Dieser relativ hohe Erklärungsanteil ließ sich durch eine Trendelimination und anschließende Schätzung der Abweichungen der glatten Komponente vom linearen (Regressions-)Trend nicht weiter verbessern:

---

1) Für die Schätzung der Investitionsgüterproduktion wurden Beobachtungswerte aus dem Zeitraum 2. Quartal 1962 bis 4. Quartal 1971 herangezogen.

f4) $IGP = 0.548\ IGU_{t-1} + 44.523 \qquad R^2 = 0.603$
$\qquad (7.394) \qquad (6.00)$

mit signifikanten Regressoren, aber signifikanten Abweichungen der Residuen von der Normalverteilung.

Ein weiterer Schätzversuch legte die Antizipationsvariable "Erwartungen der Preisentwicklung in der Investitionsgüterindustrie" (P^E_{IG}) und die Auftragseingänge als prädeterminierte Variablen zugrunde und kam zu folgenden Ergebnissen:

f5) $IGP = 0.208\ P^E_{IG_{t-1}} + 0.468\ AEIGI_{t-1} + 0.033\ t +$
$\qquad (2.392) \qquad (7.970) \qquad (0.170)$

$+ 30.559 \qquad R^2 = 0.966$
$\quad (4.445)$

Alle Regressoren (außer der Trendvariablen) zeigten Signifikanz, die Residuen nahezu Normalverteilung. Die erklärte Varianz sank nach Elimination der Auftragseingänge auf 90 %:

f6) $IGP = 0.661\ P^E_{IG_{t-1}} + 1.478\ t + 28.078$
$\qquad (5.957) \qquad (11.484) \qquad (2.425)$

$R^2 = 0.900$

bei allerdings signifikanten Abweichungen der Residuen von der Normalverteilung.

Die (signifikante) Antizipationsvariable vermochte erstaunlicherweise allein über 50 % der Varianz zu erklären:

f7) $IGP = 1.355\ P^E_{IG_{t-1}} - 23.082 \qquad R^2 = 0.534$
$\qquad (6.329) \qquad (-0.969)$

mit nahezu normalverteilten Residuen, aber nicht-signifikantem absoluten Glied.

Da der Unterschied in der durch die Schätzbeziehungen f6) und f7) erklärten Varianz offensichtlich auf den Trend zurückzuführen ist, wurde wieder ein linearer Regressionstrend durch die glatte Komponente gelegt und ihre Abweichungen voneinander geschätzt:

$$\text{f8)} \quad IGP = \underset{(2.420)}{0.129}\, P^{E}_{IG_{t-1}} + \underset{(13.035)}{0.787}\, AEIGI_{t-1} + \underset{(1.228)}{5.863}$$

$$R^2 = 0.920$$

Die durch die (signifikanten) Preiserwartungen und die (signifikanten) Auftragseingänge erklärte Varianz stieg - bei fast normalverteilten Residuen - dann von 90 % auf 92 %; ebenso der Erklärungsanteil der Antizipationsvariablen allein von 48,9 % auf 53,9 %:

$$\text{f9)} \quad IGP = \underset{(6.579)}{0.605}\, P^{E}_{IG_{t-1}} + \underset{(3.083)}{31.691} \qquad R^2 = 0.539$$

mit hoch signifikanter Antizipationsvariablen, aber signifikanten Abweichungen der Residuen von der Normalverteilung. In das Kurzfristprognosemodell wurde die Schätzbeziehung f5) aufgenommen.

Dieser überraschend hoch erscheinende Erklärungsanteil der Preiserwartungen an der Entwicklung der Investitionsgüterproduktion stellt - und dies ist bei fast allen hier entwickelten Makrobeziehungen zu berücksichtigen - erst dann eine echte Kausalbeziehung dar, wenn sie durch ausreichende Untersuchungen auf der Mikroebene validiert ist, wenn also in Analysen der sozialökonomischen Verhaltensforschung auf der

Mikroebene nachgewiesen wird, daß erhöhte Preiserwartungen der Unternehmer in der Investitionsgüterindustrie zu einer Stimulation der Produktion führen, etwa, weil sich die Unternehmer aus einer optimistischen Beurteilung der Preisentwicklung heraus eine Verbesserung ihrer Absatzaussichten versprechen. Für den Konsumsektor sind solche Mikrountersuchungen (1) von der Forschungsstelle für empirische Sozialökonomik mit dem Ergebnis durchgeführt worden, daß die im Konsumklimaindex zusammengefaßten Einstellungen und Erwartungen auf der Mikroebene in Panel-Analysen jene Verhaltensrelevanz zeigten, die ihnen beim Einsatz des Konsumklimaindex als prädeterminierte Variable auf der Makroebene stets unterstellt wird. Nur solche Mikrountersuchungen der sozialökonomischen Verhaltensforschung können bei ökonometrischen Schätzversuchen auf der Makroebene die Frage beantworten, ob die spezifizierten und geschätzten Zusammenhänge Kausalbeziehungen sein können oder nicht. Stets muß sich also die ökonometrische Forschung ihrer Verhaltensimplikationen rückversichern, will sie nicht in ein Messen ohne Theorie degenerieren. Das prognostische Scheitern ökonometrischer Forschungsverfahren ist fast immer auf eine falsche Strukturspezifikation, also auf wirklichkeitsfremde Verhaltenshypothesen zurückzuführen. Nur die sozial-ökonomische Verhaltensforschung kann diese richtigstellen und dadurch der Ökonometrie ihre Prognosefähigkeit sichern.

Die Bauproduktion (BPRO) war weniger aus der zyklischen Bewegung der Antizipationsvariablen erklärbar; die Schätzung ihrer glatten Komponente zeigte in al-

---

1) Vgl. diese Arbeit, Kapitel 5.
außerdem: B. Biervert, H.P. Haarland, H.-J. Niessen, Empirische Konsumforschung und Konjunkturprognose..., a.a.O.

len Fällen stark signifikante Abweichungen der Residuen von der Normalverteilung.

f10) $$BPRO = \underset{(1.662)}{0.296}\,\Delta AEBI_{t-1} - \underset{(-0.841)}{0.084}\,BP^E_{t-1} -$$

$$- \underset{(-2.068)}{0.304}\,G_{B_{t-1}} + \underset{(3.992)}{0.672}\,t + \underset{(12.648)}{126.648} \quad (1)$$

$$R^2 = 0.617$$

Im Gegensatz zu den "Erwartungen für die Baugeschäftslage" (G_B) waren die Baupreiserwartungen (BP^E) und die Veränderungen der Auftragseingänge in der Bauindustrie (Δ AEBI) mit der endogenen Variablen BPRO nicht signifikant verbunden.

f11) $$BPRO = \underset{(0.752)}{0.048}\,BP^E_{t-1} - \underset{(-1.218)}{0.089}\,G_{B_{t-1}} + \underset{(4.741)}{0.778}\,t +$$

$$+ \underset{(15.302)}{117.742} \qquad R^2 = 0.556$$

f12) $$BPRO = - \underset{(-1.127)}{0.079}\,G_{B_{t-1}} + \underset{(4.968)}{0.795}\,t + \underset{(15.836)}{120.957}$$

$$R^2 = 0.551$$

f13) $$BPRO = \underset{(5.263)}{0.831}\,t + \underset{(44.621)}{112.829} \qquad R^2 = 0.526$$

In allen drei Schätzbeziehungen erwiesen sich die Antizipationsvariablen als nicht signifikant. Da der Anteil des Trends an der insgesamt erklärten Varianz von

---

1) Der Relevanzzeitraum überdeckte den Bereich 2. Quartal 1965 bis 4. Quartal 1971.

61,7 % mit etwa 53 % relativ hoch ausfiel, wurde wieder ein linearer (Regressions-)Trend in die glatte Komponente gelegt.

Die OLS-Schätzung der Trendabweichungen von der glatten Komponente lieferte auch nur bescheidene Ergebnisse:

f14) $$BPRO = \underset{(0.605)}{0.081}\,\Delta AEBI_{t-1} + \underset{(0.077)}{0.065}\,\Delta AEBI_{t-2} + \underset{(0.426)}{0.026}\,BP^{E}_{t-1} - \underset{(-1.733)}{0.203}\,G_{B_{t-1}} + \underset{(12.052)}{103.676}$$

$$R^2 = 0.199$$

f15) $$BPRO = \underset{(0.857)}{0.104}\,\Delta AEBI_{t-1} + \underset{(0.918)}{0.074}\,\Delta AEBI_{t-2} - \underset{(-1.713)}{0.193}\,G_{B_{t-1}} + \underset{(12.466)}{102.891}$$

$$R^2 = 0.189$$

f16) $$BPRO = \underset{(1.668)}{0.112}\,\Delta AEBI_{t-2} - \underset{(-1.693)}{0.118}\,G_{B_{t-1}} + \underset{(12.759)}{101.262}$$

$$R^2 = 0.173$$

f17) $$BPRO = -\underset{(-1.361)}{0.096}\,\Delta AEBI_{t-1} + \underset{(13.976)}{108.681}$$

$$R^2 = 0.075$$

Bei signifikanten Abweichungen der Residuen von der Normalverteilung in den Schätzbeziehungen f14) und f15) und stark signifikanten Abweichungen der Residuen von der Normalverteilung in den Schätzbeziehungen f16) und f17) erwiesen sich die Antizipationsvariablen und die Veränderungen des Auftragseinganges in der Bauindustrie in keiner Schätzbeziehung als signifikant mit der endogenen Variablen BPRO verknüpft. Es wurde wegen dieser schwachen Schätzergebnisse ein semi-autoregressiver Ansatz versucht:

f18) $$BPRO = \underset{(15.291)}{1.055}\ BPRO_{t-1} + \underset{(1.617)}{0.053}\ G_{B_{t-1}} - \underset{(-1.080)}{11.039}$$

$$R^2 = 0.917$$

Während sich auch in dieser Schätzbeziehung die Antizipationsvariable als nicht signifikant erwies, zeigten die Residuen annähernd Normalverteilung; wegen des relativ hohen Anteils erklärter Varianz wurde diese Beziehung daher auch in das Kurzfristprognosemodell aufgenommen.

7.3 Synopsis des Kurzfristprognosemodells

Eine Synopsis der 23 Gleichungen des Kurzfristprognosemodells (1) zeigt noch einmal die statistische Güte der Regressoren und die Erklärungsbeiträge der einzelnen Verhaltensbeziehungen. Zusätzlich wurde noch der Durbin-Watson-Test (2) auf Autokorrelation der Residuen angegeben. Da dieser Test aber nur Abweichungsgrade (stark signifikant, schwach signifikant, signifikant, nicht signifikant) von der Normalverteilung maß, soll mit dem Durbin-Watson-Test die Unabhängigkeit oder Autokorrelation der Residuen quantifiziert werden. Er ist definiert durch die Beziehung

$$DW = \frac{\sum_{t=2}^{N} (Res_t - Res_{t-1})^2}{\sum_{t=1}^{N} Res_t^2} .$$

Bei positiver Autokorrelation der Residuen ist DW also um so kleiner, je ausgeprägter die autoregressive Beziehung ist. DW ist umgekehrt um so größer, je stärker die negative Autokorrelation der Residuen ist.

---

1) Vgl. Anhang V, S. 301-305.
2) Der Durbin-Watson-Test ist dem von-Neumann-Verhältnis ähnlich. Vgl. J. v. Neumann, Distribution of the Ratio of the Mean Square Successive Difference to the Variance, in: Annals of Mathematical Statistics, 12, 1941 N° 4, S. 367 - 395. Vgl. außerdem P. Schönfeld, Methoden der Ökonometrie..., a.a.O., Bd. I, S. 229 ff.

Nach seiner Definition kann der Durbin-Watson-Test Werte zwischen 0 und 4 annehmen; dies wird deutlich, wenn man DW transformiert, so daß

$$DW = \frac{T-1}{T} \frac{\frac{1}{T-1}\sum_{t=1}^{T-1} Res_{t+1}^{2} + \frac{1}{T-1}\sum_{t=2}^{T} Res_{t-1}^{2} - \frac{1}{T-1}\sum_{t=2}^{T} Res_t Res_{t-1}}{\frac{1}{T}\sum_{t=1}^{T} Res_t^{2}}$$

Als Wahrscheinlichkeitsgrenzwerte für DW ergeben sich dann:

$$\underset{T \longrightarrow \infty}{p \lim} DW = \frac{2\,\sigma_{Res}^2 - 2\,\rho\,\sigma_{Res}^2}{\sigma_{Res}^2} = 2(1-\rho) \quad (1).$$

DW nimmt dann also für positive, negative Autokorrelation (ρ) oder für serielle Unabhängigkeit der Residuen folgende Werte an:

Für $\rho = 0$	p lim DW = 2
Für $\rho \longrightarrow +1$	p lim DW $\longrightarrow$ 0
Für $\rho \longrightarrow -1$	p lim DW $\longrightarrow$ + 4

Der Durbin-Watson-Test weist im Modell Werte zwischen 0.174 (HWP) und 1.986 (BP) auf (2). In den meisten Gleichungen des Modells liegt also eine leichte Tendenz zu einer positiven Autokorrelation der Residuen vor.

---

1) Zur genauen Ableitung vgl. P. Schönfeld, Methoden der Ökonometrie..., a.a.O., Bd. I, S. 229.

2) Im Wharton-EFU-Modell beträgt der kleinste Wert des Durbin-Watson-Tests (also die höchste positive Autokorrelation) vergleichsweise 0,16.

Nur in vier Fällen zeigen Antizipationsvariable eine geringe Signifikanz (Gleichungen $\hat{c}$, $\widehat{HW}$, $\widehat{EH}$, $\widehat{NGGHP}$); in allen anderen Gleichungen sind sie - wie die t-Testwerte zeigen - signifikant bis hoch signifikant mit den entsprechenden endogenen Variablen verknüpft.

Die durch die prädeterminierten Variablen erklärte Varianz der endogenen Variablen liegt durchweg über 0,9 . Die Werte der multiplen Korrelation (R^2) schwanken zwischen 0.835 (Schätzbeziehung $\widehat{NGGHP}$) und 0.998 (Schätzbeziehung $\widehat{HW}$). Allerdings bleibt zu berücksichtigen, daß die Schätzwerte für die multiplen Korrelationen nicht erwartungstreu sind, sondern die wahren multiplen Korrelationen tendenziell überschätzen.

7.4 Ex-post-Prognosen und Verhalten an Konjunkturwendepunkten

Eine erste prognostische Bewährungsprobe der Antizipationsvariablen auf der Makroebene stellen ex-post-Prognosen dar, wie sie für den gesamten Beobachtungszeitraum ermittelt wurden (1).

---

1) Vgl. Anhang VI, S. 307 - 330
Die Prognosegenauigkeit von ex-post-Prognosen läßt sich auch durch den Theilschen Ungleichheitskoeffizienten messen (H. Theil, Economic Forecasts and Policy, Amsterdam 1958, S. 32. Ders., Applied Economic Forecasting, Amsterdam 1966); er stellt einen normierten Fehlermittelwert dar:
Wenn

$$\sigma^2 = \frac{1}{n} \sum_{t=1}^{n} (P_t - X_t)^2$$

mit P_t als prognostiziertem und X_t als realisiertem Wert die durchschnittliche quadratische Abweichung zwischen Prognose und Realisation symbolisiert, so läßt sich die Prognosegenauigkeit durch das auf Werte zwischen 0 und 1 festgelegte Maß

$$TU = \frac{\sqrt{\sigma^2}}{\sqrt{\frac{1}{n} \sum_{t=1}^{n} P_t^2} + \sqrt{\frac{1}{n} \sum_{t=1}^{n} X_t^2}}$$

ausdrücken.

Die nachfolgende Übersicht (vgl. S. 167) zeigt die Schwankungsbreite der Fehlerwerte und die absoluten Fehlermittelwerte der Schätzbeziehungen des Modells:

Von allen Verhaltensgleichungen des Modells weist die Schätzbeziehung $\widehat{IGU}$ (Umsätze der Investitionsgüterindustrie) die größten Abweichungen auf; die Fehlerwerte streuen im Bereich -12.176 bis +11.320. Die kleinsten Fehlerwerte zeigt die Schätzbeziehung $\widehat{DL}$ (private Dienstleistungsnachfrage); sie bewegen sich in dem relativ kleinen Bereich -1.872 und +1.674. Die prognostische Güte wird besonders deutlich an den absoluten Fehlermittelwerten; sie weisen die Schätzbeziehung $\widehat{IGU}$ als relativ schlechteste (Absoluter Fehlermittelwert: 4.070) und die Schätzbeziehung $\widehat{DL}$ (Absoluter Fehlermittelwert: 0.665) als die relativ beste Prognosegleichung aus.

... Die Prognose ist dann um so treffsicherer, je kleiner der Wert von TU ist. Dieses Maß ist freilich gegenüber additiven Veränderungen des Prozessniveaus nicht invariant; Theil entwickelte daher ein zweites Maß, in dem die berechnete Prognose mit derjenigen verglichen wird, bei der der letzte Beobachtungswert X_n als Prognosewert gilt.
Lautet dieser Ungleichheitskoeffizient

$$1 > U = \frac{\sigma}{\sqrt{\frac{1}{n} \sum_{t=1}^{n} (X_t - X_n)^2}} \geq 0 ,$$

so bedeutet dies, daß die geschätzte Prognose besser ist als die einfache Extrapolation des letzten Wertes.
Gilt $U > 1$, so ist die Prognose im Durchschnitt schlechter als die einfache Identität $P_t = X_n$.
U ist - im Gegensatz zu TU - gegenüber der additiven und multiplikativen Transformation des Prozesses invariant.

Schätzbeziehung	Maximale negative Abweichung	Maximale positive Abweichung	Absoluter Fehler-mittelwert
$\hat{c}$	3.896	3.497	2.413
$\widehat{KWS}$	6.372	9.809	3.303
$\widehat{HW}$	5.303	9.669	2.782
$\widehat{PKW}$	6.252	10.527	3.515
$\widehat{DL}$	1.872	1.674	0.665
$\widehat{GH}$	9.977	8.005	3.843
$\widehat{NGGH}$	3.552	4.523	1.410
$\widehat{EH}$	3.605	5.210	1.648
$\widehat{NGEH}$	7.002	14.051	3.136
$\widehat{KWSP}$	1.479	7.054	1.770
$\widehat{HWP}$	3.541	4.881	1.196
$\widehat{EHP}$	3.067	3.073	1.027
$\widehat{NGGHP}$	2.724	3.584	1.229
$\widehat{GHP}$	4.145	3.477	1.556
$\widehat{BP}$	2.357	4.177	1.167
$\widehat{NGEHP}$	3.474	3.217	1.209
$\widehat{AEIGI\text{-}K}$	11.439	10.561	4.036
$\widehat{GIU}$	6.727	5.875	2.315
$\widehat{IGU}$	12.176	11.320	4.070
$\widehat{VIU}$	4.362	5.351	1.789
$\widehat{IGP}$	5.325	6.581	2.285
$\widehat{BPRO}$	5.398	7.101	2.376

In einem Vergleich der durchschnittlichen absoluten Fehlermittelwerte des Modells zeigt sich, daß der Sektor Preise mit 1.297 den geringsten und der Sektor Auftragseingänge und Industrieumsätze mit 3.299 den größten durchschnittlichen absoluten Fehlermittelwert aufweisen.

Sektoren des Modells	Durchschnittliche absolute Fehlermittelwerte
Konsum	2.539
Handel	2.509
Preise	1.297
Auftragseingänge und Industrieumsätze	3.299
Produktion	2.331

Als Indikator für die Prognosegüte des Modells wurde der durchschnittliche absolute Fehlermittelwert für das gesamte Modell ermittelt. Ein Vergleich mit einem amerikanischen Antizipationsmodell zeigt, daß der Fehlermittelwert mit 2.215 gegenüber 2.494 des Friend/ Thomas-Modells (1) recht günstig ausfällt.

Ein wichtiger Prüfstein für die Prognosegenauigkeit ist auch das Verhalten des Modells an konjunkturellen Wendepunkten (2). Bei den Konsumgleichungen des Modells sind die Wendepunkte in der Regel exakt getroffen; die einzige Ausnahme bildet die PKW-Gleichung; sie gibt den oberen Konjunkturwendepunkt 1966 mit kurzer Verzögerung (ein bis zwei Quartale) wieder, während sie die Rezession 1967 und den oberen Konjunkturwendepunkt 1971/72 ziemlich genau abbildet. Es bleibt allerdings

---

1) Dieser durchschnittliche absolute Fehlermittelwert des Friend/Thomas-Modells wurde anhand der absoluten Fehlermittelwerte, die sich in W. Thomas, I. Friend, The Predictive Ability of Expectational Variables in Different Types of Econometric Models, Paper der X. CIRET-Konferenz, Brüssel 1971, S. 28, finden, berechnet.
...

stets zu beachten, daß die prädeterminierten Variablen ausnahmslos als lag-Variable in die Spezifikation der Verhaltensgleichungen eingehen, daß also geringe Verzögerungen in der Wiedergabe der Konjunkturwendepunkte die (ex-ante) Prognosegenauigkeit des Modells nicht beeinträchtigen, sofern nur der Vorlauf der Antizipationsvariablen größer ist als die Verzögerung des mit ihnen geschätzten Konjunkturwendepunktes.

Auch bei den Schätzbeziehungen zur Erklärung der Handelsumsätze sind die Konjunkturwendepunkte ziemlich genau getroffen; bei den Einzelhandelsumsätzen insgesamt und den Einzelhandelsumsätzen mit Nahrungs- und Genußmitteln gelang eine vollständige Wendepunktkoinzidenz, während beim Großhandel insgesamt und beim Großhandel mit Nahrungs- und Genußmitteln (sehr) geringe Verzögerungen auftraten.

Die Preise, welche in ihrer originalen (nicht-saisonbereinigten) Gestalt geschätzt wurden, sind in der rezessionsbedingten Abschwächung 1967 - 1969 und im folgenden Anstieg recht genau wiedergegeben (mit Ausnahme der Großhandelspreise für Nahrungs- und Genußmittel, die einen fast linearen Trend aufweisen); am genauesten wurden die Baupreise getroffen.

Als einzige Variable im Modell wurden die Auftragseingänge in den Abweichungen ihrer glatten Komponente von einem linearen Trend geschätzt. Auf diese Weise tritt das Konjunkturphänomen sehr plastisch in Erscheinung. Die Schätzbeziehung für die Auftragseingänge gibt die oberen Konjunkturwendepunkte 1964/65 und 1969/70 exakt, den unteren Konjunkturwendepunkt 1967 mit einer leichten Verzögerung wieder.

...

2) Vgl. dazu die graphischen Darstellungen der realisierten und prognostizierten Werte im Anhang VII, S. 331-354.

Bei den Industrieumsätzen wurde der obere Konjunkturwendepunkt 1966 in allen drei Fällen (Gesamte Industrieumsätze, Umsätze der Investitionsgüterindustrie, Umsätze der Verbrauchsgüterindustrie) exakt getroffen; die Rezession 1967 wurde zwar von den Schätzgleichungen für die gesamten Industrieumsätze und für die Umsätze der Verbrauchsgüterindustrie auch genau wiedergegeben; die Gleichung "Umsätze der Investitionsgüterindustrie" verfehlte sie aber um zwei Quartale.

Der obere Konjunkturwendepunkt 1971/72,der nur bei den gesamten Industrieumsätzen und den Umsätzen der Investitionsgüterindustrie in Erscheinung trat, wurde von den entsprechenden Schätzbeziehungen um ein Jahr antizipiert.

Die beiden unteren Konjunkturwendepunkte 1963 und 1967 der Investitionsgüterproduktion traf ihre Schätzbeziehung exakt, sie verfehlte aber den oberen Konjunkturwendepunkt 1965/66 um zwei Quartale, nahm dann aber den oberen Konjunkturwendepunkt 1971 um ein Jahr voraus.

Die Schätzbeziehung der Bauproduktion schließlich koinzidierte mit der realen Entwicklung nur am oberen Konjunkturwendepunkt 1966, lief aber von dort an hinter der realen Entwicklung um ein Quartal her.

Folgende Übersicht soll das Verhalten des Modells an den Konjunkturwendepunkten (1) des Beobachtungszeitraumes verdeutlichen; die Zahlen geben die Verzögerung (-) oder Vorwegnahme (+) der Konjunkturwendepunkte in Quartalen an; eine 0 bedeutet, daß der Konjunkturwendepunkt exakt getroffen wurde.

---

1) Die Preisgleichungen wurden nicht in diese Untersuchung einbezogen, da sie lediglich eine rezessionsbedingte Abschwächung 1966/67 und einen darauf folgenden Anstieg aufweisen, der - wie gezeigt - in der Regel durch die Schätzbeziehungen wiedergegeben wurde.

Variablen	KONJUNKTURWENDEPUNKTE Unterer 1963	 Oberer 1965/66	 Unterer 1967/68	 Oberer 1971
$\hat{c}$	n.v. [1]	0	0	n.v.
$\widehat{KWS}$	n.v.	0	0	n.v.
$\widehat{HW}$	n.v.	n.v.	n.v.	n.v.
$\widehat{DL}$	n.v.	0	0	n.v.
$\widehat{PKW}$	n.v.	- 2	0	+ 1
$\widehat{GH}$	n.v.	0	- 1	+ 2
$\widehat{NGGH}$	n.v.	0	0	n.v.
$\widehat{EH}$	n.v.	0	0	n.v.
$\widehat{NGEH}$	n.v.	0	0	n.v.
$\widehat{AEIGI\text{-}K}$	0	0	- 2	0
$\widehat{IGU}$	n.v.	0	- 2	+ 4
$\widehat{GIU}$	0	0	0	+ 4
$\widehat{VIU}$	0	0	0	n.v.
$\widehat{IGP}$	0	- 2	0	+ 4
$\widehat{BPRO}$	n.v.	0	- 1	- 1

Diese Übersicht zeigt, daß von 39 Konjunkturwendepunkten, welche die endogenen Variablen des Modells (mit Ausnahme der Preisvariablen) aufweisen, 27 Wendepunkte durch die Schätzbeziehungen exakt getroffen wurden, also in 70 % aller Fälle exakte Wendepunkt-Koinzidenz vorlag; drei Wendepunkte wurden um ein Jahr, je ein Wendepunkt um ein Quartal bzw. zwei Quartale vorwegge-

1) nicht vorhanden

nommen, während vier Konjunkturwendepunkte nur mit einem Jahr Verzögerung und zwei Konjunkturwendepunkte mit einem Quartal Verzögerung prognostiziert wurden.

7.5 Das Problem der zeitlichen Strukturstabilität

Neben den zahlreichen Schwierigkeiten, mit denen sich die ökonometrische Forschung in der Regel konfrontiert sieht (Identifikation, Kollinearität der prädeterminierten Variablen, Autokorrelation der Residuen) nimmt das Problem der zeitlichen Stabilität der geschätzten Parameter eine besondere Bedeutung ein. Von ihr hängt nämlich die Anwendbarkeit der statistischen Schätzverfahren ab; außerdem sind ökonometrische Prognosen nur in dem Maße genau, in welchem die Parameterstabilität des Beobachtungszeitraumes sich in den Prognosezeitraum fortsetzt. Da sich in ihr aber auch die Stabilität der Verhaltenshypothesen ausdrückt, die den Schätzbeziehungen zugrundeliegen, gibt sie schließlich einen Hinweis auf den Bestätigungsgrad dieser statistischen Gesetzeshypothesen.

Da die gemessene Strukturstabilität sich ausschließlich auf den Beobachtungszeitraum bezieht, stellen ökonometrische Prognosen nichts anderes als Verhaltensextrapolationen aus dem Beobachtungszeitraum in den Prognosezeitraum dar. Menges und Diehl sprechen daher nur von einer "Quasi-Stabilität" (1), welche Extrapolationsmodelle in ihren Prognoseversuchen unterstellen.

---

1) Vgl. G. Menges, H. Diehl, Das Stabilitätsproblem in der Ökonometrie, in: Statistische Hefte, 6.Jg. Heft 1, Frankfurt a.M. 1965, S. 38.

Das Stabilitätsproblem, wie es in der beschriebenen Weise über Erfolg oder Mißerfolg ökonometrischer (Extrapolations-)Prognosen entscheidet, gewinnt nun bei Antizipationsmodellen eine neue Qualität. Während nämlich die Extrapolationsmodelle keine Information über den Prognosezeitraum besitzen, vielmehr für ihn die gleichen Stabilitätsannahmen treffen wie für den Beobachtungszeitraum, nehmen Antizipationsmodelle in den empirisch gemessenen Einstellungs- und Erwartungsvariablen die Verhaltensstruktur des Prognosezeitraumes vorweg. Bei Antizipationsmodellen geht also zukünftiges Verhalten, soweit es sich in Einstellungen und Erwartungen ankündigt, schon in die Spezifikation der Verhaltensbeziehungen ein.

Freilich bedeutet dieses Verfahren der Antizipationsmodelle nicht schon ohne weiteres eine prognostische Überlegenheit im Vergleich zu den Extrapolationsmodellen. So wie diese Strukturbrüchen schutzlos ausgesetzt sind, hängt die Prognosegüte der Antizipationsmodelle von der Beziehung zwischen Einstellungen und Verhalten ab (1); ist sie sehr instabil, so sind die Fehlerwerte der Prognosen entsprechend groß.

Das Stabilitätsproblem tritt also bei Antizipationsmodellen in einer anderen Form auf als bei Extrapolationsmodellen: Während deren Prognosen davon abhängen, ob die im Beobachtungszeitraum gemessenen Verhaltensbeziehungen sich im Prognosezeitraum nicht ändern, müssen sich Prognosen der Antizipationsmodelle darauf verlassen, daß die im Beobachtungszeitraum gemessenen Indikatoren die Verhaltensstruktur im Prognosezeitraum adäquat "antizipieren".

---

1) Vgl. die Bedingungen für die prognostische Überlegenheit der Antizipationsmodelle bei B. Biervert, H.P. Haarland, H.-J. Niessen, Empirische Konsumforschung und Konjunkturprognose..., a.a.O., S. 121.

Stabilitätsprüfungen stellen sich nun aber erhebliche Schwierigkeiten in den Weg. Da sie nämlich präzise, d.h. gut identifizierbare Strukturen voraussetzen, sollte der Beobachtungszeitraum möglichst groß gewählt werden; dies geschieht allerdings um den Preis einer um so höheren Fehlspezifikation, je länger die Beobachtungsperiode ist (1). Trotz dieses Dilemmas haben Menges und Diehl (2) versucht, Stabilitätsuntersuchungen mit den Verfahren der statistischen Hypothesenprüfung durchzuführen. Mit Hilfe eines Signifikanz-Stabilitäts-Tests, der die Wahrscheinlichkeit, eine richtige Nullhypothese abzulehnen (einen Fehler "erster Art" zu begehen) (3),angibt, prüfen sie die Nullhypothese der Stabilität gegen die Alternativhypothese der Instabilität. Sie unterscheiden von einem unbedingten oder Partialstabilitätstest, der die Parameterstabilität (die sogenannte T-Stabilität) oder die Verteilungsstabilität der gemeinsam abhängigen (unverzögert endogenen) Variablen unabhängig vom übrigen Stabilitätsverhalten der Struktur untersucht, einen bedingten oder Totalstabilitätstest, der die Parameterstabilität unter der Voraussetzung einer bereits vorliegenden Verteilungsstabilität der gemeinsam abhängigen Variablen und umgekehrt untersucht; schließlich zeigen sie noch einen simultanen Test auf Totalstabilität (4).

---

1) Vgl. G. Menges, H. Diehl, Das Stabilitätsproblem in der Ökonometrie..., a.a.O., S. 40 und S. 41.
2) G. Menges, H. Diehl, ebenda, S. 41 ff.
3) Die Wahrscheinlichkeit, eine falsche Nullhypothese anzunehmen, ist dann entsprechend der "Fehler zweiter Art". Mit der Schätztheorie läßt sich auch die Hypothesenprüfung wissenschaftstheoretisch aus der Theorie des Bestätigungsgrades ableiten. Vgl. H. Vetter, Wahrscheinlichkeit und logischer Spielraum, Tübingen 1967, S. 20 ff.
4) Vgl. G. Menges, H. Diehl, Das Stabilitätsproblem in der Ökonometrie..., a.a.O., S. 50.

Einen anderen Weg, Einblick in die zeitliche Strukturstabilität eines ökonometrischen Modells zu gewinnen, schlug Fair ein. Er beobachtete die Parameteränderungen, welche die Schätzung der Verhaltensgleichungen über alternative Beobachtungszeiträume lieferte (1): Je weniger die Parameter sich ändern, desto höher ist der Stabilitätsgrad der geschätzten Verhaltensbeziehungen. Im Fair-Modell erwiesen sich die Koeffizientenschätzwerte für fast alle Verhaltensgleichungen als relativ stabil (2).

Dieses Verfahren zur Stabilitätsprüfung, welches sich für Prognosemodelle, insbesondere auch für ein singuläres Modell, sehr viel leichter durchführen läßt als für interdependente Strukturmodelle, wurde auch auf ausgewählte Verhaltensgleichungen des in dieser Arbeit entwickelten Kurzfristprognosesystems angewandt (3). Ein Blick auf das Stabilitätsverhalten der Parameter dieser Verhaltensbeziehungen schließt die Darstellung des Prognosesystems ab.

Von den Konsumgleichungen weisen die PKW-Gleichung und die Schätzgleichung zur Erklärung der Dienstleistungsnachfrage den höchsten Stabilitätsgrad für die den Schätzungen zugrundegelegten 11 Beobachtungszeiträume auf (Endquartale 1969 II - 1971 IV). In der PKW-Gleichung variieren die Parameter des Konsumklimaindex zwischen 0.259 und 0.317, die Parameter des verfügbaren Einkommens zwischen 0.539 und 0.698; in allen Fällen sind die Parameter signifikant bis stark signifikant; die multiple Korrelation schwankt zwischen 0.834 und 0.980.

---

1) Vgl. R.F. Fair, A Short Run Forecasting Model of the U.S. Economy..., a.a.O.
2) Vgl. R.F. Fair, ebenda
3) Vgl. Anhang VIII, S. 355-371.

Die Parameter zur Schätzung der Dienstleistungsnachfrage schwanken für den Konsumklimaindex (12 Beobachtungszeiträume; Endquartale: 1968 III - 1970 I, 1970 IV - 1971 IV) zwischen 0.041 und 0.052; für die Variable DL_{t-1} (Dienstleistungsnachfrage um eine Periode verzögert) zwischen 0.851 und 1.026; die multiple Korrelation nimmt Werte im Bereich 0.954 und 0.998 an.

In der aggregierten Konsumbeziehung gehen die Parameter der Einkommensvariablen für sinkende Beobachtungszeiträume (insgesamt 12 alternative Beobachtungsintervalle; Endquartale: 1969 II - 1971 IV) kontinuierlich zurück (von 0.425 in 1971 IV bis 0.188 in 1969 II), während die Parameter des Konsumklimaindex kontinuierlich steigen (von 0.002 in 1971 IV bis 0.047 in 1969 II);die multiple Korrelation variiert zwischen 0.990 und 0.999.

Ein ähnliches Verhalten der Parameter zeigt die Schätzbeziehung zur Erklärung der privaten Verbrauchsnachfrage nach Hausrat und Wohnbedarf. Während die Parameter des verfügbaren Einkommens für sinkende Beobachtungsintervalle (Endquartale: 1971 IV - 1969 II) beständig abnehmen (von 0.235 in 1971 IV auf 0.055 in 1969 II), steigen die Parameter des Konsumklimaindex kontinuierlich an (von 0.048 in 1971 IV auf 0.081 in 1969 II). Der in dieser Beziehung zusätzlich als prädeterminierte Variable benutzte Geschäftsklimaindex nimmt in den 11 Beobachtungsintervallen Werte zwischen -0.006 und -0.019 an; die multiple Korrelation schwankt zwischen 0.983 und 0.998.

Den geringsten Stabilitätsgrad aller Konsumbeziehungen weisen die Parameter der Schätzgleichung zur Erklärung der privaten Verbrauchsnachfrage nach Bekleidung, Wäsche und Schuhen auf. In den 11 Beobachtungszeiträumen

(Endquartale: 1971 IV - 1969 II) variieren die Parameter des Geschäftsklimas für diesen Einzelhandelsbereich zwischen 0.067 und 0.528; die Parameter des Konsumklimaindex nehmen Werte zwischen 0.014 und -0.085 an; die multiple Korrelation variiert in diesem Wertebereich zwischen 0.931 und 0.986.

Relativ stabil sind die Parameter des Geschäftsklimas im Großhandel mit Nahrungs- und Genußmitteln in der Schätzgleichung zur Erklärung der Umsätze in diesem Bereich; für die neun Beobachtungszeiträume (Endquartale: 1971 IV - 1969 II) nehmen sie Werte zwischen 0.069 und 0.109 an; die multiple Korrelation bewegt sich zwischen 0.903 und 0.957.

In der Einzelhandelsbeziehung schwanken die Parameter des verfügbaren Einkommens für 12 Beobachtungszeiträume (Endquartale: 1971 IV - 1969 I) zwischen 0.213 und 0.401, des Konsumklimaindex zwischen -0.024 und 0.017, des Geschäftsklimas im Einzelhandel zwischen 0.055 und 0.002; die multiple Korrelation variiert im Wertebereich 0.993 und 0.907.

In der Schätzbeziehung zur Erklärung der Einzelhandelsumsätze mit Nahrungs- und Genußmitteln schwanken die Parameter des verfügbaren Einkommens für neun Beobachtungszeiträume (Endquartale: 1971 IV - 1969 IV) zwischen 0.309 und 0.202, die Parameterwerte des Geschäftsklimas zwischen -0.001 und 0.004; die multiple Korrelation variiert im Wertebereich 0.996 bis 0.844.

Die Parameterstabilität der Antizipationsvariablen in den Preisgleichungen weist wiederum unterschiedliche Grade auf. In der Schätzbeziehung zur Erklärung der gesamten Einzelhandelspreise nehmen die Parameter der Antizipationsvariablen Werte zwischen 0.025 und 0.092, die multiple Korrelation weist Werte zwischen 0.869 und 0.984 auf (acht Beobachtungszeiträume; Endquartale: 1971 IV - 1970 I).

Die Parameterwerte der prädeterminierten Variablen der Baupreisgleichung für 5 Beobachtungszeiträume (1971 IV - 1970 IV) zeigen wieder einen hohen Stabilitätsgrad: Die Parameter der Antizipationsvariablen schwanken zwischen 0.054 und 0.059, diejenigen der Variablen BP_{t-1} (verzögerte Baupreisentwicklung) zwischen 1.067 und 1.019; die multiple Korrelation bewegt sich zwischen 0.978 und 0.991.

Einen beachtlichen Stabilitätsgrad weisen die Parameter der Antizipationsvariablen "Einschätzung der Auftragseingangsentwicklung" in der Schätzbeziehung zur Erklärung der industriellen Auftragseingänge auf: In den zehn betrachteten Beobachtungszeiträumen (Endquartale: 1971 IV - 1969 III) schwanken sie im Wertebereich 0.439 - 0.385; demgegenüber variieren die Parameter der Variablen $AEIGI_{t-2}$ (verzögerte Auftragseingangsentwicklung) zwischen 0.096 und 0.628; die multiple Korrelation besitzt Werte zwischen 0.829 und 0.891.

Für 15 Beobachtungszeiträume (Endquartale: 1971 IV - 1969 III) nehmen die Parameter der Auftragseingänge in der Schätzbeziehung zur Erklärung der Umsätze der Verbrauchsgüterindustrie (durchweg hoch signifikante) Werte zwischen 1.008 und 1.117 an; die multiple Korrelation zeigt Werte im Bereich 0.969 und 0.993.

Einen großen Schwankungsbereich zeigen die Parameter der um eine oder zwei Perioden verzögerten Auftragseingänge in der Investitionsgüterindustrie in der

Gleichung zur Schätzung der Umsätze der Investitionsgüterindustrie. Für 15 Beobachtungszeiträume (Endquartale 1971 IV - 1970 III; 1969 IV - 1968 I) liegen die Parameter für die um eine Periode verzögerte Auftragseingangsvariable im Bereich 0.221 und 0.924; für die um zwei Perioden verzögerte Auftragseingangsvariable im Bereich -0.029 und 0.555; die multiple Korrelation hat Werte zwischen 0.952 und 0.999.

Die Stabilitätsuntersuchungen an ausgewählten Gleichungen des Modells zeigen, daß die Parameter je nach Verhaltensgleichung recht unterschiedliche Stabilitätsgrade aufweisen; es ist jedoch der Schluß von einer relativ geringen Parameterstabilität auf eine entsprechend instabile Beziehung zwischen den Antizipations- und Verhaltensvariablen nicht ohne weiteres zu ziehen; erst wenn sichergestellt ist, daß keine Meß-, Erhebungs- und auch Spezifikationsfehler die Parameterstabilität beeinträchtigen, kann ein abschließendes Urteil über den Stabilitätsgrad zwischen Antizipations- und Verhaltensvariablen auf der Makroebene getroffen werden.

7.6 Ansätze nicht-stochastischer und stochastischer Simulation

Ein wichtiges, bislang nicht angesprochenes Anwendungsgebiet ökonometrischer Prognosesysteme stellt die Simulation sozialökonomischer Entwicklungsprozesse unter alternativen wirtschafts- und konjunkturpolitischen Konstellationen dar. Solche Simulationen (1) vermögen um so besser die quantitativen Effekte konjunkturpolitischer Parameter abzuschätzen, je genauer das simulierende Modell die sozialökonomischen Interaktionen abbildet und je stabiler die im Modell kondensierte Struktur ist. Liegen diese Bedingungen in guter Annäherung vor, so läßt sich etwa die Frage untersuchen, welche geld- und fiskalpolitischen Maßnahmen (= Parameterwerte) erforderlich gewesen wären, um etwa eine im Beobachtungszeitraum liegende Rezession zu verhindern (2).

---

1) Über den Problemkomplex informiert ausführlich G. Fromm, P. Taubmann, Policy Simulations with an Econometric Model, Brookings Institution 1967; eine ausführlichere Darstellung der stochastischen Simulationsmöglichkeiten, wie sie an ausgewählten endogenen Variablen des Brookings-SSRC-Modells erprobt wurden, findet sich bei A.L. Nagar, Stochastic Simulation of the Brookings Econometric Model; in: J.S. Duesenberry, G. Fromm, L.R. Klein, E. Kuh, The Brookings Model: Some Further Results...,a.a.O., S. 425 - 456. Neuerdings hat auch der Autor des Fair-Modells den Versuch unternommen, mit Hilfe seines Antizipationsmodells alternative Simulationen durchzuführen. Vgl. R.F. Fair,Experience with a Short-Run Forecasting Model of the United States Economy, Paper des Internationalen Symposions "Konsum und Qualität des Lebens", veranstaltet von der Forschungsstelle für empirische Sozialökonomik bei der Akademie der Wissenschaften und der Literatur in Mainz (im Auftrage der Deutschen Forschungsgemeinschaft) am 20./21. Oktober 1972.

2) Am Klein-Goldberger-Modell konnte etwa gezeigt werden, daß die große Depression von 1929 - 1933 durch eine andere Steuer- und Geldpolitik hätte wesentlich abgeschwächt werden können.

Mit Hilfe univariater Simulationen läßt sich die Wirkung der Veränderung eines einzelnen politischen Parameters nach Maßgabe der geschätzten Beziehung und des Interdependenzgrades auf die endogenen Variablen messen; sie gestatten etwa die Berechnung von Multiplikatoren alternativer geld- und fiskalpolitischer Maßnahmen. Komplexere Wirkungsanalysen können durch multivariate Simulationen durchgeführt werden, für welche das ökonometrische System bei gleichzeitiger Variation mehrerer politischer Parameter neu geschätzt wird, um danach ex-post und ex-ante Prognosen für die zugrundegelegte geld- und fiskalpolitische Konstellation erstellen zu können.

Simulationen lassen sich etwa für unterschiedliche Werte der Verteidigungsausgaben, der Unternehmensbesteuerung, der Sozialversicherungsbeiträge, des Diskontsatzes und der Mindestreserven, aber auch für unterschiedliche Außenhandelskonstellationen (sofern sie im Modell als exogene Variablen behandelt werden) durchführen.

Am Wharton-EFU-Modell etwa wurden Simulationen (1) für folgende Änderungen politischer Parameter gerechnet:

1) Zuwachs der Verteidigungsausgaben um 1 Mrd. $;

2) Zuwachs der Staatsausgaben, die nicht Verteidigungszwecken dienen, um 1 Mrd. $;

3) Zuwachs der Exporte (gemessen in einem Anstieg des Welthandelsindex) um 1 Mrd. $;

---

1) Alle Simulationen des Wharton-EFU-Modells beziehen sich auf den Zeitraum 1966 - 75; die Staatsausgaben wurden mit anderen exogenen Variablen während der Simulationsperiode an eine Unterbeschäftigungsrate von 4 % angepaßt; daraus folgte eine jährliche Wachstumsrate des realen BSP um 4 % und eine solche des Preisniveaus um 2 %.

4) Senkung der persönlichen Einkommenssteuern um 1 Mrd. \$ (auf das Einkommensniveau von 1965 IV bezogen);

5) Senkung der Unternehmensbesteuerung um 1 Mrd. \$ (auf das Niveau der Vor-Steuern Gewinne 1965 IV bezogen);

6) Verminderung der indirekten (Verbrauchs-)Steuern um 1 Mrd. \$ (auf das Einkommensniveau von 1965 IV bezogen);

7) Senkung des Diskontsatzes um 1 %;

8) Zuwachs des Verhältnisses

$$\frac{\text{freie Liquiditätsreserven}}{\text{Mindestreserven}}$$

um 10 %; dies kommt einer Offenmarktoperation von 2 Mrd. \$ gleich.

Als bemerkenswertes Resultat dieser Simulationen bleibt festzuhalten, daß die langfristigen Wirkungen jeder politischen Parameteränderung auf das BSP auffallend ähnlich sind (1). Da eine Änderung des Diskontsatzes um 1 % und eine Änderung des Verhältnisses

$$\frac{\text{freie Liquiditätsreserven der priv.Geschäftsbanken}}{\text{Mindestreserven}}$$

um 10 % zu einer entsprechenden Änderung der Mindestreserven um 2.2 Mrd. \$ bzw. 2 Mrd. \$ führen, während

1) Eine Ausnahme bildet die Unternehmensbesteuerung, die langfristig einen sehr viel geringeren Einfluß auf die Änderung des BSP ausübt.

alle anderen Parameteränderungen jeweils 1 Mrd. $ betragen, erscheinen die geldpolitischen Multiplikatoren sehr viel höher als die fiskalpolitischen Multiplikatoren. Während die verschiedenen kurzfristigen Multiplikatoren sich stark voneinander unterscheiden, sind die kurz- und langfristigen Multiplikatoren der Staatsausgaben einander sehr ähnlich. Die Autoren führen dieses Phänomen auf die Ausgleichswirkungen zweier Kräfte zurück: das allmähliche Ansteigen der Grenzneigung zum Konsum bei den Konsumausgaben für Verbrauchsgüter und Dienstleistungen und die Bestandsanpassungen bei Gebrauchsgütern, Anlage- und Lagerinvestitionen.

Die Änderung der Staatsausgaben übt kurzfristig eine beträchtlich stärkere Wirkung auf das BSP aus als Änderungen der Steuern, wobei die Verteidigungsausgaben wegen ihrer Anstoßeffekte auf die Aufträge und Lagerinvestitionen eine größere Primärwirkung verursachen als die anderen Staatsausgaben. Dieser Wirkungsunterschied geht aber langfristig zurück, da die Lagerinvestitionen sich nur mit kurzfristigen lags ändern.

Was nun die Effekte der verschiedenen Steueränderungen betrifft, so üben die Unternehmenssteuern nur eine sehr geringe Initialwirkung aus, da die Gewinne nach Steuern nur langsam auf Dividenden verteilt werden, andererseits die Unternehmensersparnisse die Anlageinvestitionen nur mit einem beträchtlichen lag tangieren. Die Wirkung der Verbrauchssteuern ist kurzfristig sehr viel größer als diejenige der (direkten) Einkommensbesteuerung (1).

1) Dies trifft nicht immer zu, da die relative Effizienz beider (simulierter) steuerpolitischer Maßnahmen von der Preiselastizität der von der indirekten Steuer betroffenen Güter und dem Anteil der überwälzten Steuer abhängt. Vgl. das Beispiel bei M.K. Evans, L.R. Klein,The Wharton Econo-...

Da die Produktionsfaktoren Kapital- und Arbeitseinsatz sich nur langfristig substituieren, weist eine primär investitionsorientierte Geldpolitik zwar langfristig einen inversen, kurzfristig jedoch einen positiven Beschäftigungseffekt auf; freilich vermag eine "easy monetary policy" allein eine angestrebte Investitionsrate nur aufrecht zu erhalten, wenn subsidiär die aggregierte Nachfrage fiskalpolitisch auf dem sie ermöglichenden Niveau gehalten wird.

Die univariaten Simulationen des Wharton-EFU-Modells geben deutlich die kurzfristigen und primären Produktions- und Beschäftigungswirkungen solcher fiskal- und geldpolitischer Instrumente wieder; ihre Preiswirkungen treten erst mit sehr viel größeren lags auf; erst nach Erhöhung von Kapazitätsauslastung, Beschäftigung und Produktion steigen über mehrere Quartale hinweg die Preise, welche selbst wieder nach mehreren lags die Löhne beeinflussen.

Die Preisänderungen sind je nach Simulationsalternative sehr unterschiedlich; sie korrelieren nicht mit Produktionsänderungen, sondern hängen von den sektoralen Angebotselastizitäten ab; da etwa die Exportangebotskurve im allgemeinen sehr elastisch ist, haben Exportänderungen nur einen geringen Einfluß auf die Preise (1).

Während eine positive (negative) Änderung der Verbrauchssteuern tendenziell (2) preistreibende (preis-

... metric Forecasting Model..., a.a.O., S. 66, 67.

1) Diese geringen Preiswirkungen lassen Leistungsbilanzüberschüsse als konjunkturpolitisches Instrument vergleichsweise sehr geeignet erscheinen.

2) Dies richtet sich im einzelnen nach den durch die Marktbedingungen gegebenen Überwälzungsmöglichkeiten. Die Verbrauchssteuern dürften daher als Instrument der Inflationsbekämpfung nur von bescheidenem Wert sein.

senkende) Wirkung ausübt, beeinflussen entsprechende Änderungen der (direkten) Einkommenssteuern nur schwach die Preise, in den Wharton-Simulationen noch schwächer als eine Änderung der Staatsausgaben, da diese einen geringeren Effekt auf das private Investitionsverhalten ausüben; während die staatlichen Verteidigungsausgaben kurzfristig eine stärkere Preiswirkung zeitigen als die anderen Staatsausgaben, gleichen sich die Preiseffekte beider öffentlicher Ausgabekategorien langfristig an. Unter allen am Wharton-EFU-Modell durchgeführten Simulationen wiesen die geldpolitischen Parameteränderungen die größten Wirkungen auf Preisänderungen auf. Zunächst scheint dieses Phänomen zu verwundern, da die Geldpolitik einen größeren Investitions- (also auch Kapazitäts-)effekt mit einem sinkenden Preisänderungsspielraum nach sich zieht, als dies bei der Fiskalpolitik der Fall ist. Die Preiswirkungen der geldpolitischen Parameteränderungen erklären sich aus den für Anlageinvestitionen sehr unelastischen Angebotskurven; ihre Elastizität ist kurzfristig sehr viel geringer als langfristig und im allgemeinen auch sehr viel geringer als in anderen Sektoren. Während sich für alle anderen im Wharton-Modell untersuchten Multiplikatoren die Investitionen als Folge einer über die Output-Änderung vermittelten indirekten Wirkung politischer Variablen allmählich nach Maßgabe der Akzeleratorwirkung verändern, beeinflussen geldpolitische Parameteränderungen die Kosten der Investitionsgüter, insbesondere der durch langfristige Bindungszeiten charakterisierten Bauinvestitionen, unmittelbar; diese plötzliche Kostenänderung treibt die Preise und mit ihnen nach weiteren lags die Löhne.

Als wichtigstes konjunkturtheoretisches, insbesondere auch konjunkturpolitisches Fazit der Wharton-Simulationen bleibt festzuhalten, daß die geld- und fiskalpolitischen Instrumentenänderungen zunächst Produktion und Beschäftigung beeinflussen und erst mit einer beträchtlich größeren Verzögerung Wirkungen auf die Preisentwicklung ausüben.

Ähnlich wie mit dem Wharton-EFU-Modell sind auch mit Hilfe des Brookings-SSRC-Modells steuer- und geldpolitische Simulationen durchgeführt worden (1). Da diese Simulationsmöglichkeiten in der Analyse des Wharton-EFU-Modells detailliert dargestellt wurden, wollen wir hier nur noch die stochastischen Simulationen (2), wie sie am Brookings-SSRC-Modell erstmals erprobt wurden, behandeln; mit ihnen wollen wir die Darstellung der Anwendungsmöglichkeiten ökonometrischer Kurzfristprognosemodelle abschließen.

In Matrixschreibweise läßt sich ein interdependentes Gleichungssystem auf folgende Form bringen:

$$YA + XB = U$$

mit Y und X als $(T \times T)$ - und $(T \times N)$-Matrizen der Beobachtungen von M gemeinsam abhängigen und N prädetermi-

---

1) Vgl. L.R. Klein, Econometric Analysis of the Tax Cut of 1964, in: J.S. Duesenberry, G. Fromm, L.R. Klein, E. Kuh, The Brookings Model: Some Further Results..., a.a.O., S. 459 - 472; und G. Fromm, An Evaluation of Monetary Policy Instruments, in: J.S. Duesenberry, G. Fromm, L.R. Klein, E. Kuh, The Brookings Model: Some Further Results ..., a.a.O., S. 475 - 511.
Vgl. auch die Monographie von G. Fromm und P. Taubmann, Policy Simulations with an Econometric Model, Brookings Institution 1968.

2) Vgl. A.L. Nagar, Stochastic Simulations of the Brookings Econometric Model, in: J.S. Duesenberry, G. Fromm, L.R. Klein, E. Kuh, The Brookings Model: Some Further Results..., a.a.O., S. 425 - 456.

nierten (verzögert endogenen und gleichlaufend sowie verzögert exogenen) Variablen. A und B seien ($M \times M$)- und ($N \times M$)-Koeffizientenmatrizen; U sei eine ($T \times M$)-Residuenmatrix. Die Lösung für die nicht verzögert endogenen Variablen liefert für bekannte Matrizen A, B und U die reduzierte Form

$$Y = - XBA^{-1} + UA^{-1} .$$

Im allgemeinen wird nun bei der Parameterschätzung, welche die Koeffizientenmatrizen liefert, für die T Residuenvektoren in U unterstellt, daß sie als unabhängige Zufallsstichproben mit Mittelwert 0 und spezifizierter Varianz-Kovarianzmatrix einem M-dimensionalen normalverteilten Stichprobenraum entstammen.

Es lassen sich dann zwei Möglichkeiten für die Behandlung der Residuen unterscheiden:

a) NICHT-STOCHASTISCHE SIMULATION:
Die Residuen werden durch ihre mathematischen Erwartungen, d.h. durch 0 ersetzt.

b) STOCHASTISCHE SIMULATION:
Es werden zufalls- und normalverteilte Residuen mit spezifizierten stochastischen Eigenschaften generiert.

Während die erste Alternative die bislang sowohl in der ökonometrischen Parameterschätzung als auch in ökonometrischen Simulationen gewählte Annahme darstellt, ist die zweite Alternative erstmals im Brookings-SSRC-Modell durch additive Hinzufügung derart synthetisierter Residuen an das absolute Glied einer Strukturgleichung verfolgt worden. Durch diese stochastische Simulation war es möglich, die vollständige Stichprobenverteilung der Lösungen in jeder Beobachtungsperiode zu studieren; denn jedem U, das nach ausgewählten stochastischen Eigenschaften generiert wird, entspricht eine Lösung $\hat{Y}$.

Als stochastische Eigenschaften der Residuen kommen in Frage:

a) Residuen mit Autokorrelationseigenschaften,

b) Residuen ohne Autokorrelationseigenschaften (temporär unabhängig).

Im Brookings-SSRC-Modell wurden nicht-autokorrelierte Residuen zugrundegelegt.

Diese stochastische Simulation, welche im Brookings-SSRC-Modell nur die Wirkung unterschiedlicher stochastischer Spezifikationen der Residuen auf die Lösungen der unverzögert endogenen Variablen untersucht (1),

---

1) Stochastische und nicht-stochastische Simulationen wurden für eine Reduktion der Einkommenssteuern von

$T_p = -21,2849 + 0.1748\ Y_p$ auf

$TP = -19.7985 + 0,1659\ Y_p$

(mit T_p als persönliche Einkommenssteuern und Y_p als verfügbares Einkommen) im Beobachtungszeitraum 1953 III bis 1962 IV durchgeführt; die Stichprobenverteilung dieser Lösungen findet sich für die Variablen BSP, privater Konsum, Unterbeschäftigungsrate, reale Bruttoanlage- und -ausrüstungsinvestitionen, nicht-landwirtschaftlicher privater Wohnungsbau bei A.L. Nagar, Stochastic Simulation of the Brookings Econometric Model, in: J.S. Duesenberry, G. Fromm, L.R. Klein, E. Kuh, The Brookings Model: Some Further Results..., a.a.O., S. 431 ff.

läßt sich nun auch auf den Fall ökonometrischer Prognosesysteme mit stochastischen Parametern und/oder Variablen (1) anwenden; diese Variante stochastischer Simulation ist bislang nicht versucht worden, da ökonometrische Systeme mit stochastischen Parametern und/oder Variablen bislang in ihren Eigenschaften noch wenig erforscht und daher in der ökonometrischen Praxis noch kaum entwickelt wurden.

---

1) Die statistische Analyse des klassischen Regressionsmodells hängt entscheidend von der Annahme nicht-stochastischer Beobachtungswertmatrizen der prädeterminierten Variablen ab; dies erscheint in vielen Fällen als eine wenig realistische, die Regressionsanalyse freilich sehr vereinfachende Form der Hypothese; es wurden daher in der neueren Forschung die schätztheoretischen Konsequenzen aus einer gemeinsamen Wahrscheinlichkeitsverteilung der Beobachtungswertmatrix der prädeterminierten Variablen und der Residuen untersucht; die Schätzprobleme bei stochastischen Regressoren finden sich dargestellt bei P. Schönfeld, Methoden der Ökonometrie..., a.a.O., Bd. II, S. 16 ff.
Kaum untersucht wurden unseres Wissens bislang die schätztheoretischen Probleme, welche die Annahme stochastischer Parameter stellt.

8. Künftige Forschungsschwerpunkte

Der Versuch dieser Arbeit, die Integration von Ökonometrie und sozialökonomischer Verhaltensforschung in einem ersten Ansatz an antizipatorischen, makroökonometrischen Kurzfristprognosesystemen exemplarisch zu demonstrieren, leitete sich her aus der Entfaltung der anthropologischen und wissenschaftstheoretischen Grundlegung der sozialökonomischen Theorie; sie hatte nämlich gezeigt, daß die Dialektik von Verhaltensplastizität und Verhaltensstabilität, wie sie menschliches Verhalten konstituiert, weder in die theoretische Resignation des Historismus münden muß noch in der neoklassischen Modell-Hypertrophie enden darf, sondern einzig in einer stochastischen Formulierung der Theorie adäquat eingefangen werden kann.

Mit der Frage, ob denn die Ökonometrie jene sozialökonomische Theorie sei, die in ihren anthropologischen und wissenschaftstheoretischen Konturen entfaltet war, wurde dann beim Nachweis ihrer offenbaren Mängel die Bedeutung der sozialökonomischen Verhaltensforschung sichtbar. Die Ökonometrie vermochte sich nämlich nur sehr selten von der neoklassischen Herkunft ihrer Hypothesen zu befreien; die in ihre Erklärungs- und Prognosekraft gesetzten Hoffnungen mußten daher häufig enttäuscht werden.

Zunehmend wurde zudem ihren hervorragenden Vertretern (Leontief) die Disproportionalität zwischen den hochentwickelten Schätz- und Inferenzverfahren und der empirischen Basis sichtbar, auf die sie doch angewendet werden sollten; je mehr die Ökonometriker die sozialökonomische Forschung mit einer bloßen formalen Esoterik verwechselten, desto mehr blieben ihnen die Verhaltensbezüge ihrer Verfahren, damit aber zugleich auch ihre wissenschaftstheoretische Anfechtbarkeit verschlossen. Gerade diese hat aber die sozial-ökonomische Verhaltensforschung, wie sie von G. Schmölders entwickelt wurde, im Blick; ihre geistesgeschichtliche Herkunft aus der historischen Forschungstradition hat sie vor den Gefahren beschützt, denen die Ökonometrie oft erlegen ist. Freilich wurde ihr gegenüber mitunter der Vorwurf erhoben, über die theoretische Abstinenz der historischen Forschung nicht hinauszukommen. Mit ihrem engen empirischen Kontakt und ihrem dem Erkenntnisgegenstand allein angemessenen interdisziplinären Selbstverständnis vermag jedoch nur sie jene Verhaltenshypothesen zu formulieren und empirisch zu testen, deren die Ökonometrie so oft ermangelt. Die sozialökonomische Verhaltensforschung stellt sich somit als Therapie dar, welche die Ökonometrie von ihrer "Verhaltensblindheit" heilen kann.

Für diese Konvergenz von Ökonometrie und sozialökonomischer Verhaltensforschung bieten, nachdem die Rolle der empirischen Konsum- und Unternehmensforschung für die Formulierung ökonometrischer Hypothesen entwickelt worden ist, die antizipatorischen, makroökonometrischen Kurzfristprognosesysteme der USA und - in einem ersten Ansatz in dieser Arbeit entwickelt - der BRD einen Ansatz, der sicherlich durchaus noch ergänzungsbedürftig ist.

Die in jüngster Zeit entwickelten amerikanischen Antizipationsmodelle zeigen nicht nur interessante prognostische und simulative Anwendungsmöglichkeiten, sondern offenbaren auch an vielen Stellen die Verbesserungs- und Erweiterungsbedürftigkeit dieser Systeme.

Die gemeinsame Quintessenz aller Antizipationsmodelle ist der Nachweis des signifikanten, selbständigen Erklärungs- und Prognosewertes von Einstellungen und Erwartungen des Konsumenten- und Unternehmerverhaltens. Mit dem Versuch, diesen Nachweis auch für die BRD zu führen, verbindet sich die Absicht, ein solches Kurzfristprognosesystem auch für die Bundesrepublik Deutschland zu entwickeln. Im Unterschied zu den amerikanischen Modellen können in dieses System ungleich mehr Antizipationsvariable aufgenommen werden, deren Erklärungs- und Prognosewert in fast allen Gleichungen deutlich hervortritt. Untersuchungen zur Verhaltens-(Parameter-)stabilität und zu den stochastischen und nicht-stochastischen Simulationsmöglichkeiten schließen die Darstellung des Systems ab.

Mit diesem System einer Kurzfristprognose ist allerdings nur ein erster Ansatz entwickelt, der viele Möglichkeiten für weitere Forschungen in Richtung jener sozialökonomischen Theorie offenhält, die wir in ihrer anthropologischen und wissenschaftstheoretischen Gestalt entfaltet haben. Nur solche Forschungen, wie wir uns ihnen nun zuwenden wollen, werden die Ökonometrie aus ihrer Sterilität befreien; dies sehen heute auch ihre prominenten Sachwalter ein: Der wissenschaftliche Fortschritt der Ökonometrie liegt überwiegend in der Richtung der sozialökonomischen Verhaltensforschung.

Zunächst läßt sich das in dieser Arbeit entwickelte singuläre makroökonometrische Antizipationsmodell zu einem simultanen oder interdependenten System fortentwickeln, welches die "wahren" Wirkungszusammenhänge genauer abbildet; die Parameter würden dann - für den interdependenten Teil - durch TSLS oder LIML

("Limited Information Maximum Likelihood") über Einzelgleichungsmethoden oder FIML ("Full Information Maximum Likelihood") über Systemmethoden zu schätzen sein. Ausgewählte Antizipationsvariable (Geschäftsklima im Großhandel, in der Industrie) könnten dann - nach dem Vorschlag von Adams/Klein und Fair - als endogene Variablen eingeführt und durch ihre Bestimmungsgründe als prädeterminierte Variable erklärt werden; bei den Zeitreihenanalysen sind die standardisierten Filter- und Transferfunktionen des ASA III-Verfahrens durch spezifische, auf die analysierte Zeitreihe abgestimmte Filter- und Transferfunktionen zu ersetzen; es bleibt weiter zu prüfen, welche Schwankungskomponenten eliminiert werden, in welcher transformierten Form die Zeitreihe also in die Parameterschätzung eingeht, oder ob - nach der Fair'schen Hypothese - die Zeitreihen mit ihrer gesamten Information, also in ihrer Originalgestalt, in die Parameterschätzung von Strukturmodellen einzugehen haben; insbesondere ist die Frage der Trendbestimmung und mit ihrer Hilfe der Trendelimination noch ziemlich offen; mit Hilfe der multivariaten Spektralanalyse lassen sich die Frequenzeigenschaften unterschiedlicher Zeitreihen untersuchen; da diese sich in der Regel - jedenfalls für den sozialökonomischen Bereich - durch mehr oder minder ausgeprägte Trends auszeichnen, sind die Entwicklungen auf dem Gebiet der Spektralanalyse nichtstationärer stochastischer Prozesse verstärkt zur Zeitreihenanalyse heranzuziehen. In Analogie zu den in dieser Arbeit dargestellten Möglichkeiten einer Verbindung von Querschnitts- und Längsschnittanalyse (Chetty) lassen sich auch spektralanalytische Zeitreihenuntersuchungen mit Querschnittsanalysen verbinden.

Alle diese Analysen, singuläres und simultanes Antizipationsmodell, Zeitreihenanalysen, befinden sich auf der Makroebene: Sie untersuchen die Verhaltenswirksamkeit von Einstellungen und Erwartungen auf der Makroeben; sie implizieren zwar stets Einstellungs- und Verhaltensbeziehungen auf der Mikroebene, lassen sie jedoch nicht sichtbar hervortreten, wenn sie sie zu Aggregaten zusammenfassen, deren Beziehungen sie dann analysieren. Häufig verschwinden daher auch bei solchen Aggregatanalysen die ihnen inhärenten Verhaltensbeziehungen aus dem Blick; es werden dann mitunter Beziehungen zwischen Aggregaten entwickelt, zu denen kein Verhaltenskorrelat auf der Mikroebene existiert. Wir hatten diese Verfahrensweise als besondere Gefahr der Ökonometrie hervorgehoben, der sie oft erlegen ist.

Diese Verhaltensbeziehungen machen nun Analysen auf der Mikroebene, wie sie die sozialökonomische Verhaltensforschung durchführt, sichtbar. Wir sehen daher in der Entwicklung eines mikroökonometrischen Antizipationsmodells nicht nur ein interessantes Korrelat zu dem entwickelten makroökonometrischen Modell, sondern ein notwendiges Forschungsdesiderat, da es nicht nur die dem Makromodell zugrundeliegenden Einstellungs-Verhaltensbeziehungen testet, sondern diese Beziehungen überhaupt erst deutlich hervortreten läßt. Ein solches mikroökonometrisches Modell existiert bislang noch nicht; es ist in seinen Umrissen aber schon vor geraumer Zeit von G.H. Orcutt (1) entfaltet worden. Erst die modernen (Daten-)Erhebungsverfahren (2) haben die Entwicklung solcher Mikromodelle ermöglicht.

---

1) G.H. Orcutt, M. Greenberger, J. Korbel, A.M. Rivlin, Microanalysis of Socioeconomic Systems: A Simulation Study, New York 1961. - Vgl. auch neuerdings das Projekt der Deutschen Forschungsgemeinschaft: "Ein sozialpolitisches Entscheidungs- und Indikatorensystem".

2) Wie sie etwa für das Konsumentenverhalten von der Forschungsstelle für empirische Sozialökonomik (Prof. Dr. G. Schmölders) e.V., Köln, für das Un-
...

Ein sozio-ökonomisches Mikromodell, das sich durch dezentralisierte Entscheidungsbildung auszeichnet, setzt sich nach Orcutt aus "Komponenten" (Entscheidungseinheiten, Märkten und Gütern) zusammen; die Entscheidungseinheiten, Unternehmen, Haushalte, öffentliche Hände, Verbände etc., treten am "Interaktionsort" Markt durch den Austausch bestimmter Güter, Dienstleistungen etc. in Beziehung. Die auf diese Komponenten des Mikromodells bezogenen Variablen nennt Orcutt Output-Variable, Input- und Status-Variable. Jedes beobachtbare Verhalten einer Entscheidungseinheit, einschließlich Einstellungs- und Meinungsäußerungen, stellt einen Output dar, der selbst wieder von externen Einflüssen (Input-Variablen) auf die Entscheidungseinheit und von individuellen Charakteristika (Status-Variablen, etwa soziodemographischer Status bei Haushalten, Finanzstatus eines Unternehmens) abhängt.

Das sozio-ökonomische Mikromodell ist nun durch eine Menge von Beziehungen zwischen diesen Variablen definiert; Orcutt unterscheidet die in der ökonometrischen Modellbildung üblichen Identitäten und Verhaltensbeziehungen, die er "operating characteristics" nennt, da sie Output-Variable einer Entscheidungseinheit in Beziehung setzen zu Input- und Status-Variablen. Sie spezifizieren also die Reaktionshypothesen der Entscheidungseinheiten auf Input- und Status-Stimuli. Von der empirischen Validität dieser "operating characteristics", d.h. also vom Bestätigungsgrad der Verhaltenshypothesen, hängt die Erklärungs- und Prognosegüte des mikroökonometrischen Modells ab; sie müssen genauso wie die Makro-Verhaltensbeziehungen aus Beobachtungsdaten ihrer Variablen in ihren Parametern geschätzt werden.

... ternehmerverhalten das Ifo-Institut für Wirtschaftsforschung in München durchführt.

Das Mikromodell ist also - ganz analog zum Makromodell - stochastisch zu entwickeln. Orcutt begründet freilich diese stochastische Formulierung des Modells rein pragmatisch: "This probabilistic approach to predicting behavior does not reflect a philosophical position about the nature of causation. It simply represents an attempt to utilize the kind of information which we actually have about decision-making units of our economic system" (1). Diese recht unwissenschaftliche Begründung vermag keinesfalls zu überzeugen. Wir glauben vielmehr, in dieser Arbeit den Nachweis erbracht zu haben, daß die sozialökonomische Kausalität aus anthropologischen Gründen genauso stochastischer Natur sein muß, wie es die physikalische Kausalität aus quantenmechanischen Gründen ist.

Die Komponenten des sozio-ökonomischen Mikrosystems hängen nun derart miteinander zusammen, daß Outputs einer Entscheidungseinheit Inputs bei anderen Entscheidungseinheiten sein können; so etwa verteilen sich bei einer der wesentlichen sozialökonomischen Verhaltensweisen - Kauf und Verkauf - die Outputs von Entscheidungseinheiten über die Transmission "Markt" auf Inputs anderer Entscheidungseinheiten.

Obwohl Orcutt aus der sequentiellen Struktur der Interaktionen zwischen den Entscheidungseinheiten auf ein rekursives mikroökonometrisches Modell schließt, dürften die Parameter gewisser Variablen trotzdem nur simultan bestimmbar sein; dies um so eher, je größere Beobachtungseinheiten gewählt werden (2).

---

1) G.H. Orcutt u.a., Microanalysis of Socioeconomic Systems: A Simulation Study..., a.a.O., S. 16.
2) Orcutt hält sogar die Entwicklung von Mikrosystemen mit Wochen-Zeitreihen für möglich.

Mit Hilfe der Werte aller Input- und Status-Variablen läßt sich dann für jede Entscheidungseinheit die Wahrscheinlichkeit bestimmter Outputs ermitteln.

Da freilich ein totales mikro-ökonometrisches Modell nicht zuletzt an den Kapazitäten der verfügbaren Rechenanlagen scheitern würde, schlägt Orcutt eine isolierte Behandlung der wichtigsten sozio-ökonomischen Entscheidungsträger, wie sie etwa die volkswirtschaftliche Gesamtrechnung aufzählt, vor (1): Konsumenten, korporierte Unternehmen, nicht-landwirtschaftliche, nicht-korporierte Unternehmen, landwirtschaftliche Unternehmen, Bundesregierung, Staatsregierungen, Bankensystem, Versicherungen, andere institutionelle Investoren, Rest der Welt.

Am Beispiel der Entscheidungseinheit "Konsumenten" seien die Zusammenhänge verdeutlicht. Mögliche Output-Variable dieser Entscheidungseinheiten sind:

a) Sozio-ökonomische Outputs

- Käufe von Gebrauchs- und Verbrauchsgütern, Dienstleistungen
- Veränderungen liquider und nichtliquider Aktiva
- Verschuldungen, Kreditaufnahme
- Sparverhalten
- Steuerzahlungen, Versicherungszahlungen etc.

---

1) Diesen Weg beschreiten auch das makro-ökonometrische Brookings-SSRC-Modell und - in einer modifizierten Weise - auch das zitierte Frankfurter sozialpolitische Entscheidungs- und Simulationssystem; es teilt das Gesamtsystem in sogenannte Module auf.

b) Soziodemographische Outputs

- Berufswahl
- Beschäftigungsstatus
- Geburt, Heirat, Tod etc.

Als Status-Variable kommen infrage:

- Haushaltsgröße, Anzahl und Geschlecht der Kinder
- Beruf, Alter, Einkommen und Schulbildung der Haushaltsmitglieder
- Bestände an liquiden und nicht-liquiden Aktiva
- Verschuldungsstand
- Bestände an Gebrauchsgütern etc.

Mögliche Input-Variable sind:

- Marktpreise
- Beschäftigungsmöglichkeiten
- Steuergesetze
- Infrastruktur
- Kreditkonditionen etc.

Orcutt nennt einen solchen über die Input- und Output-Variablen sowie "operating characteristics" in das gesamte sozio-ökonomische Mikromodell eingebetteten Haushalt, der sich selbst aus individuellen Komponenten zusammensetzt, eine "nukleare" Familie.

Diesen Mikro-Ansatz führt Orcutt nun an einem soziodemographischen Haushaltsmodell (1) (Geburt, Tod, Hei-

1) Vgl. G.H. Orcutt u.a., Microanalysis of Socioeconomic Systems..., a.a.O., S. 45 ff.

rat, Scheidung etc.) in der Darstellung durch Markow-Prozesse (1) durch; eine Erweiterung dieses Modells befaßt sich mit sozialökonomischen Verhaltensweisen des Entscheidungsträgers "Ausgabeneinheit" (Haushalt) (2).

Da für die Analyse weitaus mehr Mikrodaten über sozio-demographische als über sozio-ökonomische Inputs verfügbar waren, wählte Orcutt einen mikroökonometrischen Erklärungsansatz, welcher die ausgewählten Output-Variablen überwiegend in Abhängigkeit von den sozio-demographischen Input-Variablen (Haushaltstyp, Orts- und Gemeindegröße etc.) setzte. Die durch die Schätzung dieser Mikrospezifikation unerklärt bleibende Varianz der endogenen Variablen versuchte er dann durch aggregierte Zeitreihen sozio-ökonomischer Input-Variablen (Einkommen, Bestand an Gebrauchsgütern, Verschuldungsstand etc.) zu erklären.

Obwohl die interdependenten Mikrobeziehungen - analog interdependenter Makrobeziehungen - die "wahren" Verhaltenszusammenhänge genauer abbilden würden und also simultane Parameterschätzverfahren (3) heranzuziehen wären, entschied sich Orcutt für das übliche, mit

---

1) Vgl. G.H. Orcutt u.a., Microanalysis of Socioeconomic Systems: A Simulation Study..., a.a.O., S. 286 ff.
2) Zur Definition der Entscheidungseinheit und den Problemen ihrer Herleitung aus der demographischen Statistik vgl. G.H. Orcutt u.a., Microanalysis of Socioeconomic Systems: A Simulation Study..., a.a.O., S. 232 - 235.
3) Entweder die üblichen Einzelgleichungsschätzverfahren TSLS (two-stage-least-squares), LIML (limited information maximum likelihood) oder die Simultanschätzmethode FIML (full information maximum likelihood; T. Haavelmo wies als erster nach, daß die Anwendung des für singuläre Beziehungen entwickelten OLS-(ordinary least squares)-Verfahrens auf simultane Gleichungen verzerrte Parameterschätzwerte liefert. Vgl. T. Haavelmo, The Statistical Implications of a System of Simultaneous Equations, in: Econometrica 11,1943,S. 1 - 12.

weitaus weniger Rechenaufwand verbundene OLS-Schätzverfahren. Diese Vereinfachung ermöglichte eine geeignete Wahl der Beobachtungseinheit: Monatliche Beobachtungen lösen das simultane System in ein singuläres sequentielles System auf.

Interkorrelierte Residuen verschiedener Mikrobeziehungen lassen sich durch entsprechende Transformationen, wie sie für autokorrelierte Residuen in den stochastischen Simulationen des makroökonometrischen Brookings-SSRC-Modells von Nagar (1) entwickelt wurden, in unabhängig voneinander verteilte Residuen überführen, so daß Simulationen, wie Orcutt sie mit Hilfe zufallszahlengenerierter unabhängig voneinander verteilter Residuen durchführte, stets die Ableitung von Residuen mit den entsprechenden Interkorrelationseigenschaften gestatten.

Die stochastischen Beziehungen zwischen den Input- und Output-Variablen einer Entscheidungseinheit sind in folgender allgemeiner Form darstellbar:

$$P(Y_1, \ldots, Y_n) = F\,(X_1, \ldots, X_m; Y_1, \ldots, Y_n).$$

Die Schätzung der Werte der n Output-Variablen $Y_1, \ldots, Y_n$ ist äquivalent mit der Bestimmung eines Punktes in einem n-dimensionalen Raum, der sich aus n orthogonalen Koordinaten zusammensetzt; jeder Kombination von m Input-Variablen $X_1, \ldots, X_m$ entspricht eine Wahrscheinlichkeitsverteilung über dem Raum der Output-Variablen. Die Beziehung $P\,(Y_1, \ldots, Y_n)$ läßt sich auch in Form bedingter Wahrscheinlichkeiten schreiben:

$$P(Y_1, \ldots, Y_n) = P(Y_1).P(Y_2/Y_1).P(Y_3/Y_1,Y_2)\;.$$
$$.P(Y_n/Y_1,\ldots,Y_{n-1})\quad,$$

so daß gilt:

1) Vgl. Kapitel 7.6

$$P(Y_1) = G_1(X_1,\dots,X_m,Y_1)$$

$$P(Y_2/Y_1) = G_2(X_1,\dots,X_m, Y_1,Y_2)$$

$$\vdots$$

$$P(Y_n/Y_1,\dots,Y_{n-1}) = G_n(X_1,\dots,X_m,Y_1,\dots,Y_n)$$

Die mathematischen Erwartungen von $Y_1,\dots,Y_n$ lauten dann

$$E(Y_1) = F_1(X_1,\dots,X_m)$$

$$E(Y_2/Y_1) = F_2(X_1,\dots,X_m,Y_1)$$

$$\vdots$$

$$E(Y_n/Y_1,\dots,Y_{n-1}) = F_n(X_1,\dots,X_m,Y_1,\dots,Y_{n-1})$$

Als funktionale Form für $X = F(Y,Z,W)$ mit Y,Z,W als Input-Variablen wählte Orcutt einen additiven bzw. multiplikativen Ansatz:

$$X = F_1(Y) + F_2(Z) + F_3(W)$$

und

$$X = F_1(Y) \,.\, F_2(Z) \,.\, F_3(W)$$

oder in logarithmischer Schreibweise:

$$\log X = F_1'(Y) + F_2'(Z) + F_3'(W)$$

Die Parameter einer Mikrobeziehung

$$X = a + F_1(Y) + F_2(Z) + F_3(W)$$

etwa mit

X als Käufer von Gebrauchsgütern

Y als Kaufpläne

Z als Beurteilung der gesamtwirtschaftlichen Entwicklung in einem Jahr

W als Einschätzung der finanziellen Haushaltsentwicklung in einem Jahr.

lassen sich nur für skalierte Input-Variable Y, Z,W schätzen. In den Erhebungen der Forschungsstelle für empirische Sozialökonomik besitzen diese Variablen folgende Skalierungen:

- (Finale) Antizipationsdimension Y :
  Absicht eines Gebrauchsgüterkaufes in den nächsten 12 Monaten:

	Y	$F_1(Y)$
	O	O
Ja, auf alle Fälle	1	b_1
Ja, vielleicht	2	b_2
Nein, wahrscheinlich nicht	3	b_3
Nein, auf keinen Fall	4	b_4

- (Rezeptiv-kritische) Antizipationsdimension Z:
  Beurteilung der gesamtwirtschaftlichen Entwicklung im nächsten Jahr:
  Die gesamtwirtschaftliche Lage in einem Jahr ist...

	Z	$F_2(Z)$
	O	O
... wesentlich besser	1	c_1
... etwas besser	2	c_2
... in etwa gleich	3	c_3
... etwas schlechter	4	c_4
... wesentlich schlechter	5	c_5

- (Rezeptiv-kritische) Antizipationsdimension W:
  Einschätzung der finanziellen Haushaltsentwicklung in einem Jahr:
  Die finanzielle Haushaltslage in einem Jahr wird sein...

	W	$F_3(W)$
	O	O
... wesentlich besser	1	d_1
... etwas besser	2	d_2
... in etwa gleich	3	d_3

... etwas schlechter	4	d_4
... wesentlich schlechter	5	d_5

Dieses Schätzproblem ist ein spezielles Problem der Varianzanalyse mit drei skalierten Variablen in einem additiven Ansatz. Seine Behandlung als lineares Regressionsproblem erreicht Orcutt durch folgende Transformation:

$Y_1 = 1$, falls $Y = 1$

$Y_1 = 0$, falls $Y \neq 1$

$Y_2 = 1$, falls $Y = 2$

$Y_2 = 0$, falls $Y \neq 2$

$Y_3 = 1$, falls $Y = 3$

$Y_3 = 0$, falls $Y \neq 3$

.

.

.

$W_2 = 1$, falls $W = 2$

$W_2 = 0$, falls $W \neq 2$

Die lineare Regressionsgleichung lautet dann:

$$\hat{X} = a + b_1Y_1 + \ldots + b_4Y_4 + c_1Z_1 + \ldots + c_5Z_5 + $$
$$+ d_1W_1 + \ldots + d_5W_5.$$

Analog lassen sich Ansätze für skalierte soziodemographische Input-Variablen entwickeln.

Zur Schätzung von X verfolgte Orcutt folgenden Weg (1): Über eine Klassifikation der Entscheidungsein-

1) Dies wegen Schwierigkeiten, die aus der Additivitätsannahme folgen. Vgl. G.H. Orcutt u.a., Microanalysis of Socioeconomic Systems: A Simulation Study..., a.a.O., S. 248 - 250.

heiten in homogene Gruppen nach Maßgabe von $\hat{X}$ wird der Mittelwert der Residuen für jene Entscheidungseinheiten gebildet, welche $\hat{Y}$ als ursprünglichen Prognosewert von Y aufweisen; seine Addition zu $\hat{Y}$ ergibt den endgültigen Prognosewert

$$\hat{Y}' = \hat{Y} + E(Res)$$

Zur mikroökonometrischen Erklärung und Prognose der Output-Variablen Bestand an Hypothekenschulden, persönliche Schulden, liquide Aktiva, jährliche Ausgaben für ausgewählte Gebrauchsgüter benutzte Orcutt die soziodemographischen Input-Variablen Familienstand, Familienalter (Zeitraum seit dem Heiratsjahr), Schulbildung des Haushaltsvorstandes; nach dem angedeuteten sequentiellen Erklärungsansatz dienten zunächst die Hypothekenschulden als Input-Variable für die persönlichen Schulden, beide Variablen dann als Input-Variable für die liquiden Aktiva, diese schließlich zusammen mit den Hypotheken- und persönlichen Schulden als Input-Variable für die Gebrauchsgüterausgaben.

Nach einer Ermittlung der Wahrscheinlichkeit einer endogenen Variablen größer als 0 wurden nur Entscheidungseinheiten mit endogenen Variablen größer als 0 zur Schätzung zugelassen.

Als wichtigstes Ergebnis (1) der Mikroanalysen Orcutts ist festzuhalten, daß Änderungen des Lebenszyklus, wie sie sich im Familienalter (2), dem Alter, Beruf und der Schulbildung des Haushaltsvorstandes und der Fami-

---

1) Vgl. G.H. Orcutt u.a., Microanalysis of Socioeconomic Systems: A Simulation Study..., a.a.O., S. 255 und 256.

2) Nach den empirischen Forschungen Orcutts besitzt diese Variable den größten Einfluß; vgl. G.H. Orcutt u.a., ebenda, S. 256.

liengröße ausdrücken, von hervorragender Bedeutung für die Erklärung und Prognose sozialökonomischen und sozialdemographischen Verhaltens sind.

Ein mikroökonometrisches Modell, wie es Orcutt, freilich in einem ersten Versuch eines rekursiven Systems entfaltet, würde auch aus dem interdisziplinären Erklärungsansatz sozialökonomischen Verhaltens heraus, Antizipationsvariable in der Form etwa, wie es an einer Regressionsgleichung exemplarisch gezeigt wurde, enthalten. Sie würden als prädeterminierte Variable in ein Prognosemodell eingeführt oder in einem Strukturmodell als endogene Variablen in der Modellinterdependenz aus ihren Bestimmungsgründen erklärt werden. Mit einem solchen mikroökonometrischen Modell liegt zwar ein Analogon auf der Mikroebene zu den makroökonometrischen Modellen vor, wie sie in dieser Arbeit vorgestellt und entwickelt wurden, nicht aber schon eine Verbindung beider Modelle. Gerade sie aber benötigt die Untersuchung der Frage, ob die Makrobeziehungen Verhaltenshypothesen wiedergeben, die auf der Mikroebene hinreichend bestätigt sind.

Die Konfrontation beider Aggregationsebenen, insbesondere die Rückführung der Makrobeziehungen auf entsprechende Mikrobeziehungen oder ihre Ableitung (1) aus ihnen wirft nun allerdings Probleme auf, deren Untersuchung sich die Aggregationstheorie zur Aufgabe gestellt hat; zu diesem Zweck schlug sie zwei Wege ein: Neben der Analyse der Konsequenzen ausgewählter Aggregationsmethoden versucht sie optimale Aggregationsverfahren aus Aggregationsbeziehungen ab-

---

1) Makrobeziehungen sind daher im Gegensatz zu den Mikrobeziehungen einer weiteren Fehlerquelle ausgesetzt: dem Aggregationsbias.

zuleiten, von denen sie gewisse wünschenswerte Eigenschaften verlangt. Der erste Aggregationsansatz ist von H. Theil, der zweite, axiomatische Ansatz von W.D. Fisher verfolgt worden.

Das Aggregationsproblem entsteht, da die Parameter einer Mikrobeziehung (1)

$$y_i = a_i + b_{1i}y_{1i} + b_{2i}x_{2i} + \dots + b_{ni}x_{ni} + \varepsilon$$

in aller Regel nicht mit den analogen Parametern der Makrobeziehung

$$y = a + b_1x_1 + b_2x_2 + \dots + b_nx_n + \varepsilon$$

übereinstimmen (2), also fast nie eine "perfekte Aggregation" (Theil) (3) vorliegt; die Makroparameter hängen nämlich nicht nur von ihren entsprechenden Mikroparametern, sondern auch von solchen Mikroparametern ab, die ihnen nicht entsprechen. Theil hat daher vorgeschlagen, die Parameter der Makrovariablen als Summe gewichteter Durchschnitte der ihnen entsprechenden und nicht entsprechenden Mikropa-

---

1) Es lassen sich Aggregationen über Entscheidungseinheiten (Haushalte, Unternehmen), Güter und über die Zeit unterscheiden. Vgl. H. Theil, Linear Aggregation of Economic Relations..., a.a.O., S. 3 und 4. Die simultane Aggregation sowohl über Entscheidungseinheiten als auch Güter und die Zeit nennt Theil "multiple Aggregation". Vgl. H. Theil, Linear Aggregation of Economic Relations..., a.a.O., S. 87 - 90.

2) So kann etwa die Variable Einkommensverteilung auf der Makroebene dazu führen, daß für eine einfache Konsumfunktion Y = aC + b die Bewegungen zwischen Konsum und Einkommen auf beiden Aggregationsebenen invers sind. Klein hat daher vorgeschlagen, sie als zusätzliche Erklärungsvariable in die Makrofunktion aufzunehmen.

3) Vgl. H. Theil, Linear Aggregation of Economic Relations..., a.a.O., S. 133 ff. Im Falle einer perfekten Aggregation treten also Aggregationsverzerrungen nicht auf.

rameter anzusetzen (1). Im Unterschied zu Theils Behandlung des Aggregationsproblems, welche lediglich die Konsequenzen bestimmter Aggregationsverfahren analysiert, versuchte neuerdings W.D. Fisher mit Hilfe der statistischen Entscheidungstheorie (2), optimale Aggregationsverfahren zu ermitteln (3). Fisher nimmt bewußt die Verzerrungen in Kauf, die mit der Aggregation in der Regel verbunden sind. Im Sinne der Entscheidungstheorie versucht er den Vorteil indirekter Prognosen über aggregierte Beziehungen gegen die durch sie verursachten Prognosefehler abzuwägen.

---

1) Vgl. H. Theil, Linear Aggregation of Economic Relations,...a.a.O., S. 14 ff. Theil konnte zeigen, daß in bestimmten Fällen die Summe der zu den entsprechenden Mikrovariablen gehörenden Parameter gleich 1 und die Summe der zu den nicht-entsprechenden Mikrovariablen gehörenden Parameter gleich 0 ist. Am Beispiel der Investitionsfunktion von Grunfeld (Y. Grunfeld, The determinants of corporate investment; in: A.C. Harberger, The demand for durable Goods, Chicago 1960) wurde das Aggregationsproblem empirisch untersucht von J.C.G. Boot, G.M. DeWit, Investment demand: an empirical contribution to the aggregation problem. In: International Economic Review 1, 1960, S. 3 - 30.

2) Die statistische Entscheidungstheorie wurde von A. Wald, Statistical Decision Function, New York - London 1950, entwickelt.

3) Vgl. W.D. Fisher, Optimal aggregation in multi-equation prediction models. In: Econometrica 30, 1962, S. 744 - 769.
H. Schneeweiß zeigte, daß Theils Methode zur Bestimmung einer allgemeinen besten linearen Indexzahl (H. Theil, Best linear index numbers of prices and quantities, in: Econometrica 28, 1960, S. 464 - 480) als Spezialfall der Aggregationstheorie Fishers gedeutet werden kann, da auch sie im Ansatz entscheidungstheoretisch konzipiert ist. Vgl. H. Schneeweiß, Das Aggregationsproblem, in: Statistische Hefte, 6. Jahrg., Heft 1, Frankfurt a.M. 1965, S. 10 ff.

Das entscheidungstheoretische Aggregationsverfahren Fishers ist also definiert durch:

a) die Koeffizientenmatrix des ursprünglichen Systems;

b) die Aggregationsmatrix;

c) die Koeffizientenmatrix des aggregierten Systems;

d) die Disaggregationsmatrix;

e) die Koeffizientenmatrix der quadratischen Verlustfunktion zur Bewertung der Aggregation.

Fisher hat diese allgemeine Aggregationstheorie nur für den Fall rekursiver Modelle entwickelt. Zu untersuchen bleibt, ob die Aggregationstheorie auf der Grundlage der statistischen Entscheidungstheorie auch auf interdependente ökonometrische Modelle anwendbar ist.

Mit der Verbindung zwischen dem mikroökonometrischen und dem makroökonometrischen Modell in der Aggregationstheorie, wie sie Fisher in ihrer allgemeinen entscheidungstheoretischen Gestalt entwickelt hat, ist der Zusammenhang zwischen zwei Forschungsrichtungen hergestellt, die bislang kaum Bezug aufeinander genommen haben, obwohl makroökonometrische Modelle sich aus wissenschaftstheoretischen Gründen der hinreichenden Bestätigung ihrer Verhaltenshypothesen auf der Mikroebene versichern müßten. Die Aggregationstheorie gibt daher auch eine Nahtstelle zwischen der sozialökonomischen Verhaltensforschung, die den Blick aufgrund ihres Selbstverständnisses überwiegend auf Untersuchungen der Mikroebene richtete, und der Ökonometrie an, die sich fast ausschließlich auf der Makroebene bewegte. Damit schließt sich das Bild der sozialökonomischen Theorie, wie es in dieser Arbeit in seinen anthropologischen und wissenschaftstheoretischen Umrissen entworfen, am Beispiel makroökonometrischer Antizipationsmodelle durchgeführt und schließlich in seinen künftigen Entwicklungsperspektiven weiter verfolgt wurde.

A N H A N G I

Das Verfahren der Saisonbereinigung

Das Verfahren der Saisonbereinigung

Das ASA III-Verfahren, das in dieser Arbeit zur Saisonbereinigung der meisten Zeitreihen herangezogen wurde, baut auf der Spektralanalyse schwach stationärer stochastischer Prozesse (1) auf; es schätzt die systematischen Komponenten einer Zeitreihe sukzessiv über Stützbereiche (2).

---

1) Zur Spektralanalyse stationärer stochastischer Prozesse vgl. C.W.J. Granger, M. Hatanaka, Spectral Analysis of Economic Time Series, Princeton (New Jersey) 1964; vgl. außerdem M. Nerlove, Spectral Analysis of Seasonal Adjustment Procedures, in: Econometrica, Vol. 32, 1954, S. 241 ff.; G.M. Jenkins, D.G. Watts, Spectral Analysis and its Applications, San Francisco 1968; P. Naeve, Spektralanalytische Methoden der Analyse von ökonomischen Zeitreihen, Würzburg 1969; H. König, J. Wolters, Spektralschätzungen stationärer stochastischer Prozesse: Eine Simulationsstudie, in: Jahrbücher für Nationalökonomie und Statistik 185, 1971, S. 142 - 162; E. Parzen, The Role of Spectral Analysis in Time Series Analysis, in: Review of the International Statistical Institute 35, 1967, S. 125 - 144; U. Grenander, M. Rosenblatt, Statistical Analysis of Stationary Time Series, New York 1957; W. Wetzel, Hinweise auf einige theoretische Grundlagen der Spektralanalyse von stationären Prozessen, in: W. Wetzel (Hrsg.), Neuere Entwicklungen auf dem Gebiet der Zeitreihenanalyse, Sonderhefte zum Allgemeinen Statistischen Archiv, Heft 1, Göttingen 1970, S. 5 - 46.
Die Anwendungsmöglichkeiten spektralanalytischer Verfahren in der Okonometrie behandeln neuerdings: P.J. Dhrymes, Econometrics, New York 1970, und G.S. Fishman, Spectral Methods in Econometrics, Cambridge 1969.

2) Diese Aufteilung des Approximationsbereiches leuchtet angesichts eines empirischen Erscheinungsbildes des Konjunktur- und Saisonprozesses ein, welche einer regulären Periodizität nicht folgen; in der Regel verwendet das ASA III-Verfahren Stützbereiche für die glatte Komponente in der Größenordnung von zwei Jahren, für die Saisonkomponente in der Größenordnung von maximal vier Jahren; die Saisonschätzung innerhalb ausgewählter Stützbereiche vermag auf diese Weise variable Saisonfiguren zu berücksichtigen.

Die sukzessive Elimination der systematischen Bewegungskomponenten aus einer Zeitreihe mit dem Ziel, gewisse Schwankungskomponenten deutlicher in Erscheinung treten zu lassen (1), kann als lineare Filterung der Zeitreihe (2) aufgefaßt werden; die Wirkungen solcher Filterfunktionen (3)

---

1) So werden gleitende Durchschnitte stets mit der Absicht gebildet, die kurzfristigen Schwankungselemente (die hohen Frequenzen) zu eliminieren, um die mittel- und langfristigen Schwankungen deutlicher hervortreten zu lassen.

2) Lineare zeitinvariante Filter sind Transformationen einer Eingangsfunktion in eine Ausgangsfunktion unter folgenden Bedingungen:
   a) Für zwei Eingangs- und zwei Ausgangsfunktionen $f(x_1)$, $f(x_2)$ und $f(y_1)$, $f(y_2)$ transformiert der lineare Filter die Eingangsfunktion $a_1f(x_1) + a_2f(x_2)$ in die zugehörige Ausgangsfunktion $a_1f(y_1) + a_2f(y_2)$.
   b) Eine um $\pm\theta$ verschobene Eingangsfunktion transformiert ein zeitinvarianter Filter in eine ebenfalls um $\pm\theta$ verschobene Ausgangsfunktion.

   Solche Filter sind in ihren Auswirkungen erstmals in der Kommunikationstheorie ("black boxes") untersucht worden.
   Vgl. dazu C.W.J. Granger, M. Hatanaka, Spectral Analysis of Economic Time Series..., a.a.O., S. 35 ff.

3) In der Forschungspraxis sind gebräuchlich:
   a) der gleitende Durchschnitt
   $$y(t) = \sum_{j=-q}^{q} a_j\, x(t-j)\ ,\ (a_j = -a_j \text{ reell}),$$
   mit der Filterfunktion:
   $$A(\lambda) = \sum_{j=-q}^{q} a_j e^{-i\lambda j} = a_o + \sum_{j=1}^{q} a_o + \sum_{j=1}^{q} 2a_j \cos\lambda j$$
   zur Elimination der glatten Komponente einer Zeitreihe;
   b) der Differenzenfilter $x(t) - x(t-1)$ mit der Filterfunktion
   $$A(\lambda) = 1 - e^{-i\lambda} = 2\left|\sin\frac{\lambda}{2}\right| e^{i\frac{\pi-\lambda}{2}}\ ,(-\pi \leq \lambda \leq \pi);$$
   dieser Filter führt zu einer Amplitudenverstärkung...

$$L_t(X) = \sum_j L_j \, X(t+j)$$

auf das Spektrum einer Zeitreihe gibt die Transferfunktion (1) wieder; für einen linearen zeitinvarianten Filter

$$A(\lambda) = \sum_j L_j \, e^{i\lambda j}$$

lautet sie

$$T(\lambda) = A(\lambda) \text{ KONJKOMP } A(\lambda) .$$

Es lassen sich vier verschiedene Wirkungen der Filter für entsprechende Werte der Transferfunktion $T(\lambda)$ innerhalb des Frequenzbereiches $(\lambda_1 < \lambda < \lambda_2)$, für den die Transferfunktion definiert ist, unter-

---

... im Bereich $\frac{\pi}{3} < \lambda \leq \pi$ und zu einer Amplitudendämpfung im Bereich $0 \leq \lambda < \frac{\pi}{3}$; gegen π wird die Phasenverschiebung zunehmend kleiner. Dieser Filter ist bei der Analyse der lead-lag-Struktur auf beide Zeitreihen anzuwenden, da er - nur auf eine Zeitreihe angewandt - die ursprüngliche lead-lag-Struktur verwirft;

c) der Summenfilter
$$y(t) = x(t) - x(t-1)$$
mit der Filterfunktion:
$$y(t) = e^{i\lambda t} + e^{i\lambda(t-1)} = A(\lambda) \, e^{i\lambda t} ,$$
$$A(\lambda) = 2\cos\frac{\lambda}{2} \, e^{-i\frac{\lambda}{2}} \quad (-\pi \leq \lambda \leq \pi).$$

1) Die Transferfunktion wird in der Literatur auch Filterfunktion genannt.
Vgl. C.W.J. Granger, M. Hatanaka, Spectral Analysis of Economic Time Series..., a.a.O., S. 41.

scheiden:

1) Für $T(\lambda) = 0$ absorbiert der Filter vollständig die Frequenz.

2) Für $T(\lambda) = 1$ gibt der Filter die Frequenzen unverzerrt wieder.

3) Für $T(\lambda) > 1$ verstärkt der Filter die Amplituden.

4) Für $0 < T(\lambda) < 1$ dämpft der Filter die Amplituden.

Zwischen der Spektraldichte eines stationären stochastischen Prozesses X(t) und eines aus ihm herausgefilterten Prozesses L[X(t)] existiert folgender Zusammenhang:

$$f\left\{\lambda;\ L[X(t)]\right\} = T(\lambda)\ f[\lambda;\ X(t)]\ ;$$

denn setzt man die Autokovarianzfunktion des gefilterten Prozesses

$$Cov_y(\theta) = E[Y(t)\ Y(t+\theta)]$$

$$Cov_y(\theta) = E\left\{\left[\sum_j \alpha_j\ X(t-j)\right]\left[\sum_k \alpha_k\ X(t+\theta-k)\right]\right\}$$

$$Cov_y(\theta) = \sum_j \sum_k \alpha_j\ \alpha_k\ Cov(\theta+j-k)$$

in sein Spektrum

$$f_y(\lambda) = \frac{1}{2\pi} \sum_{\theta=-\infty}^{\infty} Cov_y(\theta)\ e^{-i\lambda\theta}$$

ein, so gilt

$$f_y(\lambda) = \frac{1}{2\pi} \sum_{\theta=-\infty}^{\infty} \left[\sum_j \sum_k \alpha_j\ \alpha_k Cov_x(\theta+j-k)\right] e^{-i\lambda\theta}\ .$$

Nach $\theta' = \theta + j - k$ ergibt sich

$$f_y(\lambda) = \frac{1}{2\pi} \sum_{\theta'=-\infty}^{\infty} \left[\sum_j \sum_k \alpha_j \alpha_k \mathrm{Cov}(\theta') e^{-i\lambda\theta'} e^{i(j-k)\lambda} \right];$$

daraus folgt für $\theta = \theta'$

$$f_y(\lambda) = \left[\sum_j \sum_k \alpha_j \alpha_k e^{i(j-k)\lambda} \right] \left[\frac{1}{2\pi} \sum_{\theta=-\infty}^{\infty} \mathrm{Cov}(\theta) e^{-i\lambda\theta} \right]$$

und schließlich

$$f_y(\lambda) = \sum_j \sum_k \alpha_j \alpha_k \; e^{i(j-k)\lambda} \; f(\lambda) \, .$$

In diesem Ausdruck ist

$$\sum_j \sum_k \alpha_j \alpha_k e^{i(j-k)\lambda} = \sum_k \alpha_k \; e^{-i\lambda k} \sum_j \alpha_j \; e^{i\lambda j}$$

die Transferfunktion $T(\lambda) = A(\lambda)$ KONJKOMP $A(\lambda)$.

Daraus folgen unmittelbar die über die Transferfunktionen verbundenen Spektraldichten des ursprünglichen und des gefilterten stationären stochastischen Prozesses.

Die Wirkungen linearer zeitinvarianter Filter auf die Spektraldarstellung eines stationären stochastischen Prozesses

$$X(t) = \int_{-\pi}^{\pi} e^{i\lambda t} \, d\lambda$$

geben die Verstärkungsfunktion $V(\lambda)$ und die Phasenverschiebung $\Phi(\lambda)$ wieder, also:

$$X(t) = \int_{-\pi}^{\pi} e^{i[\lambda t - \Phi(\lambda)]} \; V(\lambda) \, d\lambda \, .$$

Mit Hilfe linearer zeitinvarianter Filter werden mitunter vor Schätzung der Spektraldichte sozialökonomische Zeitreihen transformiert, deren spektrale Massen sich häufig in einem Frequenzband stark konzentrieren, so daß der Durchsickerungseffekt der Seitenfenster die Schätzwerte beträchtlich verzerren würde (1). Für das "Prewhitening" werden folgende Filter benutzt:

a) Beseitigung spektraler Masse im Niederfrequenzbereich durch einen Quasidifferenzenfilter (2):

$$y_1(t) = x(t) - \alpha x(t-1) .$$

Für k-malige Quasidifferenzenbildung gilt:

$$y_k(t) = \sum_{j=0}^{k} (-\alpha)^j \binom{k}{j} x(t-j) .$$

Die Filterfunktion lautet:

$$\alpha_k(\lambda; \alpha) = (1 - \alpha e^{-i\lambda})^k$$

und die Transferfunktion

$$T_k(\lambda) = (1 + \alpha^2 - 2\alpha \cos \lambda)^k .$$

---

1) In der angelsächsischen Literatur heißt dieses Verfahren, welches zu einem flacheren Verlauf des Spektrums führt, auch "Prewhitening".
Vgl. N. Nerlove, Spectral Analysis of Seasonal Adjustment Procedures..., a.a.O., S. 255;
G.S. Fishman, Spectral Methods in Econometrics..., a.a.O., S. 112 ff.
Entsprechend läßt sich das "Prewhitening" nach Maßgabe der Beziehung $f[\lambda; X(t)] = \frac{f\{\lambda; \alpha [X(T)]\}}{T(\lambda)}$ wieder rückgängig machen. Dieser Vorgang heißt "Recolouring".

2) Vorgeschlagen von M. Nerlove, Spectral Analysis of Seasonal Adjustment Procedures..., a.a.O.; ders., A Comparison of a Modified "Hannan" and the BLS Seasonal Adjustment Filters, in: Journal of the American Statistical Association, Vol. 60, 1965, S. 442.

Dieser Filter, der nur von den Parametern α und k abhängt, wird in den niedrigen Frequenzen umso undurchlässiger, je mehr α (für festes k) im Intervall (0,1) wächst oder je mehr k (für festes α) zunimmt.

b) Beseitigung spektraler Masse im Hochfrequenzbereich (Saisonbereinigung); mit Hilfe der Filterfunktion

$$z(t) = x(t) - \delta x(t - 12)$$

läßt sich dann in ähnlicher Weise die Transferfunktion und damit die Spektraldichte des gefilterten Prozesses ableiten.

Das "Prewhitening" und "Recolouring" setzen freilich voraus, daß das geschätzte Spektrum des gefilterten Prozesses das Spektrum des reinen Zufallsprozesses approximiert (1).

Die bislang nur für den univariaten Fall entwickelte Spektralanalyse (2) stochastischer Prozesse läßt sich auch auf den bivariaten oder auch - was freilich bislang noch nicht versucht worden ist - auf den multivariaten Fall ausdehnen. Die bivariate Spektralanalyse, auch Kreuzspektral- oder multidimensionale Spektralanalyse genannt, untersucht den Zusammenhang, insbesondere

---

1) Vgl. G.R. Hext, A Note on Prewhitening and Recolouring, Stanford University, Technical Report, N° 5, 1964.

2) Während die univariate Spektralanalyse eine Art Varianzanalyse darstellt, läßt sich die Kreuzspektralanalyse auch als Kovarianzanalyse auffassen.

die Kohärenzen (1) und die Phasenbeziehungen (2), zwischen zwei stationär korrelierten stochastischen Prozessen (3); da freilich vor der regressionsanalytischen Parameterschätzung des hier zu entwickelnden antizipatorischen Kurzfristprognosesystems nur univariate Zeitreihenanalysen durchgeführt werden, kann in diesem Zusammenhang auf eine Entfaltung der Kreuzspektralanalyse verzichtet werden (4).

---

1) Die Kohärenz ist ein der multiplen Korrelation ähnliches Maß für den linearen Zusammenhang zwischen orthogonalen Komponenten der Frequenz λ für die beiden stationären Prozesse X_1 und X_2; sie ergibt sich aus den Kreuzspektraldichten

$$f_{1,j}(\lambda) = k_{1,j}(\lambda) + iq_{1,j}(\lambda)$$

, mit $k_{1,j}$ als Kospektrum und $q_{1,j}$ als Quadratspektrum (jeweils reellwertige Funktionen) zu

$$k_{1,j}(\lambda) = \frac{k_{1,j}^2(\lambda) + q_{1,j}^2(\lambda)}{f_1(\lambda) \cdot f_j(\lambda)} \; ; \; f_1(\lambda),\ f_j(\lambda) > 0 \, .$$

2) In den Kovarianzfunktionen

$$\gamma_{1,j}(\theta) = \int_{-\pi}^{\pi} e^{i[\theta\lambda - \Phi_{1,j}(\lambda)]} A_{1,j}(\lambda) d\lambda ,$$

mit $A_{1,j}(\lambda)$ als Amplitude, gibt $\Phi_{1,j}(\lambda)$ die Phasenbeziehung zwischen orthogonalen Elementen gleicher Frequenz der beiden stationären Prozesse X_1 und X_2 wieder.

3) Die Schätzprobleme in der Kreuzspektralanalyse sind denen der univariaten Spektralanalyse analog: Ausgehend von der Schätzung der Kreuzkovarianzen werden die Spektraldichten über die Lag-Fenster als Fourier-Transformierte der geschätzten Kovarianzen ermittelt.

4) Vgl. daher die entsprechende Literatur, insbesondere: C.W.J. Granger, M. Hatanaka, Spectral Analysis of Economic Time Series..., a.a.O., S. 74 ff.; H. König, J. Wolters, Einführung in die Spektralanalyse ökonomischer Zeitreihen..., a.a.O., S. 111 ff.; G.M. Jenkins, D.G. Watts, Spectral Analysis and its Applications..., a.a.O.; A.M. Yaglom, An Introduction to the Theory of Stationary Random Functions, London 1965; G.M. Jenkins, Cross-Spectral Analysis and the Estimation of Linear Open Loop Transfer Functions, in: M. Rosenblatt, Symposium on Time Series Analysis, John Wiley & Sons, New York 1963, S. 267 - 276; G.S. Fishman, Spectral Methods in Econometrics, a.a.O.; V.K. Murphy, Estimation of the Cross Spectrum, in: The Annals of Mathematical Statistics 34, 1963, S. 1012 - 1021; L.J. Tiek, Estimation of Coherency, in: B. Harris (Hrsg.), Spectral Analysis of Time Series, New York 1967, S. 133 - 152.

Die univariate und multivariate Spektralanalyse stationärer stochastischer Prozesse setzt zeitunabhängige Mittelwerte der Prozesse und Kovarianzen voraus, die nur von der Zeitdifferenz abhängen; diese Bedingungen und zusätzlich die Ergodizitätsannahme gestatten es ihr dann, mit Hilfe einer endlichen Realisation des Prozesses die Spektralgrößen für den gesamten Definitionsbereich zu schätzen. Nun zeichnen sich sozialökonomische Zeitreihen häufig durch Änderung der Mittelwerte und Autokovarianzen in der Zeit aus; es sind daher Versuche unternommen worden, eine Spektralanalyse für nicht-stationäre Prozesse zu entwickeln. Neben der Erweiterung der Spektraldefinition für nicht-stationäre Prozesse (1) werden verschiedene Methoden verfolgt, die originale Zeitreihe einer solchen Transformation zu unterwerfen, daß sie wenigstens den Bedingungen schwacher Stationarität genügt; die Nicht-Stationarität läßt sich dabei auf zeitunabhängige Mittelwertsfunktionen (2), auf zeit-

---

1) Diese Variante der nicht-stationären Spektralanalyse liegt erst in vorläufigen Ansätzen vor: Vgl. R.M. Loynes, On the Concept of a Spectrum of Non-Stationary Processes, in: Journal of the Royal Statistical Society, Series B30, 1968, S. 1 - 20; L.J. Herbst, Spectral Analysis in the Presence of Variance Fluctuations, in: Journal of the Royal Statistical Society, Series B26, 1964, S. 354 - 360; M. Hatanaka, M. Suzuki, A Theory of the Pseudo-Spectrum and its Applications to Non-Stationary Dynamic Econometric Models, in: M. Shubik(Hrsg.), Essays in Mathematical Economics in Honor of O. Morgenstern, Princeton 1967, S. 443 - 466; M.D. Godfrey, Prediction for Non-Stationary Stochastic Processes, in: B. Harris(Hrsg.), Spectral Analysis of Time Series, New York 1967, S. 259 - 269; D.R. Brillinger, M. Hatanaka, An Harmonic Analysis of Non-Stationary Multivariate Economic Processes, in: Econometrica 37, 1969, S. 131 - 141, und M.B. Priestley, Evolutionary Spectra and Non-Stationary Processes, in: Journal of the Royal Statistical Society, Series B27, 1965, S. 204 - 228.

2) Die Elimination zeitabhängiger Mittelwertsfunktionen erfolgt durch gleitende Durchschnitte oder durch die Variate-Differenzenmethode.
Vgl. J. Durbin, Trend Elimination by Moving-Average and Variate Difference Filters, in: Bulletin de l'Institut International de Statistique 39, 1969, S. 131 - 141.

abhängige Varianzen und schließlich sowohl auf zeitabhängige Mittelwerte als auch auf zeitabhängige Varianzen zurückführen.

Alle diese Verfahren zur Beseitigung der Nicht-Stationarität unterstellen jedoch - meistens implizit - gewisse Verhaltenshypothesen über die Ursachen der Nicht-Stationarität; dies erinnert an die unterschiedlichen Verfahren zur Konstruktion eines Konsumklimaindex und den ihnen zugrundeliegenden Verhaltensimplikationen.
In beiden Fällen kommt der sozialökonomischen Verhaltensforschung die Aufgabe zu, diese impliziten Verhaltensannahmen sichtbar zu machen und unter den alternativen Verfahren der Trendelimination (bzw. Indexkonstruktion) jenes auszuwählen, dessen Verhaltenshypothesen den vergleichsweise größten Bestätigungsgrad besitzen; indem sie diese Verhaltenshypothesen einem permanenten Validitätstest aussetzt, vermag sie zugleich Strukturänderungen aufzufangen und in einer Modifikation der gewählten Verfahren weiterzugeben. Einmal mehr zeigt sich, daß nur eine integrierte Kooperation der sozialökonomischen Verhaltensforschung mit den statistisch-ökonometrischen Verfahren vor einem "Messen ohne Theorie" (T.C. Koopmanns), aber auch vor einer "Theorie ohne Messen" schützen kann.

Die Sukzessivschätzung der systematischen Komponenten nimmt im ASA III-Verfahren folgenden Verlauf: Nach Approximation der glatten Komponente schätzt es aus

$$\left\{\bar{I} - \left[\overline{\chi}_1\right]\right\} \bar{x}_t \qquad (1)$$

die Saisonkomponente; nun führt solches sukzessives Filtern der Zeitreihe in der Regel zu unerwünschten Absorptions- oder Verstärkungseffekten, wie sie die Transferfunktion wiedergibt; nach der Spektraldarstellung der als (schwach) stationäre Prozesse gedeuteten systematischen Komponenten gilt für eine Komponente j :

$$\int_{-\pi}^{\pi} e^{it\lambda} dz_j(\lambda) \quad \text{oder}$$

$$\int_0^{\pi} \cos(\lambda t)\, du_j(\lambda) + \int_0^{\pi} \sin(\lambda t)\, dv_j(\lambda) \quad (2)$$

mit:

---

1) Mit $\bar{I}$ als Einheitsmatrix, $[\overline{\chi}_1]$ als Gewichtsmatrix und $\bar{x}_t$ als Vektor der Beobachtungswerte; analog stellt $\left\{\bar{I} - [\overline{\chi}_2]\right\} \bar{x}_t$ eine saisonbereinigte und $\left\{\bar{I} - [\overline{\chi}]\right\} \bar{x}_t$ eine von glatter und saisonaler Komponente bereinigte Zeitreihe dar; häufig werden die Approximationsbereiche für die Saisonschätzung kleiner gewählt als die Stützbereiche für die Schätzung der glatten Komponente; für jede solche Schätzung der glatten Komponente wird dann eine Saisonschätzung vorgenommen.

2) Dieses Stieltje-Integral folgt aus einer Transformation des Fourierschen Polynoms

$$x(t) = \sum_{k=1}^{n} \left[\alpha_k \cos(\lambda_k t) + \beta_k \sin(\lambda_k t)\right] .$$

Vgl. S. Heiler, Überlegungen zu einem statistischen Modell einer wirtschaftlichen Zeitreihe und einem daraus resultierenden Analyseverfahren, in: B. Nullau u.a., Das "Berliner Verfahren" - Ein Beitrag zur Zeitreihenanalyse, DIW-BEITRÄGE ZUR STRUKTURFORSCHUNG, Berlin 1969, S. 36.

$$E\left\{\left[du_j(0)\right]^2\right\} = dF_j(0) ;$$

$$E\left\{\left[du_j(\pi)\right]^2\right\} = dF_j(\pi) ;$$

$$E\left\{\left[du\ (\lambda)\right]^2\right\} = E\left\{\left[dv(\lambda)\right]^2\right\} = dF(\lambda) ,$$

$$0 < \lambda < \pi .$$

Dabei ist $F_j(\lambda)$ die Spektralverteilungsfunktion mit der Autokovarianz

$$\gamma_{j,\theta} = \int_0^{\pi} \cos(\lambda\,\theta)\ dF(\lambda) .$$

Mittels der Kreuzspektralanalyse mehrerer Prozesse j, k lassen sich Kospektrum (1) $F_{jk}(\lambda)$ und Quadratspektrum (1) $G_{jk}(\lambda)$ angeben (2).

Die Autokovarianz des sich aus drei Prozessen G_t, S_t, R_t zusammensetzenden Gesamtprozesses lautet:

$$E\left[(x_t - \mu)(x_{t+\theta} - \mu)\right] = \gamma_{1,\theta} + \gamma_{2,\theta} + \gamma_{3,\theta} +$$

$$+ \gamma_{12,\theta} + \gamma_{13,\theta} + \gamma_{21,\theta} +$$

$$+ \gamma_{23,\theta} + \gamma_{31,\theta} + \gamma_{32,\theta} .$$

---

1) Sie geben bekanntlich den Zusammenhang zwischen Schwingungen gleicher Frequenz beider Prozesse wieder.

2) Vgl. S. Heiler, Überlegungen zu einem..., a.a.O., S. 38.

Die Spektralverteilungsfunktion des Gesamtprozesses hat folgende Gestalt:

$$F_x(\lambda) = F_1(\lambda) + F_2(\lambda) + F_3(\lambda) + 2F_{12}(\lambda) + 2F_{13}(\lambda) + 2F_{23}(\lambda) \text{ .}$$

Nur wenn die Kospektren für alle λ null sind, ist das Spektrum des Gesamtprozesses gleich den Spektren der Einzelprozesse.

Die Spektraldarstellung des Gesamtprozesses, der durch einen gleitenden Durchschnitt (W_{kj}) linear gefiltert ist - wie dies im ASA III-Verfahren geschieht - heißt:

$$\hat{x}_t = \sum_{k=1}^{s} w_{kj} \int_{-\pi}^{\pi} e^{i(t-j+k)\lambda} \, dz(\lambda)$$

$$= \int_{-\pi}^{\pi} \sum_{k=1}^{m} w_{kj} \, e^{i(k-j)\lambda} \, e^{it\lambda} \, dz(\lambda)$$

$$= \int_{-\pi}^{\pi} k_j(\lambda) \, e^{it\lambda} \, dz(\lambda) \quad , \qquad (1 \leq j \leq m) \text{ ,}$$

mit $\sum_{k=1}^{m} w_{kj} \, e^{i(k-j)\lambda} = kj(\lambda)$.

Die Transformation des Filters ist folglich

$$T_j(\lambda) = \left[\sum_{k=1}^{s} w_{kj} \, e^{i(k-j)\lambda} \right]^2 \text{ .}$$

Nach Elimination der geschätzten systematischen Komponente

$$x_t - \hat{x}_t = \int_{-\pi}^{\pi} e^{it\lambda}\, dz(\lambda) - \int_{-\pi}^{\pi} h_j(\lambda)\, e^{it\lambda}\, dz(\lambda)$$

hat die Spektraldarstellung des verbleibenden Prozesses die Form

$$x_t - \hat{x}_t = \int_{-\pi}^{\pi} e^{it\lambda} \left[1 - h_j(\lambda)\right] dz(\lambda) \quad ,$$

mit der entsprechenden Transferfunktion

$$T_j(\lambda) = \left[1 - h_j(\lambda) \right]^2 \quad .$$

Wird auf diesen Prozeß ein weiterer Filter angewandt, so lautet die Spektraldarstellung dieses gefilterten Prozesses:

$$\hat{\hat{x}}_t = \int_{-\pi}^{\pi} \left[\sum_{p=1}^{s^*} w_{kp}\, e^{i(p-k)\lambda} \right] \left[1 - h_j(\lambda)\right] e^{it\lambda}\, dz(\lambda)$$

$$= \int_{-\pi}^{\pi} \left\{ h_k'(\lambda) \left[1 - h_j(\lambda)\right] \right\} e^{it\lambda}\, dz(\lambda) \quad .$$

Die Transferfunktion für diese Filterkombination schließlich ist

$$\left[h_k'(\lambda) \right]^2 \left[1 - h_j(\lambda) \right]^2 \quad (1) .$$

---

1) Diesen Prozeß sukzessiver Filterung der Zeitreihe im ASA III-Verfahren stellt ausführlich dar: B. Meisner, Gleitende Durchschnitte und Transferfunktionen, in: B. Nullau, Das "Berliner Verfahren"- Ein Beitrag zur Zeitreihenanalyse..., a.a.O., S. 65 - 68.

Von den Transferfunktionen wird nun verlangt, daß sie

a) für die Saisonbereinigung an den Frequenzen

$\frac{k\pi}{6}$ (bei monatlichen Beobachtungswerten),

$\frac{k\pi}{3}$ (bei zweimonatlichen Beobachtungswerten) und

$\frac{k\pi}{2}$ (bei vierteljährlichen Beobachtungswerten)

mit k = 1,...,6 möglichst gleich 0 und sonst ungefähr gleich 1 sind

und

b) für die Trendbereinigung im Frequenzbereich

$0 \leq \lambda < \frac{\pi}{6}$ (bei monatlichen Beobachtungswerten),

$0 \leq \lambda < \frac{\pi}{3}$ (bei zweimonatlichen Beobachtungswerten) und

$0 \leq \lambda < \frac{\pi}{2}$ (bei vierteljährlichen Beobachtungswerten)

nahe 0 und im Frequenzbereich

$\frac{\pi}{6} \leq \lambda \leq \pi$ (für monatliche Beobachtungswerte),

$\frac{\pi}{3} \leq \lambda \leq \pi$ (für zweimonatliche Beobachtungswerte) und

$\frac{\pi}{2} \leq \lambda \leq \pi$ (für vierteljährliche Beobachtungswerte)

ungefähr gleich 1 ist.

Bei der Entwicklung des ASA III-Verfahrens ließ sich allerdings kein Filter finden, der exakt diese Bedingungen erfüllt; jeder Filter wies irgendwelche Verstärkungs- oder Absorptionseffekte auf; es mußte daher unter etlichen Filtern, die für unterschiedliche Längen der Stützbereiche der glatten und saisonalen Komponente für unterschiedliche Grade des Regressions- und trigonometrischen Polynoms und schließlich für unterschiedliche Stellen der Schätzwerte der glatten und saisonalen Komponente auf ihre Wirkungen analysiert wurden, eine Auswahl getroffen werden.

Neben den Filterwirkungen werden die Varianzen der Schätzwerte berücksichtigt, die vom Grad der zugrundegelegten Regressions- und trigonometrischen Polynome und von der Länge des Stützbereiches derart abhängen, daß für einen gegebenen Polynomgrad die Varianzen umso kleiner (größer) werden, je länger (kürzer) die Stützbereiche und je niedriger (höher) die Polynomgrade für einen konstanten Stützbereich sind. Während die glatte Komponente stets durch ein Regressionspolynom dritten Grades geschätzt wird, entscheidet über den Grad des zur Saisonapproximation benutzten trigonometrischen Polynoms die höchste Saisonfrequenz, deren Varianz die maximale Varianz des Spektrums der Restgröße überschreitet (1).

Die Stützbereiche für die Schätzung der glatten Komponente richten sich nach der gewählten Einheitsperiode: Bei monatlichen Beobachtungswerten überdeckt der Stützbereich im ASA III-Verfahren 23 Werte, bei zweimonat-

---

1) Auf die Auswahlkriterien statistischer Tests wurde verzichtet, da mitunter nicht nachweisbar ist, ob die Voraussetzungen ihrer Anwendung vorliegen. Vgl. dazu P. Wäsch, Testprobleme bei Zeitreihen, in: B. Nullau u.a., Das "Berliner Verfahren" - Ein Beitrag zur Zeitreihenanalyse..., a.a.O., S. 44 - 54; in der Regel werden für Monatsreihen trigonometrische Polynome sechsten Grades, für Zwei-Monatsreihen trigonometrische Polynome dritten Grades, für Quartalsreihen trigonometrische Polynome zweiten Grades benutzt.

lichen Beobachtungswerten 12 Werte und bei Quartalswerten 8 Werte; für die Saisonschätzung betragen die Stützbereiche entsprechend 43 Werte (bei Monatsreihen), 21 Werte (bei Zwei-Monatsreihen) und 14 Werte (bei Quartalsreihen).

Die Schätzung des ersten Stützbereiches verläuft in folgender Weise: Beide Stützbereiche (glatte und saisonale Komponente) bleiben bei Monatsreihen bis zur Schätzung des 13. Zeitreihenwertes (1) (bei Zwei-Monatsreihen bis zum siebten, bei Quartalsreihen bis zum fünften Zeitreihenwert) identisch. Erst von der Schätzung des 14. (resp. 8. bzw. 6.) Zeitreihenwertes an verschiebt sich der Stützbereich zur Schätzung der glatten Komponente um einen Zeitreihenwert.

Obwohl diese gleitende Schätzung der systematischen Komponenten variable Saisonfiguren und irreguläre Konjunkturprozesse zu berücksichtigen vermag, kann die, freilich für die Zerlegung recht heterogener Zeitreihen konzipierte standardisierte Filterkombination den speziellen Eigenschaften vieler Zeitreihen nicht immer gerecht werden; dies sehen auch die Autoren des ASA III-Verfahrens (2), sie rechtfertigen ihr Vorgehen aber mit

---

1) Da die Saisonschwankungen - unabhängig von der Länge des Stützbereiches - nur eliminiert werden, wenn der Schätzwert an einer Stelle im Stützbereich liegt, die ein ganzzahliges Vielfaches der Einheitsperiode ist, muß die Saisonkomponente bei Monatsreihen stets an der 12., 24., etc. Zeitreihenstelle geschätzt werden (bei Zwei-Monatsreihen entsprechend an der 6., 12., etc. und bei Quartalsreihen an der 4., 8., etc. Stelle); es müssen aus diesem Grunde die Stützbereiche für die Schätzung der letzten Zeitreihenwerte so variiert werden, daß der Schätzwert stets an einer Stelle liegt, die ein ganzzahliges Vielfaches der Einheitsperiode ausmacht.

2) Vgl. B. Nullau, Probleme bei praktischen Anwendungen des "Berliner Verfahrens", in: B. Wetzel (Hrsg.), Neuere Entwicklungen auf dem Gebiet der Zeitreihenananlyse..., a.a.O., S. 119.

den insbesondere rechentechnischen Schwierigkeiten, die eine auf die Eigenschaften jeder Zeitreihe abgestimmte Entwicklung von Filtern verursachen würde.

Immerhin zeichnete sich das ASA III-Verfahren in einem Vergleich (1) mit dem CENSUS X-11 (2) und dem Bundesbank-Verfahren (3) durch die relativ besten theoretischen Eigenschaften aus; es wurden daher die meisten Zeitreihen dieses Kurzfristprognosesystems mit Hilfe des ASA III-Verfahrens (4) saison-

---

1) Vgl. K.A. Schäffer, Beurteilung einiger herkömmlicher Methoden zur Analyse von ökonomischen Zeitreihen, in: W. Wetzel (Hrsg.), Neuere Entwicklungen auf dem Gebiet der Zeitreihenanalyse..., a.a.O., S. 132, insbesondere S. 160.
Zwar genügen nach dieser vergleichenden Untersuchung auch das CENSUS X-11 und das Bundesbank-Verfahren den praktischen Anforderungen ausreichender Flexibilität, geringen Zeitbedarfs und geringen Kosten der Verfahrensanwendung; freilich vermögen sie in theoretischer Hinsicht nicht zu befriedigen.
Vgl. K.A. Schäffer, Beurteilung einiger herkömmlicher Methoden zur Analyse von ökonomischen Zeitreihen..., a.a.O., S. 142 ff.

2) Dieses Saisonbereinigungsverfahren des Bureau of the Census wurde entwickelt von J. Shiskin, The X-11 Variant of the Census Method II Seasonal Adjustment Program, U.S. Depertment of Commerce, Bureau of the Census, Technical Paper N° 15, Washington.

3) Zum Bundesbank-Verfahren vgl.: Zur Ausschaltung der Saisonbewegungen aus wirtschaftsstatistischen Zeitreihen, Monatsberichte der Deutschen Bundesbank 40 - 50.

4) Eine Programmbeschreibung für das ASA III-Verfahren bietet D. Filip, Rechentechnische Probleme und Programmbeschreibung, in: B. Nullau, Das "Berliner Verfahren" - Ein Beitrag zur Zeitreihenanalyse..., a.a.O., S. 87 - 101.
Die entsprechend implementierten Programme für die Saisonbereinigung der Zeitreihen dieses Kurzfristprognosesystems wurden am Rechenzentrum der Universität zu Köln gerechnet.

bereinigt (1); in die regressionsanalytische Parameterschätzung gingen dann entweder die glatte Komponente oder - bei stark ausgeprägtem Trend - die Abweichungen der glatten Komponente von einem linearen Regressionstrend (2) ein.

---

1) Eine synoptische Übersicht der Originalzeitreihen und ihrer Zerlegung in die systematischen Komponenten "Glatte Komponente", "Saisonkomponente" und irreguläre Komponente" findet sich im Anhang.

Auf die Wiedergabe der vom Programm ebenfalls ausgedruckten Spektraldichten der systematischen Komponenten (in logarithmierter Form) sowie auf einen Plot der Zeitreihe mit ihren systematischen Komponenten wurde aus Raumgründen verzichtet.

2) Dieses Verfahren zur Isolation der Konjunkturbewegung aus der glatten Komponente muß sich zwar einstweilen den Vorwurf eines sehr mechanistischen Vorgehens gefallen lassen; mangels einer ausreichend bestätigten sozialökonomischen Wachstumstheorie, die allein die Determinanten des längerfristigen Wachstumstrends aufdecken kann und dadurch den Verlauf des Trends festlegt, existiert allerdings einstweilen - außer den sehr deskriptiven Verfahren gleitender Durchschnitte und linearer oder polynomischer Regressionstrends - keine theoretisch befriedigende Methode der Trendbestimmung. Eine an der sozialökonomischen Verhaltensforschung orientierte ökonometrische Forschung muß freilich mit solchen mechanistischen Verfahren solange unzufrieden bleiben, bis eine ausreichend bestätigte Theorie die vorläufig deskriptiven Vorgehensweisen ablöst; hier liegt wieder die für die Entwicklung der sozialökonomischen Theorie konstitutive Bedeutung der sozialökonomischen Verhaltensforschung.

A N H A N G II +)

Das Verfahren der Parameterschätzung

+) Die mit ― gekennzeichneten Symbole geben Vektoren und/oder Matrizen an , dabei geben kleine Buchstaben Vektoren und Großbuchstaben Matrizen wieder.

Das Verfahren der Parameterschätzung

Da das in dieser Arbeit entwickelte Kurzfristprognosesystem als singuläres Gleichungssystem konzipiert ist, lassen sich die Parameter durch lineare, multiple Normalregressionen ("ordinary least squares" - OLS) schätzen (1). Ein solches Einzelgleichungssystem enthält in jeder Gleichung nur eine unverzögert endogene Variable; neben den prädeterminierten Variablen (exogene und verzögert endogene) treten keine gleichlaufend endogenen (durch andere Gleichungen erklärte) Variablen als erklärende Variablen auf (2). In Matrixschreibweise lautet das System

$$\overline{y} = \overline{X}b + \overline{u}$$

mit $\overline{y}$ als (T×1)-Vektor der endogenen Variablen,

$\overline{X}$ als (T×K)-Matrix der Beobachtungswerte der prädeterminierten Variablen und

$\overline{u}$ als (T×1)-Vektor der Residuen.

---

1) Dieses Schätzverfahren ist ohne systematische Verzerrung der Schätzwerte nicht mehr anwendbar, wenn das Modell als simultanes, interdependentes Gleichungssystem angelegt ist; in diesem Fall müßten entweder die für Simultanmodelle entwickelten Einzelgleichungsschätzverfahren (TSLS - "two stage least squares", TLS - "three stage least squares", LIML - "limited information maximum likelihood") oder die sehr viel rechenintensiveren Simultanschätzverfahren (FIML - "full information maximum likelihood") herangezogen werden; zwar würde ein Simultanmodell die "wahren" Wirkungszusammenhänge sehr viel wirklichkeitsnäher abbilden; da es hier aber darauf ankommt, den selbständigen Erklärungs- und Prognosewert von Antizipationsvariablen des Konsumenten- und Unternehmerverhaltens nachzuweisen, genügt einstweilen der Einzelgleichungsansatz.

2) Es existieren also keine gemeinsam abhängigen ("jointly dependent") Variablen.

Das klassische lineare Modell der Normalregression schätzt nun die Strukturparameter b des Systems für eine vorliegende Beobachtungswertmatrix $(\bar{y}\bar{X})$ (1) unter folgenden Annahmen:

a) Das Verteilungsgesetz der Residuen u ist durch eine multidimensionale (in diesem Falle T-dimensionale) Normalverteilung festgelegt; die gemeinsame Dichtefunktion der Residuen u lautet also

$$f(u_1,\dots,u_T;\mu,\sigma^2) = \left(\frac{1}{\sigma\sqrt{2\pi}}\right)^T e^{-\frac{1}{2\sigma^2}\sum_i (u_i-\mu)^2}$$

oder in Matrixschreibweise

$$f(\bar{u};\mu\bar{i},\sigma^2\bar{I}) = \left(\frac{1}{\sigma\sqrt{2\pi}}\right)^T e^{-\frac{1}{2\sigma^2}(\bar{u}-\mu\bar{i})'\bar{I}(\bar{u}-\mu\bar{i})} .$$

---

1) Das Schätzproblem modifiziert sich, falls über die strukturellen Parameter Informationen verfügbar sind, die über diejenigen der Beobachtungswertmatrix inhärenten hinausgehen. Wenn etwa $\bar{b}$ ein System von $\bar{N} \geq 1$ linearen Gleichungen erfüllen soll derart, daß $\bar{D}\bar{b} = \bar{d}$, so lauten im verallgemeinerten linearen Regressionsmodell (welches autokorrelierte Residuen zuläßt, also $\sum_{uu} = \sigma^2\Omega$, mit positiv-definiter Matrix Ω) die modifizierten Aitken-Schätzungen der strukturellen Parameter

$$\hat{\hat{\bar{b}}} = \hat{\bar{b}} + (\bar{X}'\bar{\Omega}^{-1}\bar{X})^{-1}\bar{D}'\left[\bar{D}(\bar{X}'\bar{\Omega}^{-1}\bar{X})^{-1}\bar{D}'\right]^{-1}(\bar{d} - \bar{D}\hat{\bar{b}}) ,$$

mit $\hat{b}$ als Aitken-Schätzungen der Strukturparameter im verallgemeinerten linearen Regressionsmodell:

$$\hat{\bar{b}} = (\bar{X}'\bar{\Omega}^{-1}\bar{X})^{-1}\bar{X}'\bar{\Omega}^{-1}\bar{X}\bar{b} + (\bar{X}'\bar{\Omega}^{-1}\bar{X})^{-1}\bar{X}'\bar{\Omega}^{-1}E(\bar{u}) .$$

Vgl. P. Schönfeld, Methoden der Ökonometrie..., Bd. II, S. 125 - 129, Kapitel: Regressionsschätzungen unter zusätzlicher Information.

Die Verteilungsfunktion $F(\overline{u};\ \overline{\mu},\ \overline{\overline{\Theta}})$ (1) von u ist das T-fache Integral

$$F(\overline{u};\ \overline{\mu},\ \overline{\overline{\Theta}}) = \int_{-\infty}^{u_1} \int_{-\infty}^{u_2} \ldots \int_{-\infty}^{u_T} f(\overline{u};\overline{\mu},\ \overline{\overline{\Theta}})du_1,\ldots,du_T.$$

α) (2) Die Erwartungswerte $E(u_t)$ aller u_t von $\overline{u}$ sind

$$E(\overline{u}) = 0 .$$

Die Residuen u besitzen nach dieser Annahme keinen systematischen Einfluß auf die Werte der endogenen Variablen; diese sind vielmehr allein durch $(\overline{\overline{X}}\overline{b})$ bestimmt (2).

β) (2) Die Varianz-Kovarianzmatrix $\overline{\overline{\Sigma}}_{uu}$ der Residuen u lautet

$$\overline{\overline{\Sigma}}_{uu} = \sigma^2 \overline{\overline{I}}$$

mit dem Skalar $\sigma > 0$ und der Einheitsmatrix $\overline{\overline{I}}$.

Nach dieser Annahme zeichnen sich die Residuen u_t des Vektors $\overline{u}$ durch Homoskedastizität aus (3): Die Varianzen $var(u_t) = \sigma^2$ sind für alle u_t gleich, die Kovarianzen $cov(u_t,\ u_{t*})$ für verschiedene u_t $(t \neq t^*)$

---

1) mit $\overline{\mu} = \mu \underline{i}$ und $\overline{\overline{\Theta}} = \sigma^2 \overline{\overline{I}}$.

2) Da $\overline{\overline{X}}$ und $\overline{b}$ als Parameter im Verteilungsgesetz von u auftreten können, müssen die Annahmen aα) und aβ) exakt lauten:

$E(\overline{u};\overline{\overline{X}},\overline{b}) = 0$ und $\Sigma(\overline{u},\overline{u};\overline{\overline{X}},\overline{b}) = \sigma^2 \overline{\overline{I}}$.

3) Analog weisen bei Heteroskedastizität die Residuen u_t unterschiedliche Varianzen (wieder mit Kovarianzen zwischen verschiedenen u_t gleich null) auf.

sind alle gleich null, die u_t sind also nicht miteinander korreliert.

γ) Die Residuen u_t von $\bar{u}$ sind stochastisch unabhängig voneinander und weisen gleiche endliche Momente bis zur vierten Ordnung und normale Kurtosis auf:

$$\frac{E(u_t^{4})}{\sigma^{4}} = 3 \quad (1).$$

b) Die Beobachungswertmatrix $\bar{X}$

α) ist exogen prädeterminiert,

β) besitzt einen Rang, der gleich ist der Anzahl ihrer Spalten.

c) Die prädeterminierten Variablen sind nicht multikollinear; für irgendeine Zahl p_j (mit $j = 1,2,...,m$) darf nicht gelten

$$\sum_{j=1}^{m} p_j \bar{x}_{jt} = 0 \text{ , für } t = 1,2,...,T \text{ .}$$

Der Erwartungswert der endogenen Variablen y für eine vorliegende Beobachtungswertmatrix ($\bar{X}\bar{b}$) heißt also

$$E(\bar{y};\bar{X},\bar{b}) = E(\bar{X}\bar{b} + \bar{u} \text{ ; } \bar{X}\bar{b}) = \bar{X}\bar{b} + E(\bar{u};\bar{X}\bar{b})$$
$$= \bar{X}\bar{b} + E(\bar{u}) - \bar{X}\bar{b} \text{ .}$$

---

1) Diese Forderung ist allerdings nur für die Ableitung von Schätzfunktionen zweiter Momente mit bestimmten Eigenschaften erforderlich; sie schließt die Annahme aβ) ein, da stochastische Unabhängigkeit stets Unkorreliertheit impliziert (was umgekehrt freilich nicht unbedingt gilt).
Vgl. P. Schönfeld, Methoden der Ökonometrie..., a.a.O., Bd. I, S. 66 ff.

Für die asymptotischen Eigenschaften (also $T \longrightarrow \infty$) muß außerdem gelten:

$$\lim_{T\to\infty} \frac{1}{T} \sum_{t=1}^{T} x_t x_t' = M_o$$

mit M_o als finiter nicht-singulärer Matrix.

Die endogenen Variablen besitzen also für gegebene prädeterminierte Variablen eine bedingte Wahrscheinlichkeitsverteilung mit den Parametern als Charakteristika dieser bedingten Verteilung (1).

Das regressionsanalytische Schätzproblem besteht nun darin, Schätzfunktionen für die strukturellen Parameter mit bestimmten Verteilungseigenschaften (Varianz-Kovarianzmatrix, Erwartungswert etc.) zu entwickeln.
Eine Schätzfunktion

$$\hat{b} = \bar{A}\bar{y} + \bar{a}$$

mit $\bar{A}$ als (K×T)-Matrix (2) und $\bar{a}$ als (K×1)-Vektor (2) ist erwartungstreu (oder unverzerrt), wenn gilt:

$$E(\bar{\hat{b}};\bar{b}) \cong \bar{b} .$$

Die Schätzwerte sollen also den wahren Parameterwerten im Parameterraum möglichst nahekommen; für die Schätzfunktion muß also gelten:

$$E(\bar{A}y + \bar{a};\bar{b}) = \bar{b} .$$

1) Vgl. E. Malinvaud, Statistical Methods of Econometrics, North Holland Publishing Company, Amsterdam 1966, S. 75.
2) Beide mögen festliegende, nicht-stochastische Werte besitzen.

Die Varianz-Kovarianzmatrix (1) $\bar{\bar{\sum}}_{\hat{b}\hat{b}}$ der Schätzfunktion

$$\hat{b} = \bar{A}\bar{y} + \bar{a}$$

läßt sich auf folgende Weise ableiten:

$$\begin{aligned}
\bar{\bar{\sum}}_{\hat{b}\hat{b}} &= E(\bar{\hat{b}}\bar{\hat{b}}') - E(\bar{b}) \cdot E(\bar{b}') \\
&= E\left[(\bar{A}\bar{y} + \bar{a})(\bar{A}\bar{y} + \bar{a})'\right] - E(\bar{A}\bar{y} + \bar{a}) \cdot E(\bar{y}'\bar{A}' + \bar{a}') \\
&= E(\bar{A}\bar{y}\bar{y}'\bar{A}') - E(\bar{A}\bar{y}) \cdot E(\bar{y}'\bar{A}') \\
&= \bar{A}\left[E(\bar{y}\bar{y}') - E(\bar{y}) - E(\bar{y}')\right]\bar{A}' \\
& \bar{A}\,\bar{\bar{\sum}}_{yy'}\,\bar{A}' .
\end{aligned}$$

Unter der Bedingung bα) folgt daraus

$$\bar{\bar{\sum}}_{\hat{b}\hat{b}} = \bar{A}\,\bar{\bar{\sum}}_{uu}\,\bar{A}' ,$$

und bei Geltung der Annahme aβ) (diagonale Varianz-Kovarianzmatrix):

$$\bar{\bar{\sum}}_{\hat{b}\hat{b}} = \sigma^2\,\bar{A}\bar{A}' .$$

Die Parameterschätzung nach dem Prinzip der kleinsten Quadrate bestimmt nun aus der Menge aller denkbaren Koeffizientenvektoren $\bar{b}$ jenen Vektor $\bar{b} = (b_1, b_2, \ldots, b_k)'$, der die Quadratsumme der Residuen u bei gegebener

---

1) Die Varianzen und Kovarianzen der Parameterschätzungen $\hat{b}$ lassen sich geometrisch in einem Konzentrationsellipsoid veranschaulichen; es ist definiert durch

$$\bar{u}'\,\bar{\bar{\sum}}_{uu}^{-1}\,\bar{u} \leq 1.$$

Vgl. E. Malinvaud, Statistical Methods of Econometrics..., a.a.O., S. 178 ff.

Beobachtungswertmatrix $(\overline{y}\overline{X})$ minimiert:

$$f(\hat{\overline{b}}) = \sum_{t=1}^{T} u_t^2 = \overline{u}'\overline{u} = (\overline{y} - \overline{X}\overline{b})'(\overline{y} - \overline{X}\overline{b}) \quad \text{Min!}$$

Nach Differentiation dieser Schätzfunktion

$$f(\hat{\overline{b}}) = \overline{y}'\overline{y} - \overline{b}'\overline{X}'\overline{y} - \overline{y}'\overline{X}\overline{b} + \overline{b}'\overline{X}'\overline{X}\overline{b}$$

$$= \overline{y}'\overline{y} - 2\overline{b}'\overline{X}'\overline{y} - \overline{b}'\overline{X}'\overline{X}\overline{b}$$

nach dem Koeffizientenvektor $\overline{b}$ folgt:

$$\frac{\partial f(\overline{b})}{\partial \overline{b}} = 2\overline{X}'\overline{X}\overline{b} - 2\overline{X}'\overline{y} \quad .$$

Wird nun der k-dimensionale Vektor der partiellen Ableitungen $\frac{\partial f(\overline{b})}{\partial \overline{b}} = 0$ gesetzt, so lassen sich die Normalgleichungen bestimmen:

$$\overline{X}'\overline{X}\overline{b} = \overline{X}'\overline{y} \quad .$$

Ihre Lösung nach $\overline{b}$ $\left[\ \overline{b} = (\overline{X}'\overline{X})^{-1}\overline{X}'\overline{y}\ \right]$ liefert (1) die geschätzten Koeffizienten und mit der multiplen Regression (2) die beste lineare Approximation der prädeterminierten Variablen an die endogenen Variablen.

---

1) Es sind freilich gewisse Nebenbedingungen zu beachten, da Fälle auftreten, in welchen mehrere Lösungen der Normalgleichungen die Funktion $f(\overline{b})$ minimieren. Vgl. P. Schönfeld, Methoden der Ökonometrie..., a.a.O., Bd. I, S. 31 ff. Zur Lösung solcher Normalgleichungssysteme stehen heute Rechenprogramme zur Behandlung auf elektronischen Datenverarbeitungsanlagen zur Verfügung. Lösungsalgorithmen schlagen vor A.S. Goldberger, Econometric Theory, John Wiley & Sons, New York 1964, S. 182 - 191; P.S. Dwyer, Linear Computations, John Wiley & Sons, New York 1951; E. Whittaker, G. Robinson, The Calculus of Observations, London and Glasgow 1924.

2) Für k prädeterminierte Variablen bildet sie eine empirische Regressionshyperebene im (k+1)-dimensionalen Raum.

Während der Erwartungswert der regressionsanalytischen Schätzfunktion unter den Annahmen aα), bα), bβ) erwartungstreu ist, lautet die Varianz-Kovarianzmatrix $\Sigma_{\hat{b}\hat{b}}$ für die OLS-Schätzung $\hat{b}$ entsprechend der oben gezeigten Beziehungen:

$$\Sigma_{\hat{b}\hat{b}} = \sigma^2 (\bar{X}'\bar{X})^{-1} \quad .$$

Die OLS-Schätzungen weisen eine Reihe wünschenswerter statistischer Eigenschaften auf, die sie vor anderen Schätzfunktionen auszeichnen: Jedes Element $Var(\hat{b}_k)$ der Hauptdiagonalen der Varianz-Kovarianzmatrix ist kleiner als das entsprechende Element $Var(\check{b}_k)$ der Varianz-Kovarianzmatrix einer anderen linearen, unverzerrten Schätzfunktion. Die OLS-Schätzung minimiert folglich die Spur der Varianz-Kovarianzmatrix; außerdem liefert die Differenz $\Sigma_{\check{b}\check{b}} - \Sigma_{\hat{b}\hat{b}}$ eine nichtnegativ definite Matrix für jedes lineare unverzerrte $\hat{b}$; kein Element der Hauptdiagonalen der Varianz-Kovarianzmatrix einer rivalisierenden linearen, unverzerrten Schätzfunktion ist also kleiner als das entsprechende Element der Varianz-Kovarianzmatrix der OLS-Schätzfunktion (1); schließlich weisen die linearen Funktionen $\hat{y} = \bar{c}'\hat{b}$ für alle (K×1)-Vektoren $\bar{c}$ stets eine kleinere Streuung auf als die entsprechenden Funktionen $\check{y} = \bar{c}'\check{b}$ anderer linearer unverzerrter $\check{b}$. Wegen dieser Eigenschaften heißt unter den formulierten Voraussetzungen die OLS-Schätzung $\hat{b}$ auch beste lineare unverzerrte Schätzung (2) für die Parameter b (3).

---

1) b minimiert also auch die verallgemeinerte Streuung ("generalized variance") des Zufallsvektors b .
2) In der angelsächsischen Literatur: Best Linear Unbiased Estimator - BLUE.
3) In der Literatur ist dies als Gauß-Markoff-Theorem bekannt.

Da sich zeigen läßt, daß für einen n-dimensionalen normalverteilten Zufallsvektor $\overline{\varphi}$, mit $N(\overline{\mu}, \overline{\Upsilon})$, der s-dimensionale Zufallsvektor $\overline{\eta} = \overline{E}\,\overline{\varphi} + \overline{h}$, mit $\overline{E}$ als nicht-stochastische (s×n)-Matrix vom Range s $(1 \leq s \leq n)$ und $\overline{h}$ als nicht-stochastischer (s×1)-Vektor, verteilt ist mit $N(\overline{E}\,\overline{\mu} - \overline{h}, \overline{E}\,\overline{\Upsilon}\,\overline{E}')$ (1), weisen die endogenen Variablen y unter den Annahmen aα), aβ), bα) Normalverteilung mit der Dichtefunktion $f(\overline{y}; \overline{X}\overline{b}, \sigma^2\overline{I})$ auf; ebenso sind die OLS-Schätzungen der strukturellen Parameter $\hat{b}$ normalverteilt $N\left[\overline{b}, \sigma^2(\overline{X}'\overline{X})^{-1}\right]$ mit der Dichtefunktion

$$f\left[\hat{\overline{b}}; \overline{b}, \sigma^2(\overline{X'X})^{-1}\right] = \sqrt{\frac{\mathrm{Det}(\overline{X}'\overline{X})}{(2\pi\sigma^2)^K}}\; e^{-\frac{1}{2\sigma^2}(\hat{\overline{b}}-\overline{b})'\overline{X}'\overline{X}(\hat{\overline{b}}-\overline{b})} .$$

Es ist leicht nachweisbar, daß diese Schätzwerte der Normalregression mit den entsprechenden Likelihood-Schätzwerten übereinstimmen; bekanntlich geht die Maximum-Likelihood-Schätzung - im Gegensatz zur OLS-Schätzung - von der Dichtefunktion (2) aus und schätzt die Parameter $\overline{\theta}$ durch Werte $\hat{\overline{\theta}}$ im Parameterraum Ω, welche die Likelihood-Funktion $L(\overline{\theta})$ für gegebenes $\overline{\tau}_o$ auf dem Parameterraum maximieren; wären also die geschätzten Werte $\overline{\theta}$ die wahren Parameterwerte, so würde die Realisation $\overline{\tau}_o$ der dichteste ("maximum-likelihood"-)Wert in der Verteilung von $\overline{\tau}$ sein.

Die Likelihood-Funktion für $\overline{b}$ und σ^2 [unter den Annahmen aα), aβ), bα)] lautet:

---

1) Vgl. P. Schönfeld, Methoden der Ökonometrie..., a.a.O., Bd. I, S. 96.
2) Sie nennt sie die "Likelihood-Funktion":

$$L(\overline{\theta}) = L(\theta_1, \theta_2, \ldots, \theta_M) - f(\overline{\tau}_o; \overline{\theta})$$

für die Parameter θ_i des Parametervektors $\overline{\theta}$ und die Zufallsvariablen $\overline{\tau}_o$.

$$L(\bar{b}, \sigma^2) = \frac{1}{\sqrt{(2\pi\ \sigma^2)^T}} \cdot e^{-\frac{(\bar{y}-\bar{X}\bar{b})'(\bar{y}-\bar{X}\bar{b})}{2\sigma^2}}$$

und in der in der Literatur üblichen logarithmischen Schreibweise:

$$\log L(\bar{b}, \sigma^2) = -\frac{T}{2}\log(2\pi\sigma^2) - \frac{1}{2\sigma^2}(\bar{y}-\bar{X}\bar{b})'(\bar{y}-\bar{X}\bar{b}) .$$

Die Maximum-Likelihood-Schätzungen für $\bar{b}$ und σ^2 ergeben die ersten Ableitungen der Likelihood-Funktion nach $\bar{b}$ und σ^2 :

$$\frac{\partial \log L}{\partial \bar{b}} = \frac{1}{2\sigma^2} 2\bar{X}'(\bar{y} - \bar{X}\bar{b})$$

$$\frac{\partial \log L}{\partial \sigma^2} = -\frac{T}{2\sigma^2} + \frac{1}{2\sigma^4}(\bar{y} - \bar{X}\bar{b})'(\bar{y} - \bar{X}\bar{b}) .$$

Die Likelihood-Gleichungen (1) für die Bestimmung der ML-Schätzungen

$$\bar{X}'(\bar{y} - \bar{X}\hat{\bar{b}}) = 0$$

sind mit den Normalgleichungen zur Bestimmung der OLS-Schätzungen $\hat{b}$ identisch.

Da sich die Varianz der Beobachtungswerte y_t der endogenen Variablen aus der durch die OLS-Schätzung der strukturellen Parameter und die Beobachtungswertmatrix "erklärten" Varianz $s_{\hat{y}\hat{y}}$ und der Restvarianz $s_{\hat{u}\hat{u}}$ ergibt, läßt sich als Maßgröße für die "Erklärungsgüte" der Anteil der durch die prädeterminierten Variablen erklärten

---

1) Die entsprechende Likelihood-Gleichung für σ^2 lautet:

$$\hat{\sigma}^2 = \frac{1}{T}(\bar{y} - \bar{X}\hat{\bar{b}})'(\bar{y} - \bar{X}\hat{\bar{b}}) .$$

Sie unterscheidet sich freilich von der OLS-Schätzung für

$$\hat{\sigma}^2 = \frac{1}{T-K}(\bar{y} - \bar{X}\bar{b})'(\bar{y} - \bar{X}\hat{\bar{b}}) .$$

Asymptotisch stimmen beide dann aber überein.

Varianz an der Gesamtvarianz angeben:

$$\hat{R}^2 = \frac{s_{\hat{y}\hat{y}}}{s_{yy}} = 1 - \frac{s_{\hat{u}\hat{u}}}{s_{yy}} \quad .$$

Dies ist der bekannte multiple Korrelationskoeffizient; bei seiner Interpretation ist zu beachten, daß er das theoretische Bestimmtheitsmaß $R^2 = \frac{b's_{xx}b}{\sigma_{yy}}$ systematisch überschätzt (1); dies ändert sich auch nach einer Bereinigung um die Anzahl der Freiheitsgrade nicht wesentlich.

Zur Prüfung der statistischen Sicherheit der OLS-Schätzwerte dienen Hypothesentests und Konfidenzuntersuchungen der Parameter; so vermag der Likelihood-Verhältnistest die Nullhypothese

$$H_0 : \overline{b} = \overline{b^*} \ (2); \quad \sigma^2 > 0$$

gegen die Alternativhypothese

$$H_A : \overline{b} \neq \overline{b^*} \ ; \quad \sigma^2 > 0$$

für den Fall der Normalregression zu testen.

Der Likelihood-Verhältnistest, der ja bekanntlich die ML-Schätzungen bezüglich der Nullhypothese in ein Verhältnis zu den ML-Schätzungen bezüglich des gesamten Parameterraumes Ω setzt, lautet also für diesen Fall:

---

1) Während s_{yy} im Mittel σ_{yy} unterschätzt, überschätzt $s_{\hat{y}\hat{y}}$ im Mittel $b's_{xx}b$; die Verzerrung läßt sich messen durch

$$E(\hat{R}^2) \cong R^2 + \frac{1-R^2}{T}\left[K - 1 - R^2(1-2R^2)\right] \quad .$$

Vgl. P. Schönfeld, Methoden der Ökonometrie..., a.a.O., Bd. I. S. 72.

2) $\overline{b^*}$ sei etwa ein $(K \times 1)$-Vektor von Konstanten.

$$\lambda = \lambda(\bar{y}) = \sqrt{\left[\frac{(\bar{y}-\bar{X}\hat{\bar{b}})'(\bar{y}-\bar{X}\hat{\bar{b}})}{(\bar{y}-\bar{X}\bar{b}^*)'(\bar{y}-\bar{X}\bar{b}^*)}\right]^T} = \sqrt{\left[\frac{\hat{\bar{u}}'\bar{u}}{(\bar{y}-\bar{X}\bar{b}^*)'(\bar{y}-\bar{X}\bar{b}^*)}\right]^T} \text{(1)}.$$

Ein nach einer verworfenen Nullhypothese akzeptierter Parameter ist in seiner statistischen Sicherheit durch seine Konfidenzgrenzen charakterisiert. Solche Konfidenzaussagen sind für einzelne oder mehrere Parameter einer oder mehrerer Gleichungen angebbar (2). Unter Verwendung des t-Tests (3) lautet das Konfidenzintervall für einen Parameter b_k etwa (4):

$$\hat{b}_k - t_{1-\frac{\alpha}{2}} \sqrt{\sigma^2(\hat{b}_k)} \leq b_k \leq \hat{b}_k + t_{1-\frac{\alpha}{2}} \sqrt{\sigma^2(\hat{b}_k)} \quad .$$

Für mehrere Parameter oder gar für den ganzen Vektor $\bar{b}$ hat das Konfidenzintervall unter Anwendung der F-Ver-

---

1) Es läßt sich leicht zeigen, daß der Likelihood-Verhältnistest bei der Normalregression auch durch einen F-Test ausgedrückt werden kann. Vgl. P. Schönfeld, Methoden der Ökonometrie..., a.a.O., Bd. I, S. 115.

2) Vgl. E. Malinvaud, Statistical Methods of Econometrics...,a.a.O., S. 199 - 208.

3) In der ökonometrischen Forschungspraxis wird arbiträr entweder die Standardabweichung oder der t-Test $t = \frac{\hat{b}_k - b_k}{\widehat{Var}(b_k)}$ als Gütekriterium für die statistische Sicherheit der Parameter der Regression verwendet; die Beziehung $\frac{\hat{b}_k - b_k}{\widehat{Var}(b_k)}$ strebt mit (T-k) Freiheitsgraden immer einer zentralen t-Verteilung zu.

4) Dabei gibt $t_{1-\frac{\alpha}{2}}$ den zur Wahrscheinlichkeit $1 - \frac{\alpha}{2}$ gehörenden Punkt der t-Verteilung an.

teilung (1) folgende Gestalt:

$$(\hat{\bar{b}} - \bar{b})'\bar{X}'\bar{X}(\hat{\bar{b}} - \bar{b}) = \frac{K}{T - K}\,\hat{\bar{u}}'\bar{u}\,F_{1-\alpha} \quad (2).$$

Die Parameterschätzung der spezifizierten Beziehungen wurde mit Hilfe einer schrittweisen multiplen linearen Regressionsanalyse durchgeführt, welche die prädeterminierten Variablen jeweils um diejenige Variable mit dem absolut kleinsten t-Wert vermindert; nur für fast singuläre Kovarianzmatrizen dient als Eliminationskriterium die höchste multiple Korrelation (3).

---

1) Die F-Verteilung ist mit

$$F = \frac{(\hat{b} - \bar{b}^*)\ \bar{X}'\bar{X}\ (\hat{b} - \bar{b}^*)}{\hat{\bar{u}}'\bar{u}} \cdot \frac{T - K}{K}$$ gegeben.

Sie steht zum Likelihood-Verhältnis in folgender Beziehung

$$\lambda = \sqrt{\left[\frac{1}{1 + F\frac{K}{T - K}}\right]^{T}}.$$ Zum Beweis

vgl. P. Schönfeld, Methoden der Ökonometrie..., a.a.O., Bd. I, S. 107, 115.

2) $F_{1-\alpha}$ symbolisiert den zur Wahrscheinlichkeit $1-\alpha$ gehörenden Punkt der F-Verteilung; die Konfidenzbeziehung stellt geometrisch für gegebene $\bar{y}$ und $\hat{\bar{u}}'\bar{u}$ ein k-dimensionales Ellipsoid im Parameterraum Ω dar. Konfidenzintervalle lassen sich auch für andere Parameter der Normalregression bilden, etwa für σ^2 nach Maßgabe der χ^2-verteilten (T-K)-Beziehung $\frac{\hat{\bar{u}}'\bar{u}}{\sigma^2}$, für den Erwartungswert $\bar{\mu}_0 - E(\bar{y}_0;\bar{X}_0)_{\theta}$ oder schließlich auch für $\bar{y}_0$ bei stochastischen θ.
Vgl. P. Schönfeld, Methoden der Ökonometrie..., a.a.O., Bd. I, S. 130 - 132.

3) Das Programm wurde unter dem Namen REGT im Rahmen der Statistischen Programmbibliothek des Deutschen Rechenzentrums, Darmstadt, von F. Gebhardt entwickelt (Programminformation PI-33, August 1969, S. 85 ff.).

A N H A N G III

Spektralanalytische Elimination der systematischen Schwankungskomponenten

Spektralanalytische Elimination der systematischen Schwankungskomponenten der Zeitreihe Verfügbares Einkommen der privaten Haushalte nach dem ASA III - Verfahren

Jahr	Quartal	Orig. Wert	Glatt. Komp.	Saison-Komp.	Saison-berein.	irreg. Komp.	Proz. Anteil	Nummer
1960	1	68.70	80.10	-11.34	80.04	-0.06	-0.09	1
	2	82.00	81.50	1.22	80.78	-0.72	-0.88	2
	3	86.90	83.28	-0.27	87.17	3.89	4.48	3
	4	92.70	85.41	10.40	82.30	-3.11	-3.36	4
1961	1	76.60	87.90	-11.25	87.85	-0.04	-0.06	5
	2	90.90	90.96	1.03	89.87	-1.10	-1.21	6
	3	97.80	93.90	-0.44	98.24	4.34	4.44	7
	4	104.50	98.37	10.52	93.98	-4.39	-4.20	8
1962	1	87.70	96.22	-11.57	99.27	3.05	3.48	9
	2	101.70	98.39	1.47	100.23	1.84	1.81	10
	3	92.50	100.46	-0.80	93.30	-7.17	-7.75	11
	4	118.00	100.20	10.49	107.51	7.31	6.19	12
1963	1	91.80	106.54	-9.97	101.77	-4.77	-5.19	13
	2	108.70	108.40	-0.14	108.83	0.44	0.40	14
	3	114.50	111.68	-1.75	116.25	4.56	3.99	15
	4	121.50	113.78	13.74	107.76	-6.01	-4.95	16

Spektralanalytische Elimination der systematischen Schwankungskomponenten der Zeitreihe Verfügbares Einkommen der privaten Haushalte nach dem ASA III - Verfahren (Fortsetzung I)

Jahr	Quartal	Orig. Wert	Glatt. Komp.	Saison-Komp.	Saison berein.	irreg. Komp.	Proz. Anteil	Nummer
1964	1	106.40	113.72	-12.01	118.41	4.68	4.40	17
	2	112.90	117.07	-2.00	114.90	-2.18	-1.93	18
	3	118.70	117.81	2.95	115.75	-2.07	-1.74	19
	4	132.90	118.26	9.47	123.43	5.16	3.88	20
1965	1	106.60	120.26	-10.75	117.35	-2.91	-2.73	21
	2	117.90	119.05	-0.87	118.77	-0.28	-0.24	22
	3	123.80	120.32	2.12	121.68	1.37	1.10	23
	4	131.80	125.46	9.83	121.97	-3.49	-2.65	24
1966	1	119.20	130.10	-11.63	130.83	0.73	0.61	25
	2	135.30	132.35	-1.22	136.52	4.17	3.08	26
	3	135.50	132.84	4.54	130.96	-1.89	-1.39	27
	4	135.90	128.39	8.08	127.82	-0.57	-0.42	28
1967	1	115.80	125.80	-11.35	127.15	1.35	1.17	29
	2	120.90	125.78	-2.42	123.32	-2.47	-2.04	30
	3	132.40	125.42	6.22	126.18	0.77	0.58	31
	4	135.60	125.85	7.66	127.94	2.09	1.54	32

...

Spektralanalytische Elimination der systematischen Schwankungskomponenten der Zeitreihe Verfügbares Einkommen der privaten Haushalte nach dem ASA III - Verfahren (Fortsetzung II)

Jahr	Quartal	Orig. Wert	Glatt. Komp.	Saison-Komp.	Saison-berein.	irreg. Komp.	Proz. Anteil	Nummer
1968	1	116.20	129.23	-9.76	125.96	-3.27	-2.82	33
	2	127.90	132.57	-5.95	133.85	1.28	1.00	34
	3	147.40	137.44	5.90	141.50	4.06	2.75	35
	4	151.20	145.48	14.15	137.05	-8.43	-5.58	36
1969	1	140.90	150.72	-15.71	156.61	5.90	4.18	37
	2	159.40	165.76	-4.80	164.20	-1.56	-0.98	38
	3	176.50	174.42	6.33	170.17	-4.25	-2.41	39
	4	204.90	178.66	13.50	191.40	12.75	6.22	40
1970	1	162.20	186.55	-14.13	176.33	-10.21	-6.30	41
	2	183.50	188.12	-5.15	188.65	0.52	0.29	42
	3	204.60	197.45	7.09	197.51	0.06	0.03	43
	4	218.80	208.95	13.88	204.92	-4.03	-1.84	44
1971	1	205.70	213.29	-14.89	220.59	7.31	3.55	45
	2	214.50	216.71	-4.69	219.19	2.49	1.16	46
	3	220.90	221.90	2.66	218.24	-3.66	-1.66	47
	4	242.10	231.31	14.29	227.81	-3.50	-1.45	48

Spektralanalytische Elimination der systematischen Schwankungskomponenten der Zeitreihe Dienstleistungsnachfrage nach dem ASA III - Verfahren

Jahr	Quartal	Orig. Wert	Glatt. Komp.	Saison-Komp.	Saison-berein.	Irreg. Komp.	Proz. Anteil	Nummer
1960	1	72.40	78.34	-7.66	80.06	1.72	2.38	1
	2	79.70	81.23	-1.42	81.12	-0.11	-0.14	2
	3	81.70	83.41	-1.06	82.76	-0.65	-0.79	3
	4	94.40	85.23	10.14	84.26	-0.97	-1.02	4
1961	1	81.30	87.01	-7.81	89.11	2.10	2.58	5
	2	86.90	89.78	-1.03	87.93	-1.85	-2.13	6
	3	90.80	91.46	-1.01	91.81	0.36	0.39	7
	4	104.50	94.51	10.06	94.44	-0.07	-0.06	8
1962	1	89.00	97.23	-7.85	96.85	-0.37	-0.42	9
	2	99.30	99.46	-1.13	100.43	0.96	0.97	10
	3	99.40	100.64	-0.96	100.36	-0.28	-0.28	11
	4	112.30	101.75	10.49	101.81	0.05	0.04	12
1963	1	93.80	103.55	-8.98	102.78	-0.77	-0.82	13
	2	105.60	105.70	-0.52	106.12	0.42	0.40	14
	3	107.40	108.27	-1.13	108.53	0.26	0.24	15
	4	121.20	110.61	11.19	110.01	-0.60	-0.50	16

Spektralanalytische Elimination der systematischen Schwankungskomponenten der Zeitreihe Dienstleistungsnachfrage nach dem ASA III - Verfahren (Fortsetzung I)

Jahr	Quartal	Orig. Wert	Glatt. Komp.	Saison Komp.	Saison-berein.	Irreg. Komp.	Proz. Anteil	Nummer
1964	1	103.70	112.56	-9.83	113.53	0.98	0.94	17
	2	114.50	115.48	-0.37	114.87	-0.61	-0.54	18
	3	116.50	117.70	-1.12	117.62	-0.08	-0.07	19
	4	132.90	120.82	11.78	121.12	0.31	0.23	20
1965	1	113.50	124.70	-10.38	123.88	-0.82	-0.72	21
	2	128.90	128.75	-0.65	129.55	0.80	0.62	22
	3	131.60	132.66	-0.85	132.45	-0.21	-0.16	23
	4	148.20	135.80	12.65	135.55	-0.25	-0.17	24
1966	1	127.60	138.86	-11.28	138.88	0.02	0.02	25
	2	140.50	141.23	-1.31	141.81	0.59	0.42	26
	3	142.30	142.07	-0.10	142.40	0.33	0.23	27
	4	154.80	141.93	13.95	140.85	-1.08	-0.70	28
1967	1	129.80	141.71	-13.25	143.05	1.34	1.03	29
	2	141.30	143.80	-0.94	142.24	-1.56	-1.10	30
	3	144.70	144.06	0.15	144.55	0.49	0.34	31
	4	162.30	146.12	15.01	147.29	1.17	0.72	32

...

Spektralanalytische Elimination der systematischen Schwankungskomponenten der Zeitreihe Dienstleistungsnachfrage nach dem ASA III - Verfahren (Fortsetzung II)

Jahr	Quartal	Orig. Wert	Glatt. Komp.	Saison-Komp.	Saison-berein.	Irreg. Komp.	Proz. Anteil	Nummer
1968	1	132.20	149.10	-14.64	146.84	-2.26	-1.71	33
	2	152.90	151.93	-0.89	153.79	1.85	1.21	34
	3	155.90	155.98	0.32	155.58	-0.39	-0.25	35
	4	175.40	160.02	16.36	159.04	-0.98	-0.56	36
1969	1	149.10	164.58	-16.59	165.69	1.10	0.74	37
	2	169.50	170.20	-0.20	169.70	-0.50	-0.30	38
	3	175.60	174.85	0.43	175.17	0.32	0.18	39
	4	196.60	179.73	16.86	179.74	0.00	0.00	40
1970	1	167.60	185.03	-17.19	184.79	-0.25	-0.15	41
	2	190.80	191.38	0.02	190.78	-0.60	-0.31	42
	3	198.00	197.34	0.26	197.74	0.41	0.21	43
	4	221.80	203.75	16.85	204.95	1.20	0.54	44
1971	1	191.20	210.32	-17.22	208.42	-1.90	-1.00	45
	2	216.40	216.36	-0.37	216.77	0.41	0.19	46
	3	221.80	221.00	0.72	221.08	0.08	0.03	47
	4	241.80	223.51	16.86	224.94	1.43	0.59	48

Spektralanalytische Elimination der systematischen Schwankungskomponenten der Zeitreihe PKW-Neuzulassungen nach dem ASA III - Verfahren

Jahr	Quartal	Orig. Wert	Glatt. Komp.	Saison-Komp.	Saison-berein.	irreg. Komp.	Proz. Anteil	Nummer
1959	1	63.20	63.52	3.33	59.87	-3.65	-5.78	1
	2	76.70	64.79	12.06	64.64	-0.15	-0.19	2
	3	61.20	69.17	-8.33	69.53	0.35	0.58	3
	4	71.30	74.91	-7.06	78.36	3.45	4.84	4
1960	1	80.00	80.23	2.92	77.08	-3.15	-3.94	5
	2	95.00	80.03	13.21	81.79	1.77	1.86	6
	3	74.90	82.86	-7.97	82.87	0.01	0.01	7
	4	72.40	83.96	-7.48	79.88	-4.09	-5.65	8
1961	1	92.70	83.62	2.70	90.00	6.38	6.88	9
	2	96.50	87.77	13.58	82.92	-4.85	-5.03	10
	3	80.90	89.73	-7.15	88.05	-1.68	-2.07	11
	4	88.90	95.40	-10.57	99.47	4.07	4.58	12
1962	1	101.80	100.77	2.07	99.73	-1.04	-1.02	13
	2	118.90	101.07	17.86	101.04	-0.02	-0.02	14
	3	91.50	98.78	-8,45	99.95	1.17	1.28	15
	4	87.70	100.99	-11.90	99.60	-1.39	-1.58	16
1963	1	100.40	102.87	-0.20	100.60	-2.27	-2.26	17
	2	128.60	101.81	22.10	106.50	4.69	3.65	18
	3	93.50	103.92	-7.64	101.14	-2.78	-2.97	19
	4	87.30	104.20	-16.43	103.73	-0.47	-0.53	20

Spektralanalytische Elimination der systematischen Schwankungskomponenten der Zeitreihe PKW-Neuzulassungen nach dem ASA III - Verfahren (Fortsetzung I)

Jahr	Quartal	Orig. Wert	Glatt. Komp.	Saison-Komp.	Saison-berein.	irreg. Komp.	Proz. Anteil	Nummer
1964	1	108.80	105.12	0.77	108.03	2.91	2.67	21
	2	128.50	106.69	26.02	102.48	-4.21	-3.28	22
	3	100.10	107.47	-11.45	111.55	4.09	4.08	23
	4	93.40	111.89	-17.19	110.59	-1.30	-1.39	24
1965	1	116.50	114.79	5.56	110.94	-3.85	-3.30	25
	2	146.30	118.71	21.75	124.55	5.84	3.99	26
	3	111.50	127.39	-10.35	121.85	-5.53	-4.96	27
	4	113.50	128.71	-16.48	129.98	1.27	1.11	28
1966	1	139.20	128.32	5.00	134.20	5.88	4.22	29
	2	142.50	125.97	21.96	120.54	-5.43	-3.81	30
	3	108.20	115.99	-12.02	120.22	4.23	3.91	31
	4	94.90	110.70	-12.33	107.23	-3.47	-3.66	32
1967	1	106.90	106.03	0.79	106.11	0.09	0.08	33
	2	130.90	108.19	23.34	107.56	-0.63	-0.48	34
	3	95.60	107.77	-10.90	106.50	-1.27	-1.33	35
	4	103.90	109.55	-12.96	116.86	7.31	7.03	36
1968	1	103.80	112.63	-1.80	105.60	-7.02	-6.76	37
	2	142.30	111.32	28.33	113.97	2.64	1.86	38
	3	104.30	118.30	-13.95	118.25	-0.05	-0.05	39
	4	110.80	129.13	-12.95	123.75	-5.38	-4.86	40

...

Spektralanalytische Elimination der systematischen Schwankungskomponenten der Zeitreihe PKW-Neuzulassungen nach dem ASA-III- Verfahren (Fortsetzung II)

Jahr	Quartal	Orig. Wert	Glatt. Komp.	Saison- Komp.	Saison- berein.	irreg. Komp.	Proz. Anteil	Nummer
1969	1	140.60	136.63	-4.32	144.92	8.28	5.89	41
	2	176.90	146.01	35.07	141.83	-4.17	-2.36	42
	3	133.10	150.26	-17.20	150.30	0.04	0.03	43
	4	144.30	158.34	-16.20	160.50	2.15	1.49	44
1970	1	158.80	164.62	-1.94	160.74	-3.88	-2.44	45
	2	209.90	167.93	34.76	175.14	7.21	3.43	46
	3	151.20	174.08	-17.43	168.63	-5.45	-3.60	47
	4	161.20	177.53	-16.11	177.31	-0.22	-0.13	48
1971	1	180.60	183.38	-1.35	181.95	-1.43	-0.79	49
	2	219.20	182.94	36.07	183.13	0.19	0.09	50
	3	161.10	174.51	-18.15	179.25	4.73	2.94	51
	4	135.10	155.16	-16.83	151.93	-3.23	-2.39	52

Spektralanalytische Elimination der systematischen Schwankungskomponenten der Zeitreihe Privater Verbrauch nach dem ASA III - Verfahren

Jahr	Quartal	Orig. Wert	Glatt. Komp.	Saison-Komp.	Saison-berein.	irreg. Komp.	Proz. Anteil	Nummer
1960	1	74.40	80.61	-7.37	81.77	1.16	1.56	1
	2	81.50	83.19	-1.67	83.17	-0.02	-0.03	2
	3	82.90	85.26	-1.88	84.78	-0.48	-0.57	3
	4	97.30	87.04	10.92	86.38	-0.66	-0.68	4
1961	1	82.80	88.77	-7.48	90.28	1.51	1.82	5
	2	88.30	91.26	-1.30	89.60	-1.66	-1.88	6
	3	91.40	92.67	-2.17	93.57	0.89	0.98	7
	4	106.10	95.23	10.84	95.26	0.04	0.03	8
1962	1	89.30	97.37	-7.41	96.71	-0.66	-0.74	9
	2	98.70	99.26	-1.37	100.07	0.81	0.82	10
	3	98.50	100.83	-2.19	100.69	-0.14	-0.14	11
	4	113.50	102.27	11.29	102.21	-0.06	-0.05	12
1963	1	95.30	103.61	-7.97	103.27	-0.34	-0.36	13
	2	104.70	105.27	-0.98	105.68	0.41	0.39	14
	3	104.50	107.34	-2.69	107.19	-0.15	-0.14	15
	4	120.80	109.17	12.19	108.61	-0.57	-0.47	16

Spektralanalytische Elimination der systematischen Schwankungskomponenten der Zeitreihe Privater Verbrauch nach dem ASA III - Verfahren (Fortsetzung I)

Jahr	Quartal	Orig. Wert	Glatt. Komp.	Saison-Komp.	Saison-berein.	irreg. Komp.	Proz. Anteil	Nummer
1964	1	103.20	110.73	-8.78	111.98	1.25	1.21	17
	2	111.80	113.40	-0.85	112.65	-0.75	-0.67	18
	3	112.10	114.93	-2.65	114.75	-0.19	-0.17	19
	4	130.90	117.44	12.84	118.06	0.62	0.47	20
1965	1	110.30	121.04	-9.70	120.00	-1.04	-0.94	21
	2	124.40	124.56	-0.70	125.10	0.54	0.43	22
	3	125.70	127.85	-2.38	128.08	0.23	0.18	23
	4	143.90	130.74	13.30	130.60	-0.15	-0.10	24
1966	1	122.50	133.31	-10.59	133.09	-0.23	-0.18	25
	2	134.90	134.99	-0.70	135.60	0.61	0.45	26
	3	134.50	136.40	-1.63	136.13	-0.27	-0.20	27
	4	149.70	136.97	13.03	136.67	-0.30	-0.20	28
1967	1	127.40	137.52	-10.99	138.39	0.87	0.68	29
	2	137.20	138.64	-0.31	137.51	-1.13	-0.83	30
	3	137.90	138.87	-1.84	139.74	0.87	0.63	31
	4	153.80	140.56	13.32	140.48	-0.08	-0,05	32

...

Spektralanalytische Elimination der systematischen Schwankungskomponenten der Zeitreihe Privater Verbrauch nach dem ASA III - Verfahren (Fortsetzung II)

Jahr	Quartal	Orig. Wert	Glatt. Komp.	Saison-Komp.	Saison-berein.	irreg. Komp.	Proz. Anteil	Nummer
1968	1	130.20	142.35	-11.19	141.39	-0.96	-0.73	33
	2	145.70	144.99	-0.25	145.95	0.96	0.66	34
	3	145.90	148.55	-2.30	148.20	-0.36	-0.24	35
	4	166.30	152.29	14.28	152.02	-0.27	-0.16	36
1969	1	144.50	156.10	-11.78	156.28	0.18	0.13	37
	2	160.70	160.63	-0.21	160.91	0.28	0.18	38
	3	161.90	164.81	-2.93	164.83	0.02	0.01	39
	4	183.90	168.50	15.69	168.21	-0.29	-0.16	40
1970	1	160.30	172.32	-12.51	172.81	0.50	0.31	41
	2	176.50	177.87	0.08	176.42	-1.45	-0.82	42
	3	179.60	182.51	-3.09	182.69	0.18	0.10	43
	4	205.50	187.87	15.71	189.79	1.91	0.93	44
1971	1	178.50	193.02	-12.67	191.17	-1.85	-1.03	45
	2	198.30	198.23	-0.23	198.53	0.31	0.15	46
	3	198.70	202.65	-3.24	201.94	-0.72	-0.36	47
	4	224.20	205.80	15.86	208.34	2.54	1.13	48

Spektralanalytische Elimination der systematischen Schwankungskomponenten der Zeitreihe Gesamte Einzelhandelsumsätze nach dem ASA III - Verfahren

Jahr	Quartal	Orig. Wert	Glatt. Komp.	Saison-Komp.	Saison-berein.	irreg. Komp.	Proz. Anteil	Nummer
1959	1	67.00	74.94	-8.78	75.78	0.84	1.26	1
	2	71.00	74.13	-2.88	73.88	-0.25	-0.36	2
	3	70.00	74.69	-5.42	75.42	0.73	1.04	3
	4	92.00	76.23	17.08	74.92	-1.32	-1.43	4
1960	1	70.00	78.39	-8.92	78.92	0.53	0.76	5
	2	79.00	80.63	-2.22	81.22	0.60	0.76	6
	3	77.00	83.11	-6.61	83.61	0.50	0.65	7
	4	101.00	84.36	16.95	84.05	-0.31	-0.30	8
1961	1	78.00	85.47	-8.73	86.73	1.26	1.62	9
	2	84.00	88.22	-2.40	86.40	-1.82	-2.16	10
	3	84.00	89.66	-6.54	90.54	0.89	1.05	11
	4	111.00	92.42	18.37	92.63	0.21	0.18	12
1962	1	84.00	94.48	-9.33	93.33	-1.15	-1.37	13
	2	95.00	96.16	-2.83	97.83	1.67	1.76	14
	3	90.00	97.28	-6.73	96.73	-0.55	-0.61	15
	4	117.00	97.22	19.78	97.22	0.00	0.00	16

...

Spektralanalytische Elimination der systematischen Schwankungskomponenten der Zeitreihe Gesamte Einzelhandelsumsätze nach dem ASA III - Verfahren (Fortsetzung I)

Jahr	Quartal	Orig. Wert	Glatt. Komp.	Saison-Komp.	Saison-berein.	irreg. Komp.	Proz. Anteil	Nummer
1963	1	87.00	97.63	-10.39	97.39	-0.23	-0.27	17
	2	96.00	99.08	-2.78	98.78	-0.29	-0.31	18
	3	94.00	100.72	-7.19	101.19	0.47	0.50	19
	4	123.00	102.25	21.28	101.72	-0.53	-0.43	20
1964	1	93.00	103.31	-11.54	104.54	1.23	1.32	21
	2	102.00	105.83	-2.88	104.88	-0.95	-0.93	22
	3	100.00	107.34	-6.81	106.81	-0.54	-0.54	23
	4	133.00	110.05	21.70	111.30	1.26	0.94	24
1965	1	100.00	113.97	-12.45	112.45	-1.52	-1.52	25
	2	115.00	116.52	-2.57	117.57	1.06	0.92	26
	3	113.00	119.19	-6.29	119.29	0.10	0.09	27
	4	142.00	120.98	21.30	120.70	-0.28	-0.20	28
1966	1	110.00	122.75	-12.54	122.54	-0.21	-0.19	29
	2	121.00	123.39	-2.74	123.74	0.35	0.29	30
	3	119.00	124.20	-5.67	124.67	0.47	0.39	31
	4	144.00	124.42	20.81	123.19	-1.23	-0.86	32

...

Spektralanalytische Elimination der systematischen Schwankungskomponenten der Zeitreihe Gesamte Einzelhandelsumsätze nach dem ASA III - Verfahren (Fortsetzung II)

Jahr	Quartal	Orig. Wert	Glatt. Komp.	Saison-Komp.	Saison-berein.	Irreg. Komp.	Proz. Anteil	Nummer
1967	1	113.00	123.86	-12.22	125.22	1.36	1.21	33
	2	121.00	124.94	-2.88	123.88	-1.06	-0.88	34
	3	119.00	124.78	-6.41	125.41	0.62	0.52	35
	4	148.00	125.80	22.16	125.84	0.04	0.03	36
1968	1	113.00	126.69	-12.66	125.66	-1.03	-0.91	37
	2	127.00	129.13	-3.30	130.30	1.18	0.93	38
	3	124.00	131.86	-7.28	131.28	-0.58	-0.47	39
	4	159.00	134.25	24.63	134.37	0.12	0.08	40
1969	1	123.00	137.22	-14.21	137.21	-0.01	-0.01	41
	2	138.00	141.72	-3.19	141.19	-0.53	-0.38	42
	3	138.00	145.42	-8.42	146.42	1.00	0.73	43
	4	176.00	149.28	27.11	148.89	-0.39	-0.22	44
1970	1	137.00	152.50	-15.47	152.47	-0.03	-0.02	45
	2	154.00	157.70	-2.78	156.78	-0.93	-0.60	46
	3	153.00	162.31	-8.54	161.54	-0.77	-0.50	47
	4	197.00	167.14	27.16	169.84	2.70	1.37	48
1971	1	154.00	171.41	-15.75	169.75	-1.66	-1.08	49
	2	173.00	175.69	-3.14	176.14	0.44	0.26	50
	3	169.00	179.46	-9.02	178.02	-1.43	-0.85	51
	4	213.00	182.44	27.44	185.56	3.12	1.47	52

Spektralanalytische Elimination der systematischen Schwankungskomponenten der Zeitreihe Einzelhandel Hausrat und Wohnbedarf nach dem ASA III - Verfahren

Jahr	Quartal	Orig. Wert	Glatt. Komp.	Saison-Komp.	Saison-berein.	Irreg. Komp.	Proz. Anteil	Nummer
1960	1	73.40	72.50	1.74	71.66	-0.84	-1.14	1
	2	72.40	75.29	-0.44	72.84	-2.45	-3.39	2
	3	78.70	78.97	-0.59	79.29	0.32	0.40	3
	4	85.20	82.94	-0.71	85.91	2.98	3.49	4
1961	1	87.20	86.59	1.43	85.77	-0.82	-0.94	5
	2	87.30	88.20	0.62	86.68	-1.52	-1.74	6
	3	89.40	89.71	-0.78	90.18	0.48	0.53	7
	4	92.20	92.90	-0.82	93.02	0.12	0.13	8
1962	1	96.50	96.12	1.34	95.16	-0.96	-1.00	9
	2	100.20	97.94	0.69	99.51	1.57	1.57	10
	3	100.50	101.95	-0.50	101.00	-0.95	-0.95	11
	4	102.40	106.12	-2.29	104.69	-1.43	-1.39	12
1963	1	113.70	109.65	1.36	112.34	2.68	2.36	13
	2	114.40	113.51	2.36	112.04	-1.47	-1.29	14
	3	114.10	114.87	-1.33	115.43	0.56	0.49	15
	4	114.90	117.19	-2.73	117.63	0.44	0.38	16

...

Spektralanalytische Elimination der systematischen Schwankungskomponenten der Zeitreihe Einzelhandel Hausrat und Wohnbedarf nach dem ASA III - Verfahren (Fortsetzung I)

Jahr	Quartal	Orig. Wert	Glatt. Komp.	Saison-Komp.	Saison-berein.	Irreg. Komp.	Proz. Anteil	Nummer
1964	1	119.60	119.47	1.70	117.90	-1.56	-1.31	17
	2	125.50	121.67	2.24	123.26	1.59	1.27	18
	3	122.70	124.80	-1.06	123.76	-1.04	-0.85	19
	4	125.40	127.58	-2.38	127.78	0.20	0.16	20
1965	1	132.30	131.25	0.25	132.05	0.80	0.61	21
	2	137.50	135.17	3.57	133.93	-1.24	-0.90	22
	3	138.40	138.89	-0.94	139.34	0.46	0.33	23
	4	140.80	143.93	-3.20	144.00	0.07	0.05	24
1966	1	148.80	148.67	-0.05	148.85	0.18	0.12	25
	2	157.30	152.67	4.67	152.63	-0.04	-0.03	26
	3	155.40	156.28	-0.78	156.18	-0.10	-0.06	27
	4	156.90	161.17	-4.44	161.34	0.17	0.11	28
1967	1	165.10	165.87	-0.25	165.35	-0.52	-0.32	29
	2	176.90	169.78	6.68	170.22	0.44	0.25	30
	3	172.70	174.37	-1.81	174.51	0.14	0.08	31
	4	173.80	179.44	-5.79	179.59	0.15	0.09	32

...

Spektralanalytische Elimination der systematischen Schwankungskomponenten der Zeitreihe Einzelhandel Hausrat und Wohnbedarf nach dem ASA III - Verfahren (Fortsetzung II)

Jahr	Quartal	Orig. Wert	Glatt. Komp.	Saison-Komp.	Saison-berein.	Irreg. Komp.	Proz. Anteil	Nummer
1968	1	184.70	184.01	0.69	184.01	0.01	0.00	33
	2	196.90	189.36	8.84	188.06	-1.30	-0.66	34
	3	192.90	196.72	-4.54	197.44	0.71	0.37	35
	4	198.80	205.31	-6.67	205.47	0.16	0.08	36
1969	1	214.60	211.65	4.24	210.36	-1.29	-0.60	37
	2	226.40	215.87	7.24	219.16	3.29	1.45	38
	3	214.40	222.05	-5.99	220.39	-1.65	-0.77	39
	4	217.70	224.63	-6.00	223.70	-0.93	-0.43	40
1970	1	236.50	228.09	6.37	230.13	2.05	0.87	41
	2	237.50	235.08	7.38	230.12	-4.96	-2.09	42
	3	235.90	241.90	-5.77	241.67	-0.23	-0.10	43
	4	245.10	248.60	-6.23	251.33	2.74	1.12	44
1971	1	261.30	254.17	6.14	255.16	0.99	0.38	45
	2	262.50	259.38	5.68	256.82	-2.56	-0.97	46
	3	256.40	263.80	-6.90	263.30	-0.50	-0.19	47
	4	264.40	267.25	-5.84	270.24	2.99	1.13	48

Spektralanalytische Elimination der systematischen Schwankungskomponenten der Zeitreihe Einzelhandel mit Bekleidung, Wäsche, Schuhe nach dem ASA III - Verfahren

Jahr	Quartal	Orig. Wert	Glatt. Komp.	Saison-Komp.	Saison-berein.	irreg. Komp.	Proz. Anteil	Nummer
1960	1	65,70	76,62	-15,94	81,64	5,02	7,64	1
	2	80,90	84,16	-3,87	84,77	0,61	0,76	2
	3	73,90	87,32	-12,64	86,54	-0,79	-1,07	3
	4	115,50	87,89	32,45	83,05	-4,84	-4,19	4
1961	1	77,10	87,63	-16,02	93,12	5,48	7,11	5
	2	83,90	91,12	-3,57	87,47	-3,65	-4,35	6
	3	79,50	91,20	-13,53	93,03	1,83	2,30	7
	4	126,90	93,98	32,41	94,49	0,51	0,40	8
1962	1	78,50	96,54	-15,82	94,32	-2,23	-2,84	9
	2	97,70	99,50	-3,95	101,65	2,15	2,21	10
	3	87,10	100,84	-13,59	100,69	-0,15	-0,17	11
	4	136,80	101,08	35,37	101,43	0,35	0,26	12
1963	1	81,50	101,53	-18,58	100,08	-1,45	-1,78	13
	2	100,30	102,96	-3,12	103,42	0,46	0,46	14
	3	91,10	105,39	-14,67	105,77	0,38	0,42	15
	4	143,70	106,89	37,39	106,31	-0,58	-0,40	16
1964	1	89,50	107,38	-19,60	109,10	1,72	1,92	17
	2	105,10	109,96	-3,05	108,15	-1,81	-1,72	18
	3	96,30	111,75	-15,50	111,80	0,05	0,05	19
	4	154,80	115,24	38,49	116,31	1,07	0,69	20

Spektralanalytische Elimination der systematischen Schwankungskomponenten der Zeitreihe Einzelhandel mit Bekleidung, Wäsche, Schuhe nach dem ASA III - Verfahren (Fortsetzung I)

Jahr	Quartal	Orig. Wert	Glatt. Komp.	Saison-Komp.	Saison-berein.	irreg. Komp.	Proz. Anteil	Nummer
1965	1	97,9o	119,37	-19,53	117,43	-1,94	-1,98	21
	2	12o,8o	122,72	-3,63	124,43	1,71	1,42	22
	3	11o,5o	126,62	-15,78	126,28	-o,34	-o,31	23
	4	167,5o	128,26	39,1o	128,4o	o,14	o,o9	24
1966	1	11o,5o	129,9o	-18,95	129,45	-o,46	-o,41	25
	2	125,7o	13o,36	-5,41	131,11	o,75	o,59	26
	3	116,9o	131,85	-14,34	131,24	-o,61	-o,52	27
	4	169,1o	131,o9	38,71	13o,39	-o,69	-o,41	28
1967	1	114,5o	13o,53	-18,43	132,93	2,4o	2,1o	29
	2	121,7o	13o,86	-6,79	128,49	-2,37	-1,95	3o
	3	116,8o	128,61	-13,72	13o,52	1,9o	1,63	31
	4	168,oo	129,o6	39,97	128,o3	-1,o3	-o,61	32
1968	1	1o9,1o	13o,o4	-19,32	128,42	-1,62	-1,49	33
	2	127,7o	133,44	-7,74	135,44	2,oo	1,56	34
	3	122,3o	136,25	-14,12	136,42	o,17	o,14	35
	4	181,7o	138,78	43,56	138,14	-o,64	-o,35	36

Spektralanalytische Elimination der systematischen Schwankungskomponenten der Zeitreihe Einzelhandel mit Bekleidung, Wäsche, Schuhe nach dem ASA III - Verfahren (Fortsetzung II)

Jahr	Quartal	Orig. Wert	Glatt. Komp.	Saison-Komp.	Saison-berein.	irreg. Komp.	Proz. Anteil	Nummer
1969	1	118,6o	141,12	-22,25	14o,85	-o,26	-o,22	37
	2	139,7o	147,19	-7,o3	146,73	-o,46	-o,33	38
	3	136,2o	151,88	-16,98	153,18	1,3o	o,96	39
	4	2o5,1o	156,56	49,33	155,77	-o,79	-o,39	4o
197o	1	134,3o	159,21	-25,55	159,85	o,64	o,48	41
	2	158,3o	165,77	-6,o2	164,32	-1,45	-o,91	42
	3	15o,5o	17o,33	-17,33	167,83	-2,5o	-1,66	43
	4	231,1o	175,o5	49,36	181,74	6,69	2,9o	44
1971	1	149,9o	18o,73	-25,92	175,82	-4,91	-3,28	45
	2	179,7o	186,28	-6,65	186,35	o,o6	o,o4	46
	3	17o,8o	19o,o8	-18,34	189,14	-o,94	-o,55	47
	4	247,6o	19o,91	49,8o	197,8o	6,89	2,78	48

Spektralanalytische Elimination der systematischen Schwankungskomponenten der Zeitreihe Einzelhandel mit Nahrungs- und Genußmitteln nach dem ASA III - Verfahren

Jahr	Quartal	Orig. Wert	Glatt. Komp.	Saison-Komp.	Saison-berein.	Irreg. Komp.	Proz. Anteil	Nummer
1960	1	80.00	86.94	-6.79	86.79	-0.16	-0.20	1
	2	86.70	87.66	-1.60	88.30	0.64	0.74	2
	3	88.90	88.72	0.59	88.31	-0.41	-0.46	3
	4	97.80	90.08	7.79	90.01	-0.07	-0.07	4
1961	1	85.10	91.69	-6.80	91.90	0.21	0.24	5
	2	91.50	93.77	-1.45	92.95	-0.82	-0.89	6
	3	96.70	95.35	0.16	96.54	1.19	1.23	7
	4	104.90	97.11	7.69	97.21	0.10	0.09	8
1962	1	91.20	98.25	-6.61	97.81	-0.43	-0.48	9
	2	97.90	99.33	-1.42	99.32	-0.02	-0.02	10
	3	100.90	100.66	-0.04	100.94	0.27	0.27	11
	4	109.90	102.02	7.86	102.04	0.02	0.01	12
1963	1	96.20	102.53	-5.95	102.15	-0.38	-0.39	13
	2	102.20	103.08	-1.86	104.06	0.98	0.96	14
	3	103.20	104.70	-0.52	103.72	-0.98	-0.95	15
	4	114.00	105.89	8.99	105.01	-0.88	-0.77	16

...

Spektralanalytische Elimination der systematischen Schwankungskomponenten der Zeitreihe Einzelhandel mit Nahrungs- und Genußmitteln nach dem ASA III - Verfahren (Fortsetzung I)

Jahr	Quartal	Orig. Wert	Glatt. Komp.	Saison-Komp.	Saison-berein.	Irreg. Komp.	Proz. Anteil	Nummer
1964	1	102.40	107.10	-7.04	109.44	2.34	2.29	17
	2	106.70	109.69	-1.62	108.32	-1.36	-1.28	18
	3	109.50	109.80	-0.20	109.70	-0.10	-0.09	19
	4	121.90	111.25	9.64	112.26	1.01	0.83	20
1965	1	104.10	114.35	-8.61	112.71	-1.63	-1.57	21
	2	116.60	117.16	-1.00	117.60	0.44	0.38	22
	3	120.50	119.39	0.27	120.23	0.84	0.70	23
	4	131.60	121.85	9.98	121.62	-0.23	-0.18	24
1966	1	112.80	123.55	-10.20	123.00	-0.55	-0.49	25
	2	125.10	124.15	0.10	125.00	0.85	0.68	26
	3	125.50	125.48	0.89	124.61	-0.87	-0.69	27
	4	134.70	125.89	8.32	126.38	0.49	0.36	28
1967	1	117.40	126.30	-9.20	126.60	0.30	0.25	29
	2	125.60	125.76	0.55	125.05	-0.71	-0.56	30
	3	126.70	125.48	0.16	126.54	1.06	0.84	31
	4	132.90	126.09	7.95	124.95	-1.14	-0.86	32

Spektralanalytische Elimination der systematischen Schwankungskomponenten der Zeitreihe Einzelhandel mit Nahrungs- und Genußmitteln nach dem ASA III - Verfahren (Fortsetzung II)

Jahr	Quartal	Orig. Wert	Glatt. Komp.	Saison-Komp.	Saison-berein.	Irreg. Komp.	Proz. Anteil	Nummer
1968	1	118.30	126.10	-8.23	126.53	0.43	0.36	33
	2	128.00	127.50	0.23	127.77	0.27	0.21	34
	3	128.60	129.57	-0.21	128.81	-0.76	-0.59	35
	4	140.50	131.85	8.15	132.35	0.50	0.36	36
1969	1	126.40	134.53	-7.88	134.28	-0.25	-0.20	37
	2	137.70	137.42	-0.15	137.85	0.43	0.31	38
	3	139.50	140.28	-0.59	140.09	-0.19	-0.13	39
	4	151.70	142.65	9.22	142.48	-0.18	-0.12	40
1970	1	137.30	145.31	-8.72	146.02	0.71	0.52	41
	2	147.90	149.07	0.02	147.88	-1.19	-0.80	42
	3	151.70	151.59	-0.78	152.48	0.89	0.58	43
	4	165.70	155.63	9.38	156.32	0.69	0.42	44
1971	1	148.40	158.75	-8.94	157.34	-1.41	-0.95	45
	2	164.50	162.84	0.41	164.09	1.25	0.76	46
	3	164.40	167.28	-1.11	165.51	-1.77	-1.08	47
	4	183.60	172.04	9.51	174.09	2.06	1.12	48

Spektralanalytische Elimination der systematischen Schwankungskomponenten der Zeitreihe Großhandelsumsätze insgesamt nach dem ASA III - Verfahren

Jahr	Quartal	Orig. Wert	Glatt. Komp.	Saison-Komp.	Saison-berein.	irreg. Komp.	Proz. Anteil	Nummer
1964	1	100.60	111.26	-9.66	110.26	-1.00	-0.99	1
	2	111.70	111.53	0.15	111.55	0.02	0.02	2
	3	116.70	113.18	3.66	113.04	-0.15	-0.12	3
	4	122.70	115.73	5.85	116.85	1.12	0.91	4
1965	1	108.10	118.67	-9.73	117.83	-0.84	-0.78	5
	2	121.40	121.09	0.56	120.84	-0.25	-0.21	6
	3	127.50	123.85	2.48	125.02	1.17	0.91	7
	4	131.70	125.92	5.77	125.93	0.01	0.01	8
1966	1	117.60	126.75	-9.45	127.05	0.30	0.26	9
	2	126.40	126.08	-0.09	126.49	0.41	0.32	10
	3	128.20	124.03	2.96	125.24	1.21	0.94	11
	4	127.60	122.71	7.85	119.75	-2.96	-2.32	12
1967	1	111.20	120.69	-11.34	122.54	1.84	1.66	13
	2	123.10	123.41	0.57	122.53	-0.89	-0.72	14
	3	125.50	124.27	2.47	123.03	-1.24	-0.99	15
	4	137.80	124.85	9.03	128.77	3.91	2.84	16

Spektralanalytische Elimination der systematischen Schwankungskomponenten der Zeitreihe Großhandelsumsätze insgesamt nach dem ASA III - Verfahren (Fortsetzung)

Jahr	Quartal	Orig. Wert	Glatt. Komp.	Saison-Komp.	Saison-berein.	irreg. Komp.	Proz. Anteil	Nummer
1968	1	111.30	126.65	-12.26	123.56	-3.10	-2.78	17
	2	128.40	126.62	0.59	127.81	1.19	0.92	18
	3	131.40	129.08	2.44	128.96	-0.13	-0.10	19
	4	141.10	132.56	9.80	131.30	-1.26	-0.89	20
1969	1	125.30	137.40	-13.73	139.03	1.63	1.30	21
	2	143.20	143.04	2.09	141.11	-1.92	-1.34	22
	3	151.90	147.99	2.50	149.40	1.40	0.92	23
	4	162.00	154.14	8.07	153.93	-0.21	-0.13	24
1970	1	144.70	157.71	-12.52	157.22	-0.49	-0.34	25
	2	163.70	159.46	1.97	161.73	2.27	1.39	26
	3	161.70	161.15	2.54	159.16	-1.99	-1.23	27
	4	169.40	161.39	8.13	161.27	-0.12	-0.07	28
1971	1	150.30	162.47	-12.42	162.72	0.25	0.17	29
	2	165.40	163.13	2.11	163.29	0.16	0.10	30
	3	166.80	163.89	2.35	164.45	0.56	0.34	31
	4	171.90	164.91	7.92	163.98	-0.92	-0.54	32

Spektralanalytische Elimination der systematischen Schwankungskomponenten der Zeitreihe Großhandel mit Nahrungs- und Genußmitteln nach dem ASA III - Verfahren

Jahr	Quartal	Orig. Wert	Glatt. Komp.	Saison-Komp.	Saison-berein.	irreg. Komp.	Proz. Anteil	Nummer
1964	1	102.50	115.02	-13.13	115.63	0.62	0.60	1
	2	116.80	113.15	3.77	113.03	-0.12	-0.10	2
	3	116.90	114.54	2.70	114.20	-0.34	-0.29	3
	4	124.80	118.29	6.67	118.13	-0.16	-0.12	4
1965	1	110.90	123.46	-13.37	124.27	0.81	0.73	5
	2	132.90	129.62	4.76	128.14	-1.48	-1.12	6
	3	136.60	133.69	1.56	135.04	1.36	0.99	7
	4	144.80	136.20	6.37	138.43	2.23	1.54	8
1966	1	122.70	137.33	-13.13	135.83	-1.50	-1.22	9
	2	141.00	136.38	4.76	136.24	-0.15	-0.11	10
	3	139.40	137.17	1.86	137.54	0.37	0.27	11
	4	144.70	140.44	6.52	138.18	-2.26	-1.56	12
1967	1	130.30	142.17	-14.07	144.37	2.21	1.69	13
	2	151.30	144.46	7.17	144.13	-0.33	-0.22	14
	3	144.30	144.08	-0.15	144.45	0.37	0.26	15
	4	151.10	143.75	6.48	144.62	0.86	0.57	16

Spektralanalytische Elimination der systematischen Schwankungskomponenten der Zeitreihe Großhandel mit Nahrungs- und Genußmitteln nach dem ASA III - Verfahren (Fortsetzung)

Jahr	Quartal	Orig. Wert	Glatt. Komp.	Saison-Komp.	Saison-berein.	irreg. Komp.	Proz. Anteil	Nummer
1968	1	127.40	142.77	-12.97	140.37	-2.40	-1.89	17
	2	151.70	142.54	6.83	144.87	2.33	1.54	18
	3	142.50	145.65	-1.18	143.68	-1.98	-1.39	19
	4	155.80	147.85	8.03	147.77	-0.08	-0.05	20
1969	1	139.90	151.65	-13.86	153.76	2.11	1.51	21
	2	161.20	156.80	7.31	153.89	-2.91	-1.80	22
	3	160.00	160.08	-1.83	161.83	1.75	1.09	23
	4	172.70	163.88	8.05	164.65	0.77	0.44	24
1970	1	151.80	166.26	-12.77	164.57	-1.69	-1.11	25
	2	174.70	166.85	7.20	167.50	0.65	0.37	26
	3	166.30	168.32	-1.68	167.98	-0.35	-0.21	27
	4	176.70	169.02	8.03	168.67	-0.35	-0.20	28
1971	1	158.40	170.55	-12.75	171.15	0.60	0.38	29
	2	179.00	172.90	5.90	173.10	0.19	0.11	30
	3	176.50	177.29	-1.05	177.55	0.26	0.15	31
	4	191.40	184.55	7.86	183.54	-1.02	-0.53	32

Spektralanalytische Elimination der systematischen Schwankungskomponenten der Zeitreihe Auftragseingänge Gesamtindustrie nach dem ASA III - Verfahren

Jahr	Quartal	Orig. Wert	Glatt. Komp.	Saison-Komp.	Saison-berein.	irreg. Komp.	Proz. Anteil	Nummer
1962	1	97.30	102.60	-3.25	100.55	-2.05	-2.11	1
	2	102.00	99.80	2.44	99.56	-0.24	-0.23	2
	3	97.30	98.62	-2.89	100.19	1.56	1.61	3
	4	103.30	98.88	3.69	99.61	0.73	0.70	4
1963	1	95.00	100.37	-3.22	98.22	-2.15	-2.26	5
	2	105.30	102.39	2.48	102.82	0.43	0.41	6
	3	104.70	106.96	-3.25	107.95	0.98	0.94	7
	4	114.70	112.07	3.70	111.00	-1.07	-0.93	8
1964	1	113.70	115.60	-3.22	116.92	1.32	1.16	9
	2	122.00	119.30	2.58	119.42	0.12	0.10	10
	3	118.00	122.42	-3.29	121.29	- 1.13	-0.96	11
	4	128.70	124.15	3.27	125.43	1.28	1.00	12
1965	1	123.70	126.05	-2.14	125.84	-0.20	-0.16	13
	2	129.00	127.52	2.40	126.60	-0.92	-0.71	14
	3	125.70	129.17	-3.62	129.32	0.15	0.12	15
	4	134.30	131.13	3.38	130.92	-0.22	-0.16	16
1966	1	130.00	131.73	-2.11	132.11	0.38	0.29	17
	2	133.30	129.97	2.09	131.21	1.24	0.93	18
	3	123.30	126.04	-3.89	127.19	1.15	0.93	19
	4	125.00	122.69	5.11	119.89	-2.80	-2.24	20

Spektralanalytische Elimination der systematischen Schwankungskomponenten der Zeitreihe Auftragseingänge Gesamtindustrie nach dem ASA III - Verfahren (Fortsetzung)

Jahr	Quartal	Orig. Wert	Glatt. Komp.	Saison-Komp.	Saison-berein.	irreg. Komp.	Proz. Anteil	Nummer
1967	1	117.30	120.57	-3.53	120.83	0.26	0.22	21
	2	126.00	124.19	1.65	124.35	0.16	0.13	22
	3	123.70	128.74	-3.46	127.16	-1.57	-1.27	23
	4	142.00	132.39	6.35	135.65	3.25	2.29	24
1968	1	132.30	137.97	-4.74	137.04	-0.93	-0.70	25
	2	143.30	143.08	1.46	141.84	-1.24	-0.86	26
	3	147.00	149.38	-3.14	150.14	0.76	0.52	27
	4	164.00	157.85	6.53	157.47	-0.37	-0.23	28
1969	1	161.70	167.44	-4.69	166.39	-1.05	-0.65	29
	2	177.30	175.25	1.27	176.03	0.78	0.44	30
	3	181.00	182.25	-2.58	183.58	1.33	0.73	31
	4	191.00	186.71	4.99	186.01	-0.70	-0.37	32
1970	1	184.70	187.09	-3.63	188.33	1.24	0.67	33
	2	188.70	187.46	1.25	187.45	-0.01	-0.00	34
	3	183.30	188.47	-2.45	185.75	-2.72	-1.48	35
	4	196.00	190.96	5.24	190.76	-0.19	-0.10	36
1971	1	190.30	192.90	-3.91	194.21	1.31	0.69	37
	2	197.30	194.16	2.21	195.09	0.93	0.47	38
	3	187.30	193.57	-4.26	191.56	-2.01	-1.08	39
	4	196.00	190.26	5.34	190.66	0.39	0.20	40

Spektralanalytische Elimination der systematischen Schwankungskomponenten der Zeitreihe Auftragseingänge der Investitionsgüterindustrie nach dem ASA III-Verfahren

Jahr	Quartal	Orig. Wert	Glatt. Komp.	Saison-Komp.	Saison-bereinig.	irreg. Komp.	Proz. Anteil	Nummer
1962	1	102.30	103.81	0.46	101.84	-1.96	-1.92	1
	2	99.70	99.72	-0.58	100.28	0.56	0.56	2
	3	96.70	98.16	-2.92	99.62	1.47	1.52	3
	4	101.70	98.72	3.04	98.66	-0.06	-0.06	4
1963	1	99.70	101.01	0.61	99.09	-1.91	-1.92	5
	2	104.00	104.52	-0.82	104.82	0.30	0.29	6
	3	108.30	109.66	-3.75	112.05	2.39	2.21	7
	4	117.00	114.92	3.07	113.93	-0.98	-0.84	8
1964	1	119.30	117.78	0.78	118.52	o.74	0.62	9
	2	121.00	121.53	-0.88	121.88	0.35	0.29	10
	3	120.30	125.61	-3.60	123.90	-1.71	-1.43	11
	4	133.30	128.57	3.68	129.62	1.04	0.78	12
1965	1	133.00	131.19	0.78	132.22	1.03	0.77	13
	2	131.70	133.57	-0.49	132.19	-1.39	-1.05	14
	3	130.00	134.26	-4.26	134.26	-0.00	-0.00	15
	4	140.30	135.66	4.63	135.67	0.02	0.01	16
1966	1	135.30	135.90	-0.30	135.60	-0.30	-0.23	17
	2	135.00	133.48	-0.43	135.43	1.95	1.44	18
	3	125.00	127.88	-4.82	129.82	1.94	1.55	19
	4	127.30	123.20	7,81	119.49	-3.71	-2.92	20

Spektralanalytische Elimination der systematischen Schwankungskomponenten der Zeitreihe Auftragseingänge der Investitionsgüterindustrie nach dem ASA III - Verfahren (Fortsetzung)

Jahr	Quartal	Orig. Wert	Glatt. Komp.	Saison-Komp.	Saison-berein.	irreg. Komp.	Proz. Anteil	Nummer
1967	1	117.00	120.51	-3.22	120.22	-0.29	-0.25	21
	2	125.30	125.60	-0.44	125.74	0.14	0.11	22
	3	126.30	132.64	-4.25	130.55	-2.09	-1.65	23
	4	151.30	137.16	8.07	143.23	6.08	4.02	24
1968	1	139.00	144.20	-2.55	141.55	-2.65	-1.90	25
	2	146.00	148.97	-1.93	147.93	-1.04	-0.71	26
	3	156.30	159.50	-3.25	159.55	0.05	0.03	27
	4	178.00	173.21	6.83	171.17	-2.03	-1.14	28
1969	1	189.30	188.61	-0.96	190.26	1.65	0.87	29
	2	198.00	201.08	-2.72	200.72	-0.36	-0.18	30
	3	210.30	209.72	-1.70	212.00	2.28	1.09	31
	4	217.30	214.60	3.12	214.18	-0.43	-0.20	32
1970	1	216.00	213.81	1.58	214.42	0.61	0.28	33
	2	209.70	212.31	-2.84	212.54	0.23	0.11	34
	3	207.30	212.07	-1.64	208.94	-3.13	-1.51	35
	4	217.00	214.34	3.47	213.53	-0.81	-0.37	36
1971	1	218.30	216.21	1.28	217.02	0.81	0.37	37
	2	216.70	216.58	-1.95	218.65	2.08	0.96	38
	3	207.70	213.36	-3.36	211.06	-2.30	-1.11	39
	4	208.30	204.85	3.39	204.91	0.06	0.03	40

Spektralanalytische Elimination der systematischen Schwankungskomponenten der Zeitreihe Auftragseingänge der Verbrauchsgüterindustrie nach dem ASAIII-Verfahren

Jahr	Quartal	Orig.Wert	Glatt.Komp.	Saison-komp.	Saison-berein.	irreg. Komp.	Proz. Anteil	Nummer
1962	1	90,70	99,09	-7.46	98.16	-0.94	-1.03	1
	2	104.00	99.80	5.12	98.88	-0.92	-0.88	2
	3	91.70	100.12	-9.37	101.07	0.95	1.04	3
	4	113.00	100.39	11.71	101.29	0.90	0.80	4
1963	1	92.30	100.93	-7.68	99.98	-0.95	-1.03	5
	2	107.00	101.89	6.05	100.95	-0.94	-0.88	6
	3	95.00	104.66	-10.21	105.21	0.55	0.57	7
	4	120.30	108.60	11.54	108.76	0.16	0.13	8
1964	1	105.00	112.31	-7.59	112.59	0.27	0.26	9
	2	121.30	115.05	6.14	115.16	0.11	0.09	10
	3	107.70	117.60	-10.48	118.18	0.58	0.54	11
	4	130.70	119.99	11.21	119.49	-0.51	-0.39	12
1965	1	115.30	122.06	-6.24	121.54	-0.53	-0.46	13
	2	130.70	124.64	5.42	125.28	0.65	0.50	14
	3	117.00	128.92	-9.79	126.79	-2.13	-1.82	15
	4	142.00	130.42	9.60	132.40	1.98	1.40	16
1966	1	127.30	130.96	-4.60	131.90	0.94	0.74	17
	2	131.30	127.30	4.64	126.66	-0.64	-0.49	18
	3	114.00	121.67	-9.99	123.99	2.32	2.04	19
	4	125.00	118.39	10.65	114.35	-4.04	-3.23	20

(Fortsetzung)
Spektralanalytische Elimination der systematischen Schwankungskomponenten der Zeitreihe Auftragseingänge der Verbrauchsgüterindustrie nach dem ASAIII-Verfahren

Jahr	Quartal	Orig. Wert	Glatt. Komp.	Saison-Komp.	Saison-bereinig.	irreg. Komp.	Proz. Anteil	Nummer
1967	1	111.70	116.04	-5.70	117.40	1.36	1.22	21
	2	124.00	119.84	5.15	118.85	-1.00	- 0.80	22
	3	112.70	123.18	-10.44	123.14	-0.04	-0.03	23
	4	141.70	127.41	11.04	130.66	3.24	2.29	24
1968	1	122.70	131.90	-4.88	127.58	-4.32	-3.52	25
	2	142.30	135.15	4.06	138.24	3.09	2.17	26
	3	129.00	141.79	-11.90	140.90	-0.88	-0.68	27
	4	158.00	146.01	14.42	143.58	-2.43	-1.54	28
1969	1	146.70	148.88	-6.93	153.63	4.75	3.24	29
	2	154.70	153.77	4.60	150.10	-3.66	-2.37	30
	3	142.70	154.02	-12.41	155.11	1.09	0.76	31
	4	172.00	154.93	14.17	157.83	2.90	1.69	32
1970	1	146.70	156.28	-5.56	152.26	-4,02	-2.74	33
	2	162.70	157.69	4.57	158.13	0.44	0.27	34
	3	149.00	162.31	-12.32	161.32	-0.99	-0.66	35
	4	183.00	168.46	14.47	168.53	0.07	0.04	36
1971	1	167.00	172.17	6.03	173.03	0.86	0.52	37
	2	182.30	175.67	4.20	178.10	2.43	1.33	38
	3	162.30	179.14	-13.71	176.01	-3.13	-1.93	39
	4	198.30	182.92	14.57	183.73	0.81	0.41	40

Spektralanalytische Elimination der systematischen Schwankungskomponenten der Zeitreihe Gesamtindustrieumsatz nach dem ASA III - Verfahren

Jahr	Quartal	Orig. Wert	Glatt. Komp.	Saison-Komp.	Saison-berein.	irreg. Komp.	Proz. Anteil	Nummer
1962	1	90.50	96.77	-4.97	95.47	-1.29	-1.43	1
	2	92.70	94.87	-1.21	93.91	-0.96	-1.03	2
	3	96.60	94.34	1.09	95.51	1.17	1.21	3
	4	101.00	94.82	5.10	95.90	1.08	1.07	4
1963	1	89.50	95.94	-5.08	94.58	-1.36	-1.52	5
	2	95.70	96.55	-0.65	96.35	-0.20	-0.21	6
	3	100.40	98.76	0.31	100.09	1.33	1.33	7
	4	105.90	101.96	5.03	100.87	-1.09	-1.03	8
1964	1	100.20	104.41	-4.98	105.18	0.78	0.78	9
	2	107.10	107.68	-0.61	107.71	0.03	0.03	10
	3	110.70	111.06	0.26	110.44	-0.62	-0.56	11
	4	119.30	113.71	4.81	114.49	0.78	0.65	12
1965	1	111.70	115.73	-4.11	115.81	0.07	0.07	13
	2	116.50	117.41	-0.76	117.26	-0.16	-0.14	14
	3	118.50	119.30	-0.22	118.72	-0.58	-0.49	15
	4	126.40	121.28	5.22	121.18	-0.10	-0.08	16
1966	1	119.20	123.17	-0.41	123.30	0.13	0.11	17
	2	123.10	123.74	-1.02	124.12	0.38	0.31	18
	3	122.80	121.85	-0.76	123.56	1.71	1.40	19
	4	124.50	119.32	6.83	117.67	-1.65	-1.32	20

...

Spektralanalytische Elimination der systematischen Schwankungskomponenten der Zeitreihe Gesamtindustrieumsatz nach dem ASA III - Verfahren (Fortsetzung)

Jahr	Quartal	Orig. Wert	Glatt. Komp.	Saison-Komp.	Saison-berein.	irreg. Komp.	Proz. Anteil	Nummer
1967	1	111.10	116.09	-5.04	116.14	0.05	0.05	21
	2	115.20	116.59	-1.50	116.70	0.11	0.09	22
	3	116.30	118.47	-0.78	117.08	-1.39	-1.20	23
	4	130.90	120.97	8.20	122.70	1.73	1.32	24
1968	1	118.90	125.45	-5.82	124.72	-0.73	-0.62	25
	2	128.40	130.50	-1.94	130.34	-0.15	-0.12	26
	3	135.40	135.87	-1.03	136.43	0.55	0.41	27
	4	151.00	141.87	9.85	141.15	-0.72	-0.48	28
1969	1	141.40	148.02	-7.57	148.97	0.95	0.67	29
	2	152.70	155.02	-1.19	153.89	-1.13	-0.74	30
	3	160.30	160.58	-0.82	161.12	0.54	0.34	31
	4	177.30	167.03	9.52	167,78	0,75	0,42	32
1970	1	163.30	172.66	-7.84	171.14	-1.51	-0.93	33
	2	177.70	176.71	-1.24	178.94	2.24	1.26	34
	3	179.50	181.36	-0.79	180.29	-1.07	-0.60	35
	4	193.80	184.73	9.55	184.25	-0.48	-0.25	36
1971	1	180.40	187.55	-7.81	188.21	0.65	0.36	37
	2	188.90	189.29	-0.67	189.57	0.28	0.15	38
	3	189.60	190.42	-1.03	190.63	0.21	0.11	39
	4	199.50	191.14	9.53	189.97	-1.17	-0.58	40

Spektralanalytische Elimination der systematischen Schwankungskomponenten der Zeitreihe Umsatz der Verbrauchsgüterindustrie nach dem ASA III - Verfahren

Jahr	Quartal	Orig. Wert	Glatt. Komp.	Saison-Komp.	Saison-berein.	irreg. Komp.	Proz. Anteil	Nummer
1962	1	91.70	94.99	-1.85	93.55	-1.44	-1.58	1
	2	87.90	93.55	-5.79	93.69	0.14	0.16	2
	3	92.60	93.34	-0.63	93.23	-0.12	-0.12	3
	4	103.70	94.02	8.27	95.43	1.42	1.37	4
1963	1	92.20	95.18	-1.86	94.06	-1.12	-1.22	5
	2	89.90	95.82	-5.67	95.57	-0.25	-0.28	6
	3	97.70	97.48	-0.78	98.48	1.00	1.02	7
	4	107.30	99.98	8.21	99.09	-0.89	-0.83	8
1964	1	100.80	102.13	-1.76	102.56	0.43	0.42	9
	2	99.20	104.86	-5.61	104.81	-0.05	-0.05	10
	3	106.90	107.98	-0.97	107.87	-0.10	-0.10	11
	4	118.90	110.79	7.78	111.12	0.33	0.28	12
1965	1	112.30	113.20	-0.68	112.98	-0.22	-0.20	13
	2	109.60	115.31	-6.26	115.86	0.55	0.50	14
	3	116.40	118.58	-0.51	116.91	-1.67	-1.43	15
	4	128.30	120.35	6.84	121.46	1.11	0.87	16
1966	1	123.40	122.78	0.37	123.03	0.25	0.20	17
	2	114.80	122.33	-6.85	121.65	-0.68	-0.59	18
	3	122.20	120.24	0.00	122.20	1.96	1.60	19
	4	122.40	117.66	5.75	116.65	-1.01	-0.82	20

Spektralanalytische Elimination der systematischen Schwankungskomponenten der Zeitreihe Umsatz der Verbrauchsgüterindustrie nach dem ASA III - Verfahren (Fortsetzung)

Jahr	Quartal	Orig. Wert	Glatt. Komp.	Saison-Komp.	Saison-berein.	irreg. Komp.	Proz. Anteil	Nummer
1967	1	115.90	114.48	1.65	114.25	-0.23	-0.20	21
	2	105.50	113.17	-7.40	112.90	-0.27	-0.25	22
	3	114.20	114.40	-0.30	114.50	0.10	0.09	23
	4	123.20	118.16	6.04	117.16	-1.00	-0.81	24
1968	1	124.60	122.06	2.23	122.37	0.32	0.25	25
	2	121.10	127.82	-8.02	129.12	1.29	1.07	26
	3	130.80	133.19	-1.38	132.18	-1.01	-0.77	27
	4	145.50	136.92	8.40	137.10	0.18	0.12	28
1969	1	142.50	140.74	0.63	141.87	1.13	0.79	29
	2	136.60	146.33	-7.45	144.05	-2.28	-1.67	30
	3	148.20	149.49	-2.31	150.51	1.02	0.69	31
	4	164.80	153.17	9.61	155.19	2.02	1.22	32
1970	1	153.90	156.41	0.17	153.73	-2.67	-1.74	33
	2	151.90	158.01	-7.49	159.39	1.38	0.91	34
	3	158.90	161.62	-2.14	161.04	-0.58	-0.36	35
	4	174.20	165.45	9.75	164.45	-1.00	-0.57	36
1971	1	169.60	168.22	-0.01	169.61	1.39	0.82	37
	2	164.80	171.02	-7.47	172.27	1.25	0.76	38
	3	170.80	174.64	-2.62	173.42	-1.22	-0.71	39
	4	188.40	179.72	9.80	178.60	-1.12	-0.59	40

Spektralanalytische Elimination der systematischen Schwankungskomponenten der Zeitreihe Bauproduktion Kal. monatlich, nach dem ASA III - Verfahren

Jahr	Quartal	Orig. Wert	Glatt. Komp.	Saison-Komp.	Saison-berein.	irreg. Komp.	Proz. Anteil	Nummer
1962	1	71.80	121.82	-41.74	113.54	-8.28	-11.53	1
	2	112.60	98.17	18.09	94.51	- 3.66	-3.25	2
	3	116.20	89.37	21.26	94.94	5.57	4.79	3
	4	99.40	90.64	2.39	97.01	6.37	6.41	4
1963	1	45.60	97.21	-41.97	87.57	-9.64	-21.13	5
	2	123.50	98.39	19.28	104.22	5.83	4.72	6
	3	129.20	108.15	20.49	108.71	0.57	0.44	7
	4	111.30	113.94	2.30	109.00	-4.94	-4.44	8
1964	1	80.90	114.87	-42.16	123.06	8.18	10.12	9
	2	133.40	117.88	20.15	113.25	-4.63	-3.47	10
	3	136.80	118.67	19.72	117.08	-1.59	-1.16	11
	4	121.80	118.44	-2.35	124.15	5.71	4.69	12
1965	1	81.20	119.82	-33.45	114.65	-5.17	-6.37	13
	2	135.40	117.92	16.53	118.87	0.95	0.71	14
	3	140.30	120.77	17.20	123.10	2.33	1.66	15
	4	118.90	123.57	-0.64	119.54	-4.03	-3.39	16
1966	1	94.50	123.25	-31.10	125.60	2.36	2.49	17
	2	138.90	123.65	13.99	124.91	1.26	0.91	18
	3	139.20	123.94	17.32	121.88	-2.06	-1.48	19
	4	119.70	119.59	-1.28	120.98	1.39	1.16	20

...

Spektralanalytische Elimination der systematischen Schwankungskomponenten der Zeitreihe Bauproduktion Kal. monatlich, nach dem ASA III - Verfahren (Fortsetzung)

Jahr	Quartal	Orig. Wert	Glatt. Komp.	Saison-Komp.	Saison-berein.	irreg. Komp.	Proz. Anteil	Nummer
1967	1	88.70	115.32	-27.86	116.56	1.24	1.40	21
	2	122.10	113.65	10.90	111.20	-2.45	-2.01	22
	3	129.00	111.94	16.68	112.32	0.38	0.30	23
	4	114.90	113.16	3.34	111.56	-1.60	-1.39	24
1968	1	85.60	115.27	-32.33	117.93	2.66	3.11	25
	2	129.60	119.21	10.06	119.54	0.33	0.26	26
	3	136.40	118.02	21.04	115.36	-2.66	-1.95	27
	4	124.80	118.50	4.34	120.46	1.96	1.57	28
1969	1	81.80	122.75	-40.26	122.06	-0.68	-0.84	29
	2	138.80	124.39	15.03	123.77	-0.61	-0.44	30
	3	147.40	120.91	22.51	124.89	3.99	2.71	31
	4	124.50	122.30	4.39	120.11	-2.18	-1.75	32
1970	1	76.50	125.94	-44.28	120.78	-5.16	-6.75	33
	2	152.20	130.54	15.20	137.00	6.46	4.25	34
	3	161.60	138.62	22.47	139.13	0.51	0.31	35
	4	144.60	141.31	3.95	140.65	-0.66	-0.46	36
1971	1	99.30	140.15	-44.36	143.66	3.52	3.54	37
	2	153.90	137.53	17.17	136.73	-0.80	-0.52	38
	3	159.70	136.98	24.48	135.22	-1.75	-1.10	39
	4	142.90	141.15	4.95	137.95	-3.20	-2.24	40

Spektralanalytische Elimination der systematischen Schwankungskomponenten der Zeitreihe Investitionsgüter-Produktion nach dem ASA III - Verfahren

Jahr	Quartal	Orig. Wert	Glatt. Komp.	Saison-Komp.	Saison-berein.	Irreg. Komp.	Proz. Anteil	Nummer
1959	1	70.30	72.05	-0.68	70.98	-1.07	-1.53	1
	2	75.70	76.40	-1.13	76.83	0.44	0.58	2
	3	77.90	80.10	-2.24	80.14	0.04	0.05	3
	4	88.00	83.35	4.06	83.94	0.60	0.68	4
1960	1	84.80	86.30	-0.75	85.55	-0.75	-0.89	5
	2	87.70	89.18	-0.91	88.61	-0.58	-0.66	6
	3	90.60	92.54	-2.42	93.02	0.48	0.53	7
	4	99.60	95.67	3.94	95.66	-0.01	-0.01	8
1961	1	97.30	97.42	-0.74	98.04	0.62	0.64	9
	2	97.10	97.93	-1.01	98.11	0.17	0.18	10
	3	95.30	97.71	-2.26	97.56	-0.15	-0.16	11
	4	101.20	97.92	4.20	97.00	-0.92	-0.91	12
1962	1	97.60	98.41	-1.09	98.69	0.28	0.29	13
	2	99.10	99.65	-1.11	100.21	0.56	0.56	14
	3	97.70	100.05	-1.81	99.51	-0.54	-0.55	15
	4	104.90	99.61	4.29	100.61	1.01	0.96	16

...

Spektralanalytische Elimination der systematischen Schwankungskomponenten der Zeitreihe Investitionsgüter-Produktion nach dem ASA III - Verfahren (Fortsetzung I)

Jahr	Quartal	Orig. Wert	Glatt. Komp.	Saison-Komp.	Saison-berein.	Irreg. Komp.	Proz. Anteil	Nummer
1963	1	97.90	100.17	-1.62	99.52	-0.65	-0.66	17
	2	99.40	101.14	-0.68	100.08	-1.06	-1.06	18
	3	101.50	102.32	-2.55	104.05	1.73	1.71	19
	4	109.30	105.07	5.49	103.81	-1.26	-1.15	20
1964	1	104.50	106.61	-2.39	106.89	0.28	0.27	21
	2	109.50	109.16	-0.79	110.29	1.13	1.04	22
	3	108.10	112.28	-1.93	110.03	-2.25	-2.08	23
	4	121.20	114.63	4.86	116.34	1.71	1.41	24
1965	1	115.50	118.26	-2.22	117.72	-0.54	-0.47	25
	2	119.50	120.52	-0.24	119.74	-0.78	-0.65	26
	3	120.60	121.56	-3.17	123.77	2.21	1.84	27
	4	126.70	122.65	6.37	120.33	-2.32	-1.83	28
1966	1	118.90	120.84	-3.04	121.94	1.10	0.93	29
	2	120.00	119.82	-0.24	120.24	0.43	0.36	30
	3	112.40	116.37	-3.80	116.20	-0.18	-0.16	31
	4	121.00	112.35	7.80	113.20	0.85	0.70	32

...

Spektralanalytische Elimination der systematischen Schwankungskomponenten der Zeitreihe Investitionsgüter-Produktion nach dem ASA III - Verfahren (Fortsetzung II)

Jahr	Quartal	Orig. Wert	Glatt. Komp.	Saison-Komp.	Saison-berein.	Irreg. Komp.	Proz. Anteil	Nummer
1967	1	103.60	108.72	-3.70	107.30	-1.42	-1.37	33
	2	107.90	107.73	-0.08	107.98	0.25	0.23	34
	3	103.40	109.47	-4.95	108.35	-1.12	-1.08	35
	4	122.40	111.63	9.02	113.38	1.75	1.43	36
1968	1	111.60	115.69	-3.60	115.20	-0.49	-0.44	37
	2	118.50	119.74	-0.30	118.80	-0.94	-0.79	38
	3	120.90	125.14	-5.52	126.42	1.28	1.06	39
	4	139.90	132.19	9.46	130.44	-1.75	-1.25	40
1969	1	135.40	137.41	-4.21	139.61	2.20	1.63	41
	2	143.80	143.86	1.48	142.32	-1.54	-1.07	42
	3	141.20	148.04	-6.97	148.17	0.13	0.09	43
	4	164.00	153.37	8.93	155.07	1.69	1.03	44
1970	1	151.00	157.17	-3.47	154.47	-2.70	-1.79	45
	2	163.80	158.65	1.33	162.47	3.82	2.33	46
	3	151.90	162.09	-6.80	158.70	-3.39	-2.23	47
	4	171.80	162.93	8.97	162.83	-0.10	-0.06	48

Spektralanalytische Elimination der systematischen Schwankungskomponenten der Zeitreihe Investitionsgüter-Produktion nach dem ASA-III - Verfahren (Fortsetzung III)

Jahr	Quartal	Orig. Wert	Glatt. Komp.	Saison-Komp.	Saison-berein.	Irreg. Komp.	Proz. Anteil	Nummer
1971	1	161.80	163.18	-3.41	165.21	2.03	1.26	49
	2	163.10	161.36	2.20	160.90	-0.45	-0.28	50
	3	151.00	158.53	-8.27	159.27	0.74	0.49	51
	4	162.20	155.03	8.97	153.23	-1.80	-1.11	52

A N H A N G IV

Liste der benutzten Variablen

LISTE DER BENUTZTEN VARIABLEN

AEIGI	Auftragseingänge in der Investitionsgüterindustrie, aus: Saisonbereinigte Indexreihen des industriellen Auftragseinganges (1962 = 1oo), Deutsches Institut für Wirtschaftsforschung, Berlin 1971
ABIG	Auftragsbeurteilung in der Investitionsgüterindustrie, aus: Lfd. Veröffentlichung des ifo-Schnelldienstes, (24., 25. Jahrgang)
AEBI	Auftragseingänge in der Bauindustrie, aus: Lfd. Veröffentlichung des ifo-Schnelldienstes (24., 25. Jahrgang)
BP	Baupreise, aus: Statistisches Bundesamt: Preise, Löhne, Wirtschaftsrechnungen (Fachserie M, Reihe 3, 5)
BP^E	Erwartungen der Baupreise , aus: Lfd. Veröffentlichung des ifo-Schnelldienstes (24., 25. Jahrgang)
BPRO	Bauproduktion, aus: Statistisches Bundesamt, Industrieproduktion,(Fachserie D, Reihe 2,3)
C	Privater Verbrauch, aus: Vierteljährliche volkswirtschaftliche Gesamtrechnung, Deutsches Institut für Wirtschaftsforschung, Berlin 1972
DL	Dienstleistungsnachfrage, aus: Vierteljährliche volkswirtschaftliche Gesamtrechnung, Deutsches Institut für Wirtschaftsforschung, Berlin 1972
EH	Einzelhandelsumsätze, aus: Main Economic Indicators, 1959 - 1969, OECD, Paris 197o und periodische fortlaufende Veröffentlichung der Main Economic Indicators (Monatl.)
EH_G	Geschäftsklima im Einzelhandel, aus:Lfd. Veröffentlichung des ifo-Schnelldienstes (24., 25. Jahrgang)
EHP	Einzelhandelspreise, aus: Statistisches Bundesamt: Preise, Löhne, Wirtschaftsrechnungen (Fachserie M, Reihe 6)
EHP^E	Preiserwartungen im Einzelhandel, aus: Lfd. Veröffentlichung des ifo-Schnelldienstes (24., 25. Jahrgang)

GH Großhandelsumsätze, aus: Statistisches Bundesamt, Großhandel (Fachserie F, Reihe 1)

G_{GH} Geschäftsklima im Großhandel, aus: Lfd. Veröffentlichung des ifo-Schnelldienstes (24., 25. Jahrgang)

G_{HW} Geschäftsklima im Einzelhandel mit Hausrat und Wohnbedarf, aus: Lfd. Veröffentlichung des ifo-Schnelldienstes (24., 25. Jahrgang)

GHP Großhandelspreise, aus: Statistisches Bundesamt: Preise, Löhne, Wirtschaftsrechnungen (Fachserie M, Reihe 8)

GHP^E Preiserwartungen im Großhandel, aus: Lfd. Veröffentlichung des ifo-Schnelldienstes, (24., 25. Jahrgang)

G_{KWS} Geschäftsklima im Einzelhandel mit Bekleidung, Wäsche, Schuhen, aus: Lfd. Veröffentlichung des ifo-Schnelldienstes (24., 25. Jahrgang)

GIU Gesamte Industrieumsätze, aus: Saisonbereinigte Indexreihen der industriellen Umsätze (1962 = 1oo) Deutsches Institut für Wirtschaftsforschung, Berlin 1971

GIG Geschäftsklima in der Investitionsgüterindustrie, aus: Lfd. Veröffentlichung des Ifo-Schnelldienstes, (24., 25. Jahrgang)

G_{VI} Geschäftsklima in der Verbrauchsgüterindustrie, aus: Lfd. Veröffentlichung des ifo-Schnelldienstes (24., 25. Jahrgang)

G_B Geschäftsklima in der Bauindustrie , aus: Lfd. Veröffentlichung des ifo-Schnelldienstes (24., 25. Jahrgang)

HW Privater Verbrauch mit Hausrat und Wohnbedarf, aus: Vierteljährliche volkswirtschaftliche Gesamtrechnung, Deutsches Institut für Wirtschaftsforschung, Berlin 1972

HWP Preise im Einzelhandel mit Hausrat und Wohnbedarf, aus: Statistisches Bundesamt: Preise, Löhne, Wirtschaftsrechnungen (Fachserie M, Reihe 6)

HWP^E	Preiserwartungen im Einzelhandel mit Hausrat und Wohnbedarf, aus: Lfd. Veröffentlichung des ifo-Schnelldienstes (24., 25. Jahrgang)
I	Konsumklimaindex (Forschungsstelle für empirische Sozialökonomik)
IGP	Produktion der Investitionsgüterindustrie, aus: Saisonbereinigte Indexreihen der industriellen Netto-Produktion (1962 = 100), Deutsches Institut für Wirtschaftsforschung, Berlin 1971
IP^E	Erwartungen der Investitionsgüterpreise, aus: Lfd. Veröffentlichung des ifo-Schnelldienstes (24., 25. Jahrgang)
IGU	Umsätze der Investitionsgüterindustrie, aus: Saisonbereinigte Indexreihen der industriellen Umsätze (1962 = 100) , Deutsches Institut für Wirtschaftsforschung, Berlin 1971
KWSP	Preise im Einzelhandel mit Bekleidung, Wäsche Schuhen, aus: Statistisches Bundesamt: Preise, Löhne, Wirtschaftsrechnungen (Fachserie M, Reihe 6)
$KWSP^E$	Preiserwartungen im Einzelhandel mit Bekleidung, Wäsche, Schuhen, aus: Lfd. Veröffentlichung des ifo-Schnelldienstes (24., 25. Jahrgang)
NGEH	Einzelhandelsumsätze mit Nahrungs- und Genußmitteln, aus: Statistisches Bundesamt: Einzelhandel (Fachserie F, Reihe 3,1)
$NGGH^E$	Geschäftsklima im Großhandel mit Nahrungs-und Genußmitteln, aus: Lfd. Veröffentlichung des ifo-Schnelldienstes (24., 25. Jahrgang)
$NGEHP^E$	Erwartungen der Preise im Einzelhandel mit Nahrungs- und Genußmitteln, aus: Lfd. Veröffentlichungen des ifo-Schnelldienstes (24., 25. Jahrgang)
NGEHP	Preise im Einzelhandel mit Nahrungs- und Genußmitteln, aus: Statistisches Bundesamt: Preise, Löhne, Wirtschaftsrechnungen (Fachserie M, Reihe 6)
NGGH	Großhandelsumsätze mit Nahrungs- und Genußmitteln, aus: Statistisches Bundesamt: Großhandel (Fachserie F, Reihe 1)

NGGHP	Preise im Großhandel mit Nahrungs- und Genußmitteln, aus: Statistisches Bundesamt: Preise, Löhne, Wirtschaftsrechnungen (Fachserie M, Reihe 8)
$NGGHP^E$	Erwartungen der Preise im Großhandel mit Nahrung und Genußmitteln, aus: Lfd. Veröffentlichung des ifo-Schnelldienstes (24., 25. Jahrgang)
P_{IG}^E	Preiserwartungen in der Investitionsgüterindustrie, aus: Lfd. Veröffentlichung des ifo-Schnelldienstes (24., 25. Jahrgang)
PKW	Neuzulassungen von PKW, aus: Statistische Mitteilungen des Kraftfahrt-Bundesamtes und der Bundesanstalt für den Güterfernverkehr, Flensburg (monatl. Veröffentlichung)
t	Trendvariable
VIU	Umsätze der Verbrauchsgüterindustrie, aus: Saisonbereinigte Indexreihen der industriellen Umsätze (1962 = 100), Deutsches Institut für Wirtschaftsforschung, Berlin 1971
Y	Verfügbares Einkommen, aus: Vierteljährliche volkswirtschaftliche Gesamtrechnung, Deutsches Institut für Wirtschaftsforschung, Berlin 1972

Der Konsumklimaindex setzt sich aus folgenden Einstellungsfragen zusammen:

1) Geht es Ihnen heute finanziell besser, schlechter oder ungefähr genauso wie vor 12 Monaten ?
2) Wie wird sich - Ihrer Ansicht nach - die finanzielle Lage Ihres Haushaltes in den kommenden 12 Monaten entwickeln ?
3) Im großen und ganzen gesehen: Glauben Sie, daß sich unsere wirtschaftlichen Verhältnisse in den nächsten 5 Jahren verbessern, verschlechtern oder glauben Sie, daß sie gleichbleiben werden ?

A N H A N G V

Synopsis des Kurzfristprognosemodells

SYNOPSIS DES KURZFRISTPROGNOSESYSTEMS

	Gleichung	R^2	Durbin-Watson-Test
I. K O N S U M			
	$\hat{C} = \underset{(21.099)}{0.425}\, Y_{t-1} + \underset{(0.130)}{0.002}\, I_{t-2} + \underset{(26.675)}{1.361}\, t + \underset{(29.844)}{46.016}$	0.997	0.354
	$\widehat{KWS} = \underset{(8.481)}{0.528}\, G_{KWS_{t-1}} - \underset{(-2.167)}{0.071}\, I_{t-2} + \underset{(19.588)}{1.864}\, t + \underset{(9.157)}{51.664}$	0.986	1.386
	$\widehat{HW} = \underset{(1.580)}{0.048}\, I_{t-2} + \underset{(5.444)}{0.235}\, Y_{t-1} - \underset{(-0.278)}{0.013}\, G_{HW_{t-1}} + \underset{(27.955)}{4.015}\, t + \underset{(12.254)}{71.598}$	0.998	0.209
	$\widehat{DL} = \underset{(2.286)}{0.045}\, I_{t-2} + \underset{(16.246)}{1.005}\, DL_{t-1} + \underset{(0.261)}{0.046}\, t - \underset{(-0.772)}{3.391}$	0.994	1.515
	$\widehat{PKW} = \underset{(8.06)}{0.317}\, I_{t-2} + \underset{(9.08)}{0.586}\, Y_{t-1} + \underset{(0.041)}{0.009}\, t + \underset{(2.174)}{13.371}$	0.980	0.989
II. H A N D E L			
	$\widehat{GH} = \underset{(4.431)}{0.308}\, G_{GH_{t-1}} + \underset{(19.765)}{1.930}\, t + \underset{(9.190)}{71.637}$	0.931	0.402
	$\widehat{NGGH} = \underset{(1.655)}{0.109}\, NGGH^{E}_{t-1} + \underset{(23.665)}{1.979}\, t + \underset{(12.667)}{120.547}$	0.955	0.925
	$\widehat{EH} = \underset{(15.400)}{0.401}\, Y_{t-1} - \underset{(-1,072)}{0.024}\, I_{t-2} + \underset{(0.448)}{0.021}\, EH_{G_{t-1}} + \underset{(11.788)}{0.997}\, t + \underset{(15.319)}{56.574}$	0.993	0.408
	$\widehat{NGEH} = \underset{(20.061)}{0.309}\, Y_{t-1} - \underset{(-3.211)}{0.052}\, NGEH_{G_{t-1}} + \underset{(14.566)}{0.744}\, t + \underset{(49.214)}{81.500}$	0.996	0.243

III. PREISE

	Gleichung	R^2	Durbin-Watson-Test
$\widehat{KWSP}$	$= 0.077\, KWSP^{E}_{t-1} + 0.415\, t + 91.297$ $(4.057) \quad (15.007) \quad (47.991)$	0.935	0.191
$\widehat{HWP}$	$= 0.046\, HWP^{E}_{t-1} + 0.328\, t + 93.605$ $(2.817) \quad (11.569) \quad (51.077)$	0.871	0.174
$\widehat{EHP}$	$= 0.092\, EHP^{E}_{t-1} + 0.351\, t + 90.746$ $(5.195) \quad (12.977) \quad (49.841)$	0.936	2.439
$\widehat{NGGHP}$	$= 0.008\, NGGHP_{t-1} - 0.008\, NGGHP^{E}_{t-2} + 0.254\, t + 99.758$ $(0.357) \quad (-0.329) \quad (10.413) \quad (60.092)$	0.835	1.203
$\widehat{GHP}$	$= 0.138\, GHP^{E}_{t-1} + 0.339\, t + 83.383$ $(4.919) \quad (8.731) \quad (27.634)$	0.842	0.485
$\widehat{BP}$	$= 0.059\, BP^{E}_{t-1} + 1.030\, BP_{t-1} - 8.285$ $(5.325) \quad (47.378) \quad (-3.056)$	0.991	1.986
$\widehat{NGEHP}$	$= 0.065\, NGEHP^{E}_{t-4} + 0.279\, t + 94.777$ $(3.107) \quad (9.685) \quad (44.966)$	0.856	1.115

		R^2	Durbin-Watson-Test

IV. INDUSTRIELLE AUFTRAGSEINGÄNGE

Gleichung	R^2	Durbin-Watson-Test
$\widehat{AEIGI\text{-}K} = \underset{(12.463)}{0.696}\, AEIGI\text{-}K_{t-2} + \underset{(8.772)}{0.439}\, ABIG_{t-2} - \underset{(-1.847)}{12.289}$	0.891	0.897

V. INDUSTRIEUMSÄTZE

Gleichung	R^2	Durbin-Watson-Test
$\widehat{GIU} = \underset{(61.807)}{0.978}\, AEGI_{t-1} - \underset{(-1.810)}{4.116}$	0.990	0.252
$\widehat{IGU} = \underset{(4.431)}{0.924}\, AEIGI_{t-2} - \underset{(-0.143)}{0.029} AEIGI_{t-1} + \underset{(1.526)}{5.737}$	0.974	0.337
$\widehat{VIU} = \underset{(70.370)}{1.104}\, AEVGI_{t-1} - \underset{(-8.504)}{17.852}$	0.993	0.693

VI. INDUSTRIEPRODUKTION

Gleichung	R^2	Durbin-Watson-Test
$\widehat{IGP} = \underset{(2.392)}{0.208}\, IGP^{E}_{t-2} + \underset{(7.970)}{0.468}\, AEIGI_{t-1} + \underset{(0.170)}{0.033}\, t + \underset{(4.445)}{30.559}$	0.966	0.668
$\widehat{BPRO} = \underset{(15.291)}{1.055}\, BPRO_{t-1} + \underset{(1.617)}{0.053}\, G_{B_{t-1}} - \underset{(-1.080)}{11.039}$	0.917	1.298

A N H A N G VI

Ex-post Prognosen

EX POST-PROGNOSEN NACH MASSGABE DER SCHÄTZBEZIEHUNG

$$\underset{(8.06)}{PKW = 0.317\ I_{t-2}} + \underset{(9.08)}{0.586\ Y_{t-1}} + \underset{(0.041)}{0.009\ t} + \underset{(2.174)}{13.371}$$

QUARTAL		PKW (Basis 1 962)	$\widehat{PKW}$	RESIDUUM
1962	IV	98.800	103.693	- 4.893
1963	I	100.900	107.152	- 6.252
	II	102.900	101.279	1.621
	III	101.800	106.248	- 4.448
	IV	103.900	104.200	- 0.300
1964	I	104.200	106.143	- 1.943
	II	105.100	108.651	- 3.551
	III	106.700	109.552	- 2.852
	IV	107.500	109.969	- 2.469
1965	I	111.900	114.826	- 2.926
	II	114.800	116.713	- 1.913
	III	118.700	117.894	0.806
	IV	127.400	117.834	9.566
1966	I	128.700	118.546	10.154
	II	128.300	121.602	6.698
	III	125.900	124.307	1.593
	IV	115.900	114.251	1.649
1967	I	110.700	112.593	- 1.893
	II	106.000	102.098	3.902
	III	108.200	103.754	4.446
	IV	107.800	112.005	- 4.205
1968	I	109.600	108.292	1.308
	II	112.600	118.104	- 5.504
	III	111.300	114.451	- 3.151
	IV	118.300	118.562	- 0.262
1969	I	129.100	128.674	0.426
	II	136.600	141.355	- 4.755
	III	146.000	145.045	0.955
	IV	150.300	154.854	- 4.554
1970	I	158.300	159.902	- 1.602
	II	164.600	165.601	- 1.001
	III	167.900	170.874	- 2.974
	IV	174.100	171.762	2.338
1971	I	177.500	177.279	0.221
	II	183.400	172.873	10.527
	III	182.900	175.461	7.439
	IV	174.500	169.537	4.963

EX POST-PROGNOSEN NACH MASSGABE DER SCHÄTZBEZIEHUNG

$$DL = 0.045\, I_{t-2} + 1.005\, DL_{t-1} + 0.046\, t - 3.391$$
$$(2.286) \quad (16.246) \quad (0.261) \quad (-0.772)$$

QUARTAL		DL (Basis 1 962)	DL	RESIDUUM
1960	III	83.400	83.031	0.369
	IV	85.200	85.513	- 0.313
1961	I	87.000	87.368	- 0.368
	II	89.800	88.998	0.802
	III	91.500	92.398	- 0.898
	IV	94.500	93.972	0.528
1962	I	97.200	97.168	0.032
	II	99.500	99.658	- 0.158
	III	100.600	101.655	- 1.055
	IV	101.800	103.122	- 1.322
1963	I	103.600	103.564	0.036
	II	105.700	105.599	0.101
	III	108.300	107.305	0.995
	IV	110.600	109.964	0.636
1964	I	112.600	112.502	0.098
	II	115.500	114.693	0.807
	III	117.700	117.428	0.272
	IV	120.800	120.315	0.485
1965	I	124.700	123.702	0.998
	II	128.800	127.667	1.133
	III	132.700	131.924	0.776
	IV	135.800	135.889	- 0.089
1966	I	138.900	139.051	- 0.151
	II	141.200	142.212	- 1.012
	III	142.100	142.950	- 0.850
	IV	141.900	143.631	- 1.731
1967	I	141.700	142.350	- 0.650
	II	143.800	142.645	1.155
	III	144.100	145.972	- 1.872
	IV	146.100	145.824	0.276
1968	I	149.100	149.230	- 0.130
	II	151.900	151.796	0.104
	III	155.900	154.656	1.244
	IV	160.000	159.757	0.243
1969	I	164.600	165.049	- 0.449
	II	170.200	169.808	0.392
	III	174.900	175.617	- 0.717
	IV	179.700	180.386	- 0.686
1970	I	185.000	185.706	- 0.706
	II	191.400	191.079	0.321
	III	197.300	197.647	- 0.347
	IV	203.800	203.622	0.178
1971	I	210.300	208.626	1.674
	II	216.400	215.204	1.196
	III	221.000	220.256	0.744
	IV	223.500	225.015	- 1.515

EX POST-PROGNOSEN NACH MASSGABE DER SCHÄTZBEZIEHUNG

$$c = \underset{(21.099)}{0.425\, Y_{t-1}} + \underset{(0.130)}{0.002\, I_{t-2}} + \underset{(26.675)}{1.361\, t} + \underset{(29.844)}{46.016}$$

QUARTAL		c (Basis 1 962)	$\hat{c}$	RESIDUUM
1960	III	84.900	82.226	2.674
	IV	86.800	84.362	2.438
1961	I	88.800	86.616	2.184
	II	90.600	89.029	1.571
	III	93.000	91.689	1.311
	IV	95.200	94.317	0.883
1962	I	97.300	97.597	- 0.297
	II	99.200	98.011	1.189
	III	100.800	100.291	0.509
	IV	102.200	102.538	- 0.339
1963	I	103.700	103.756	- 0.056
	II	105.400	107.802	- 2.402
	III	107.100	109.951	- 2.851
	IV	109.100	112.714	- 3.614
1964	I	111.100	114.976	- 3.876
	II	112.800	116.300	- 3.500
	III	115.200	119.096	- 3.896
	IV	117.800	120.783	- 2.983
1965	I	120.900	122.366	- 1.466
	II	124.500	124.577	- 0.077
	III	127.900	125.432	2.468
	IV	130.800	127.303	3.497
1966	I	133.200	130.874	2.326
	II	134.900	134.190	0.710
	III	136.100	136.457	- 0.357
	IV	137.100	137.976	- 0.876
1967	I	137.600	137.417	0.183
	II	138.300	137.693	0.607
	III	139.300	139.106	0.194
	IV	140.400	140.275	0.125
1968	I	142.500	141.908	0.592
	II	145.200	144.650	0.550
	III	148.400	147.456	0.944
	IV	152.200	150.903	1.297
1969	I	156.400	155.756	0.644
	II	160.500	159.331	1.169
	III	164.400	167.116	- 2.716
	IV	168.600	172.132	- 3.532
1970	I	172.900	175.340	- 2.440
	II	177.500	180.063	- 2.563
	III	182.700	182.061	0.639
	IV	187.900	187.417	0.482
1971	I	193.200	193.553	- 0.353
	II	198.100	196.785	1.316
	III	202.400	199.540	2.860
	IV	205.900	203.115	2.785

EX POST-PROGNOSEN NACH MASSGABE DER SCHÄTZBEZIEHUNG

$$KWS = 0.528\, G_{KWS_{t-1}} - 0.071\, I_{t-2} + 1.864\, t + 51.664$$

$$(8.481) \quad (-2.167) \quad (19.588) \quad (9.157)$$

QUARTAL		KWS (Basis 1 962)	$\widehat{KWS}$	RESIDUUM
1963	II	103.000	105.848	- 2.848
	III	105.400	105.096	0.304
	IV	106.900	110.128	- 3.228
1964	I	107.400	110.124	- 2.724
	II	110.000	113.517	- 3.517
	III	111.800	112.568	- 0.768
	IV	115.200	116.448	- 1.248
1965	I	119.400	114.419	4.981
	II	122.700	121.721	0.979
	III	126.600	116.791	9.809
	IV	128.300	124.093	4.207
1966	I	129.900	120.307	9.593
	II	130.400	132.045	- 1.645
	III	131.900	129.073	2.827
	IV	131.100	132.789	- 1.689
1967	I	130.500	129.194	1.306
	II	130.900	130.876	0.024
	III	128.600	125.614	2.986
	IV	129.100	134.067	- 4.967
1968	I	130.000	133.115	- 3.115
	II	133.400	139.772	- 6.372
	III	136.300	140.422	- 4.122
	IV	138.800	144.191	- 5.391
1969	I	141.100	139.158	1.942
	II	147.200	151.070	- 3.870
	III	151.900	151.349	0.551
	IV	156.600	162.347	- 5.747
1970	I	159.200	166.827	- 7.627
	II	165.800	164.995	0.805
	III	170.300	167.773	2.527
	IV	175.100	175.657	- 0.557
1971	I	180.700	175.412	5.288
	II	186.300	185.882	0.418
	III	190.100	184.241	5.859
	IV	190.900	189.131	1.769

EX POST-PROGNOSEN NACH MASSGABE DER SCHÄTZBEZIEHUNG

$$HW = \underset{(1.580)}{0.048\, I_{t-2}} + \underset{(5.444)}{0.235\, Y_{t-1}} - \underset{(-0.278)}{0.013\, G_{HW_{t-1}}} + \underset{(27.955)}{4.015\, t} + \underset{(12.254)}{71.598}$$

QUARTAL	HW (Basis 1 962)	$\widehat{HW}$	RESIDUUM
1963 II	113.500	103.831	9.669
III	114.900	107.826	7.074
IV	117.200	112.486	4.714
1964 I	119.500	117.616	1.884
II	121.700	121.361	0.339
III	124.800	125.883	- 1.083
IV	127.600	130.588	- 2.988
1965 I	131.300	135.397	- 4.097
II	135.200	139.589	- 4.389
III	138.900	143.366	- 4.466
IV	143.900	147.598	- 3.698
1966 I	148.700	153.277	- 4.577
II	152.700	158.003	- 5.303
III	156.300	160.922	- 4.622
IV	161.200	164.748	- 3.548
1967 I	165.900	167.135	- 1.235
II	169.800	170.595	- 0.795
III	174.400	176.014	- 1.614
IV	179.400	179.186	0.214
1968 I	184.000	185.032	- 1.032
II	189.400	187.279	2.121
III	196.700	193.631	3.069
IV	205.300	199.830	5.470
1969 I	211.700	207.286	4.414
II	215.900	212.190	3.710
III	222.100	219.894	2.206
IV	224.600	225.921	- 1.321
1970 I	228.100	231.614	- 3.514
II	235.100	237.385	- 2.285
III	241.900	241.910	- 0.010
IV	248.600	248.154	0.446
1971 I	254.200	253.503	0.697
II	259.400	258.304	1.095
III	263.800	261.967	1.833
IV	267.300	267.264	0.036

EX POST-PROGNOSEN NACH MASSGABE DER SCHÄTZBEZIEHUNG

$$NGEH = 0.309 Y_{t-1} /- 0.052\ NGEH_{G_{t-1}} + 0.744\ t + 81.500$$
$$(20.061)(-3.211) \quad (14.566) \quad (49.214)$$

QUARTAL		NGEH (Basis 1 962)	$\widehat{NGEH}$	RESIDUUM
1962	III	100.700	98.895	1.805
	IV	102.000	100.127	1.873
1963	I	102.500	101.059	1.441
	II	103.100	102.381	0.719
	III	104.700	103.013	1.687
	IV	105.900	105.235	0.665
1964	I	107.100	107.262	- 0.162
	II	109.700	107.084	2.616
	III	109.800	109.711	0.089
	IV	111.300	110.988	0.312
1965	I	114.400	112.970	1.430
	II	117.200	113.692	3.508
	III	119.400	115.929	3.471
	IV	121.900	119.456	2.444
1966	I	123.600	121.078	2.522
	II	124.200	120.255	3.945
	III	125.500	123.077	2.423
	IV	125.900	123.754	2.146
1967	I	126.300	126.531	- 0.231
	II	125.800	123.458	2.342
	III	125.500	125.695	- 0.195
	IV	126.100	127.767	- 1.667
1968	I	126.100	132.299	- 6.199
	II	127.500	129.976	- 2.476
	III	129.600	134.493	- 4.893
	IV	131.900	136.130	- 4.230
1969	I	134.500	141.502	- 7.002
	II	137.400	141.129	- 3.729
	III	140.300	145.211	- 4.911
	IV	142.700	147.538	- 4.838
1970	I	145.300	148.905	- 3.605
	II	149.100	151.142	- 2.042
	III	151.600	152.059	- 0.459
	IV	155.600	153.186	2.414
1971	I	158.800	155.063	3.737
	II	162.800	155.740	7.060
	III	167.300	157.467	9.833
	IV	172.000	157.949	14.051

EX POST-PROGNOSEN NACH MASSGABE DER SCHÄTZBEZIEHUNG

$$EH = \underset{(15.400)}{0.401}\, Y_{t-1} - \underset{(-1.072)}{0.024}\, I_{t-2} + \underset{(0.448)}{0.021}\, EH_{G_{t-1}} + \underset{(11.788)}{0.997}\, t + \underset{(15.319)}{56.574}$$

QUARTAL		EH (Basis 1 963)	$\widehat{EH}$	RESIDUUM
1963	II	99.100	100.235	- 1.135
	III	100.700	102.177	- 1.477
	IV	102.300	104.609	- 2.309
1064	I	103.300	106.066	- 2.766
	II	105.800	107.266	- 1.466
	III	107.300	109.675	- 2.375
	IV	110.100	110.764	- 0.664
1965	I	114.000	111.604	2.396
	II	116.500	113.634	2.866
	III	119.200	114.144	5.056
	IV	121.000	115.790	5.210
1966	I	122.800	118.494	4.306
	II	123.400	121.498	1.902
	III	124.200	124.134	0.066
	IV	124.400	125.490	- 1.090
1967	I	123.900	124.680	- 0.780
	II	124.900	124.590	0.310
	III	124.800	124.851	- 0.051
	IV	125.800	126.420	- 0.620
1968	I	126.700	126.556	0.144
	II	129.100	129.476	- 0.376
	III	131.900	131.849	0.051
	IV	134.300	134.626	- 0.326
1969	I	137.200	138.046	- 0.846
	II	141.700	141.444	0.256
	III	145.400	148.382	- 2.982
	IV	149.300	152.905	- 3.605
1970	I	152.500	155.330	- 2.830
	II	157.700	159.474	- 1.774
	III	162.300	160.892	1.408
	IV	167.100	165.736	1.364
1971	I	171.400	171.884	- 0.484
	II	175.700	174.780	0.920
	III	179.500	177.593	1.907
	IV	182.400	180.808	1.592

EX POST-PROGNOSEN NACH MASSGABE DER SCHÄTZBEZIEHUNG

$$NGGH = 0.109\ NGGH^{E}_{t-1} + 1.979\,t + 120.547$$
$$(1.655) \qquad (23.665) \qquad (12.667)$$

QUARTAL		NGGH (Basis 1 962)	$\widehat{NGGH}$	RESIDUUM
1964	II	113.200	116.752	- 3.552
	III	114.500	115.798	- 1.298
	IV	118.300	117.827	0.473
1965	I	123.500	122.076	1.424
	II	129.600	125.077	4.523
	III	133.700	131.619	2.081
	IV	136.200	135.465	0.735
1966	I	137.300	139.120	- 1.820
	II	136.400	137.754	- 1.354
	III	137.200	138.090	- 0.890
	IV	140.400	138.067	2.333
1967	I	142.400	141.070	1.330
	II	144.500	141.657	2.843
	III	144.100	144.574	- 0.474
	IV	143.800	144.150	- 0.350
1968	I	142.800	145.389	- 2.589
	II	142.500	143.700	- 1.200
	III	145.700	145.358	0.342
	IV	147.900	147.620	0.280
1969	I	151.700	151.175	0.525
	II	156.800	155.101	1.699
	III	160.100	160.295	- 0.195
	IV	163.900	163.253	0.647
1970	I	166.300	166.523	- 0.223
	II	166.900	168.600	- 1.700
	III	168.300	169.742	- 1.442
	IV	169.000	171.098	- 2.098
1971	I	170.600	170.493	0.107
	II	172.900	173.487	- 0.587
	III	177.300	176.455	0.845
	IV	184.600	180.847	3.753

EX POST-PROGNOSEN NACH MASSGABE DER SCHÄTZBEZIEHUNG

$$GH = 0.308\, G_{GH_{t-1}} + 1.930\, t + 71.657$$
$$(4.431) \qquad (19.765) \qquad (9.190)$$

QUARTAL		GH (Basis 1 962)	$\widehat{GH}$	RESIDUUM
1964	I	111.300	109.295	2.005
	II	111.500	108.361	3.139
	III	113.200	115.003	- 1.803
	IV	115.700	115.485	0.215
1965	I	118.700	117.231	1.469
	II	121.100	115.557	5.543
	III	123.900	122.107	1.793
	IV	125.900	122.897	3.003
1966	I	126.800	124.519	2.281
	II	126.100	121.737	4.363
	III	124.000	125.423	- 1.423
	IV	122.700	123.349	- 0.649
1967	I	120.700	122.199	- 1.499
	II	123.400	120.525	2.875
	III	124.300	125.135	- 0.835
	IV	124.900	128.173	- 3.273
1968	I	126.700	134.415	- 7.715
	II	126.600	132.033	- 5.433
	III	129.100	138.491	- 9.391
	IV	132.600	142.577	- 9.977
1969	I	137.400	146.355	- 8.955
	II	143.000	150.041	- 7.041
	III	147.900	151.971	- 4.071
	IV	154.100	153.161	0.939
1970	I	157.700	152.227	5.473
	II	159.500	155.297	4.203
	III	161.200	155.779	5.421
	IV	161.400	157.093	4.307
1971	I	162.500	154.495	8.005
	II	163.100	159.721	3.379
	III	163.900	162.175	1.725
	IV	164.900	164.105	0.795

EX POST-PROGNOSEN NACH MASSGABE DER SCHÄTZBEZIEHUNG

$$KWSP = \underset{(4.057)}{0.077}\ KWSP^{E}_{t-1} + \underset{(15.007)}{0.415}\ t + \underset{(47.991)}{91.297}$$

QUARTAL		KWSP (Basis 1 962)	$\widehat{KWSP}$	RESIDUUM
1962	II	99.700	100.146	- 0.446
	III	100.300	99.402	0.898
	IV	100.700	100.569	0.131
1963	I	101.500	99.862	1.638
	II	101.900	101.420	0.480
	III	102.200	101.195	1.005
	IV	102.500	102.089	0.411
1964	I	103.000	102.164	0.836
	II	103.400	102.812	0.588
	III	103.400	102.614	0.786
	IV	103.800	103.481	0.319
1965	I	104.700	103.219	1.481
	II	105.100	104.504	0.596
	III	105.600	103.706	1.894
	IV	106.600	104.991	1.609
1966	I	107.300	104.365	2.935
	II	107.700	106.415	1.285
	III	108.100	105.489	2.611
	IV	108.800	106.083	2.717
1967	I	109.100	105.184	3.916
	II	109.200	105.623	3.577
	III	109.000	105.061	3.939
	IV	108.900	106.410	2.490
1968	I	108.700	106.640	2.060
	II	108.700	107.679	1.021
	III	108.900	107.818	1.082
	IV	109.200	108.776	0.424
1969	I	109.400	108.241	1.159
	II	109.600	110.345	- 0.745
	III	109.900	110.457	- 0.557
	IV	110.900	112.379	- 1.479
1970	I	112.600	113.300	- 0.700
	II	113.300	113.011	0.489
	III	114.400	113.541	0.859
	IV	116.400	114.927	1.473
1971	I	118.300	114.483	3.817
	II	120.100	116.314	3.786
	III	121.500	115.752	5.748
	IV	123.700	116.646	7.054

EX POST-PROGNOSEN NACH MASSGABE DER SCHÄTZBEZIEHUNG

$$HWP = 0.046\ HWP^{E}_{t-1} + 0.328\ t + 93.605$$
$$(2.817) \qquad (11.569) \qquad (51.077)$$

QUARTAL		HWP (Basis 1 962)	$\widehat{HWP}$	RESIDUUM
1962	II	99.900	99.743	0.157
	III	99.800	99.459	0.341
	IV	100.800	100.187	0.613
1963	I	101.400	99.963	1.437
	II	101.100	100.383	0.717
	III	101.000	100.481	0.519
	IV	101.500	101.159	0.341
1964	I	102.200	101.381	0.819
	II	101.800	102.261	- 0.461
	III	101.700	102.267	- 0.567
	IV	102.800	103.271	- 0.471
1965	I	103.500	103.765	- 0.265
	II	103.800	104.093	- 0.293
	III	103.700	103.915	- 0.215
	IV	104.500	104.105	0.395
1966	I	105.200	104.663	0.537
	II	105.200	105.575	- 0.375
	III	105.200	105.061	0.139
	IV	105.900	105.113	0.787
1967	I	106.100	104.705	1.395
	II	105.600	104.969	0.631
	III	105.100	104.993	0.107
	IV	105.300	105.519	- 0.219
1968	I	105.800	106.551	- 0.751
	II	105.800	106.589	- 0.789
	III	105.500	107.285	- 1.785
	IV	105.600	107.599	- 1.999
1969	I	106.300	108.309	- 2.009
	II	106.200	109.543	- 3.343
	III	106.100	109.471	- 3.371
	IV	107.500	111.041	- 3.541
1970	I	109.600	112.027	- 2.427
	II	110.400	111.039	- 0.639
	III	110.800	110.981	- 0.181
	IV	112.400	112.123	0.277
1971	I	114.900	113.247	1.653
	II	116.100	112.977	3.123
	III	116.600	112.495	4.105
	IV	118.100	113.219	4.881

EX POST-PROGNOSEN NACH MASSGABE DER SCHÄTZBEZIEHUNG

$$NGGHP = 0.008\ NGGHP_{t-1} - 0.008\ NGGHP^{E}_{t-2} + 0.254\ t + 99.758$$
$$(0.357)\qquad (-0.329)\qquad (10.413)\qquad (60.092)$$

QUARTAL		NGGHP (Basis 1 962)	$\widehat{NGGHP}$	RESIDUUM
1963	I	101.700	99.953	1.747
	II	101.600	100.394	1.206
	III	98.700	100.496	- 1.796
	IV	99.500	100.844	- 1.344
1964	I	100.200	100.948	- 0.748
	II	99.900	101.300	- 1.400
	III	100.000	101.371	- 1.371
	IV	100.200	101.883	- 1.683
1965	I	101.200	102.060	- 0.860
	II	104.100	102.298	1.802
	III	103.200	102.558	0.642
	IV	103.800	102.864	0.936
1966	I	105.100	103.098	2.002
	II	106.900	103.316	3.584
	III	103.300	103.459	- 0.159
	IV	103.000	103.827	- 0.827
1967	I	103.900	103.999	- 0.099
	II	106.900	104.391	2.509
	III	105.200	104.518	0.682
	IV	103.300	104.832	- 1.532
1968	I	105.700	105.055	0.645
	II	105.200	105.370	- 0.170
	III	103.300	105.608	- 2.308
	IV	105.300	105.862	- 0.562
1969	I	106.800	106.137	0.663
	II	108.900	106.410	2.490
	III	107.900	106.598	1.302
	IV	106.000	106.996	- 0.996
1970	I	107.200	107.332	- 0.132
	II	108.000	107.303	0.697
	III	106.400	107.539	- 1.139
	IV	105.300	108.024	- 2.724
1971	I	107.100	108.106	- 1.006
	II	109.400	108.535	0.865
	III	108.700	108.249	0.451
	IV	110.000	108.822	1.178

EX POST-PROGNOSEN NACH MASSGABE DER SCHÄTZBEZIEHUNG

$$NGEHP = \underset{(3.107)}{0.065}\, NGEHP^{E}_{t-4} + \underset{(9.685)}{0.279}\, t + \underset{(44.966)}{94.777}$$

QUARTAL		NGEHP (Basis 1 962)	$\widehat{NGEHP}$	RESIDUUM
1963	I	102.600	102.056	0.544
	II	103.200	102.030	1.170
	III	100.100	102.452	- 2.352
	IV	101.500	102.542	- 1.042
1964	I	102.800	103.042	- 0.242
	II	103.300	103.081	0.219
	III	102.400	104.159	- 1.759
	IV	102.500	103.918	- 1.418
1965	I	103.500	104.782	- 1.282
	II	105.700	103.807	1.893
	III	106.200	104.885	1.315
	IV	106.100	105.210	0.890
1966	I	107.400	105.469	1.931
	II	108.900	105.683	3.217
	III	106.500	106.326	0.174
	IV	106.500	107.281	- 0.781
1967	I	107.400	106.995	0.405
	II	108.900	107.079	1.821
	III	107.500	107.117	0.383
	IV	106.400	106.811	- 0.411
1968	I	106.700	107.376	- 0.676
	II	106.900	107.629	- 0.729
	III	105.200	107.694	- 2.494
	IV	106.100	107.472	- 1.372
1969	I	107.900	107.751	0.149
	II	109.400	108.726	0.674
	III	108.700	108.959	- 0.259
	IV	107.900	109.524	- 1.624
1970	I	110.300	110.213	0.087
	II	111.400	110.771	0.629
	III	110.400	111.746	- 1.346
	IV	110.000	113.474	- 3.474
1971	I	112.000	113.149	- 1.149
	II	115.400	113.213	2.187
	III	115.500	113.882	1.618
	IV	115.800	113.986	1.814

EX POST-PROGNOSEN NACH MASSGABE DER SCHÄTZBEZIEHUNG

$$\underset{}{EHP = \underset{(5.195)}{0.092}\, EHP^{E}_{t-1} + \underset{(12.977)}{0.351}\, t + \underset{(49.842)}{90.746}}$$

QUARTAL		EHP (Basis 1 962)	$\widehat{EHP}$	RESIDUUM
1963	II	101.900	101.309	0.591
	III	100.900	101.172	- 0.272
	IV	101.900	102.259	- 0.359
1964	I	102.500	102.426	0.074
	II	102.600	102.897	- 0.297
	III	102.400	102.484	- 0.084
	IV	102.800	103.847	- 1.047
1965	I	103.600	104.162	- 0.562
	II	104.500	104.329	0.171
	III	104.800	104.404	0.396
	IV	105.400	105.343	0.057
1966	I	106.300	105.814	0.486
	II	107.100	106.257	0.843
	III	106.500	105.936	0.564
	IV	106.900	106.315	0.585
1967	I	107.400	105.590	1.810
	II	107.600	105.757	1.843
	III	107.100	106.052	1.048
	IV	106.800	106.643	0.157
1968	I	107.300	107.178	0.122
	II	107.200	107.013	0.187
	III	106.800	108.220	- 1.420
	IV	107.300	108.635	- 1.335
1969	I	108.200	108.830	- 0.630
	II	108.700	110.129	- 1.429
	III	108.600	110.664	- 2.064
	IV	109.300	112.367	- 3.067
1970	I	111.400	114.126	- 2.726
	II	112.300	113.097	- 0.797
	III	112.500	113.484	- 0.984
	IV	113.500	114.875	- 1.375
1971	I	116.200	115.042	1.158
	II	117.800	115.733	2.067
	III	118.500	116.232	2.268
	IV	119.600	116.527	3.073

EX POST-PROGNOSEN NACH MASSGABE DER SCHÄTZBEZIEHUNG

$$GHP = \underset{(4.919)}{0.138}\ GHP^{E}_{t-1} + \underset{(8.731)}{0.339}\ t + \underset{(27.634)}{83.383}$$

QUARTAL		GHP (Basis 1 962)	$\widehat{GHP}$	RESIDUUM
1963	II	100.700	99.137	1.563
	III	99.700	99.338	0.362
	IV	100.700	100.408	0.292
1964	I	101.400	100.016	1.384
	II	100.700	100.575	0.125
	III	100.300	101.466	- 1.166
	IV	100.900	102.827	- 1.927
1965	I	102.300	103.345	- 1.045
	II	103.200	101.297	1.903
	III	102.700	102.546	0.154
	IV	103.200	103.493	- 0.293
1966	I	104.400	103.086	1.314
	II	104.800	103.522	1.278
	III	103.500	103.723	- 0.223
	IV	103.400	103.551	- 0.151
1967	I	104.000	101.917	2.083
	II	104.000	101.566	2.434
	III	103.100	101.946	1.154
	IV	102.900	103.997	- 1.097
1968	I	103.800	104.280	- 0.480
	II	102.900	103.239	- 0.339
	III	102.000	104.130	- 2.130
	IV	103.100	106.539	- 3.439
1969	I	104.100	106.602	- 2.502
	II	104.800	107.273	- 2.473
	III	105.200	109.074	- 3.874
	IV	107.200	111.345	- 4.145
1970	I	109.800	111.781	- 1.981
	II	111.300	110.699	0.601
	III	112.100	110.292	1.808
	IV	112.500	112.384	0.116
1971	I	115.000	113.924	1.076
	II	116.700	113.987	2.713
	III	117.000	113.636	3.364
	IV	116.900	113.423	3.477

EX POST-PROGNOSEN NACH MASSGABE DER SCHÄTZBEZIEHUNG

$$BP = 0.059\, BP^{E}_{t-1} + 1.030\, BP_{t-1} - 8.285$$
$$(5.325) \quad (47.378) \quad (-3.056)$$

QUARTAL		BP (Basis 1 962)	$\widehat{BP}$	RESIDUUM
1965	II	115.100	114.748	0.352
	III	115.500	116.776	- 1.276
	IV	115.800	116.462	- 0.662
1966	I	116.900	116.848	0.052
	II	119.100	118.748	0.352
	III	119.200	119.598	- 0.398
	IV	118.600	118.208	0.392
1967	I	117.300	116.310	0.990
	II	116.000	115.525	0.475
	III	115.500	115.366	0.134
	IV	114.800	115.654	- 0.854
1968	I	119.900	115.723	4.177
	II	119.900	121.130	- 1.230
	III	121.500	121.720	- 0.220
	IV	121.900	123.450	- 1.550
1969	I	122.600	123.544	- 0.944
	II	125.700	126.648	- 0.948
	III	128.000	129.782	- 1.782
	IV	132.600	132.010	0.590
1970	I	140.800	138.187	2.613
	II	147.400	146.474	0.926
	III	149.600	151.384	- 1.784
	IV	151.800	151.880	- 0.080
1971	I	155.800	153.538	2.262
	II	163.600	160.408	3.192
	III	165.300	167.657	- 2.357
	IV	166.200	167.125	- 0.925

EX POST-PROGNOSEN NACH MASSGABE DER SCHÄTZBEZIEHUNG

$$AEIGI\text{-}K = 0.696\ AEIGI\text{-}K_{t-2} + 0.439\ ABIG_{t-2} - 12.289$$
$$(12.463) \qquad (8.772) \qquad (-1.847)$$

QUARTAL		AEIGI-K (Basis 1.962)	$\widehat{AEIGI\text{-}K}$	RESIDUUM
1962	III	105.900	109.426	- 3.526
	IV	103.100	100.826	2.274
1963	I	102.100	94.211	7.889
	II	102.200	99.286	2.914
	III	104.000	99.161	4.839
	IV	105.900	97.781	8.119
1964	I	105.400	107.814	- 2.414
	II	105.800	112.034	- 6.234
	III	106.500	107.033	- 0.533
	IV	106.200	104.940	1.260
1965	I	105.400	104.857	0.543
	II	104.400	109.345	- 4.945
	III	101.800	103.082	- 1.282
	IV	99.800	100.015	- 0.215
1966	I	96.700	99.259	- 2.559
	II	90.900	97.252	- 6.352
	III	81.900	93.339	-11.439
	IV	73.900	82.585	- 8.685
1967	I	67.800	71.185	- 3.385
	II	69.600	71.061	- 1.461
	III	73.200	67.956	5.243
	IV	74.500	74.916	- 0.416
1968	I	78.100	80.802	- 2.702
	II	79.500	83.902	- 4.402
	III	86.700	88.471	- 1.771
	IV	97.100	93.089	4.011
1969	I	109.100	98.539	10.561
	II	118.200	113.811	4.389
	III	123.500	120.407	3.093
	IV	125.000	125.160	- 0.160
1970	I	120.900	122.703	- 1.803
	II	116.000	123.572	- 7.572
	III	112.500	114.879	- 2.379
	IV	111.300	107.211	4.089
1971	I	109.800	101.131	8.669
	II	106.900	103.676	3.224
	III	100.300	94.862	5.438
	IV	88.500	91.087	- 2.587

EX POST-PROGNOSEN NACH MASSGABE DER SCHÄTZBEZIEHUNG

$$GIU = \underset{(61.807)}{0.978}\, AEGI_{t-1} - \underset{(-1.810)}{4.116}$$

QUARTAL		GIU (Basis 1 962)	$\widehat{GIU}$	RESIDUUM
1962	II	94.900	96.227	- 1.327
	III	94.300	93.488	0.812
	IV	94.800	92.315	2.485
1963	I	95.900	92.608	3.292
	II	96.600	94.075	2.525
	III	98.800	96.031	2.769
	IV	101.900	100.432	1.468
1964	I	104.400	105.518	- 1.118
	II	107.700	108.941	- 1.241
	III	111.100	112.559	- 1.459
	IV	113.700	115.591	- 1.891
1965	I	115.700	117.352	- 1.652
	II	117.400	119.210	- 1.810
	III	119.300	120.579	- 1.279
	IV	121.300	122.242	- 0.942
1966	I	123.200	124.100	- 0.900
	II	123.700	124.687	- 0.987
	III	121.900	122.926	- 1.026
	IV	119.300	119.112	0.188
1967	I	116.100	115.885	0.215
	II	116.600	113.831	2.769
	III	118.500	117.352	1.148
	IV	120.900	121.753	- 0.853
1968	I	125.500	125.371	0.129
	II	130.500	130.750	- 0.250
	III	135.900	135.836	0.064
	IV	141.900	141.997	- 0.097
1969	I	148.000	150.310	- 2.310
	II	155.000	159.601	- 4.601
	III	160.600	167.327	- 6.727
	IV	167.000	174.173	- 7.173
1970	I	172.700	178.477	- 5.777
	II	176.700	178.868	- 2.168
	III	181.400	179.259	2.141
	IV	184.700	180.237	4.463
1971	I	187.600	182.584	5.016
	II	189.300	184.540	4.760
	III	190.400	185.812	4.588
	IV	191.100	185.225	5.875

EX POST-PROGNOSEN NACH MASSGABE DER SCHÄTZBEZIEHUNG

$$IGU = \underset{(4.431)}{0.924}\ AEIGI_{t-2} - \underset{(-0.143)}{0.029}\ AEIGI_{t-1} + \underset{(1.526)}{5.737}$$

QUARTAL		IGU (Basis 1 962)	$\widehat{IGU}$	RESIDUUM
1962	III	95.000	98.757	- 3.757
	IV	95.800	95.012	0.788
1963	I	97.100	93.611	3.489
	II	98.100	94.007	4.093
	III	100.000	96.030	3.970
	IV	103.100	99.114	3.986
1964	I	104.900	103.768	1.132
	II	107.600	108.488	- 0.888
	III	110.500	111.061	- 0.561
	IV	113.300	114.361	- 1.061
1965	I	115.500	118.062	- 2.562
	II	118.000	120.759	- 2.759
	III	120.300	123.091	- 2.791
	IV	122.800	125.289	- 2.489
1966	I	124.700	125.895	- 1.195
	II	126.100	127.183	- 1.083
	III	123.700	127.437	- 3.737
	IV	119.900	125.382	- 5.482
1967	I	115.300	120.344	- 5.044
	II	116.500	116.079	0.421
	III	118.300	113.437	4.863
	IV	120.200	117.946	2.254
1968	I	125.100	124.281	0.819
	II	129.400	128.328	1.072
	III	134.800	134.660	0.140
	IV	143.100	138.695	4.405
1969	I	150.700	148.092	2.608
	II	158.800	160.304	- 1.504
	III	166.600	174.171	- 7.571
	IV	174.500	185.472	-10.972
1970	I	181.100	193.276	-12.176
	II	187.600	197.827	-10.227
	III	194.700	197.131	- 2.431
	IV	200.000	195.751	4.249
1971	I	205.500	195.503	9.997
	II	208.800	197.480	11.320
	III	209.300	199.224	10.076
	IV	206.400	199.687	6.713

EX POST-PROGNOSEN NACH MASSGABE DER SCHÄTZBEZIEHUNG

$$VIU = \underset{(70.370)}{1.104}\ AEVGI_{t-1} - \underset{(-8.504)}{17.852}$$

QUARTAL		VIU (Basis 1 962)	$\widehat{VIU}$	RESIDUUM
1962	III	93.300	92.327	0.973
	IV	94.000	92.658	1.342
1963	I	92.200	92.990	- 0.790
	II	95.800	93.542	2.258
	III	97.500	94.646	2.854
	IV	99.900	97.737	2.163
1964	I	102.100	102.042	0.058
	II	104.900	106.127	- 1.227
	III	107.900	109.218	- 1.318
	IV	110.800	111.978	- 1.178
1965	I	113.200	114.518	- 1.318
	II	115.300	116.946	- 1.646
	III	118.600	119.706	- 1.106
	IV	120.400	124.454	- 4.054
1966	I	122.800	126.110	- 3.310
	II	122.300	126.662	- 4.362
	III	120.200	122.687	- 2.487
	IV	117.700	116.505	1.195
1967	I	114.500	112.862	1.638
	II	113.200	110.212	2.988
	III	114.400	114.407	- 0.007
	IV	118.200	118.161	0.039
1968	I	122.100	122.798	- 0.698
	II	127.800	127.766	0.034
	III	133.200	131.409	1.791
	IV	136.900	138.695	- 1.795
1969	I	140.700	143.332	- 2.632
	II	146.300	146.534	- 0.234
	III	149.500	151.943	- 2.443
	IV	153.200	152.164	1.036
1970	I	156.400	153.158	3.242
	II	158.000	154.703	3.297
	III	161.600	156.249	5.351
	IV	165.500	161.327	4.173
1971	I	168.200	168.172	0.028
	II	171.000	172.257	- 1.257
	III	174.600	176.121	- 1.521
	IV	179.700	179.874	- 0.174

EX POST-PROGNOSE NACH MASSGABE DER SCHÄTZBEZIEHUNG

$$IGP = \underset{(2.392)}{0.208}\ IGP^{E}_{t-2} + \underset{(7.970)}{0.468}\ AEIGI_{t-1} + \underset{(0.170)}{0.033}\ t + \underset{(4.445)}{30.559}$$

QUARTAL		IGP (Basis 1 962)	$\widehat{IGP}$	RESIDUUM
1962	II	99.700	105.025	- 5.325
	III	100.100	100.581	- 0.481
	IV	99.600	97.624	1.976
1963	I	100.200	97.828	2.372
	II	101.100	99.208	1.892
	III	102.300	101.565	0.735
	IV	105.100	103.346	1.754
1964	I	106.600	106.582	0.018
	II	109.200	108.034	1.166
	III	112.300	109.861	2.439
	IV	114.600	114.663	- 0.063
1965	I	118.300	115.684	2.616
	II	120.500	114.708	5.792
	III	121.600	115.864	5.736
	IV	122.700	116.162	6.538
1966	I	120.800	118.036	2.764
	II	119.800	120.659	- 0.859
	III	116.400	116.781	- 0.381
	IV	112.400	112.114	0.286
1967	I	108.700	110.093	- 1.393
	II	107.700	107.822	- 0.122
	III	109.500	110.034	- 0.534
	IV	111.600	112.927	- 1.327
1968	I	115.700	116.506	- 0.806
	II	119.700	119.524	0.176
	III	125.100	123.005	2.095
	IV	132.200	129.038	3.162
1969	I	137.400	137.147	0.253
	II	143.900	143.222	0.678
	III	148.000	149.521	- 1.521
	IV	153.400	158.155	- 4.755
1970	I	157.200	160.481	- 3.281
	II	158.700	156.521	2.179
	III	162.100	155.519	6.581
	IV	162.900	160.367	2.533
1971	I	163.200	159.558	3.642
	II	161.400	155.987	5.413
	III	158.500	154.876	3.624
	IV	155.000	156.885	- 1.885

EX POST-PROGNOSEN NACH MASSGABE DER SCHÄTZBEZIEHUNG

$$BPRO = \underset{(15.291)}{1.055}\ BPRO_{t-1} + \underset{(1.617)}{0.053}\ G_{B_{t-1}} - \underset{(-1.080)}{11.039}$$

QUARTAL		BPRO (Basis 1 962)	$\widehat{BPRO}$	RESIDUUM
1965	II	117.900	121.747	- 3.847
	III	120.800	119.244	1.556
	IV	123.600	121.493	2.107
1966	I	123.300	124.129	- 0.829
	II	123.700	124.782	- 1.082
	III	123.900	124.515	- 0.615
	IV	119.600	123.136	- 3.536
1967	I	115.300	118.091	- 2.791
	II	113.700	115.055	- 1.355
	III	111.900	113.632	- 1.732
	IV	113.200	111.907	1.293
1968	I	115.300	113.756	1.544
	II	119.200	116.698	2.502
	III	118.000	120.584	- 2.584
	IV	118.500	119.053	- 0.553
1969	I	122.800	119.612	3.188
	II	124.400	125.336	- 0.936
	III	120.900	126.298	- 5.398
	IV	122.300	121.970	0.330
1970	I	125.900	123.197	2.703
	II	130.500	127.563	2.937
	III	138.600	131.499	7.101
	IV	141.300	139.302	1.998
1971	I	140.200	141.864	- 1.664
	II	137.500	141.817	- 4.317
	III	136.900	138.248	- 1.348
	IV	141.200	136.873	4.327

A N H A N G   VII

Graphische Darstellungen der realen und prognostizierten Entwizklung

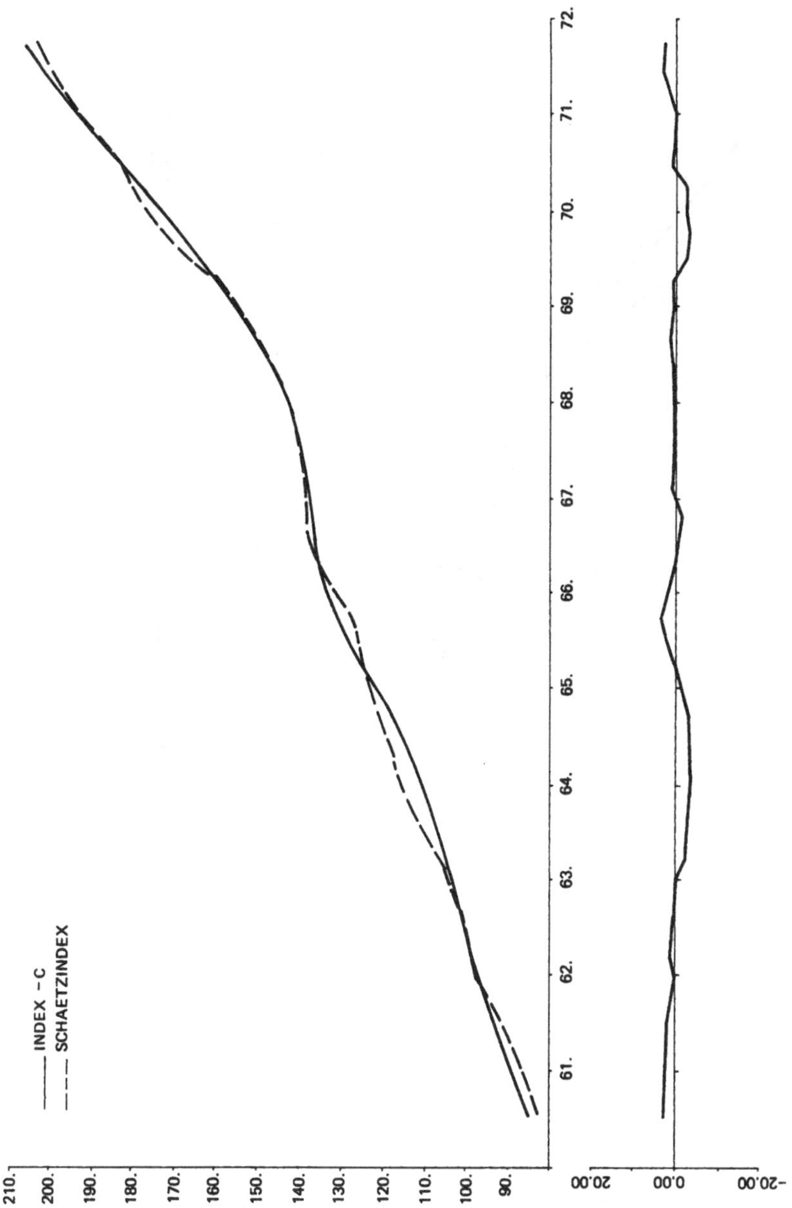

INDEX -C
SCHAETZINDEX
210.
200.
190.
180.
170.
160.
150.
140.
130.
120.
110.
100.
90.
20.00
0.00
-20.00
61.
62.
63.
64.
65.
66.
67.
68.
69.
70.
71.
72.

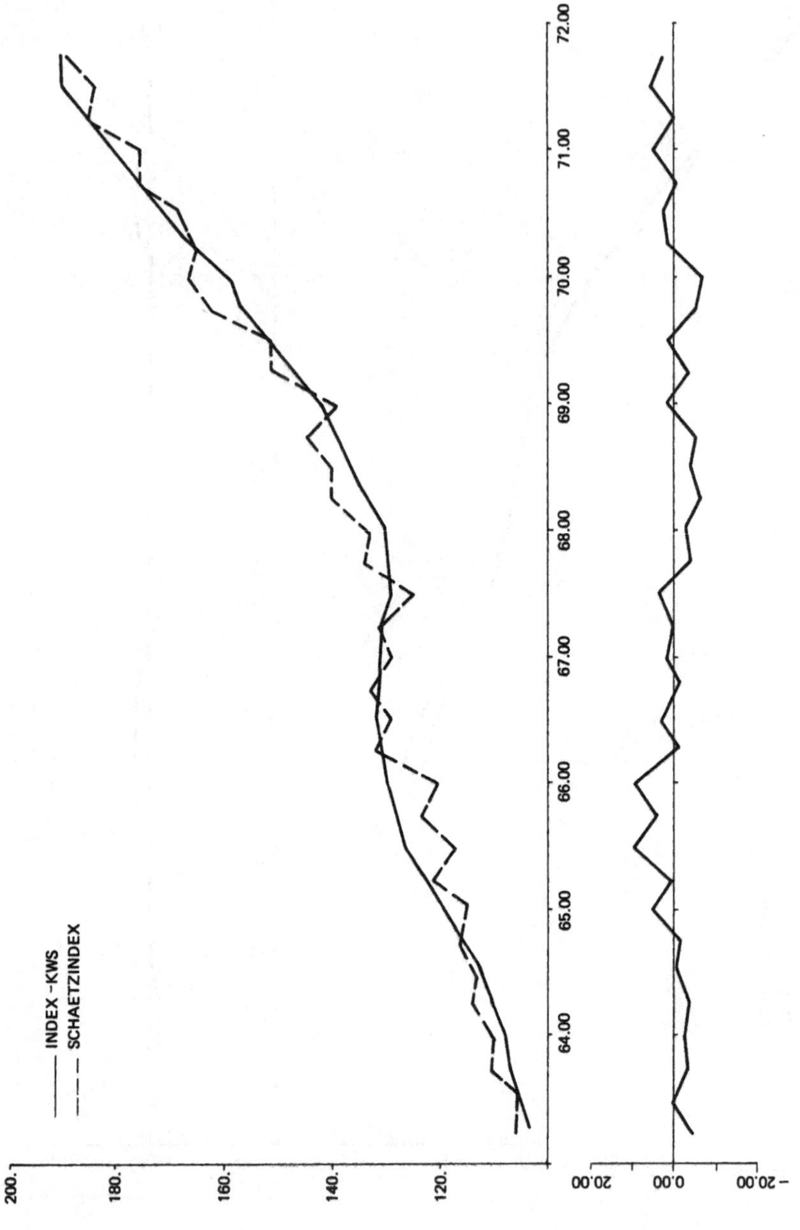
INDEX -KWS
SCHAETZINDEX
200.
180.
160.
140.
120.
20.00
0.00
-20.00
64.00
65.00
66.00
67.00
68.00
69.00
70.00
71.00
72.00

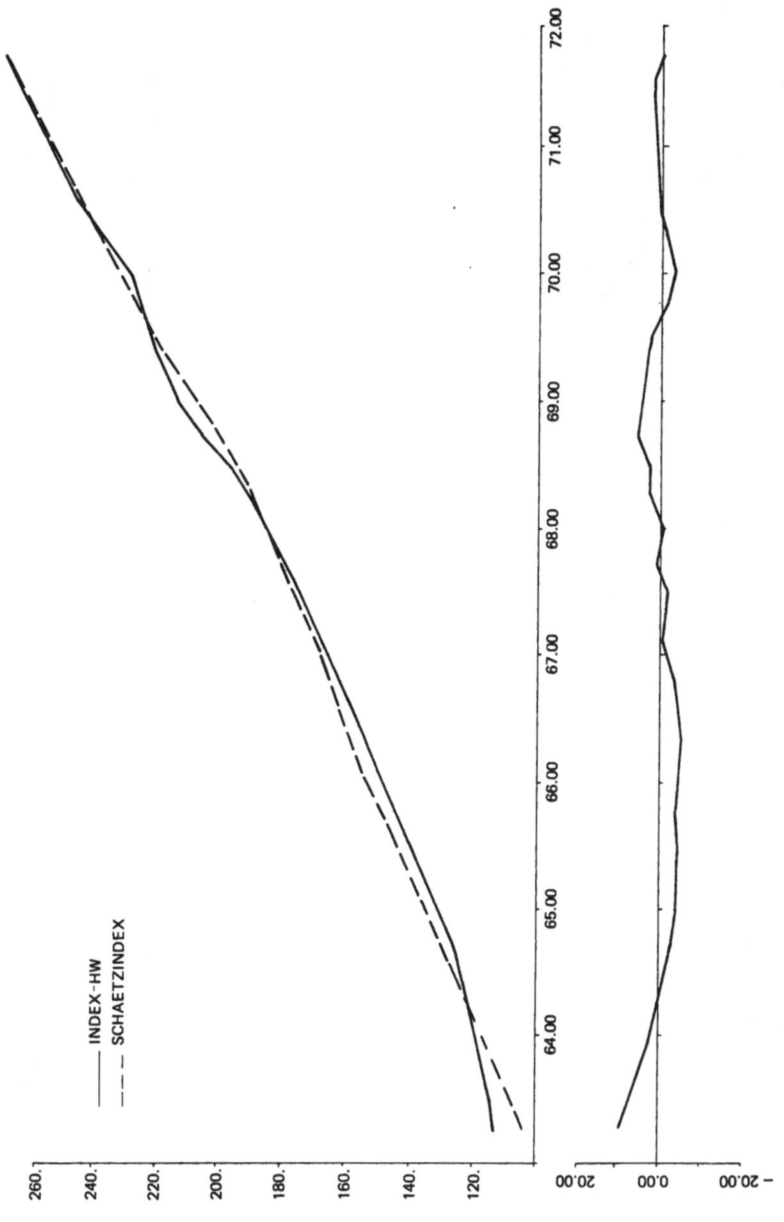
INDEX-HW
SCHAETZINDEX
260.
240.
220.
200.
180.
160.
140.
120.
20.00
0.00
- 20.00
64.00
65.00
66.00
67.00
68.00
69.00
70.00
71.00
72.00

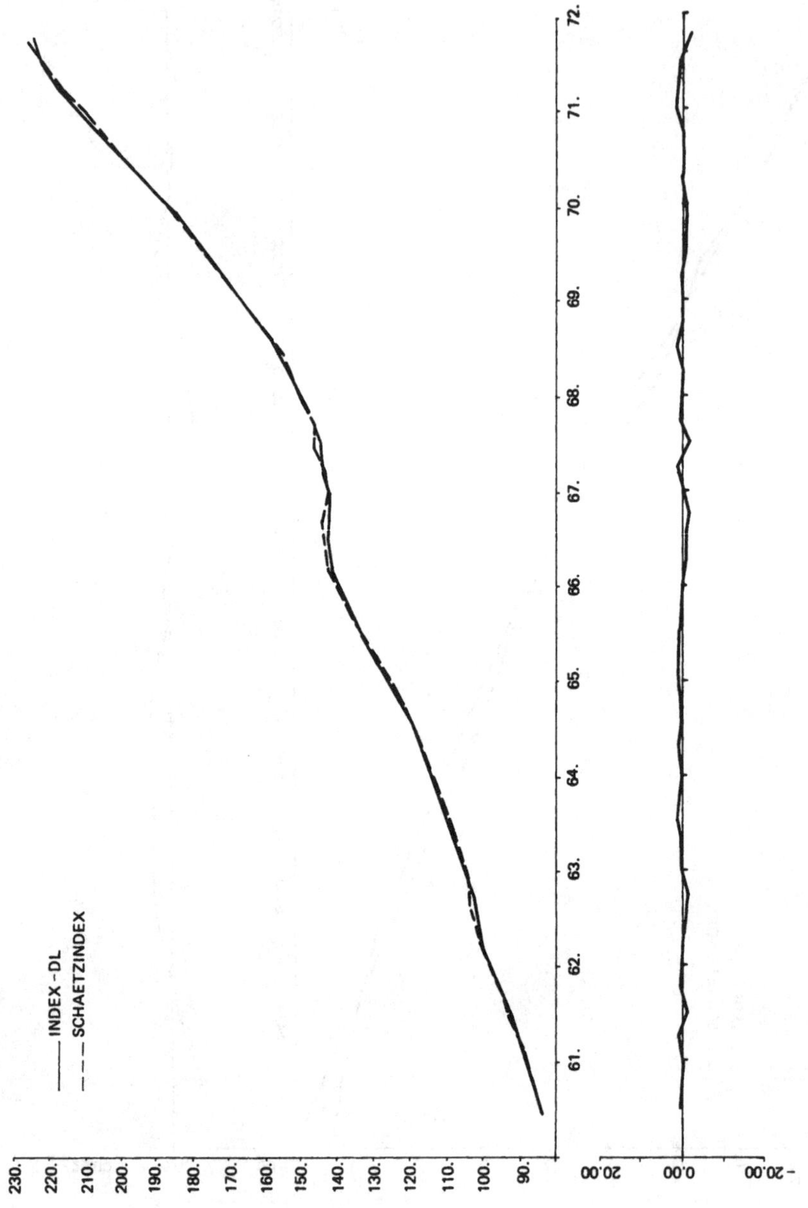

INDEX -DL
SCHAETZINDEX
230.
220.
210.
200.
190.
180.
170.
160.
150.
140.
130.
120.
110.
100.
90.
20.00
0.00
-20.00
61.
62.
63.
64.
65.
66.
67.
68.
69.
70.
71.
72.

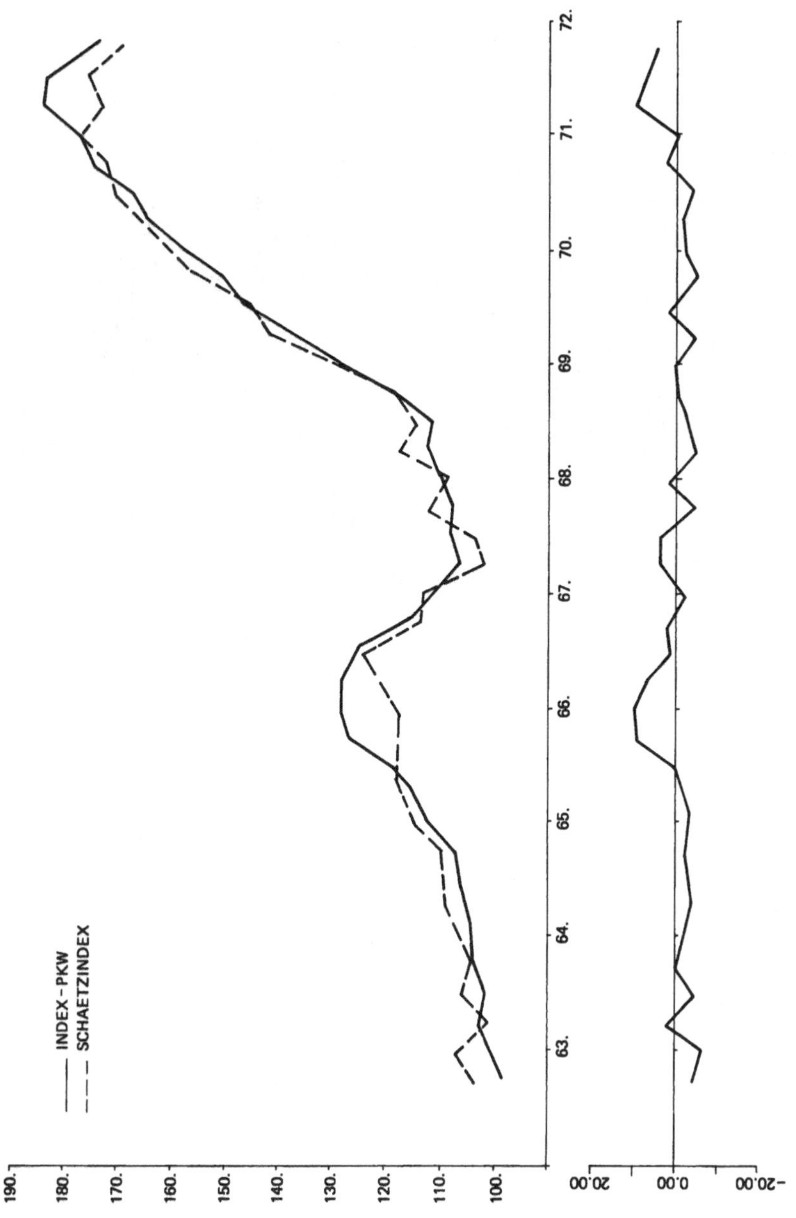

INDEX - PKW
SCHAETZINDEX
190.
180.
170.
160.
150.
140.
130.
120.
110.
100.
20.00
0.00
-20.00
63.
64.
65.
66.
67.
68.
69.
70.
71.
72.

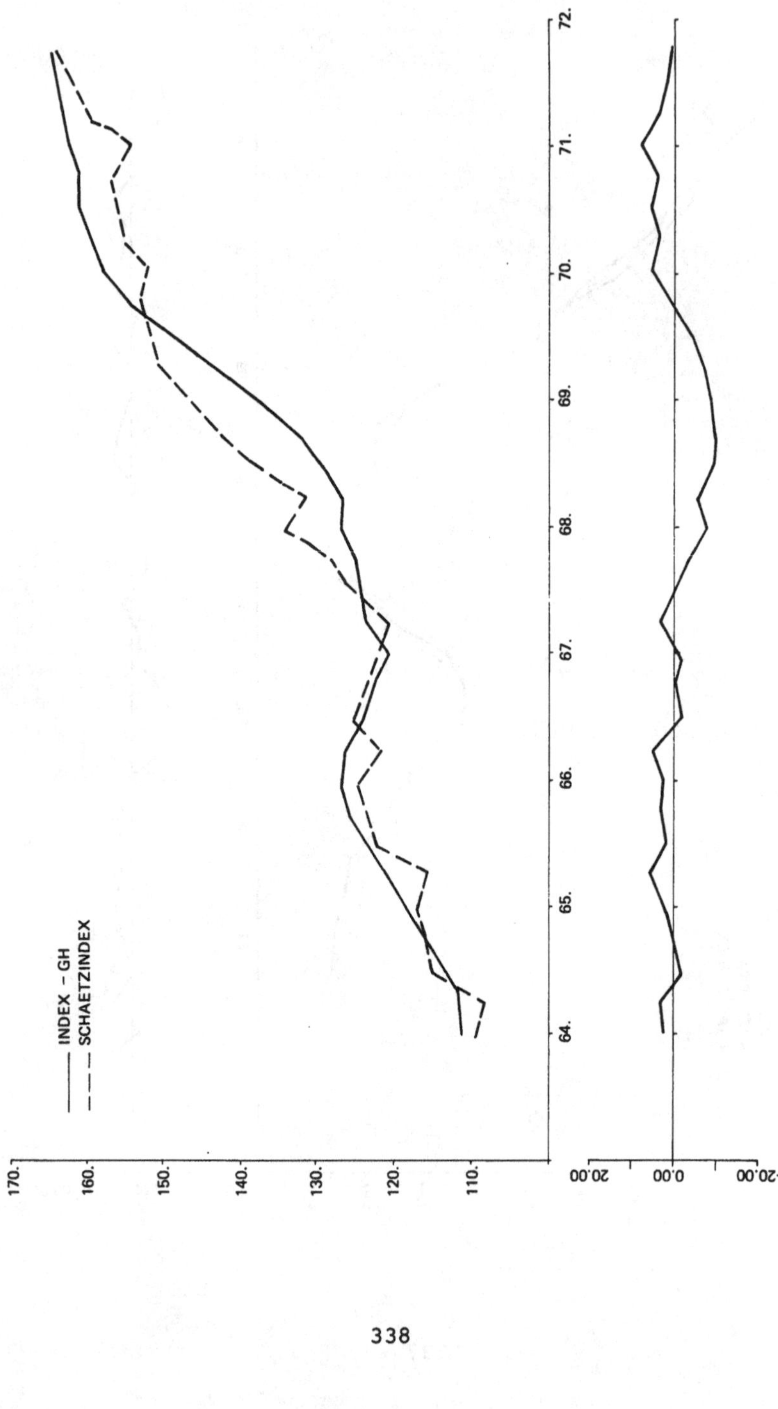
INDEX - GH
SCHAETZINDEX
170.
160.
150.
140.
130.
120.
110.
20.00
0.00
-20.00
64.
65.
66.
67.
68.
69.
70.
71.
72.

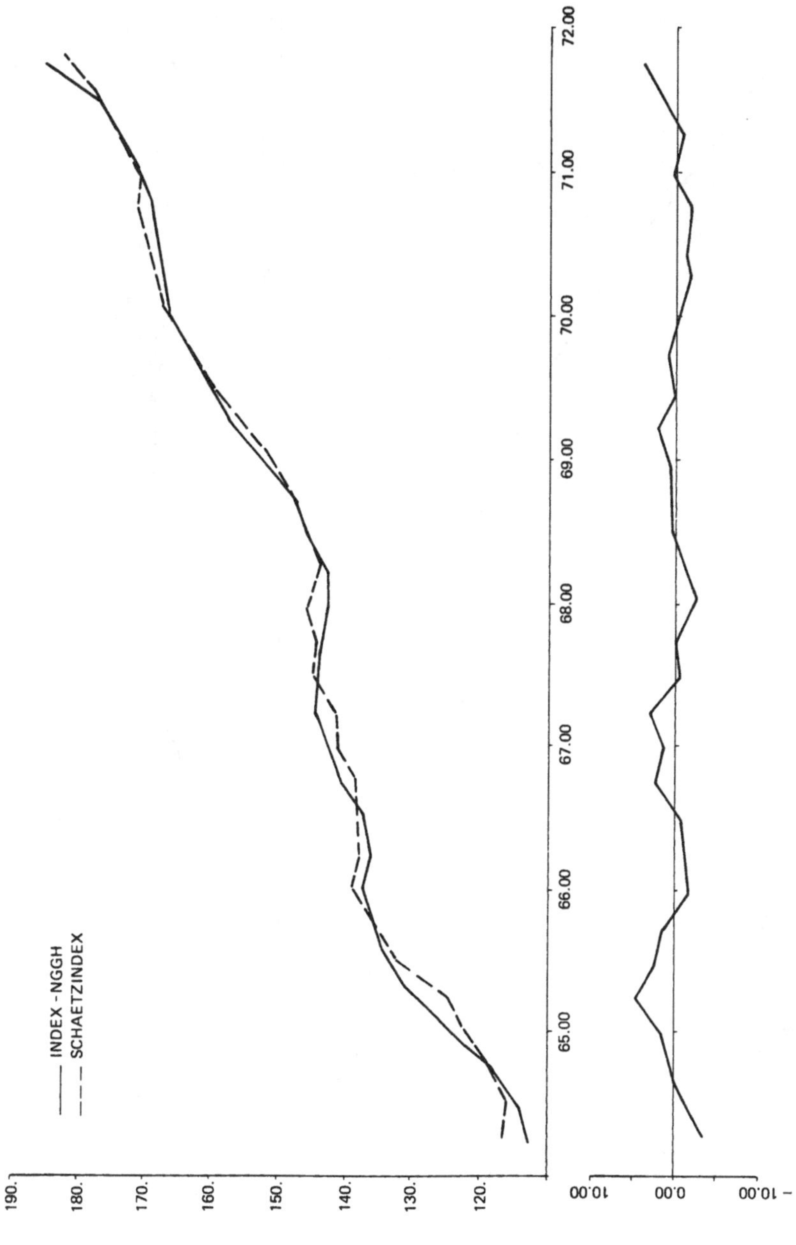
INDEX - NGGH
SCHAETZINDEX
190.
180.
170.
160.
150.
140.
130.
120.
10.00
0.00
- 10.00
65.00
66.00
67.00
68.00
69.00
70.00
71.00
72.00

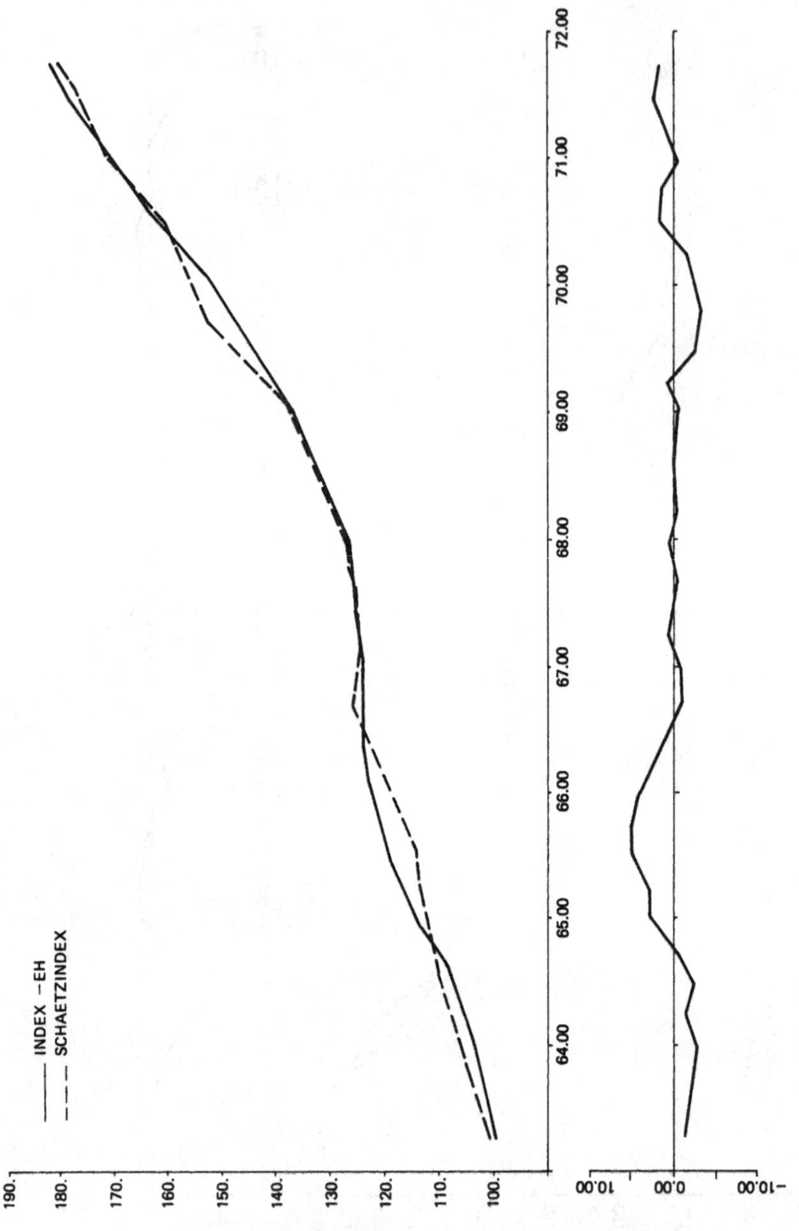

INDEX -EH
SCHAETZINDEX
190.
180.
170.
160.
150.
140.
130.
120.
110.
100.
10.00
0.00
-10.00
64.00
65.00
66.00
67.00
68.00
69.00
70.00
71.00
72.00

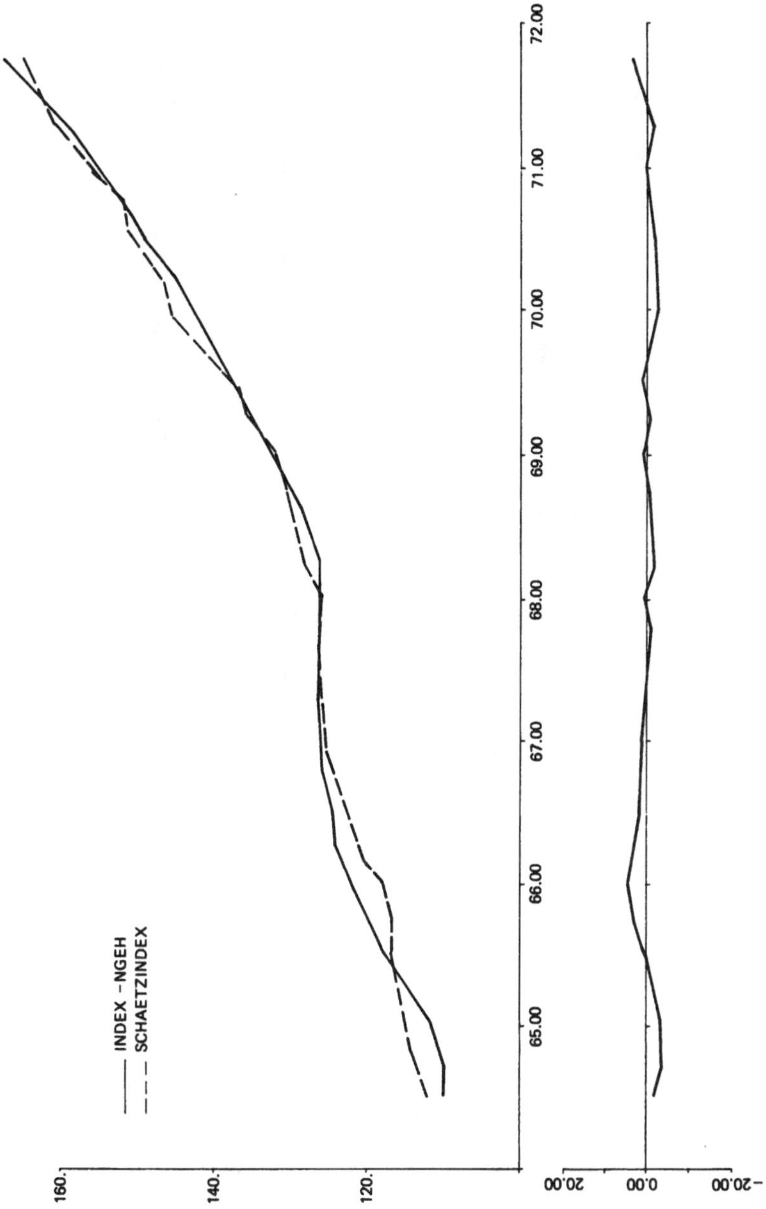

INDEX -NGEH
SCHAETZINDEX
160.
140.
120.
20.00
0.00
-20.00
65.00
66.00
67.00
68.00
69.00
70.00
71.00
72.00

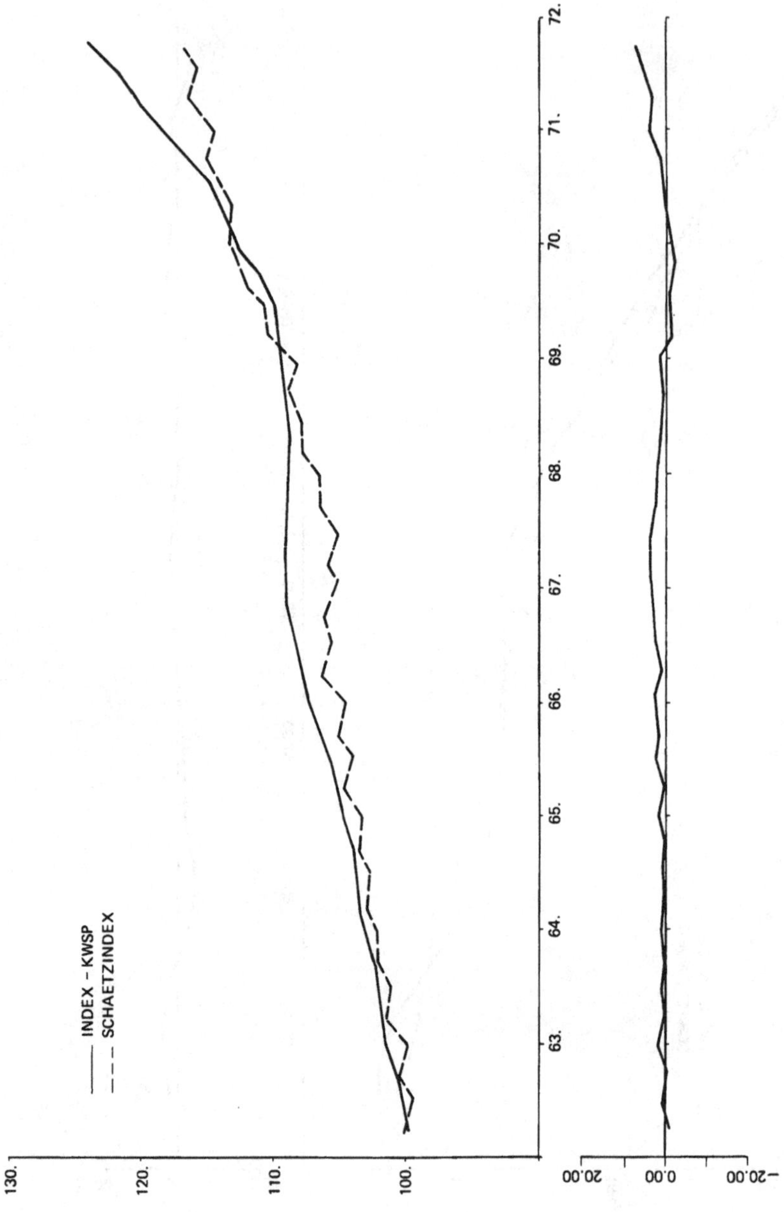
INDEX - KWSP
SCHAETZINDEX
130.
120.
110.
100.
63.
64.
65.
66.
67.
68.
69.
70.
71.
72.
20.00
0.00
-20.00

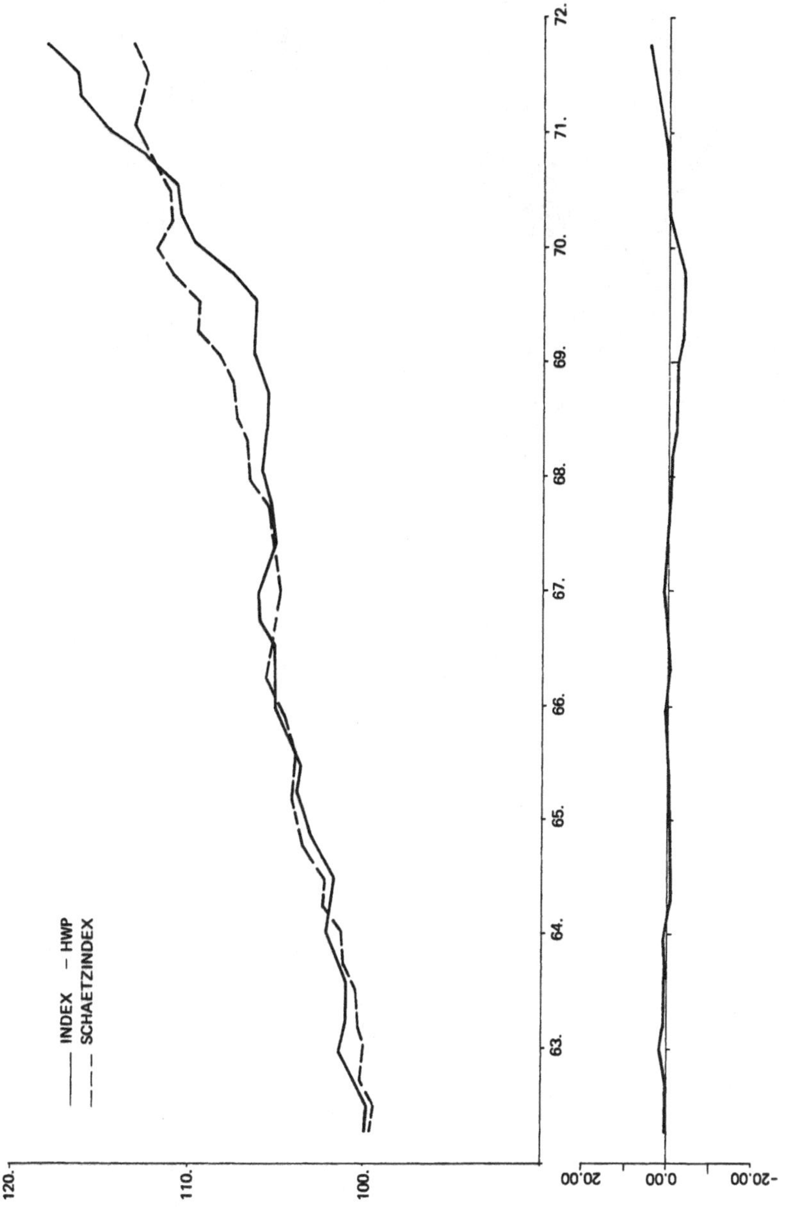
INDEX - HWP
SCHAETZINDEX
120.
110.
100.
63.
64.
65.
66.
67.
68.
69.
70.
71.
72.
20.00
0.00
-20.00

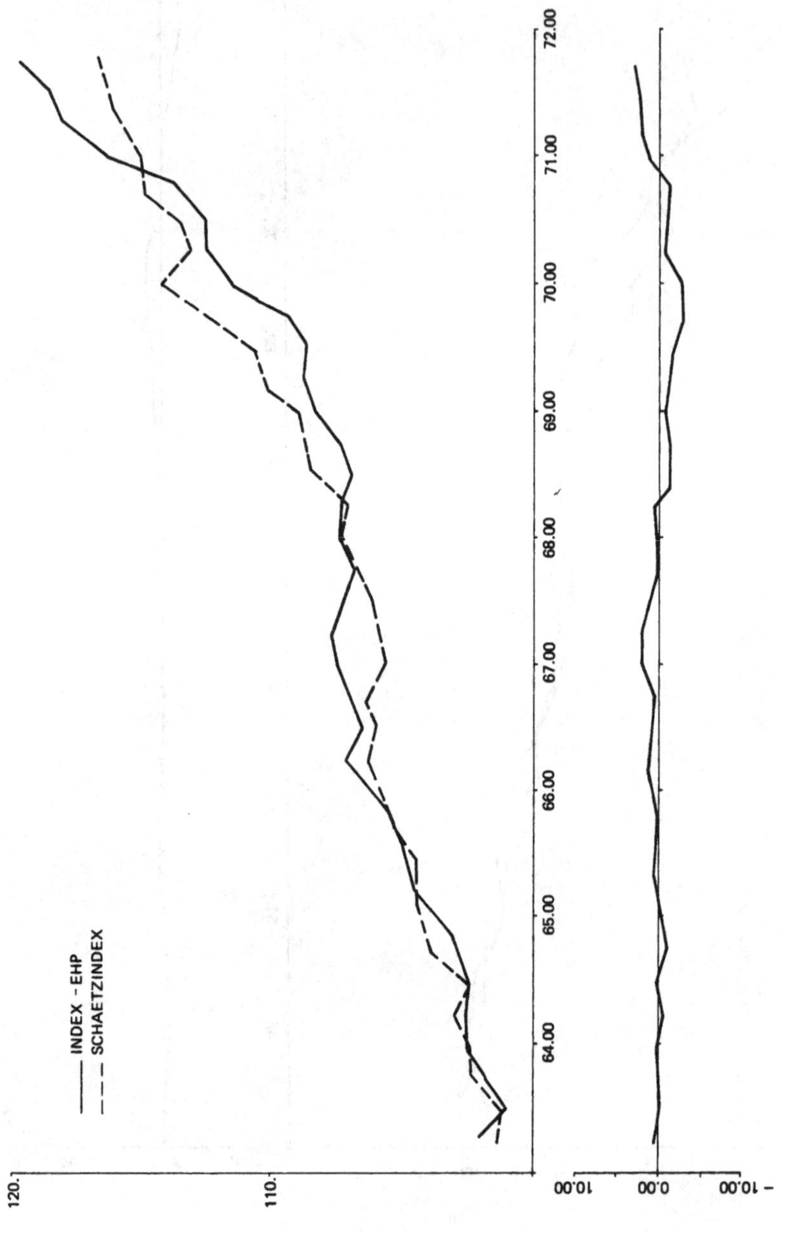

INDEX - EHP
SCHAETZINDEX
120.
110.
10.00
0.00
- 10.00
64.00
65.00
66.00
67.00
68.00
69.00
70.00
71.00
72.00

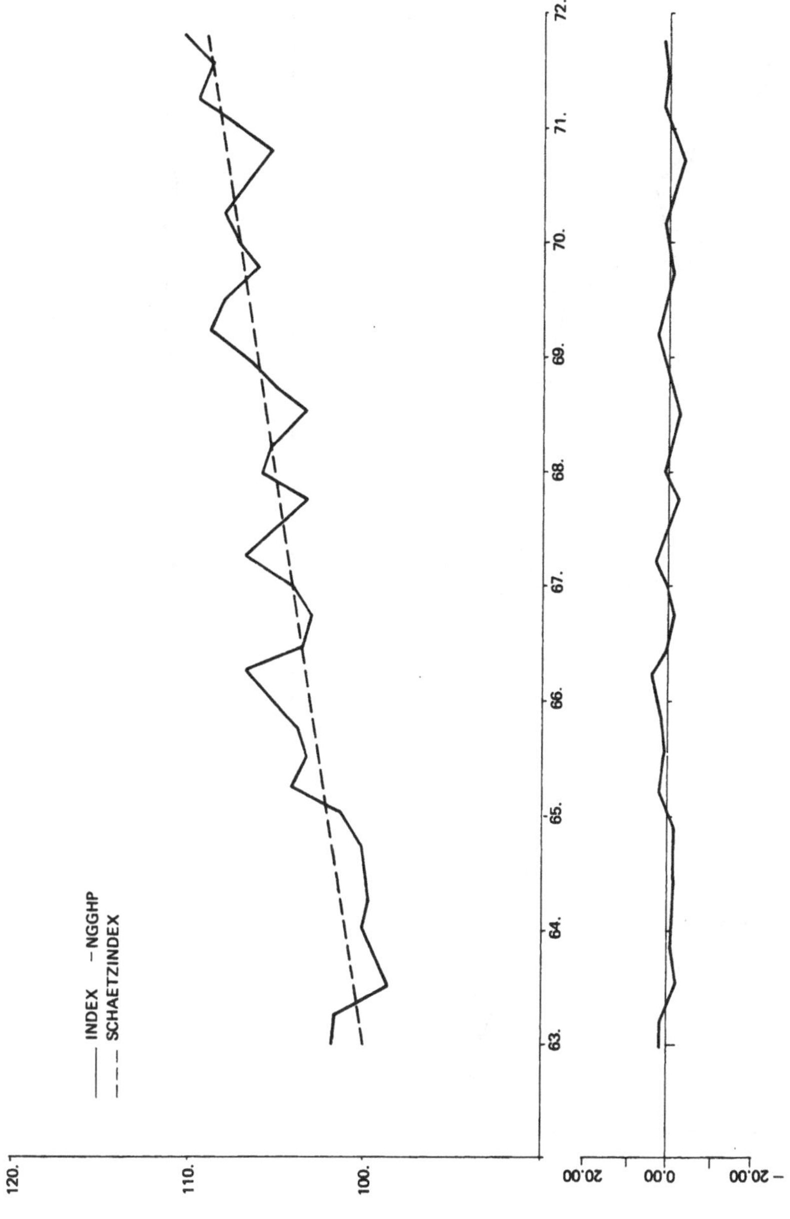
INDEX -NGGHP
SCHAETZINDEX
120.
110.
100.
20.00
0.00
-20.00
63.
64.
65.
66.
67.
68.
69.
70.
71.
72.

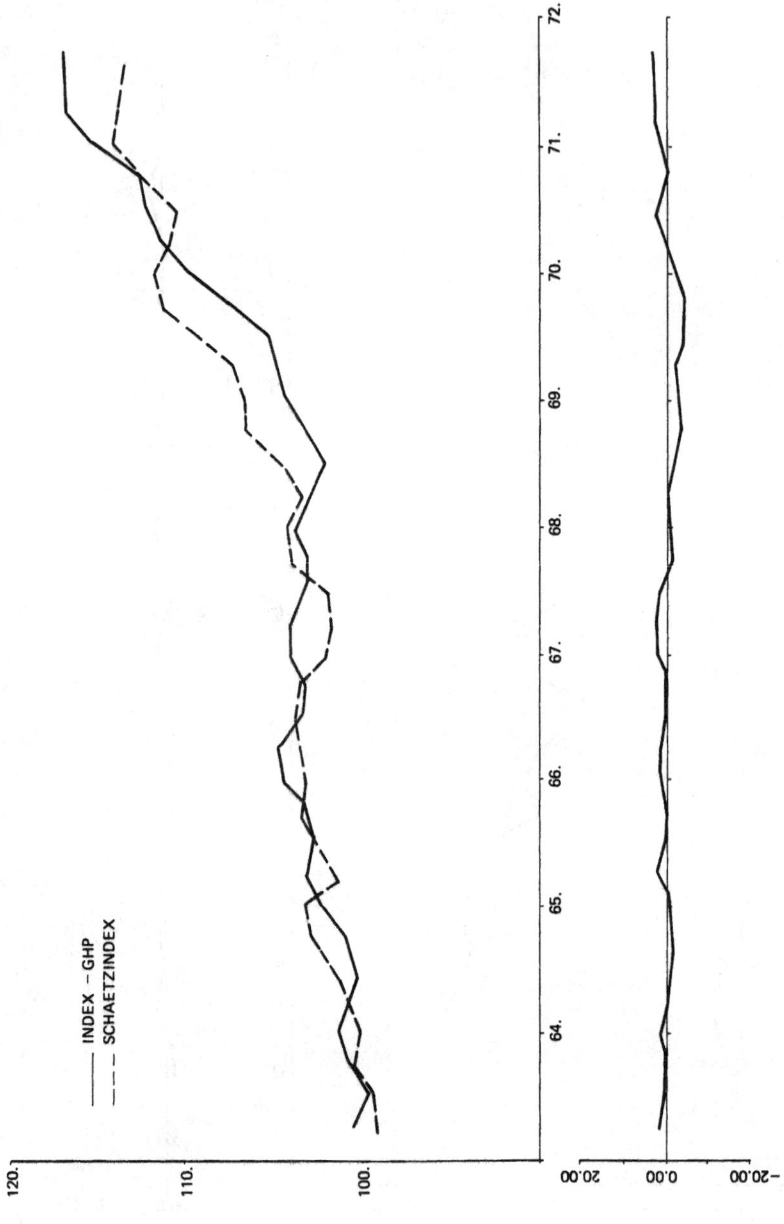

INDEX - GHP
SCHAETZINDEX
120.
110.
100.
20.00
0.00
-20.00
64.
65.
66.
67.
68.
69.
70.
71.
72.

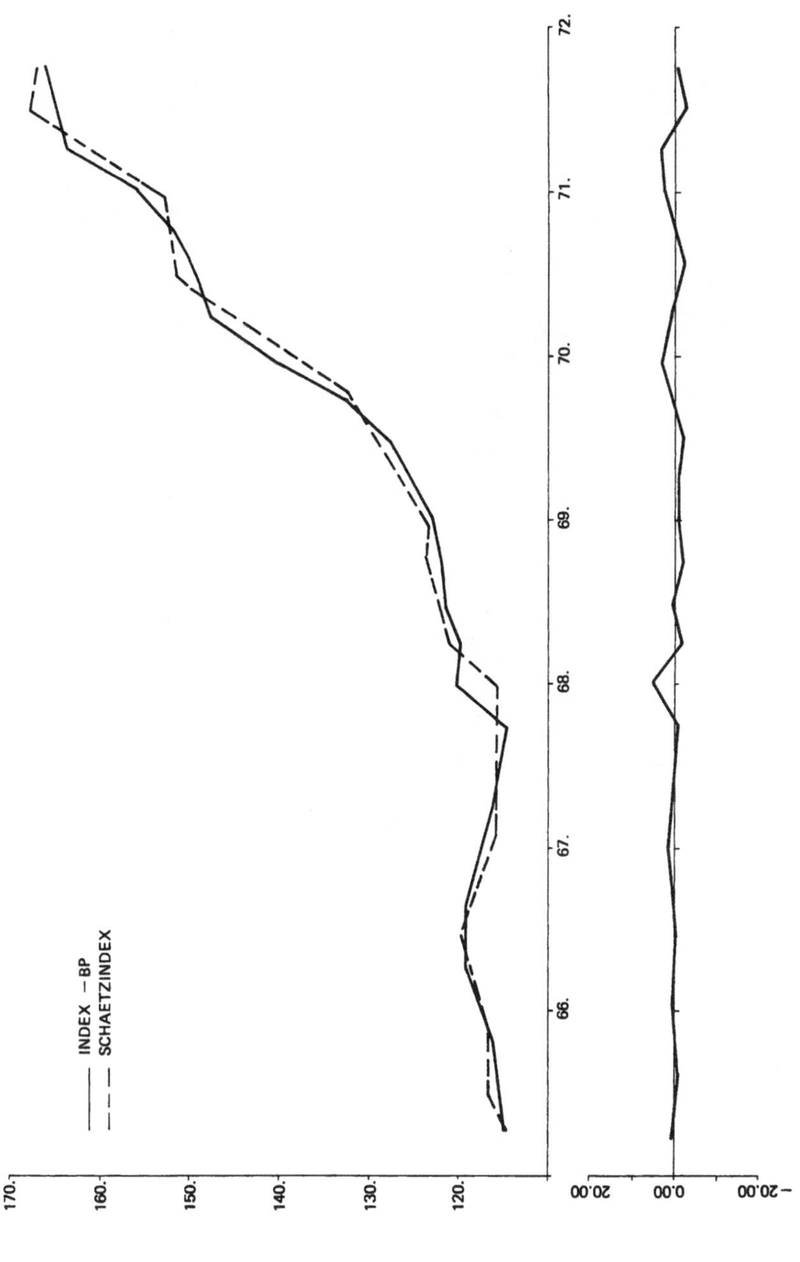

INDEX – BP
SCHAETZINDEX
170.
160.
150.
140.
130.
120.
66.
67.
68.
69.
70.
71.
72.
20.00
0.00
–20.00

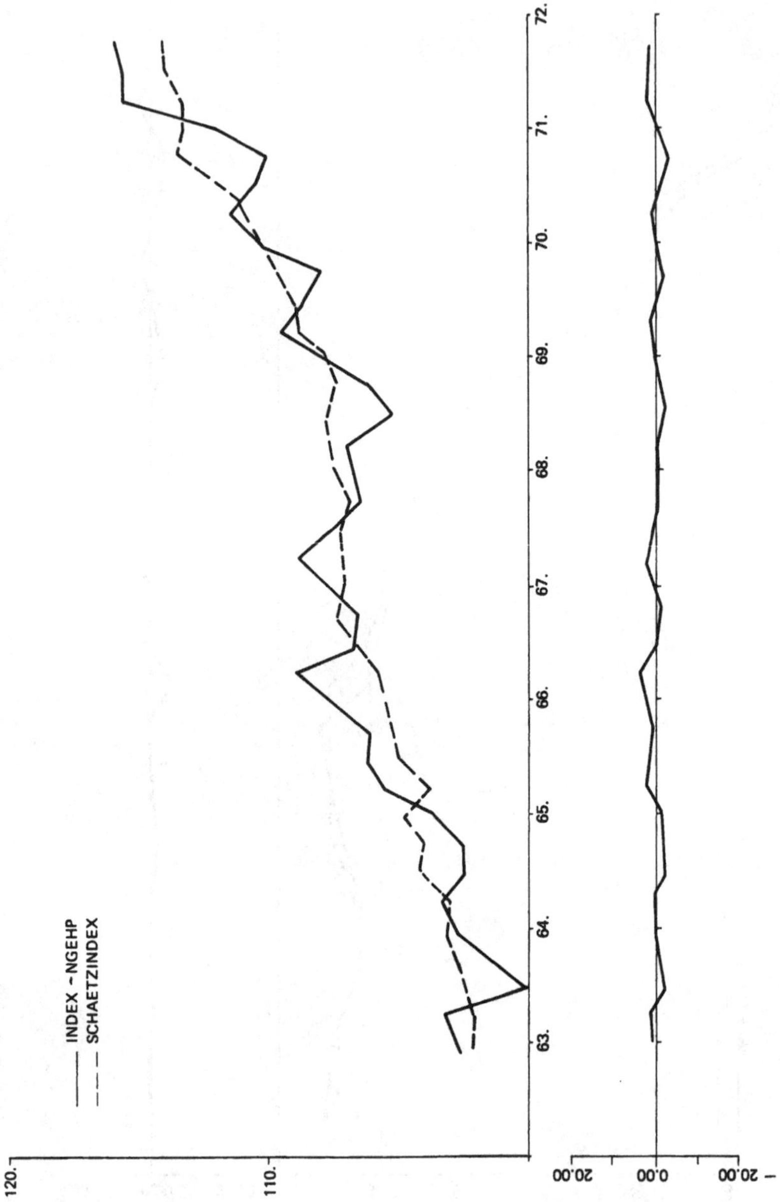

INDEX -NGEHP
SCHAETZINDEX
63.
64.
65.
66.
67.
68.
69.
70.
71.
72.
120.
110.
20.00
0.00
- 20.00

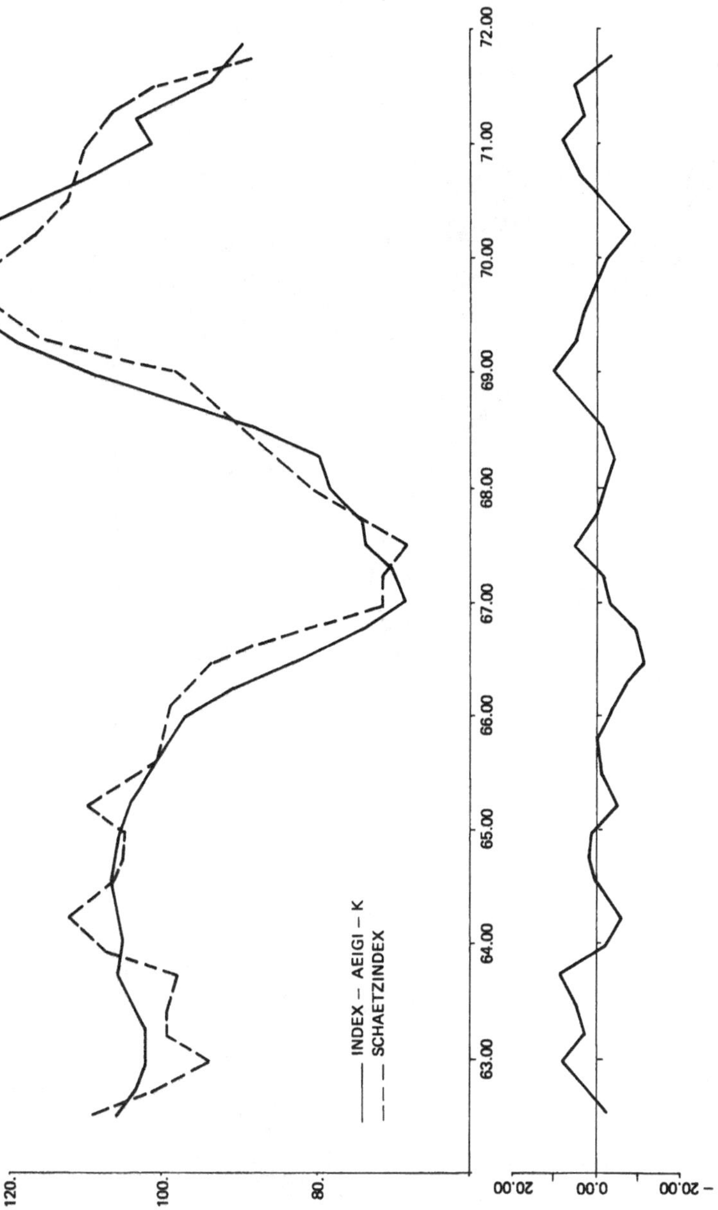
INDEX – AEIGI – K
SCHAETZINDEX
120.
100.
80.
20.00
0.00
– 20.00
63.00
64.00
65.00
66.00
67.00
68.00
69.00
70.00
71.00
72.00

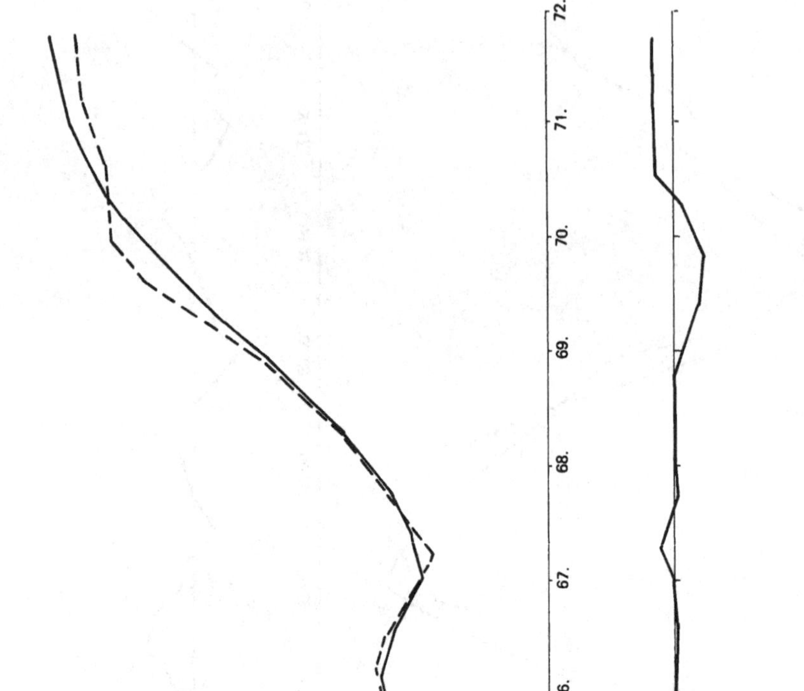
INDEX-G I U
SCHAETZINDEX
200.
190.
180.
170.
160.
150.
140.
130.
120.
110.
100.
20.00
0.00
– 20.00
63.
64.
65.
66.
67.
68.
69.
70.
71.
72.

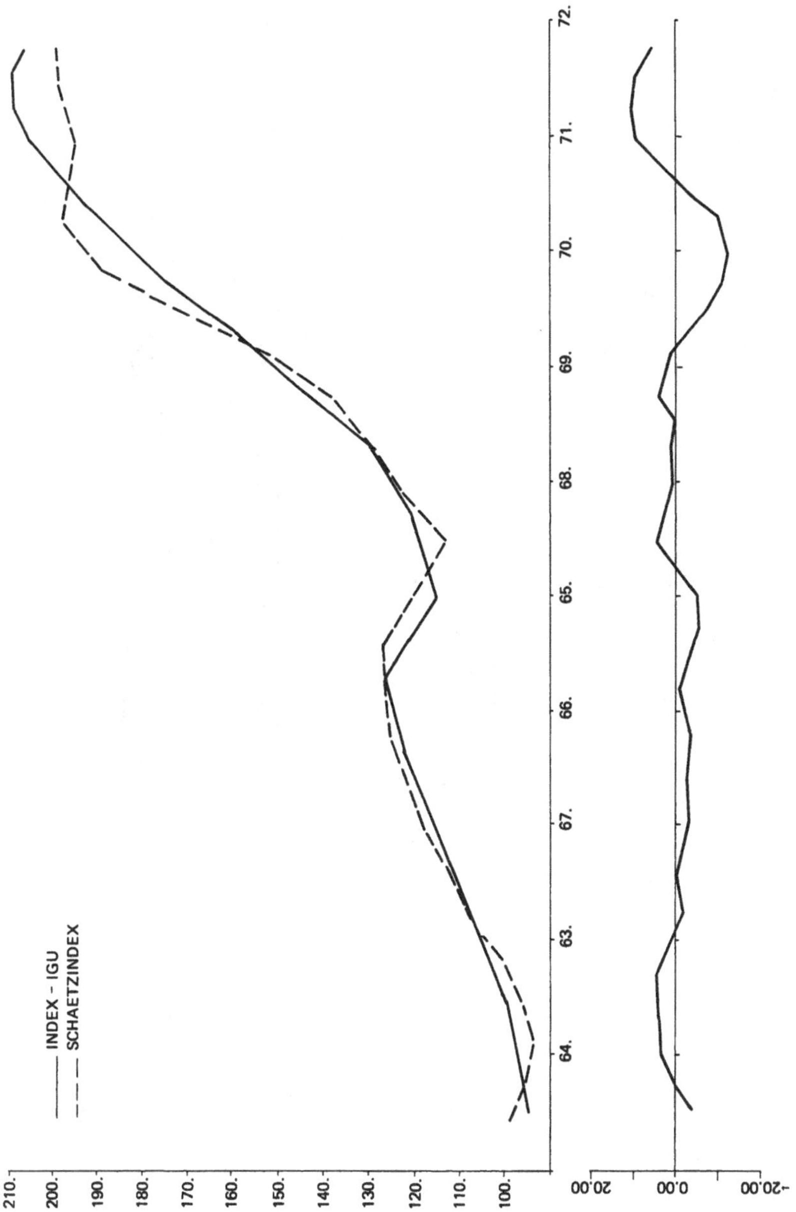
INDEX - IGU
SCHAETZINDEX
210.
200.
190.
180.
170.
160.
150.
140.
130.
120.
110.
100.
20.00
0.00
-20.00

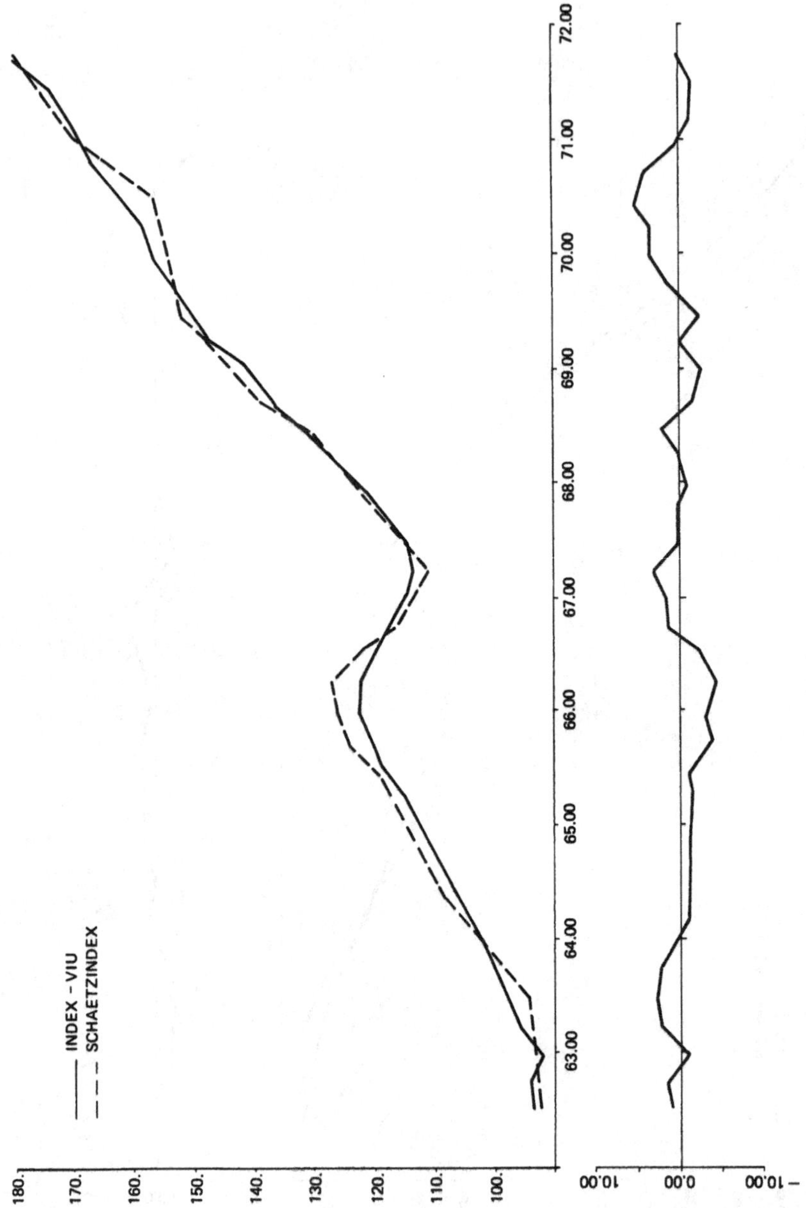

INDEX - VIU
SCHAETZINDEX
180.
170.
160.
150.
140.
130.
120.
110.
100.
10.00
0.00
-10.00
63.00
64.00
65.00
66.00
67.00
68.00
69.00
70.00
71.00
72.00

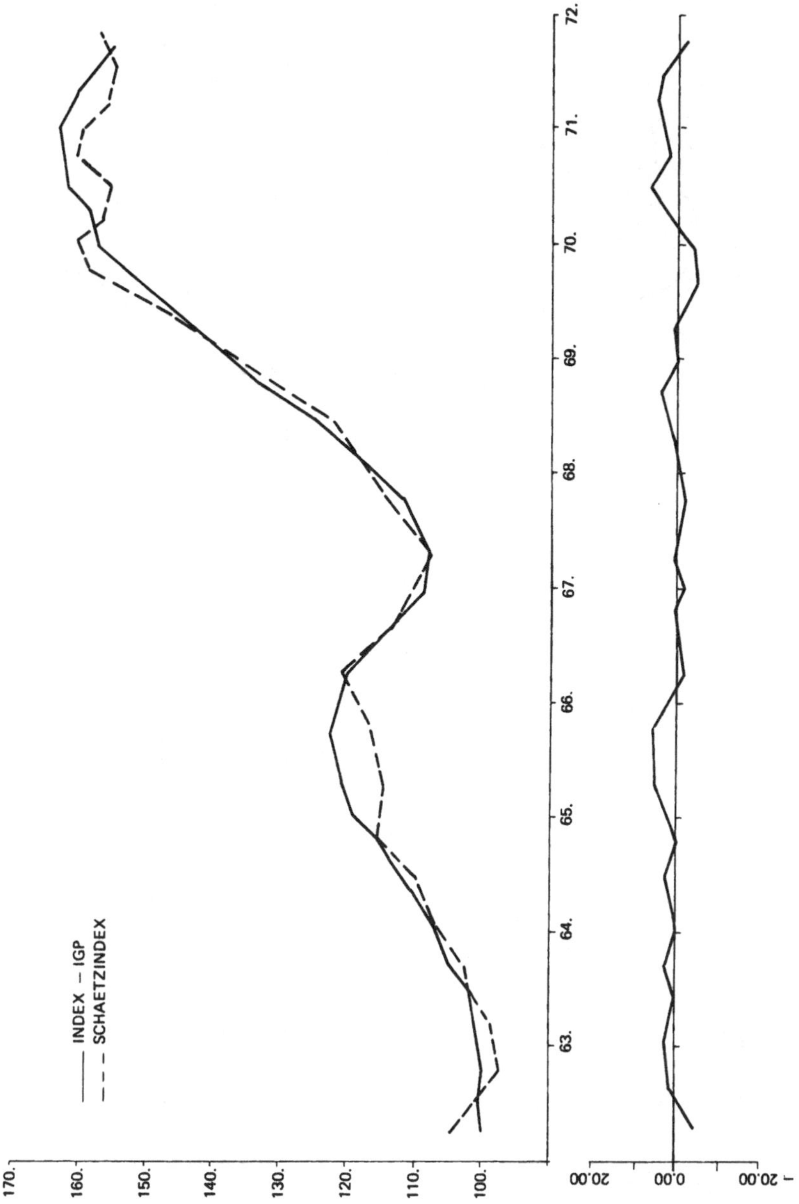

INDEX – IGP
SCHAETZINDEX
170.
160.
150.
140.
130.
120.
110.
100.
20.00
0.00
- 20.00
63.
64.
65.
66.
67.
68.
69.
70.
71.
72.

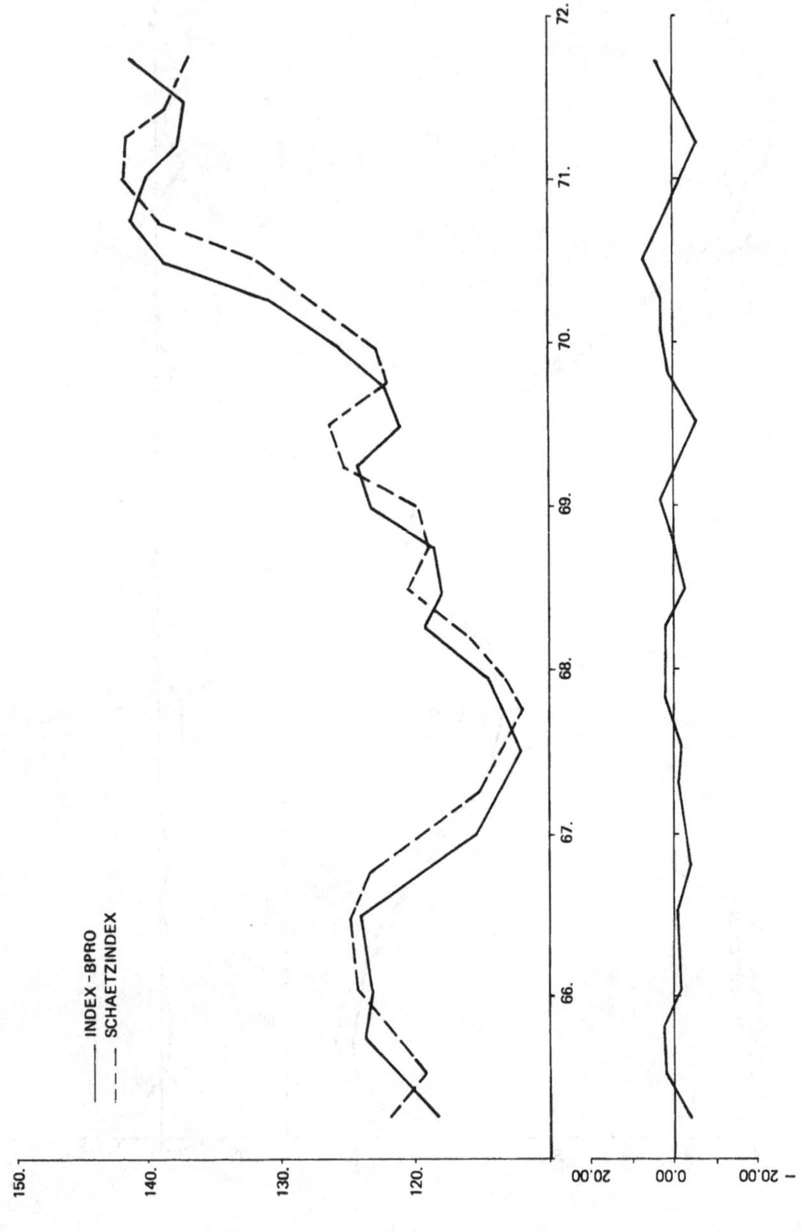
INDEX-BPRO
SCHAETZINDEX
150.
140.
130.
120.
20.00
0.00
- 20.00
66.
67.
68.
69.
70.
71.
72.

A N H A N G   VIII

Stabilitätsuntersuchungen

ANALYSE DER STRUKTURSTABILITÄT

$$KWS = \underset{(8.481)}{0.528}\, G_{UWS_{t-1}} - \underset{(-21.67)}{0.071}\, I_{t-2} + \underset{(19.588)}{1.864}\, t + \underset{(9.157)}{51.664}$$

End-quartal		Anzahl d. beobacht. Werte	$G_{KWS_{t-1}}$	I_{t-2}	t	Abs. Glied	R^2
IV	71	40	0.528 (2.044)	-0.071 (-.700)	1.964 (18.697)	51.664 (15.372)	0.986
III	71	39	0.305 (2.724)	-0.085 (-1.185)	2.114 (19.381)	66.781 (8.352)	0.936
II	71	38	0.239 (2.013)	-0.038 (-0.498	2.068 (18.506)	70.066 (8.578)	0.931
I	71	37	0.141 (1.248)	0.040 (0.532)	1.966 (18.235)	74.371 (9.816)	0.936
IV	70	36	0.067 (0.644)	0.088 (1.261)	1.873 (18.433)	78.941 (11.307)	0.941
II	70	34	0.109 (1.341)	0.056 (1.028)	1.746 (21.173)	79.051 (14.698)	0.954
I	70	33	0.149 (1.965)	0.014 (0.273)	1.709 (22.110)	79.016 (15.935)	0.955
IV	69	32	0.161 (2.995)	-0.009 (-0.198)	1.673 (23.061)	80.523 (17.519)	0.957
III	69	31	0.160 (2.393)	-0.021 (-0.436)	1.652 (23.228)	81.926 (18.160)	0.956
II	69	30	0.146 (2.038)	-0.024 (-0.464)	1.627 (20.884)	83.977 (16.564)	0.945

ANALYSE DER STRUKTURSTABILITÄT

$$HW = \underset{(1.580)}{0.048}\, I_{t-2} + \underset{(5.444)}{0.235}\, Y_{t-1} - \underset{(-0.278)}{0.013}\, G_{HW_{t-1}} + \underset{(27.995)}{4.015}\, t + \underset{(12.254)}{71.598}$$

End - quartal		Anzahl d. beobacht. Werte	I_{t-2}	Y_{t-1}	$G_{HW_{t-1}}$	t	Absol. Glied	R^2
IV	71	35	0.048 (1.580)	0.235 (5.444)	-0.013 (-0.278)	4.015 (27.995)	71.598 (12.254)	0.998
III	71	34	0.048 (1.485)	0.235 (4.987)	-0.013 (-0.277)	4.016 (11.764)	71.641 (11.764)	0.995
II	71	33	0.058 (1.523)	0.219 (3.907)	-0.017 (-0.331)	4.034 (25.526)	72.852 (10.772)	0.994
I	71	32	0.066 (1.544)	0.200 (2.935)	-0.019 (-0.362)	4.059 (23.378)	74.453 (9.656)	0.992
IV	70	31	0.077 (1.556)	0.165 (1.811)	-0.012 (-0.192)	4.109 (20.239)	76.332 (8.606)	0.989
III	70	30	0.079 (1.483)	0.143 (1.341)	-0.009 (-0.129)	4.137 (18.310)	78.089 (7.690)	0.987
II	70	29	0.079 (1.407)	0.126 (1.056)	-0.006 (-0.082)	4.157 (17.047)	79.551 (7.029)	0.985
I	70	28	0.079 (1.393)	0.124 (0.916)	-0.006 (-0.079)	4.166 (16.179)	79.839 (6.250)	0.983
IV	69	27	0.081 (1.466)	0.149 (1.028)	-0.011 (-0.156)	4.131 (15.977)	77.551 (5.695)	0.983
III	69	26	0.081 (1.372)	0.156 (0.832)	-0.011 (-0.147)	4.123 (13.770	76.813 (4.190)	0.979
II	69	25	0.081 (1.725)	0.055 (0.287)	-0.013 (-0.224)	4.227 (15.633)	88.125 (4.424)	0.985

ANALYSE DER STRUKTURSTABILITÄT

$$DL = \underset{(2.286)}{0.045}\ I_{t-2} + \underset{(16.246)}{1.005}\ DL_{t-1} + \underset{(0.261)}{0.046}\ t - \underset{(-0.772)}{3.391}$$

End-quartal		Anz.d.beob. Werte	I_{t-2}	DL_{t-1}	t	Abs.Glied	R^2
IV	71	46	0.045	1.005	0.046	-3.391	0.994
			(2.280)	(16.240)	(0.261)	(-0.772)	
III	71	45	0.041	1.026	-0.005	-4.633	0.989
			(1.534)	(11.013)	(-0.021)	(-0.726)	
II	71	44	0.041	1.025	-0.003	-4.563	0.997
			(2.587)	(16.540)	(-0.016)	(-1.122)	
I	71	43	0.043	1.008	0.038	-3.473	0.993
			(1.942)	(10.118)	(0.148)	(-0.536)	
IV	70	42	0.050	0.953	0.169	0.105	0.998
			(3.929)	(14.424)	(1.019)	(0.025)	
I	70	39	0.052	0.872	0.364	6.063	0.990
			(2.149)	(5.019)	(0.861)	(0.496)	
IV	69	38	0.052	0.862	0.384	6.938	0.978
			(1.453)	(3.190)	(0.591)	(0.355)	
III	69	37	0.051	0.857	0.395	7.375	0.984
			(1.757)	(3.680)	(0.712)	(0.428)	
II	69	36	0.051	0.858	0.389	7.188	0.961
			(1.113)	(2.324)	(0.448)	(0.257)	
I	69	35	0.049	0.853	0.399	7.938	0.984
			(1.602)	(3.784)	(0.756)	(0.456)	
IV	68	34	0.052	0.853	0.404	7.563	0.969
			(1.068)	(2.751)	(0.556)	(o.314)	
III	68	33	0.052	0.851	0.407	7.688	0.954
			(0.850)	)2.328)	(0.472)	(0.272)	

ANALYSE DER STRUKTURSTABILITÄT

$$PKW = \underset{(8.06)}{0.317}\, I_{t-2} + \underset{(9.08)}{0.586}\, Y_{t-1} + \underset{(0.041)}{0.009}\, t + \underset{(2.174)}{13.371}$$

End-quartal		Anzahl d. beob.Werte	I_{t-2}	Y_{t-1}	t	Abs.Glied	R^2
IV	71	35	0.317 (8.063)	0.586 (9.079	0.009 (0.041)	13.371 (2.174)	0.980
III	71	34	0.266 (8.761)	0.686 (13.503)	-0.117 (-0.736)	7.309 (1.577)	0.979
II	71	33	0.259 (7.455)	0.698 (11.791)	-0.131 (-0.782)	6.589 (1.300)	0.977
I	71	32	0.265 (6.914)	0.681 (9.708)	-0.109 (0.181)	7.789 (1.342)	0.972
IV	70	31	0.301 (7.396)	0.588 (7.168)	0.018 (0.097)	14.527 (2.234)	0.970
III	70	30	0.299 (7.282)	0.619 (7.417)	-0.054 (-0.346)	11.652 (1.681)	0.959
II	70	29	0.301 (7.137)	0.593 (6.336)	-0.029 (-0.178)	14.453 (1.776)	0.945
I	70	28	0.304 (6.390)	0.555 (4.585)	0.057 (0.246)	17.832 (1.683)	0.932
IV	69	27	0.304 (5.889)	0.545 (3.745)	0.069 (0.264)	18.926 (1.420)	0.897
III	69	26	0.304 (6.433)	0.539 (3.320)	0.075 (0.288)	19.531 (1.250)	0.887
II	69	25	0.304 (6.051)	0.659 (2.968)	-0.049 (-0.157)	6.371 (0.282)	0.854

ANALYSE DER STRUKTURSTABILITÄT

$$NGGH = \underset{(1.655)}{0.109}\, NGGH^{E}_{t-1} + \underset{(23.665)}{1.979}\, t + \underset{(12.667)}{120.547}$$

End-quartal		Anzahl d. beobacht.	$NGGH^{E}_{t-1}$	t	Absol. Glied	R^2
IV	71	31	0.109 (1.655)	1.979 (23.665)	120.547 (12.667)	0.955
III	71	30	0.089 (1.436)	1.945 (24.170)	105.336 (13.065)	0.957
II	71	29	0.085 (1.300)	1.936 (22.313)	105.992 (13.024)	0.951
I	71	28	0.085 (1.171)	1.938 (19.138)	105.918 (11.649)	0.936
IV	70	27	0.087 (1.216)	1.933 (18.595	105.789 (11.925)	0.936
III	70	26	0.088 (1.272)	1.936 (18.401)	105.660 (12.284)	0.937
II	70	25	0.086 (1.216)	1.929 (17.130)	105.969 (11.968)	0.930
I	70	24	0.082 (1.065)	1.911 (14.728)	106.594 (10.989)	0.911
IV	69	23	0.069 (0.908)	1.873 (13.680)	108.371 (10.121)	0.903

ANALYSE DER STRUKTURSTABILITÄT

$$EH = 0401\ Y_{t-1} - 0.024\ I_{t-2} + 0.021\ EH_{G_{t-1}} + 0.997\ t + 56.574$$
$$(15.400) \quad (-1.073) \quad (0.448) \quad (11.788) \quad (15.319)$$

End-quartal		Anzahl d. beobach.Werte	Y_{t-1}	I_{t-2}	$EH_{G_{t-1}}$	t	Abs.Glied	R^2
IV	71	35	0.401	-0.024	0.021	0.997	56.574	0.993
			(15.40)	(-1.072)	(0.0448)	(11.788)	(15.319)	
III	71	34	0.394	-0.016	0.012	1.006	57.660	0.987
			(10.887)	(-0.517)	(0.192)	(8.995)	(11.284)	
II	71	33	0.374	-0.003	0.006	1.030	59.234	0.992
			(13.136)	(-0.145)	(0.136)	(12.755)	(15.734)	
I	71	32	0.352	0.007	0.002	1.062	61.148	0.987
			(9.036)	(0.224)	(0.036)	(12.750)	(12.750)	
IV	70	31	0.323	0.016	0.006	1.103	62.977	0.983
			(6.167)	(0.469)	(0.107)	(§.431)	(11.424)	
III	60	30	0.288	0.017	0.018	1.152	65.320	0.970
			(4.044)	(0.403)	(0.243)	(7.636)	(9.165)	
II	70	29	0.250	0.009	0.043	1.202	67.339	0.968
			(3.357)	(0.245)	(0.590)	(7.965)	(9.529)	
I	70	28	0.222	0.009	0.052	1.240	69.519	0.945
			(2.151)	(0.183)	(0.580)	(6.376)	(7.426)	
IV	69	27	0.213	0.008	0.055	1.250	70.219	0.951
			(2.073)	(0.189)	(0.682)	(6.883)	(9.191)	
III	69	26	0.226	0.008	0.054	1.235	68.984	0.907
			(1.371)	(0.141)	(0.517)	(4.712)	(4.537)	
II	69	25	0.297	0.009	6.045	1.154	61.938	0.951
			(1.971)	(0.260)	(0.637)	(5.434)	(4.298)	
I	69	24	0.331	0.013	0.049	1.129	57.375	0.908
			(1.580)	(0.258)	(0.530)	(4.026)	(2.706)	

ANALYSE DER STRUKTURSTABILITÄT

$$BP = \underset{(5.325)}{0.059}\, BP^{E}_{t-1} + \underset{(47.378)}{1.030}\, BP_{t-1} - \underset{(-3.056)}{8.285}$$

End-quart.	Anzahl d. beob. Werte	BP^{E}_{t-1}	BP_{t-1}	Abs.Glied	R^2
IV 71	27	0.059 (5.325)	1.030 (47.378)	-8.285 (-3.056)	0.991
III 71	26	0.057 (4.767)	1.039 (40.163)	-9.117 (-3.014)	0.989
II 71	25	0.054 (4.738)	1.067 (37.368)	-12.258 (-3.717)	0.988
I 71	24	0.054 (4.563)	1.047 (31.503)	-9.836 (-2.543)	0.984
IV 70	23	0.059 (4.544)	1.019 (24.160)	-6.988 (-1.488)	0.978

ANALYSE DER STRUKTURSTABILITÄT

$$NGEH = \underset{(20.061)}{0.309\, Y_{t-1}} - \underset{(-3.211)}{0.052\, NGEH_{G_{t-1}}} + \underset{(14.566)}{0.744\, t} + \underset{(49.214)}{81.500}$$

End-quartal		Anzahl d. beobacht.Werte	Y_{t-1}	$NGEH_{G_{t-1}}$	t	Abs.Glied	R^2
IV	71	30	0.309 (20.061)	-0.052 (-3.211)	0.744 (14.566)	81.500 (49.214)	0.996
III	71	29	0.284 (10.879)	-0.033 (-1.243)	0.774 (9.652)	82.242 (31.812)	0.989
II	71	28	0.267 (12.199)	-0.023 (-1.102)	0.798 (12.923)	83.145 (41.448)	0.993
I	71	27	0.257 (4.572)	-0.018 (-0.364)	0.812 (5.746)	83.617 (18.039)	0.959
IV	70	26	0.236 (5.500)	-0.009 (-0.257)	0.839 (8.485)	85.059 (25.041)	0.978
III	70	25	0.217 (2.857)	-0.001 (-0.022)	0.859 (5.211)	96.429 (14.434)	0.931
II	70	24	0.202 (2.478)	0.004 (0.068)	0.877 (5.467)	87.648 (13.602)	0.929
I	70	23	0.202 (2.022)	0.004 (0.059	0.877 (4.782)	87.602 (10.460)	0.901
IV	69	22	0.234 (1.605)	-0.002 (-0.024)	0.841 (3.589)	84.473 (6.513)	0.844

ANALYSE DER STRUKTURSTABILITÄT

$$AEIGI\text{-}K = \underset{(12.463)}{0.096}\ AEIGI\text{-}K_{t-2} + \underset{(8.772)}{0.439}\ ABIG_{t-2} - \underset{(-1.847)}{12.289}$$

End-quart.		Anzahl d. beob.Werte	$AEIGI_{t-2}$	$ABIG_{t-2}$	Abs.Glied	R^2
IV	71	39	0.096	0.439	-12.289	0.891
III	71	38	0.612 (7.895)	0.406 (5.639)	-1.051 (-0.138)	0.834
II	71	37	0.624 (7.795)	0.388 (5.053)	-0.488 (-0.063)	0.834
I	71	36	0.628 (7.661)	0.385 (4.894)	-0.484 (-0.062)	0.836
IV	70	35	0.605 (7.135)	0.409 (5.000)	-0.754 (-0.096)	0.839
III	70	34	0.612 (7.213)	0.395 (4.912)	-0.473 (-0.081)	0.847
II	70	33	0.578 (6.387)	0.450 (5.041)	-0.332 (-0.042)	0.840
I	70	32	0.592 (6.384)	0.431 (5.023)	-1.645 (-0.201)	0.840
IV	69	31	0.611 (6.308)	0.429 (4.980)	-3.223 (-0.379)	0.838
III	69	30	0.627 (6.332)	0.444 (5.032)	-5.895 (-0.650)	0.829

ANALYSE DER STRUKTURSTABILITÄT

$$EHP = \underset{(5.195)}{0.092}\ EHP^{E}_{t-1} + \underset{(12.977)}{0.351}\ t + \underset{(49.841)}{90.746}$$

End- quart.		Anzahl d. beobach. Werte	EHP^{E}_{t-1}	t	Abs. Glied	R^2
IV	71	35	0.092 (5.195)	0.351 (12.977)	90.746 (49.842)	0.936
III	71	34	0.083 (4.933)	0.343 (13.548)	91.879 (52.893)	0.935
II	71	33	0.071 (5.429)	0.336 (17.316)	93.203 (67.656)	0.955
I	71	32	0.057 (3.505)	0.327 (14.060)	94.895 (55.134)	0.920
IV	70	31	0.044 (2.292)	0.317 (11.934)	96.469 (47.297)	0.874
III	70	30	0.037 (3.042)	0.313 (19.474)	97.215 (73.121)	0.948
II	70	29	0.033 (1.728)	0.308 (12.462)	97.769 (47.174)	0.869
I	70	28	0.025 (3.986)	0.299 (36.855)	98.695 (141.377)	0.984

ANALYSE DER STRUKTURSTABILITÄT

$$VIU = \underset{(70.370)}{1.104}\ AEVGI_{t-1} - \underset{(-8.504)}{17.852}$$

End-quart.		Anzahl d. beob.Werte	$AEVGI_{t-1}$	Abs. Glied	R^2
IV	71	38	1.104 (70.370)	-17.852 (-8.504)	0.993
III	71	37	1.105 (68.723)	-17.922 (-8.423)	0.993
II	71	36	1.109 (58.700)	-18.508 (-7.477)	0.990
I	71	35	1.115 (56.561)	-19.137 (-7.493)	0.989
IV	70	34	1.117 (49.786)	-19.355 (-6.729)	0.987
III	70	33	1.104 (48.995)	-17.859 (-6.238)	0.987
II	70	32	1.085 (49.851)	-15.645 (-5.706)	0.988
I	70	31	1.069 (5o.410)	-13.785 (-5.206)	0.989

Fortsetzung:

$$VIU = \underset{(70.370)}{1.104}\ AEVGI_{t-1} - \underset{(-8.504)}{17.852}$$

End-quartal		Anzahl d. beob.Werte	$AEVGI_{t-1}$	Abs. Glied	R^2
IV	69	30	1.048 (51.538)	-11.414 (-4.534)	0.989
III	69	29	1.032 (53.428)	-9.512 (-4.018)	0.991
II	69	28	1.029 (45.765)	-9.266 (-3.395)	0.988
I	69	27	1.014 (39.601)	-7.519 (-2.443)	0.984

ANALYSE DER STRUKTURSTABILITÄT

$$IGU = \underset{(4.431)}{0.924}\ AEIGI_{t-2} - \underset{(-0.143)}{0.029}\ AEIGI_{t-1} + \underset{(1.526)}{5.737}$$

End-quartal		Anzahl der beobacht. Werte	$AEIGI_{t-2}$	$AEIGI_{t-1}$	Absol. Glied	R^2
IV	71	38	0.924 (4.431)	-0.029 (-0.143)	5.737 (1.526)	0.974
III	71	37	0.853 (4.299)	0.032 (0.165)	6.747 (1.911)	0.977
II	71	36	0.777 (3.572)	0.091 (0.433)	8.673 (3.928)	0.970
I	71	35	0.698 (3.465)	0.147 (0.757)	11.340 (3.038)	0.972
IV	70	34	0.611 (4.280)	0.207 (1.513)	14.473 (5.304)	0.984
III	70	33	0.478 (21.523)	0.313 (14.855)	17.701 (40.857)	0.999
II	70	32	0.321 (3.144)	0.439 (4.621)	21.050 (10.407)	0.991

Fortsetzung:

$IGU = 0.924\ AEIGI_{t-2} - 0.029\ AEIGI_{t-1} + 5.737$

End-quartal	Anzahl der beobacht. Werte	$AEIGI_{t-2}$	$AEIGI_{t-1}$	Absol. Glied	R^2
IV 69	30	0.221 (1.773)	0.519 (4.736)	23.328 (8.338)	0.986
III 69	29	0.259 (1.720)	0.497 (3.832)	21.504 (5.648)	0.976
II 69	28	0.279 (3.808)	0.501 (3.808)	18.547 (4.284)	0.969
I 69	27	0.246 (3.o12)	0.548 (7.566)	16.754 (6.909)	0.989
IV 68	26	0.240 (1.508)	0.555 (3.757)	16.578 (3.470)	0.952
III 68	25	0.289 (2.769)	0.494 (4.905)	18.070 (5.753)	0.978
II 68	24	0.297 (7.)o1)	0.479 (12.747)	19.008 (15.585)	0.997
I 68	23	0.308 (2.267)	0.464 (3.414)	19.391 (4.481)	0.959

ANALYSE DER STRUKTURSTABILITÄT

$$c = \underset{(21.099)}{0.425}\, Y_{t-1} + \underset{(0.130)}{0.002}\, I_{t-2} + \underset{(26.675)}{1.361}\, t + \underset{(29.844)}{46.016}$$

End-quartal		Anzahl d. beobacht. Werte	Y_{t-1}	I_{t-2}	t	Absolutes Glied	R^2
IV	71	46	0.425 (21.099)	0.002 (0.130)	1.361 (26.675)	29.844 (46.016)	0.997
III	71	45	0.407 (30.282)	0.008 (1.099)	1.393 (39.704)	46.766 (48.363)	0.999
II	71	44	0.376 (23.672)	0.021 (2.578)	1.453 (37.412)	48.094 (46.008)	0.999
I	71	43	0.341 (13.157)	0.031 (2.524)	1.516 (25.235)	49.922 (30.502)	0.997
IV	70	42	0.293 (6.002)	0.045 (2.178)	1.664 (15.176)	52.500 (17.911)	0.993
III	70	41	0.259 (5.720)	0.048 (2.710)	1.662 (17.440)	55.047 (19.476)	0.995
II	70	40	0.229 (4.064)	0.048 (2.289)	1.709 (14.737)	57.609 (15.684)	0.992
I	70	39	0.210 (3.304)	0.048 (2.225)	1.739 (13.752)	59.223 (13.503)	0.991
IV	69	38	0.195 (2.919)	0.046 (2.249)	1.762 (13.714)	60.609 (12.350)	0.990
III	69	37	0.186 (10.225)	0.047 (9.623)	1.776 (53.759)	61.496 (43.389)	0.999
II	69	36	0.188 (2.362)	0.047 (2.531)	1.774 (13.014)	61.301 (9.232)	0.992

LITERATURVERZEICHNIS

Abelson, R., Rosenberg, M. — Symbolic Psycho-Logical: A Model of Attitudinal Cognition, in: Behavioral Sciences, 1958, 3, S. 1 - 13

Ackley, G. — The Wealth-Saving Relationship, in: Journal of Political Economy, Vol. 59, 1951, S. 154 - 161

Adams, F.G. — Prediction with Consumer Attitudes: The Time Series-Cross Section Paradox, in: Review of Economics and Statistics, Vol. XLVII, No. 4, Nov. 1965, S. 367 - 378

Adams, F.G. — The Predictive Power of Consumer Attitudes in Time Series and Cross Section, in: American Statistical Association (ed.), Proceedings of Business and Economic Section, Washington 1964, S. 260

Adams, F.G., Klein, L.R. — Anticipations Variables in Macro-Econometric Models, in: Human Behavior in Economic Affairs, Essay in Honor of G. Katona (Eds.:B. Strumpel, J.N. Morgan, E. Zahn); Amsterdam, London, New York 1972

Albert, H. — Marktsoziologie und Entscheidungslogik, Neuwied a.Rh. 1967

Albert, H. — Theorie und Realität, Tübingen 1964

Albert, H. — Modell-Platonismus. Der neoklassische Stil des ökonomischen Denkens in kritischer Beleuchtung, in: Logik der Sozialwissenschaften (Hrsg. E. Topitsch), 3. Aufl., Köln, Berlin 1966, S. 406 - 434

Anderle, O. — Das universalhistorische System von A.J. Toynbee, Frankfurt a.M., Wien 1955

Anderson, O. — Das Konjunkturtest-Verfahren und sein Beitrag zur empirischen Untersuchung der ex ante/ex post Problematik, Diss., München 1957

Andersen, L.C.,
Jordan, J.L. Monetary and Fiscal Actions. Their Relative Importance in Economic Stabilization, in: Federal Reserve Bank of St. Louis Review, Vol. 50, No. 11, Nov. 1968

Anderson, O. jun.,
Bauer, R.K.
Führer, H.,
Petersen, J.P. On Short-Term Entrepreneurial Reaction Patterns, in: Weltwirtschaftliches Archiv, Hamburg, Bd. 81, 1958, Heft 2, S. 243 ff.

Bailey, N.T.J. The Elements of Stochastic Processes with Applications to the Natural Sciences, New York 1964

Bartholomew, D.J. Stochastische Modelle für soziale Prozesse, München 1970

Bartlett, M.S. An Introduction to Stochastic Processes with Special Reference to Methods and Application, Cambridge 1955

Bassie, V.L. Consumer Expenditures in War and Transition, in: Review of Economics and Statistics, Vol. 28, S. 117 - 130

Beiträge der anthropologischen Wissenschaften zur empirischen Sozialökonomik, Forschungsbericht der Forschungsstelle für empirische Sozialökonomik (Prof. Dr. G. Schmölders) e.V., Köln 1960

Benninghaus, H. Soziale Einstellungen und soziales Verhalten: Zur Kritik des Attitüdenkonzepts, unveröff. Manuskript, Köln 1971

Bentham, J. Economic Writings, Critical edition based on his printed Works and unpr. manuscr., London 1952

Bharucha-Reid, A.T.
Elements of the Theory of Markov Processes and their Application, New York 1960

Biervert, B., Haarland, H.P., Niessen, H.-J. — Empirische Konsumforschung und Konjunkturprognose, Bericht über ein Forschungsprojekt der Forschungsstelle für empirische Sozialökonomik, Köln 1972

Biervert, B., Haarland, H.P., Niessen, H.-J. — Der unterschätzte Verbraucher, in: Die Wirtschaftswoche, Nr. 13, 1972, S. 22

Black, M. — Self-Supporting Induction Arguments, in: The Journal of Philosophy, Bd. 55 (1958)

Bolk, L. — Das Problem der Menschwerdung, Jena 1926

Bonhoeffer, F.O., Streck, W.R. — Der Investitionstest des Ifo-Instituts, "Ifo-Studien", Berlin/München, 12. Jg., 1966, Heft 1/2, S. 43 ff.

Boot, J.C.G., de Wit, G.M. — Investment demand: An empirical Contribution to the aggregation Problem, in: International Economic Review 1, 1960, S. 3 - 30

Braithwaite, R.B. — Scientific Explanation, Cambridge Engl., 1963

Brillinger, D.R., Hatanaka, M. — An Harmonic Analysis of Non-Stationary Multivariate Economic Processes, in: Econometrica 37, 1969, S. 131 - 141

Brinkmann, G. — Zur Wissenschaftstheorie der Ökonometrie, in: Kyklos, Internationale Zeitschrift für Sozialwissenschaften, Vol. XXIII, 1970, S.209

Brügelmann, B. — Probleme bei der Bildung eines Konsumklimaindex, Kölner Diplomarbeit, wird 1973 fertiggestellt

Burns, A.S., Mitchell, W.C. — Statistical Indicators of Cyclical Revivals, NBER, New York 1938

Campbell, T.T. — The Indirect Assessment of Social Attitudes, in: Psychological Bulletin, 47, 1950, S. 31; wieder abgedruckt in: M. Fishbein (ed.), Readings in Attitudes Theory and Measurement, New York 1967

Carnap, R. — Logical Foundations of Probability, Chicago 1950, 2. Aufl. 1962

Carnap, R., Stegmüller, W. — Induktive Logik und Wahrscheinlichkeit, Wien 1959

Chetty, V.K. — Pooling of Time Series and Cross Section Data, in: Econometrica, Vol 36, No. 2, Apr. 1968

Clauß, F.J. — Unbestimmbarkeit in Natur- und Sozialwissenschaften - Vom Unterschied zwischen naturwissenschaftlicher und sozialwissenschaftlicher Forschungslogik, skizziert an elementaren Problemen weltwirtschaftlicher Konjunktur- und Wachstumsforschung, "Ifo-Studien", Zeitschrift des Ifo-Instituts für Wirtschaftsforschung, 18. Jg., 1972, Heft 2, Berlin / München 1972, S. 439 ff.

Cox, D.R., Miller, H.D. — The Theory of Stochastic Processes, London 1965

Cramer, H. — Mathematical Methods of Statistics, Princeton 1946

De Fleur, N.C., Westie, F.R. — Attitudes as a Scientific Concept, in: Social Forces 42, 1963, S. 25

Dhrymes, P.J. — Econometrics, New York 1970

Dilthey, W. — Einleitung in die Geisteswissenschaften, Versuch einer Grundlegung für das Studium der Gesellschaft und Geschichte, Leipzig 1883

Doob, J.L. — Stochastic Processes, New York 1953

Duesenberry J.S. et al. — The Brookings Quarterly Econometric Model of the United States, Chicago, Amsterdam 1965

Duesenberry, J.S. et al. — The Brookings Model: Some Further Results, Chicago: Rand McNally, 1969

Durbin, J. — Trend Elimination by Moving Average and Variate Difference Filters, in: Bulletin de l'Institut International de Statistique 39, 1969, S. 131 - 141

Dwyer, P.S. — Linear Computations, New York 1951

Eisner, R. — Expectations, Plans and Capital Expenditures. A Synthesis of Ex-Post and Ex-Ante Data, in: M.J. Bowman (Ed.), Expectations, Uncertainty and Business Behavior, New York 1958, S. 165 - 188

Eisner, R. — Investment Plans and Realizations, in: American Economic Review, Mai 1962, S. 190 - 203

Eisner, R. — Forecasting Investment Spending. In: The Economic Outlook for 1962, Ann Arbor, Michigan, 1963, S. 71 - 95

Eisner, R. — Realization of Investment Anticipations in a Quarterly Econometric Model of the U.S. Economy. Paper der CIRET Konferenz, Wien 1963

Eisner, R. — Realization of Investment Anticipations, in: J.S. Duesenberry et al., The Brookings Model..., a.a.O., S. 95 ff.

Essler, W.K. — Induktive Logik, Grundlagen und Voraussetzungen, Freiburg, München 1970

Eucken, W. — Grundlagen der Nationalökonomie. 8. Aufl., Berlin - Heidelberg 1965

Evans, M.K., Haitovsky, Y., Treyz, G.I. — An Analysis of the Forecasting Properties of U.S. Econometric Models: B. Hickman (Ed.), Econometric Models of Cyclical Behavior, erscheint demnächst

Evans, M.K., Klein, L.R. — The Wharton Econometric Forecasting Model, Studies in Quantitative Economics, No. 2, University of Pennsylvania, Philadelphia, Pennsylvania, 1968

Fair, R.F. — A Short Run Forecasting Model of the United States, Princeton University, Lexington, Mass. 1971

Ferber, R. — A Study of Aggregate Consumption Function, NBER, 1953

Ferber, R. — Factors Influencing Durable Goods Purchases, in: L.M. Clark (Hrsg.), Consumer Behavior II, New York 1955, S. 75 - 112

Festinger, L. — The Theory of Cognitive Dissonance, Stanford 1957

Filip, D. — Rechentechnische Probleme und Programmbeschreibung, in: B. Nullau, Das Berliner Verfahren, ein Beitrag zur Zeitreihenanalyse..., a.a.O., S. 87 - 101

Fischer, H.K. — Kritische Beiträge zu Professor Max Webers Abhandlung "Die protestantische Ethik und der Geist des Kapitalismus, in: Archiv für Sozialwissenschaft und Sozialpolitik, 25. Bd., 1907, S. 232 - 242

Fisher, W.D. — Optimal Aggregation in multi-equation prediction models; in: Econometrica 30, 1962, S. 744 - 769

Fishman, G.S. — Spectral Methods in Econometrics, Cambridge 1969

Friedman, M. — A Theory of the Consumption Function, Princeton 1957

Friedman, M. — A Permanent Income Hypothesis: Comment, American Economic Review, Vol. 48, 1958, S. 990 - 991

Friend, I., Jones, R.C. — Short Run Forecasting Models Incorporating Anticipatory Data, in: Models of Income Determination, National Bureau of Economic Research 1964, S. 279 - 280

Fromm, G. — An Evaluation of Monetary Policy Instruments, in: J.S. Duesenberry, G. Fromm, L.R. Klein, E. Kuh, The Brookings Model: Some Further Results..., a.a.O., S. 475 - 511

Fromm, G., Taubmann, P. — Policy Simulations with an Econometric Model, Brookings Institution 1968

Gehlen, A. — Der Mensch. Seine Natur und seine Stellung in der Welt, 7. Aufl., Frankfurt a.M., Bonn 1962

Gehlen, A. — Urmensch und Spätkultur, 2. Aufl., Frankfurt a.M., Bonn 1964

Gelfaud, I.M., Jaglom, A.M. — Über die Berechnung der Menge an Information über eine zufällige Funktion, die in einer anderen zufälligen Funktion enthalten ist, in: Arbeiten zur Informationstheorie, Bd. II, VEB Deutscher Verlag der Wissenschaften, Berlin 1958

Godfrey, M.D. — Prediction for Non-Stationary Stochastic Processes, in: B. Harris (Hrsg.), Spectral Analysis of Time Series, New York 1967, S. 259 - 269

Goldberger, A.S. — Econometric Theory, New York 1964

Granger, C.W.J., Hatanaka, M. — Spectral Analysis of Economic Time Series, Princeton (New Jersey) 1964

Grenander, K., Rosenblatt, M. Statistical Analysis of Stationary Time Series, New York 1957

Grunfeld, J. The Interpretation of Cross Section Estimates in a Dynamic Model, in: Econometrica, Vol. 29, No. 3, July 1961

Grunfeld, J. The determinants of corporate investment, in: A.C. Harberger (Hrsg.), The Demand for durable Goods, Chicago 1960

Gutenberg, E. Grundlagen der Betriebswirtschaftslehre, 1. Bd., Die Produktion, 11. Aufl., Berlin, Heidelberg, New York 1965

Haarland, H.P., Niessen, H.-J. Der Zusammenhang von Antizipations- und Verhaltensvariablen als Voraussetzung für Aggregatprognosen, in: Konsum und Qualität des Lebens, Symposion der Forschungsstelle für empirische Sozialökonomik (Prof. Dr. G. Schmölders) e.V., Mainz, Akademie der Wissenschaften und der Literatur, 20./21. 10. 1972

Haavelmo, Th. Methods of Measuring the Marginal Propensity to Consume, Cowles Comm. Monograph, New York - London 1953, S. 79 - 91

Haavelmo, Th. The statistical Implications of a system of simultaneous equations, in: Econometrica 11, 1943, S. 1 - 12

Hacking, I.J. Logic of Statistical Influence, Cambridge 1965

Haitovsky, Y., Treyz, G.I. The Informational Value of Anticipations Data in Macro-Econometric Model Forecasts, Paper der X. CIRET Konferenz, Brüssel 1971

Hamburger, M.J. Interest Rates and the Demand for Consumer Durable Goods, in: American Economic Review, Vol. 57, 1967, S. 1131 - 1153

Hartmann, N. Philosophie der Natur. Abriß der speziellen Kategorienlehre, Berlin 1950

Hartmann, N. Der Aufbau der realen Welt. Grundriß der allgemeinen Kategorienlehre, 3. Aufl., Berlin 1964

Hatanaka, M., Suzuki, M. A Theory of the Pseudo-Spectrum and its Application to Non-Stationary Dynamic Econometric Models, in: M. Shubik (Hrsg.), Essays in Mathematical Economics in Honor of O. Morgenstern, Princeton 1967, S. 443 - 466

Hegel, G.W.F. Phänomenologie des Geistes, Bd. 3 aus G.W.F. Hegel, Werke in 20. Bde., Frankfurt 1970

Heiler, S. Überlegungen zu einem statistischen Modell einer wirtschaftlichen Zeitreihe und einem daraus resultierenden Analyseverfahren, in: B. Nullau u.a., Das Berliner Verfahren, ein Beitrag zur Zeitreihenanalyse..., a.a.O.

Heinen, E. Betriebswirtschaftslehre heute. Die Bedeutung der Entscheidungstheorie in Forschung und Praxis, Wiesbaden 1966

Hempel, C.G. Aspects of Scientific Explanation, New York - London 1965

Hempel, C.G. Deductive Nomological versus Statistical Explanation, in: H. Feigl, G. Maxwell (Ed.), Minnesota Studies in the Philosophy of Science, Bd. III, Minnesota 1962

Hempel, C.G. P. Oppenheim, Studies in the Logic of Explanation, in: Philosophy of Science, Bd. 15, S. 135 - 175

Herbst, L.J. Spectral Analysis in the Presence of Variance Fluctuations, in: Journal of the Royal Statistical Society, Series B. 26, 1964, S. 354 - 360

Hext, G.R. A Note on Prewhitening and Recolouring, Stanford University, Technical Report, No. 5, 1964

Humphreys, W.C. Statistical Ambiguity and Maximal Specifity, in: Philosophy of Science, Bd. 35, 1968

Husserl, E. Ideen zu einer reinen Phänomenologie und phänomenologischen Philosophie, Husserliana Bd. III, 1. Buch, Haag 1950

Husserl, E. Die Phänomenologie und die Fundamente der Wissenschaften, Husserliana Bd. V, Haag 1952

Jahoda, M., Warren, N. Attitudes, Baltimore 1970

Jenkins, G.M. Cross-Spectral Analysis and the Estimation of Linear Open Loop Transfer Functions, in: M. Rosenblatt, Symposium on Time Series Analysis, New York 1963, S. 267 - 276

Jenkins, G.M., Watts, D.G. Spectral Analysis and its Applications, San Francisco 1968

Jöhr, W.A. Die Konjunkturschwankungen, Tübingen - Zürich 1952

Jorgensen, D.W. Anticipations and Investment Behavior, in: J.S. Duesenberry et al., The Brookings Model..., a.a.O., S. 35 ff.

Kade, G. Zur Methodologie wirtschaftlicher Prognosen, Vortrag gehalten auf der Jahrestagung des Bundesverbandes Deutscher Marktforscher e.V., Wiesbaden, 21. - 30. 4. 1971

Katona, G. Psychological Analysis of Economic Behavior, New York 1951

Katona, G. — Rational Behavior and Economic Behavior, in: Psychological Review, Vol. 60, Princeton 1953

Katona, G. — The Powerful Consumer, New York 1960

Katona, G. — Das Verhalten der Verbraucher und Unternehmer, Tübingen 1960

Katona, G., Mueller, E., Schmiedeskamp, J., Sonquist, J.A. — Survey of Consumer Finances, Ann Arbor, Michigan, Monograph No. 44, Survey Research Center, Michigan 1967

Kemeny, J.G., Snell, L. — Finite Markov Chains, New York 1960

Klein, L.R. — Single Equation versus Equation System Methods of Estimation in Econometrics, in: Econometrica, Vol. 28, 4, Okt. 1960, S. 807

Klein, L.R. — A Postwar Quarterly Model: Description and Applications, in: Models of Income Determination (National Bureau of Economic Research: Studies in Income and Wealth, Vol. 28) Princeton 1964

Klein, L.R. — Econometric Analysis of the Tax Cut of 1964, in: J.S. Duesenberry, G. Fromm, L.R. Klein, E. Kuh, The Brookings Model: Some Further Results..., a.a.O., S. 459 - 472

Klein, L.R. — An Essay on the Theory of Economic Prediction, Helsinki 1968

Knight, F.A. — Risk, Uncertainty and Profit, 2. Aufl., 1939, London

König, H., Wolters, J. — Spektralschätzungen stationärer stochastischer Prozesse: Eine Simulationsstudie, in: Jahrbücher für Nationalökonomie und Statistik 185, 1971, S. 142 - 162

Koyck, L.M. Distributed Lags and Investment Behavior, Amsterdam 1954

Krelle, W. Möglichkeiten und Grenzen der Konjunkturdiagnose, in: Diagnose und Prognose als wirtschaftswissenschaftliche Methodenprobleme (Hrsg. H. Giersch, K. Borchardt), Schriften des Vereins für Socialpolitik, N.F., Bd. 25, Berlin 1962, S. 30 ff.

Krelle, W. u.a. Ein Prognosesystem für die wirtschaftliche Entwicklung der BRD, Meisenheim a. Glan 1969

Kuh, E. The Validity of Cross-Sectionally Estimated Behavior Equations in Time Series Applications, in: Econometrica 27, 1959, S. 197 - 214

Kyburg, H.E. Probability and the Logic of Rational Belief, Middleton, Conn. 1961

Langelütje, H., Marquardt, W. Das Konjunkturtest-Verfahren, in: Allgemeines Statistisches Archiv, Jg. 35, 1951, S. 189 - 208

Laaff, H. Kaufpläne und deren Realisation, Kölner Diplomarbeit, Wintersemester 1970/71

Laum, B. Heiliges Geld, Tübingen 1924

Leontief, W. Theoretical Assumptions and Nonobserved Facts, in: The American Economic Review, Vol. LXI, 1971, No. 1, S. 1

Liebenberg, M., Hirsch, A.A., Popkin, J. A Quarterly Econometric Model of the United States: A Progress Report, in: Survey of Current Business, May 1966, S. 13 - 39

Lorenz, K. Die angeborenen Formen möglicher Erfahrung, in: Zeitschrift für Tierpsychologie V, 2, 1942

Lorenz, K. Über tierisches und menschliches Verhalten. Aus dem Werdegang der Verhaltenslehre, München 1965

Lorenz, K. Vergleichende Verhaltensforschung, in: K. Lorenz, P. Leyhausen, Antriebe tierischen und menschlichen Verhaltens, München 1969

Loynes, R.M. On the Concept of a Spectrum of Non-Stationary Processes, in: Journal of the Royal Statistical Society, Series B 30, 1968, S. 1 - 20

Malinvaud, E. Statistical Methods of Econometrics, Amsterdam 1966

Marquardt, W., Strigl, W. Der Konjunkturtest. Eine neue Methode der Wirtschaftsbeobachtung. Schriftenreihe des Ifo-Instituts für Wirtschaftsforschung, Nr. 38, Berlin/München 1959

Marshak, J. Money Illusion and Demand Analysis, in: Review of Economic Statistics, 25, 1943, S. 40 - 48

Massey, G.J. Hempel's Criterion of Maximal Specifity, in: Philosophical Studies, Bd. XIX, 3, 1968

Mauss, M. Die Gabe - Form und Funktion des Austausches in archaischen Gesellschaften, Frankfurt a.M. 1968

Meissner, B. Gleitende Durchschnitte und Transferfunktionen, in: B. Nullau, Das Berliner Verfahren, ein Beitrag zur Zeitreihenanalyse..., a.a.O., S. 65 - 68

Meißner, V. Ökonometrische Modelle - Rekursivität und Interdependenz aus der Sicht der Kybernetik, Berlin 1971

Menger, C. Untersuchungen über die Methode der Sozialwissenschaften und der politischen Ökonomie insbesondere, Leipzig 1883

Menger, C. Die Irrtümer des Historismus in der deutschen Nationalökonomie, Wien 1884

Menges, G., Diehl, H. — Das Stabilitätsproblem in der Ökonometrie, in: Statistische Hefte, 6. Jg., Heft 1, Frankfurt a.M., 1965, S. 38

v. Mises, R. — Wahrscheinlichkeitsrechnung und ihre Anwendungen in der Statistik und theoretischen Physik, Wien 1931, 2. Aufl., New York 1965

Modigliani, F., Brumberg, R. — Utility Analysis and the Consumption Function. An Interpretation of Cross Section Data, New Brunswick, N.J., Rutgers University Press 1954

Modigliani, F., Ando, A. — The "Permanent Income" and "Life Cycle" Hypothesis of Savings Behavior: Comparison and Test, in: I. Friend, R.C. Jones (eds.), Consumption and Saving, Vol. II, Philadelphia 1960, S. 49 - 176

Moore, G.H. — Statistical Indicators of Cyclical Revivals and Recessions, NBER, New York 1950

Moore, G.H., Shiskin, J. — Indicators of Business Expansions and Contractions, NBER, New York 1967

Mueller, E. — Ten Years of Consumer Attitude Surveys. Their Forecasting Record, in: Journal of the American Statistical Association, Vol. 58, 1963

Murphy, V.K. — Estimation of the Cross Spectrum, in: Annals of Mathematical Statistics, 34, 1963, S. 1012-1021

Naeve, P. — Spektralanalytische Methoden der Analyse von ökonomischen Zeitreihen, Würzburg 1969

Nagar, A.L. — Stochastic Simulation of the Brookings Econometric Model, in: J.S. Duesenberry, G. Fromm, L.R. Klein, E. Kuh, The Brookings Model: Some Further Results..., a.a.O., 425 - 456

Nerlove, M. — Spectral Analysis of Seasonal Adjustment Procedures, in: Econometrica, Vol. 32, 1954, S. 241 ff.

Nerlove, M. — A Comparison of a Modified "Hannan" and the BLS Seasonal Adjustment Filters, in: Journal of the American Statistical Association, Vol. 60, 1965, S. 442 - 491

v. Naumann, J., Birkhoff, G. — The Logic of Quantum Mechanics, in: Annals of Mathematics, 37, 1936, S. 823 - 843

Niessen, H.-J. — Käufer als Konjunkturseismograph, in: automobilwirtschaft, Nr. 3, Juni 1971

Niessen, H.-J., Biervert, B. — Privater Verbrauch und Konjunktur-Ergebnisse empirischer Konsumforschung, in: Jahrbücher für Nationalökonomie und Statistik, Bd. 186, Heft 5 (1972), S. 369 ff.

Nullau, B. — Probleme bei praktischen Anwendungen des "Berliner Verfahrens", in: B. Wetzel (Hrsg.), Neuere Entwicklungen auf dem Gebiet der Zeitreihenanalyse, Göttingen 1970

Nullau, B. — Das Berliner Verfahren. Ein Beitrag zur Zeitreihenanalyse, DIW-Beiträge zur Strukturforschung, Heft 7, Berlin 1969

Orcutt, G.H., Greenberger, M., Korbel, J., Rivlin, A.M. — Microanalysis of Socioeconomic Systems: A Simulation Study, New York 1961

Osgood, C., Tannenbaum, P. — The Principle of Congruity in the Prediction of Attitude Change, in: Psychological Review, 62, 1955, S. 42 - 55

Parzen, E. — Stochastic Processes, San Francisco 1962

Parzen, E. The Role of Spectral Analysis in Time Series Analysis, in: Review of the International Statistical Institute, 35, 1967, S. 125 - 144

Petersen, J.P., Petersen, R. Unternehmerische Reaktionsweise in der Zeit, in: "Ifo-Studien", 13. Jg. (1967), Heft 1/2, S. 35 ff.

Pfromm, H. Ökonometrie II, Weder Theorie noch Empirie, in: Die Wirtschaftswoche; Der Volkswirt, Nr. 44, 1971

Plessner, H. Conditio humana, in: Propyläen Weltgeschichte (Hrsg. G. Mann, A. Heuß), Bd. 1, Vorgeschichte, Frühe Hochkulturen, Berlin, Frankfurt a.M., Wien 1961, S. 33 - 86

Plessner, H. Die Stufen des Organischen und der Mensch, 2. Aufl., Berlin 1965

Popper, K.R. The Propensity Interpretation of the Calculus of Probability and the Quantum Theory, in: S. Körner, Observation and Interpretation: Proceedings of the 9th Symposion of the Colston Research Society, New York - London 1957

Popper, K.R. Logik der Forschung, Tübingen 1966 (erste Aufl. 1934)

Popper, K.R. Quantum Mechanics without "The Observer", in: M. Bunge, Quantum Theory and Reality..., a.a.O., 1967

Popper, K.R. Das Elend des Historismus, Tübingen 1969

Portmann, A. Biologische Fragmente zu einer Lehre vom Menschen, Hamburg 1951

Portmann, A. Zoologie und das neue Bild vom Menschen, Hamburg 1960

Poser, G. Der Beitrag der Konsumforschung zur Diagnose und Prognose konjunktureller Entwicklungen, München, Mannheim 1969

Priestley, M.B. Evolutionary Spectra and Non-Stationary Processes, in: Journal of the Royal Statistical Society, Series B 27, 1965, S. 204 - 228

Ramsey, F.P. The Foundations of Mathematics and other Logical Essays, London - New York 1936

Reichenbach, H. Philosophische Grundlagen der Quantenmechanik, Basel 1949

Reichenbach, H. The Theory of Probability, Berkeley - Los Angeles 1949

Rosenberg, M. An Analysis of Affective-Cognitive Consistency, in: C. Hovland, M. Rosenberg, Attitude Organization and Change, New Haven 1960, S. 15 - 64

Rosenblatt, H.M. Spectral Evaluation of BLS and Census Revised Seasonal Adjustment Procedures, in: Journal of the American Statistical Association, Vol. 63, 1968, S. 472 - 501

Rothacker, E. Theorie und Geschichte, in: Festgabe für W. Sombart, Schmollers Jahrbuch, 56. Jg., Heft 6, 1932

Sanow, I. Psychoanalytic Theory and Social Attitudes, in: Public Opinion Quarterly, 1960, 24, S. 251 - 279

Sanow, I. Psychoanalytic Theory and Cognitive Dissonance, unpublished paper

Sartre, J.P. Das Sein und das Nichts, Versuch einer phänomenologischen Ontologie, 1. Aufl., Reinbek b. Hamburg 1962

Schäffer, K.A. Beurteilung einiger herkömmlicher Methoden zur Analyse von ökonomischen Zeitreihen, in: W. Wetzel (Hrsg.), Neuere Entwicklungen auf dem Gebiet der Zeitreihenanalyse, in: Sonderhefte zum Allgemeinen Statistischen Archiv, Heft 1, 1970, S. 131 - 164

Schaffartzik, K.-H.
Veränderungen der Konsumenteneinstellungen im Konjunkturverlauf. Kölner Diplomarbeit, Wintersemester 1971/72

Scheele, E. Theorie der Einkommensverteilung, in: W. Ehrlicher, H. Jürgensen u.a. (Hrsg.), Kompendium der Volkswirtschaftslehre, Bd. 1, Göttingen 1967, S. 310 - 312

Scheler, M. Die Stellung des Menschen im Kosmos, 6. Aufl., Bern / München 1962

Schmölders, G. Ökonomische Verhaltensforschung, in: ORDO, Jahrbuch für Wirtschaft und Gesellschaft 1953

Schmölders, G. u.a. J. M. Keynes als Psychologe, Berlin 1956

Schmölders, G. Hypothese und Wirklichkeit des Käuferverhaltens. Aufgaben der empirischen Sozialökonomik, in: Schweizer Monatshefte, Jg. 38, Heft 8, 1958

Schmölders, G. Geschichte der Volkswirtschaftslehre, Reinbek b. Hamburg 1962

Schmölders, G. 10 Jahre sozialökonomische Verhaltensforschung, in: ORDO, Jahrbuch für Wirtschaft und Gesellschaft 1963

Schmölders, G. Konjunkturen und Krisen, Reinbek b. Hamburg 1965

Schmölders, G. Geldpolitik, 2. Aufl., Tübingen 1968

Schmölders, G. Sozialökonomische Verhaltensforschung am Menschen, in: F. Keiter (Hrsg.), Verhaltensforschung im Rahmen der Wissenschaften vom Menschen, 1969

Schmölders, G. Das Bild vom Menschen in der Wirtschaftstheorie, von dem Modell des "homo oeconomicus" zur empirischen Verhaltensforschung, in: H.G. Gadamer, P. Vogler (Hrsg.), Neue Anthropologie, Bd. III, Sozialanthropologie, Stuttgart 1972

Schmoller, G. Zur Methodologie der Staats- und Sozialwissenschaften, Schmollers Jahrbuch 1883

Schneeweiß, H. Das Aggregationsproblem, in: Statistische Hefte, 6. Jg., Heft 1, Frankfurt a.M. 1965

Schönfeld, P. Methoden der Ökonometrie, Bd.1, 2, Berlin und Frankfurt 1969, 1972

Seidenfus, H.St. Sozialökonomische Verhaltensforschung, Handwörterbuch der Sozialwissenschaften, 11. Bd., Göttingen 1961, S. 98

Shiskin, J. The X-11 Variant of the Census Method II Seasonal Adjustment Program, U.S. Department of Commerce, Bureau of the Census, Technical Paper No. 15, Washington

Spann, O. Über die Einheit von Theorie und Geschichte, in: Festschrift für O. Below, Berlin 1928

Starzmann, M. Zur Treffsicherheit unternehmerischer Antizipationen im Zeitablauf, Paper der IV. CIRET Konferenz, Noordwijk aam Zee, 23./24.5.1961

Stegmüller, W. Wissenschaftliche Erklärung und Begründung. Probleme und Resultate der Wissenschaftstheorie und analytischen Philosophie, Bd. I, Berlin/Heidelberg/New York 1971

Stegmüller, W. Probleme und Resultate der Wissenschaftstheorie und analytischen Philosophie..., a.a.O., Bd. III, Personelle und statistische Wahrscheinlichkeit, Berlin/Heidelberg/New York 1973

Stone, J.R.N. — The Measurement of Consumer's Expenditure and Behavior in the UK, 1928 - 1938, Cambridge 1954

Storck, O. — Die Sonderstellung des Menschen in Lebensabspiel und Vererbung, Wien 1948

Strigl, W. — Die Konjunkturumfragen des Ifo-Instituts für Wirtschaftsforschung, in: Allgemeines Statistisches Archiv, Bd. 49, 1965, Heft 2, S. 129 ff.

Strigl, W. — Tenth CIRET-Conference. Restrospect and Outlook. Paper der X. CIRET-Konferenz, Brüssel, 15./16./17. September 1971

Strigl, W. — Konjunkturindikatoren aus qualitativen Daten, in: "Ifo-Studien", 18. Jahrgang, 1972, Heft 2

Suits, D.B., Sparks, G.R. — Consumption Regressions with quarterly Data, in: J.S. Duesenberry et al., The Brookings Quarterly Econometric Model..., a.a.O., S. 207 - 214

Theil, H. — Linear Aggregation of Economic Relations, Amsterdam 1954

Theil, H., — Economic Forecasts and Policy, Amsterdam 1958

Theil, H. — The Aggregation Implications of Identifiable Structural Macrorelations, in: Econometrica 27, 1959, S. 15 ff.

Theil, H. — Economics and Information Theory, Amsterdam 1967

Thomas, W., Friend, I. — The Predictive Ability of Expectational Variables in Different Types of Econometric Models, Paper der X. CIRET Konferenz, Brüssel 1971

Tieck, L.J. — Estimation of Coherency, in: B. Harris (Hrsg.), Spectral Analysis of Time Series, New York 1967, S. 133 - 152

Tobin, J. — A Statistical Demand Function for Food in the USA, in: Journal of the Royal Statistical Society, Series A (1950), 113, S. 113 - 141

v. Uexküll, J. — Umwelt und Innenwelt der Tiere, 2. Aufl., Berlin 1921

v. Uexküll, J. — Bausteine zu einer biologischen Weltanschauung, Ges. Aufsätze, München 1913

v. Uexküll, J., Kriszat, G. — Streifzüge durch die Umwelten von Tieren und Menschen, Berlin 1958

v. Uexküll, J. — Bedeutungslehre, in: J.v. Uexküll, G. Kriszat, Streifzüge durch die Umwelten von Tieren und Menschen. Bedeutungslehre, Frankfurt a.M. 1970

Upshaw, H.S. — Attitude Measurement, in: H.S. Blallock, jun. (ed.), Methodology in Social Research, New York 1968, S. 69 ff.

Wald, A. — Statistical Decision Functions, New York, London 1950

Wäsch, P. — Testprobleme bei Zeitreihen, in: B. Nullau u.a., Das Berliner Verfahren, ein Beitrag zur Zeitreihenanalyse..., a.a.O., S. 44 - 54

Weber, M. — Die Protestantische Ethik und der Geist des Kapitalismus, Tübingen 1920, neu herausgegeben von J. Winckelmann, München und Hamburg 1965

Wekowski, D.P. — On the Accuracy of Entrepreneurial Anticipations in Macro-Analysis, Paper der IV. CIRET Konferenz 17./18./19. September 1959

Wenzel, A. — Die Verhaltensrelevanz von Einstellungen im Konsumbereich, Kölner Diplomarbeit, fertiggestellt Anfang 1973

Wetzel, W. Hinweise auf einige theoretische Grundlagen der Spektralanalyse von stationären Prozessen, in: W. Wetzel (Hrsg.), Neuere Entwicklungen auf dem Gebiet der Zeitreihenanalyse, Sonderhefte zum Allgemeinen Statistischen Archiv, Heft 1, Göttingen 1970, S. 5 - 46

Whittacker, E., Robinson, G. The Calculus of Observations, London und Glasgow 1924

Wicker, A.W. An Examination of the Other Variables - Explanation of Attitude Behavior Inconsistency, unpublished script, University of Illinois

Wicker, A.W. Attitudes versus Action: The Relationship of Verbal and Overt Behavioral Responses to Attitude Objects, in: Journal of Social Issues, XXI, No. 4, 1969, S. 75

Wold, H., Jureen, C. Demand Analysis, New York 1951

Wölker, H. Die Bedeutung der empirischen Verhaltensforschung für die ökonomische Theorie. Eine Studie anhand empirischer Untersuchungen, Meisenheim a. Glan 1961

Yaglom, A.M. An Introduction to the Theory of Stationary Random Functions, London 1965

Zarnovitz, V. An Appraisal of Short Term Economic Forecasts, New York: National Bureau of Economic Research, 1967

Zellner, A. The Short Run Consumption Function, Econometrica, Vol. 25, 1957, S. 552 - 567

Zellner, A., Huang, D.S., Chan, L.C. Further Analysis of the Short Run Consumption Function with Emphasis on the Role of Liquid Assets, Econometrica, Vol. 33, July 1965, S. 571

Wirtschaftsstatistische Quellen der benutzten Zeitreihen des Kurzfristprognosemodells

1) Ifo-Schnelldienst, Wochenberichte des Ifo-Institutes für Wirtschaftsforschung, München 24., 25. Jahrgang 1971, 1972

2) Main Economic Indicators, Historical Statistics 1959 - 1969 OECD (Organisation for Economic Cooperation and Development) 1959 - 1969, Paris 197o

3) Saisonbereinigte Indexreihen des industriellen Auftragseinganges (1962 = 1oo), Deutsches Institut für Wirtschaftsforschung, Berlin 1971

4) Saisonbereinigte Indexreihen der industriellen Umsätze (1962 = 1oo), Deutsches Institut für Wirtschaftsforschung, Berlin 1971

5) Saisonbereinigte Indexreihen der industriellen Nettoproduktion (1962 = 1oo), Deutsches Institut für Wirtschaftsforschung, Berlin 1971

6) Statistische Mitteilungen des Kraftfahrt - Bundesamtes und der Bundesanstalt für den Güterfernverkehr 1965-1971, Flensburg

7) Statistisches Bundesamt: Preise, Löhne, Wirtschaftsrechnungen (Fachserie M, Reihe 3, 5, 6, 8)

8) Statistisches Bundesamt: Industrieproduktion (Fachserie D, Reihe 2, 3)

9) Statistisches Bundesamt: Großhandel (Fachserie F, Reihe 1;3,1)

1o) Vierteljährliche Volkswirtschaftliche Gesamtrechnung. Bundesrepublik Deutschland einschl. Saarland und Berlin, Deutsches Institut für Wirtschaftsforschung, Berlin, 196o - 1972, April 1973

FSC
www.fsc.org
MIX
Papier | Fördert gute Waldnutzung
FSC® C083411

Kolibri 360 GmbH
Ferdinand-Jühlke-Straße 7
99095 Erfurt, Deutschland
produktsicherheit@kolibri360.de

Druck:
CPI Druckdienstleistungen GmbH
im Auftrag der
Kolibri 360 GmbH
Ferdinand-Jühlke-Str. 7
99095 Erfurt